Principle of Insurance

保險學原理

精華版(第五版)

鄭鎮樑 著

五南圖書出版公司 印行

五版序

　　檢視本書過往版本，所引用之保險相關法規有些業已修正，而重新檢視書中行文，有些文句應該更爲順暢，有些內容無須置於書中，仍有少量誤植之文字，此次一併修正或刪除。

　　時下科技當道，科技變遷改變了商業模式，此種趨勢大約是不可逆的，保險業亦難置身事外。例如，物聯網（IOTs）大行其道以來，產物保險業引進 Telematics enabled UBI 汽車保險，人身保險業引進穿戴式行動裝置系統 Vitality 健康保險計畫等等。未來區塊鏈（Block chain）與 AI 人工智慧發展成型之後，對於保險經營模式必然有其影響。本書屬於保險學基本範疇，導入過多上開所提學術專業研究內容不宜，但爲顯示此種保險經營趨勢，本版於汽車保險中介紹 UBI 汽車保險，算是一種提示。再者，數位世界中，資訊安全應屬於現在與未來必然的重要議題，本版也列舉目前之資訊安全防護保險基本意義，無非是提示未來之新風險應有相對之因應工具。

　　另外，因應保險消費者之需求，產物保險業者開發新的保險商品因應，雖然本書爲基本保險學，於第 13 章之內容中將保險種類的名稱列示，由於目前網路搜索引擎功能強大，保險消費者只要有關鍵名稱，基本上可於數位世界中找到所需資訊。

　　總之，本書目的一向單純，純爲提供基本的保險學內容。

鄭鎮樑　謹識
2021 年 1 月

三版序

　　變動，是人類社會之常態，保險業亦非例外。《保險學原理》精華版於
2009 年 10 月修正出版，在 2011 年 4 月回顧發現保險業使用之保險條款，又有
修正，諸如汽車保險共用條款、人壽保險基本條款，本書自當追隨修改。又據了
解，國內海上貨物保險市場雖仍以採用 1982 年協會貨物條款為主，但已有開始
使用 2009 年協會貨物條款之情況，故將 2009 年撰寫研討會論文〈英國 2009 協
會貨物條款修正之探討〉當時，曾同時將 2009 年協會貨物條款原文「初譯」之
中文，列入本版之中，僅係提供參考之用，使用者仍須以原文為主。當然，修訂
之同時，仍一本初衷，繼續檢視尚未發現之誤植文字，務求達到無錯字之原則。
當然，本版亦補充最新評量題目，供使用者參考。

　　感謝五南圖書公司本於最新之理念，願意修正並持續出版本書，又，保險業
界與保險學界多年好友之鼓勵，永遠感激。

鄭鎮樑　謹識
2011 年 5 月

二版序

　　《保險學原理－精華版》於 2008 年 1 月出版，至今亦不過一年又九個月，保險經營環境改變不少，諸如產物保險業跨入健康保險市場經營、保險業準備金相關法規之修改、基本地震保險總保障額度之修正暨計算一次事故之規定修改、具國際性質的海上貨物保險，推出 2009 年協會貨物條款（Institute Cargo Clause）等等，就傳達保險資訊之角度觀之，必須將上述改變相應修改與補充，呈現最新之風貌。當然，此次修訂亦特別注意修正以往誤植之文字。

　　雖有上稱修改情節，但是保險基本原理原則仍保留原味。本版另補充一批最新評量題目，分散於各章考題集錦之中，供讀者自行評量之用。

　　再度感謝五南圖書公司持續出版本書，亦感謝許多保險業界與保險學界好友們多年之鼓勵。

鄭鎮樑　謹識

2009 年 10 月

序言

近幾年來我國保險市場之變化極大，較明顯者有金融跨業經營保險業務、保險商品推陳出新、保險業投資限制之放寬、行銷通路多元化、專業再保公司呈現多家局面、產物保險業跨足經營傷害保險，未來並可經營健康保險。將來保險費率全面自由化之後，保險業之改變必然更為劇烈。

經濟社會本具變動特性，保險業並非例外。吾人可以預料未來直接與間接從事保險業之人口，將因前述市場之變化而增多，似可將彼等稱為「泛保險從業人員」。從業人員最必要的就是「基本功」，許多保險證照設置之本意亦在此。而保險學之基本原理原則，即是成就「基本功」之基石所在。

本書摘取拙著《保險學原理》乙書核心內容，共分十五章，原理原則之部分共十一章，產物保險二章，人身保險一章，政策性保險一章。並將最新保險相關法規（尤其是 2007 年 7 月 18 日最近一次修正公布施行之保險法）與各種最新之保險契約示範基本條款導入，另提供各種考試之最近三至五年的考題，提供讀者自我評量參考。

感謝五南圖書出版公司慨允出版，也感謝保險學界與保險業界許多好友之鼓勵。

鄭鎮樑　謹識

2007 年 12 月

本書導讀

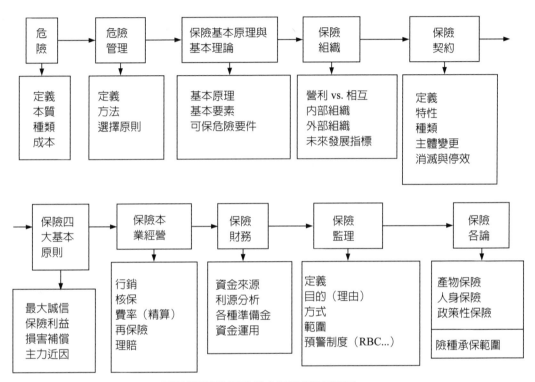

風險管理與保險學主要架構流程圖

　　保險是危險管理方法的一種，所以要認識保險，了解危險與危險管理的基本概念，應是不可或缺。本書因而以危險與危險管理揭開序幕。由危險管理導出保險之後，接著以保險整體架構爲基礎展現保險之內容。首先說明保險這種制度如何存在，此即保險基本原理及相關基本理論。基本原理與理論在於說明保險制度運作的基本道理，此種基本道理既然可以存在，如欲成爲商業行爲，即須有人承做，故有保險組織，由供需概念看，保險組織即是保險提供者。而將保險提供者與保險需求者結合在一起者，則爲保險契約。一份保險契約要能正常運作，須有幾個支架，此即保險四大基本原則，分別是最大誠信、保險利益、損害補償、主力近因，至此可謂爲保險理論第一階段之基本架構。接下來爲第二階段之基本架構，即保險公司之經營概論，可分爲業務面與財務面，如由邏輯看，業務面自然是先有行銷始有其他相關的職能（functions），例如核保、費率、再保險、理賠

等等；就財務面看，保險公司預收保費在先，賠款發生在後，就性質上看具有負債之特性，因而發展出各種責任金。再者，保費與賠款有時間差之特性，自然有資金運用之議題。基於保險事業之專業性、技術性、信託性，保險業之運作也須受到監督，此為保險理論第三階段之基本架構，包括人事、業務與財務等監督，監督之方式有寬有嚴，端視環境而定。最後則為保險各論概要，可謂為第四階段基本架構。

事實上每一章主題，欲詳論其內容，篇幅必然繁多，故在架構圖中標示一些必要重點項目，讀者可就該等項目，按圖索驥即可掌握保險基本內容，至於保險各論部分，以掌握各險種之承保範圍為主要，如欲詳細了解，勢須進一步閱讀各險種專業書籍。

目錄

第1章

危險及危險管理基本觀念

學習目標

讀完本章，讀者應該可以：

1. 了解危險的意義與本質。
2. 分辨危險的種類。
3. 了解衡量危險的基本觀念。
4. 了解危險造成的社會成本。
5. 了解危險管理基本意義。
6. 了解經濟單位確認危險的方法。
7. 了解衡量危險的基本工具。
8. 了解危險管理方法之分類方式。
9. 了解危險管理中危險控制型方法之種類及其意義。
10. 了解危險管理中理財型方法之種類及其意義。
11. 了解選擇危險管理方法之基本原則。
12. 了解危險管理之整個過程。

第一節　危險的基本觀念

■第一項　定義

危險（risk，或稱風險），其定義甚多，例如有將其定義為「危險為結果的可能變動」（risk is potential variation in outcomes）註1，這是一種以可量化為取向的觀點，「可能變動」即是一種不確定性，可能較原先預期為好，也可能較差，故可視為較廣義的危險意義。

不過許多探討危險與保險（risk and insurance）的教科書比較著眼於「損失」層面，認為危險是「損失的不確定性」（uncertainty of loss），初習者不妨先認定此定義，就此定義分析，損失的不確定性應包括下列幾個內容註2。

1. 損失是否發生不確定，亦即是不可預期的或不可預見的。

2. 損失發生的時間不確定，亦即具有未來性。

3. 損失發生原因不確定。

4. 損失發生結果不確定。

在現實世界中，要構成損失的不確定性必須有三個要素，第一要有標的物，標的物是損失發生的客體，例如各種有形的財產或是人身；第二要有危險事故，危險事故為損失發生的原因，例如火災、沉船、疾病；第三要有財務損失或經濟上的損失註3。

■第二項　危險的本質

危險的本質，主要在於探討下列流程：

危險因素（hazard）→危險事故（peril）→標的物之損失（loss）

圖 1-1　危險本質流程圖

茲就上列三名詞說明如下：

一、危險因素

危險因素代表一個源頭，以一種狀況或是條件存在，例如建築物之內的材料或是建築物之內的一堆木材，或是身有宿疾之人。此種狀況或是條件易於使損失的次數增加，或是在損失發生後增加損失的嚴重性。因此，可將其定義為「足以引起或增加危險事故發生機會或嚴重性之條件或狀況」。危險因素可分為有形危險因素與無形危險因素，前者稱為實質危險因素（physical hazard），後者包括道德危險因素（moral hazard）與心理（或稱怠忽）危險因素（morale hazard）。茲分述如下。

1. 實質危險因素

實質危險因素最主要的特性是「有形」與「具體」。此是明顯存在於標的物本體之本質或內在，或標的物所處之環境[註4]，足以引起或增加損失機會之實質條件。例如，保險標的物所在地（location）、建築物之四周環境（exposure）、房屋之建築情形（construction）、建築物之消防設備（private fire protection）、建築物之使用性質（occupancy）[註5]。又如人之身體狀況、從事之職業等等，均是實質性的危險因素。

2. 道德危險因素

道德危險因素主要之特性在於「積極性」、「故意性」、「毀壞性」。主要起因於一個人的不誠實、不正直之行為或企圖，故意的、積極的促使危險事故發生，致使損失次數增加或在損失發生之後擴大損失幅度。這是一種故意的、積極的、發諸於個人內心之作為，為一種惡意之心理態度。亦即，凡促使被保險人意圖不當得利而故意使損失發生之條件，即為道德危險因素，如為保險金而縱火、謀殺均為其中之典型[註6]。

3. 心理危險因素

心理危險因素主要之特性在於一個人心態之「消極性」、「冷漠性」、「事不關己」，一般是指個人之不小心、冷漠、缺乏注意力，而致增加危險事故發生之機會或在損失發生後坐視損失擴大之嚴重性。此種危險因素，通常與一個人之品性、操守、性情及行為審慎之態度等因素有直接關係。就產物保險而言，有人因有保險而疏於保險標的物之維護與管理為其典型。心理危險因素有時是不經意的，如菸酒過度、熬夜、不良習慣等屬之。

二、危險事故

　　危險事故是指損失發生的原因。危險事故可能是屬於自然性質，也可能歸屬於人為性質。前者如颱風、地震、洪水、颶風、冰雹；後者如竊盜、戰爭、罷工（strikes）、暴動（riots）、民眾騷擾（civil commotions）。罷工、暴動、民眾騷擾，保險實務上簡稱 SRCC。

三、損失

　　損失非僅指有形損失，無形損失亦包括在內。有形損失通常為經濟損失可以衡量，無形損失不一定可以評估，因其可能有經濟損失亦可能有精神損失，前者如火災發生後營業中斷造成之利潤損失，根據會計報表及某些推論基本上仍可量化衡量；後者則難有客觀價值無法衡量。一般言之，保險中所謂可保之損失，係指因意外事故所致一種非吾人所願或非計畫中之經濟價值之減少或降低註 7。

■第三項　危險的分類

　　危險分類為一複雜問題，可由不同方向探討，下列幾個為常見的分類：

一、依是否可衡量分為客觀危險與主觀危險

1.客觀危險（objective risk）

　　客觀危險是指實際損失經驗與預期損失經驗的可能變量（variation），此定義常為一般危險管理與保險學教科書所引用註 8。此種危險通常可以觀察，因此也可以衡量。例如，現實世界中可以觀察一個地區（例如大台北地區）一段期間（例如 5 年）一定房屋棟數（例如 100,000 棟）發生火災之次數，即可發現每一年平均發生多少次火災（例如 100 次），成為一種預期損失經驗，一般係以百分比表示。不過，在經驗期間內每一年發生火災的實際次數一定有高低之分，有些較高（例如 110 次），有些較低（例如 90 次），此種情況之下相對上有差異（即 10 次），就是所謂的客觀危險。同樣情況亦可用於其他特定社會事故，例如竊盜案件。

2. 主觀危險（subjective risk）

主觀危險是基於個人的心理狀況或精神狀況而產生的不確定性，此定義亦是一般危險管理與保險學教科書所常引用者。一般而言，是因對某一特定事件的一種疑惑或是憂慮，常因個人的心理狀況或精神狀況而有所不同，所以，同樣一件事，有些人可能過於保守而感到悲觀，有些人則反而是樂觀。

二、依損失之性質可區分爲純危險與投機性危險

1. 純危險（pure risk）

純危險是指某一事象（event）是否發生具有不確定性，一旦發生則僅有損失機會而無獲利機會之危險，因此，亦有將此種危險稱之爲純損危險，如火災、火山爆發、地震、颱風、洪水等等均屬之。純損危險的種類甚多，通論歸納爲財產上的危險（property risks）、人身上的危險（personal risks），以及責任上的危險（liability risks）三種，茲分別說明如下：

(1)財產上的危險

個人或企業擁有財產不同權利的同時，也暴露於財產發生各種直接或間接損害之可能性的威脅之中。財產當然包括動產與不動產，至於損失則包括直接損失與間接損失，直接損失是指財產因受到各種不同危險事故而遭受之實體或物理性質之毀損滅失，間接損失是指財產毀損之後連帶產生的關聯性損失，大部分是直接損失發生後費用的增加或是營業利潤的喪失，例如，火災發生後爲了清理火場產生的殘餘物清除費用，或是臨時住宿費用；又如電子產業在大地震發生後，因爲生產設備受損或電力供應不足之營業利潤喪失，前者性質上屬於營業中斷損失（business interruption loss），後者則屬連帶營業中斷損失（contingent business interruption loss）。綜上，可將財產上的危險定義爲「發生於財產上的直接損失或間接損失的不確定性。」

(2)人身上的危險

是指與個人之生命或健康有關的一切危險。簡言之，其範圍不外乎生老病死傷殘以及就業之問題；質言之，則包括早死的危險（risk of premature death）、老年的危險（risk of old age）、健康的危險（risk of poor health）、失業的危險（risk of unemployment）等幾種註 9，茲分別說明如下：

①早死的危險：早死主要之危險非在於亡故者本身，而是其扮演家計負擔者之角色所牽引的家庭經濟或財務之困境。蓋其所造成之損失有下列四項註 10：

　(a)人類生命價值（human life value）之喪失：人身價值為一個人未來收入之現值，未來收入取決於多項因素，例如，倫理道德行為（ethical behavior）、職業類別與企業類型（occupation and industry）、良好的健康（good health）、年齡大小（age）、工作意願（the willingness to work）、居住環境（resident）、教育程度（education）、情感處理圓熟度（mobility）（類似 EQ）、經驗（experience）、投資意願（willingness to make an investment in the mind）、創造力與判斷力（creative ability and judgment）、其他尚有天賦能力、毅力與雄心等等。

　(b)額外費用之產生，主要是指亡故者之喪葬費用、遺產稅等等。

　(c)家庭收入來源之喪失。

　(d)非經濟損失，係指配偶之精神痛苦，或是兒女在成長過程喪失最直接與最基本的成長指引。

②老年的危險：老年的危險是多方面的，大部分與經濟有關。老年之健康問題也是老年危險之一，在性質上同樣是嚴重的經濟問題，因為醫療費用、看護費用等等均非常驚人。在一個社會安全制度不完善之地區，更突顯老年危險之嚴重性。在高齡化之社會中，老年危險是一般升斗小民普遍的威脅，也是生命尊嚴的威脅。

③健康的危險：只要是人，均存在健康的危險。許多病痛是突發的，許多病痛是慢性的，更有許多病是無年齡層之分的，癌症即為典型。總之，除了精神痛苦與肉體折磨外，健康的危險最具體者表現於龐大的醫療費用與喪失所得能力兩個問題。

④失業的危險：經濟學謂失業之原因有多種註 11，今日工商社會瞬息萬變，科技一日千里，結構性經濟之變動已成常態，人生在世，失業的危險已難避免。

⑶責任上的危險

責任上的危險是指對他人之財產或身體造成傷害，依法對他人負損害賠償責任之可能性。責任上的危險較財產上之危險及人身上之危險更為重要，原因有三[註12]，茲說明如下：

① 責任的損失難以預估上限：一般言之，責任因素較為複雜，既不固定也缺乏客觀性，舉凡發生責任的地區、社會風氣是否好訟、受害人傷害之嚴重性，特別是體傷情況、法院之判決一般情況、是否有懲罰性賠償（punitive damage）等等均是，此與財產原則上有客觀價值可以評估完全不同，所以責任的損失無法預估上限。

② 責任危險可能使吾人喪失現在的資產或未來的收入與資產：經法院判決發生之巨額賠償金額，倘無責任保險保障或是保障不足，負責任者勢須以現有之資產賠償，甚者，如現有資產不足者可能被判令以未來之資產或收入以對。

③ 法律訴訟費用甚為可觀：涉及責任事件，進行抗辯自須委任律師，其收取之專業服務費用以及其他相關費用，對於經濟單位言之，亦為一筆不小之負擔。

2. 投機性危險（speculative risk）

某一事象是否發生具有不確定性，惟一旦發生則既有損失機會亦有獲利機會之危險，稱為投機性危險。投機危險在日常生活或現代工商社會中，俯拾皆是，如賭博、彩券、樂透、買賣股票、期貨、操作衍生性金融商品皆是。投機危險之分類雖雜，惟保險學者仍有分類。茲先列表 1-1，以便說明。

表 1-1　投機危險之分類

分類學者	類　別	備　註
Rosenbloom, Jerry S.[註13]	⑴管理危險（management risk） ⑵政治危險（political risk） ⑶創新危險（innovation risk）	由企業觀點分類
Mehr, Cammack, Rose[註14]	⑴管理危險 　①市場危險（market risk） 　②生產危險（production risk） 　③財務危險（financial risk） ⑵創新危險 ⑶政治危險	由企業危險之本質觀點分類

上述分類大同小異，均由企業危險之本質觀點導論，茲就其涵義解釋如下註15：

⑴管理危險（management risk）

管理危險涉及甚多，但與決策最具關聯性。故管理危險係指企業之決策者作成之決策及其執行結果之不確定性，其範圍如表 1-1 所示，可分成市場危險、生產危險與財務危險，茲再分述如下：

①市場危險：市場危險主要來自企業投資生產之產品其售價是否足以提供合理之報酬的不確定性，蓋市場規模與特性、消費者之嗜好、競爭者之策略總在變動之中。即以消費者之嗜好改變而言，許多年輕學生族群喜好連鎖式西方速食，例如漢堡，對於傳統的中式飲食在比對之下，即具有投機危險性質。

②生產危險：係指與人事、製造技術以及原料獲得相關之危險。例如存貨政策之改變、人力與資本組合、僱傭契約之談判，均會產生許多不確定性。另外，過時的機器與生產技術、罷工、勞資糾紛，都是此類不確定之主要來源。

③財務危險：財務危險通常與企業獲取或管理資金有關，諸如長短期資金調度工具之採用、是否該舉債融資等等決策。

⑵政治危險（political risk）

政治危險對於企業投資之不確定性影響甚大，其影響有時尚具有毀滅性。質言之，一個國家之國外投資政策改變，可能毀掉一個企業的海外擴張計畫。又如實施外匯管制、政治情勢不穩發生內戰等等，均為此種危險之典型。

⑶創新危險（innovation risk）

創新危險與市場危險其實有所相關，由於企業之預期與消費者之實際需求總有差距，因此，新產品問世之際即是產生創新危險之時。其實創新危險之源頭應上溯至開發新產品之時，因為所需投入之人力、財力、物力不在小數，高科技、高風險恰是最好的例子，電子、電腦業之情況最稱典型。

3. 純危險與投機性危險之比較

純危險與投機性危險兩者在性質上有許多差異，茲為易於了解，將兩

者之差異推廣並列表詳細比較如下，見表 1-2 所示。

表 1-2　純危險與投機性危險比較表

項　目	純危險	投機性危險
定義	僅有損失機會而無獲利機會之危險	既有損失機會，亦有獲利機會之危險
造成結果之種類	損失／無損失	損失／無損失／獲利
對個人及社會之影響	個人及社會均產生損失	個人損失／社會獲利
大數法則之運用	易於適用	甚難適用
與保險之關係	通常為保險的對象	通常非保險的對象，須以其他危險管理方法處理

三、依損失之環境可區分為靜態危險與動態危險

1. 靜態危險（static risk）

靜態危險是指因自然力之不規則變動或人類的錯誤與惡行，而導致損失之危險。自然力之不規則變動為無法避免或抗拒者，地震、颱風、海嘯、暴風雨等屬之，隨機出現為其特性。至於人的錯誤與惡行有如交通意外事故導致之死亡，或是類似千面人下毒事件，或是車子停放之時遭第三人之惡意行為。如專就企業言之，學者認為靜態危險之來源有五 註 16，分別是：

(1)財物之物理或實質性毀損滅失。

(2)詐欺及暴力犯罪所致之毀損滅失。

(3)依法所生之賠償責任。

(4)他人財產毀損，該他人為企業仰賴銷售或原料來源者，導致企業收益減少之財務損失。

(5)重要職員或業主死亡、殘廢所致之損失。

2. 動態危險（dynamic risk）

動態危險指源於社會變動而產生之危險，所謂社會變動其所涉及者大部分為經濟活動，例如，慾望改變、新技術或技術改進、消費者嗜好改變、新產品出現等等。

3. 靜態危險與動態危險之比較

靜態危險與動態危險之基本區分，如表 1-3 所示。

表 1-3　靜態危險與動態危險比較表

項　　目	靜態危險	動態危險
定義	因自然力之不規則變動或人的錯誤與惡行，而導致損失之危險	因社會變動而產生之危險
出現時機	即使經濟無任何改變，亦有可能出現	在經濟變遷時出現
造成原因	大部分為自然因素或人類之錯誤行為	大部分為社會之變動
造成結果	損失／無損失，對社會有害	損失／獲利，對社會有利
對個人及社會之影響	影響少數個體，為社會損失	影響整個社會（個人損失、社會獲利）
與純危險及投機危險之關係	原則上屬純危險	原則上屬投機性危險

四、依損失之起源與影響可區分為基本危險與特定危險

1. 基本危險或團體危險（fundamental risk or group risk）

基本危險是指與團體有關的危險。其主要之特徵為事件發生時波及範圍大，亦較難以控制。一般是與經濟失調、政治變動、社會不安、天然巨災有關，因此，其在性質上純危險與投機性危險兼而有之。

2. 特定危險或個別危險（particular risk or individual risk）

是指與特定之人有關的危險。其主要之特徵為事件發生時波及範圍小，亦較容易控制。一般包括由非職業性原因引起死傷之危險。又，火災、爆炸、竊盜、破壞等引起之財產損失危險、對他人財產損失與身體傷害所負法律責任之危險亦屬之。此種危險在性質上常屬於純危險。

3. 基本危險與特定危險之比較

茲依據上述，將基本危險與特定危險比較如表 1-4 所示。

表 1-4　基本危險與特定危險比較表

比較項目	基本危險	特定危險
定義	與團體有關的危險	與特定之人有關的危險
影響原因	通貨膨脹、天然巨災等	一般危險、責任危險
影響層面	整個社會	個人
處理方式	危險管理與保險	以保險為主
與純危險及投機危險之關係	純危險或投機性危險	純危險

五、其他的分類

　　危險的其他分類甚多，例如由危險管理角度觀察，有些危險是可以管理的，即稱為可管理危險，至於不可管理的危險，名稱即其意義。此種分類重要之處在於為何可以管理？可以管理之主要理由在於可以預測損失機會，也可以各種不同的危險管理方法處理，危險管理方法請詳本章後述。吾人當然亦可由保險公司的經營角度觀察，此時即可分為可保危險與不可保危險，此種分類之重點在於保險人認定「為何可保」，亦即須合乎其設定之要件，關於可保危險之要件，請參閱本書第二章。較為吾人所關注之分類，尚有可分散的危險（diversifiable risk）與不可分散的危險（nondiversifiable risk），前者又稱非系統性危險（unsystematic risk），後者又稱系統性危險（systematic risk），其區分標準在於是否可透過結合（pooling）概念或危險分散概念，以有效降低危險 註17。

■第四項　衡量危險之基本觀念

　　一般言之，具有純危險性質之危險，例如客觀危險，應是可以衡量的，主要是有數據或統計資料可用。關於衡量有兩個基本觀念，其一為損失機會（chance of loss），其二為危險程度（degree of risk），茲分別說明如下：

一、損失機會

1.損失機會之定義

　　損失機會一般是指長期的相關損失頻率，係以分數或百分比表示一定期間內一定數量的危險暴露單位中，可能發生損失之次數及程度 註18。

評估危險事故的損失機會，有幾點非常重要，茲列示如下：

⑴必須要有大量的統計資料。

⑵要設定期間觀念。如果不設定一定期間，就難以表現其特定的意義；至於期間長短，應視所要觀察的危險事故而定。

⑶危險暴露單位亦應達一定規模。

一般言之，保險領域中在衡量危險暴露單位的損失機會時，無論是產物保險或是人身保險，通常是運用統計方法，求出經驗機率。

2.公式

損失機會可以簡化為下列計算公式：

$$損失機會 = \frac{可能發生損失的次數}{危險單位總數}$$

二、危險程度

損失的不確定性到底有多大，可以用危險程度來衡量。所謂衡量危險程度是指衡量客觀的危險程度，可用公式表示如下：

$$客觀的危險程度值 = \frac{實際損失次數 - 預期損失次數}{預期損失次數}$$

三、損失機會與危險程度之差異

上述損失機會與客觀危險其實是有差異的，蓋兩個危險暴露團體之損失機會可能完全相同，但是兩者之客觀危險可能完全不同，此種差異可以下列例子說明。假設火災保險人分別承保甲城一萬棟房子及乙城一萬棟房子，兩個城市的損失機會可能為 1%；也就是說，每個城市平均每年有一百棟房子發生火災。但是在觀察的各個年度中，每年之損失次數變動量不一定會相同，甲城可能是介於 90～110 之間，乙城可能介於 75～125 之間；也就是說，乙城之客觀危險大於甲城之客觀危險，因為乙城之客觀危險程度為 20%，而甲城之客觀危險程度為 10%。

■第五項　危險之社會成本

損失的不確定造成人們某些「難以把握或掌握」之窘境，連帶形成一種「成本」，此為危險社會成本之根源。危險社會成本當然及於精神層面以及經濟層面，茲分述下列幾個危險之社會成本。

1.危險社會成本造成之直接負擔

是指因危險事故之發生遭受損失，直接導致個別經濟單位及社會全體直接承受不利之結果或經濟負擔。

2.因不確定性產生之間接負擔

由於危險的存在，使社會或經濟蒙受不利的影響，歸納之下有三種[註19]：

⑴經濟體必須提存意外風險基金，造成資金之呆滯

由於危險的存在，個人與企業，甚至政府，必須策略性提存意外風險基金，以應付巨額之潛在損失；如果沒有保險，尚須增加意外損失基金的規模以便支付無法預期的損失。如果損失提早發生，意外損失基金可能不足以支付損失。復就家庭言之，為提存意外損失基金，勢必要減少開銷，結果可能降低生活水準。為損失預作準備本為不得已之舉，如不為之，經濟體所須承擔者可能更大，企業之產品責任即為一明顯例子，重大之責任判決不僅喪失利潤、名譽受損、流失客源，甚至造成破產[註20]。

⑵人類經濟福利之減少

由於危險存在，可能使企業投資意願降低，不敢生產某些產品或不敢提供某些服務，造成經濟面的損失。例如，流行病疫苗可能產生相當之責任，藥廠不敢製造。又如醫療責任之問題，亦可能使醫界減少較為重要之醫療服務。總之，難以管理之危險存在時，某些殷求之貨物或重要之服務無法提供，造成人類經濟福利減少。

⑶企業管理人員之恐懼與憂慮

因危險而使人們與企業產生精神上之不穩定與憂慮，此使得企業資源分配缺乏效力且使資本形成遭受阻礙。此種情況下，企業如無適當之危險控管，甚至由政府當局出面進行危險管理，可能使多數資源投入危險性較

低之行業。相對言之，危險性較高之行業則使用較少資源。上述由政府當局出面進行危險管理之典型為透過立法，一方面降低企業之危險，一方面鼓勵投資註21。

第二節　危險管理之意義與危險管理的目標

■第一項　危險管理之意義

我國產物保險名詞辭典謂「危險管理係指經濟單位透過對風險辨認、衡量和控制，而以最少之成本使風險所致之不利影響減至最低程度之管理方法」，將危險管理界定為一種管理方法，而其對象則及於個人、家庭、企業等經濟單位。

基本上，危險管理之過程甚為固定，包括：(1) 確認與分析危險（identify and analysis risks）；(2) 衡量或評估危險（measure or evaluate risks）；(3) 選擇危險管理之技術或工具（selection risk management techniques）；(4) 執行危險管理決策（implementing）；(5) 檢討危險管理決策（reviewing decisions）等五項。

■第二項　危險管理的目標

危險管理的目標應由企業與個人家庭分別討論，首就企業討論如下：

一、企業的危險管理目標

就企業言之，危險管理的目標有事前目標與事後目標，已成所有危險管理教科書之通論註22。事前目標方面包括經濟節約原則（economy）、降低憂慮（reduction of anxiety 或 tolerable uncertainty）、應付外界施加於企業的任何義務（meeting imposed responsibilities）、社會責任（social responsibility 或 humanitarian conduct）等四項，其排列順序是由基本目標（basics objectives）至積極目標（ambitious objectives）；事後目標方面包括企業的生存（survival）、繼續營運（continuity of operations）、穩定盈餘（earnings stability）、持續成長（continued growth）、社會責任（social responsibility）等五項，此等目標均屬於營運目標（operational objective），茲分述如下：

1. 事前目標（pre-loss objective）

(1)經濟節約原則

係指危險管理之整個過程應符合效力性、經濟性，亦即以最經濟的方法與成本為潛在損失預作彌補之準備。易言之，應考慮成本效益之問題，至於是否有效力，一般認為可與類似之組織其間危險管理成本比較，惟須考量組織之費用分配制度是在可比較之情況下始具有意義。

(2)降低憂慮

經理人欲作出有效之決策，應降低心中之害怕與憂慮。所謂降低憂慮即在降低企業或組織之經理階層或重要管理人員面對危險產生之憂慮與害怕。易言之，經由危險管理增加該等人員對於危險產生之憂慮與害怕之忍受度。因此，一個好的危險管理計畫所應展現者應使相關者「知心」與「安心」，前者即了解潛在之損失，後者即提供有效管理危險暴露之方法，所謂危險控制與危險理財是也。

(3)應付外界施加於企業的任何義務

企業經營之業務與法律有密切之關係，此為經理階層應了解者，逾越法律規定勢必造成企業之損失。遵守法律之規定不但是現代企業經營者之一種責任，也是一種義務。例如，政府要求工廠裝設安全設備保護工人安全、貸款人要求借款人購買保險、政府要求旅遊業者購買旅遊責任保險、建築法規要求建築物須有逃生安全措施與裝備等等。

(4)社會責任

社會責任既是事前目標，亦為事後目標。就事前目標言之，社會為一共同體，企業發生損失造成社會或多或少之不安定，因此企業進行之損失預防或抑減措施，對於社會之穩定與安全自有貢獻。

2. 事後目標（post-loss objective）

(1)企業的生存

企業的生存為損失發生後之基本目標，其根源在於企業永續經營假

設。因此，在發生重大損失之後，爲避免倒閉，應在短期間迅速調度資金，恢復原狀，或至少在合理期間內企業可以恢復部分營運。

(2)繼續營運

對企業言，在發生損失後繼續營運爲一重要的目標，主要目的在於維護既有的客戶。企業設定此項目標之後，專業危險管理經理須對企業營運組合有很清楚與詳盡之了解，哪一項營運具有持續之必要優先性？其最大可忍受營業中斷有多長？所以，危險管理經理在本目標應有之規劃爲註23：(1) 確認哪些營業活動不容許其中斷；(2) 確認使該等營業活動中斷之意外事故種類；(3) 決定立即性之預備資源（stand-by resources），以應付意外事故發生之後產生之立即不良效應；(4) 提供重大性預備資源應付最爲嚴重之情況。由上述可知，此目標因須提出「備份型資源」（back-up resources），相對上較生存目標花費亦較高。

(3)維持獲利與穩定盈餘

簡單言之，穩定盈餘是指在發生損失後，維持企業每股最低盈餘，此目標與繼續營運目標有密切的關係。惟欲達成此目標可能要花費相當之成本，蓋危險管理經理必須藉助保險註24或其他危險轉嫁方法，以便企業在災後之財務狀況仍能維持在產業所設定的標準範圍之內，此等方法通常花費較多。

(4)持續成長

企業依靠開發新產品、市場占有率或是併購而成長，惟同樣是成長，有些企業偏重版圖的擴大，有些則在擴大之中同樣重視維持盈餘穩定。追求成長之企業由於對意外損失不確定性之忍受性較高，其危險管理計畫所能分配之預算相當有限。一般言之，巧婦難爲無米之炊，危險管理經理當然會發現難以保障日益增多之危險暴露單位，如果不幸發生重大損失，很可能將努力追求之成長完全犧牲；亦即，事後之眞實危險管理成本會甚高。相對言之，縱在成長但仍著重盈餘穩定之企業，由於對於不確定性之忍受性較低，爲保障其成長中之資源，避免因組織之成長軌跡不因重大意外而停頓，危險管理之預算自然較高，因其同時強調危險控制與危險轉嫁措施。

(5)社會責任

　　企業發生嚴重損失之後，影響之層面極廣，可能包括其員工、客戶、供應商、債權人、納稅者及一般大眾，而社會責任係指損失發生後減少對他人或社會之影響，並建立良好之公共形象。較為具體之例子為發生公安事故之後，如何作損失抑減、事後賠償、補償，甚至於道義責任等等平息民怨之措施，均為危險管理之重要目標。

二、個人與家庭的危險管理目標

　　個人與家庭的危險管理目標，可由其所面臨之危險及其與企業或組織之危險管理相比較以為導論，前者為財產、責任與人身三種危險，後者即為簡單與複雜之對比。

　　茲就其與企業或組織之危險管理相比較言之，個人與家庭的危險管理顯然單純許多，其理由有下列幾點註25：

- ‧其一為財產之量，以一般規模之企業與一般之家庭言之，前者之財產顯然較多，因此，暴露於財產之危險遠超過後者。
- ‧其二為企業從事之業務活動顯然較個人或家庭來得多，其暴露之危險產生之不可預期損失自然較雜。
- ‧其三為企業或組織從事活動附隨產生之責任較個人或家庭為重，一個有 5,000 名員工之企業，所有員工在業務範圍內產生之責任與雇主均產生關係。
- ‧其四，法律通常加諸於企業或組織較大之責任，例如勞工補償。
- ‧其五為企業主承擔員工一部分之生命與健康之危險。
- ‧其六在處理危險之技術或方法上，家庭須採用者顯然較少。

　　綜觀三種危險所致之問題，仍以財務為主要，蓋維持正常之生活水準為最基本者，正常之生活水準即為經濟消費生活，惟家庭或個人對於危險管理之需求，在目標上具有「明顯性」與「關鍵性」。例如，重大財產之家計生活負擔者突然遭意外傷害或疾病導致家庭經濟生活所需收入之減少中斷，以及龐大之醫療費用，從而產生之「持續生存」首要目標。另外尚有退休規劃、遺產規劃、投資、儲蓄、提高生活水準、健康維護等具體「財務目標」、「人生尊嚴目標」、「權利與義務目標」等等。

■第三項　危險管理與其他管理之比較

危險管理與其他管理有其差異，茲簡要比較如下：

一、危險管理與一般管理不同

兩者主要不同點在於處理危險之範圍不同，前者處理純危險，後者則處理所有危險，包括純危險與投機性危險。又前者在使經濟單位之損失極小化，後者則在追求利潤極大化。

二、危險管理與保險管理不同

危險管理同時在管理可保之純危險與不可保之純危險，前者如天然的災害（如颱風等），後者主要是指非意外性之危險[註26]。保險管理專注於可保之純危險，因此，前者之範圍較後者為大。

三、危險管理與安全管理不同

安全管理之重點在於各種預防措施（prevention）或防護措施（protection）之使用，基本上該等措施必須運用專業知識為之，蓋專業人員分析損失發生之原因之後，方可進一步規劃採用何種損失預防措施。惟由上亦可知，其範圍較危險管理為小，蓋風險管理包括風險控制與風險理財，所以安全管理可視為危險管理領域中的危險控制之技術層面，有別於危險控制在危險管理中同時考慮財務層面。

四、危險管理與財務管理不同

財務管理範圍較危險管理為小。一般之財務管理是在較確定之情況下，追求利潤最大化，危險管理所採用之財務管理觀念，是在不確定或未知之情況下，使企業之純危險成本達到最小[註27]。

五、危險管理與危機管理不同

危機管理範圍較危險管理範圍為小，危機管理通常稱為緊急應變計畫，較偏向於損失預防[註28]。

茲就危險管理、一般管理、保險管理比較如下，見表 1-5。

表 1-5　一般管理、危險管理、保險管理、安全管理、財務管理、危機管理
　　　　比較表

類別 項目	一般管理	危險管理	保險管理	安全管理	財務管理	危機管理
處理危險範圍大小	最大	次之	獨特	獨特	獨特	獨特
處理危險種類	純危險與投機性危險兼而有之	可保之純危險與不可保之純危險	可保之純危險	純危險	投機性危險	原則上為純危險
目的	創造最大利潤	損失極小化	降低損失與補償	預防損失	創造最大利潤	化解危險
採用手段	所有的方法	危險控制與整合性之危險理財	保險組合	損失預防為主	各種金融工具	緊急應變計畫（尤其是損失控制）
所處環境	確定或不確定	不確定	不確定	不確定	較確定	不確定

第三節　危險管理之過程

　　危險管理之過程可分為五大步驟，分別為：(1) 確認與分析危險（identify and analysis risks）；(2) 衡量或評估危險（measure or evaluate risks）；(3) 選擇危險管理之技術或工具（selection risk management techniques）；(4) 執行危險管理決策（implementing）；(5) 檢討危險管理決策（reviewing decisions）。

■第一項　危險確認與分析

一、定義

　　危險管理的第一個步驟是確認所有存在於企業或家庭或個人的純損危險，並分析其來自何處及其性質與範圍。所謂危險確認，係發掘經濟單位與某特定危險相關之潛在損失，其種類有財產、責任、生命、健康、喪失收入等等。經濟單位是指個人、家庭與企業。舉例言之，經濟單位擁有一輛車或一棟建築物，在享受其好處之餘，也應體認該等財產相對上亦為一

個危險暴露單位，蓋建築物有發生火災之可能，汽車可能遭竊或在使用時因過失而致對第三人產生責任。

　　至於危險分析，主要在衡量危險對於經濟單位之影響，主要著重於財務面，其基本觀點在於損失發生之後，對於經濟單位之財務影響大小。

二、危險確認與分析之方法

　　確認與分析危險之方法甚多，最常見的有 註29 ：⑴保險調查法（the insurance survey approach）；⑵保單檢查法（the insurance policy-checklist approach）；⑶危險暴露單位列舉法（loss exposure checklists or extensive risk analysis questionnaire）；⑷財務報表分析法（financial statement analysis）；⑸作業流程圖法（flow charts）；另外尚有⑹契約分析法（contract analysis）；⑺實地觀察法（on-site inspections）；⑻損失統計紀錄法（statistical analysis of past losses）；⑼實體檢查法（physical inspection）；⑽已公開或出版資料（published information）之參考法等等，茲分述如下：

1. 保險調查法

　　顧名思義，保險調查法係由保險公司之專業人員主導的一種確認與分析危險的方法。保險公司之專業人員利用保險公司或是保險相關機構設計之調查「危險」表格，就當事人可能遭遇的各種危險，予以詳盡調查與分析，並作成調查報告，以供當事人參考之用。當然，調查「危險」表格隨不同之行業有所不同，但是一般採問卷方式，分別就動產或不動產可能遭遇之財產風險逐項檢查。保險調查法主要之特點是將企業中具備「可保性」的動產或不動產等等損失暴露單位，依序詳列相關問題，其目的在於鑑定可以使用保險分散財產之損失暴露單位。

　　此種方法一般適用於中小型企業，其優缺點如下：

⑴優點

各行各業之「風險」調查表格已成制式，成本低廉。

⑵缺點

①由於調查表為保險業界所主導，設計者目的著眼於保險產品行銷，通常僅針對可保危險，致忽略不可保的危險。

　　②通常使用於財產危險。

　　③成敗關鍵在於保險專業人員之學識、經驗、技術，以及其獲得保
　　　險業務之可能性大小。

2.保單檢查法

　　保單檢查法一般是由企業的危險管理相關部門執行，其所使用之工具
為保險業界業已存在並持續販賣中之保單種類，其過程為檢視企業所需之
保單，並與現有的保單作一比較之危險鑑定方法，在性質上屬按圖索驥之
法。其優缺點如下。

　　(1)優點

　　針對企業現有之危險，以及現有之保障種類，提供改進的建議。

　　(2)缺點

　　①保單檢查法僅能針對可保危險。

　　②保單種類過多，僅靠一己之力有過與不及之顧慮。

3.危險暴露單位列舉法 註30

　　此法亦可稱危險列舉法，係由有形資產與無形資產之毀損或法律責任
列出各種可能的損失來源，並可根據損失是否可預期或控制，編列損失暴
露單位檢查表，此法可適用於個人或企業。其進行方向有兩種，其一可針
對特定行業設計檢查表；其二可針對特定危險暴露單位設計之檢查表。其
主要優點為：

　　(1)調查系統化，降低漏列重要危險的可能性。

　　(2)可深入評估業已確認之危險所需之資料，加深危險之確認層面。

4.財務報表分析法

　　財務報表分析法是以一個企業所編製的資產負債表與損益表中的會計
科目或項目為基礎，逐項分析企業可能面臨之危險。嚴格言之，應為危險
列舉法之一種。

　　從危險管理的角度，財務報表中的會計科目或項目就是代表一種危險
暴露單位，因此具有一種分析企業潛在性危險的指標作用。

　　財務報表分析法主要的優點如下：

⑴綜合性

可同時顧及可保與不可保危險暴露單位。

⑵量化性

無論是資產負債表或損益表，其所列舉之項目不但可反映某一時點之資產價值或負債額度，也可反映一段期間企業營收之來源及其額度，將此等數字轉化爲危險管理層面，提供企業危險暴露單位基本的量化數據。

⑶接受性

會計數字一般經會計師簽證，轉化爲危險管理觀點後，易於讓企業之董事、管理者、融資者（例如銀行）接受危險管理之鑑定概念。

⑷未來性

如將企業之預算、業務之長期預測、書面策略規劃等列入分析之中，則此法亦可確認未來可能存在之危險。

基本上，運用財務報表分析法易於逐項發現企業的重大危險暴露單位，不論是有形的或是無形的，例如表 1-6。

表 1-6　會計報表中資產之危險分析

項　目	確認之危險列舉	備　註
現金與支票	遺失、竊盜、冒領	
應收帳款	存心詐欺之危險、資料遺失或毀損、員工之惡意破壞、採用電腦處理應收帳款之危險	從應收帳款設立至應收帳款收到之時
存貨	儲存過程之風險、連帶業務中斷之危險、運送過程之危險、法律責任危險	危險所有權移轉原則
固定資產	火災、天然災害、失竊、法律責任等危險	

5. 作業流程圖法

此法在性質上亦爲危險列舉法之一種，其基本原則是將企業之營運組織過程，依其先後次序排列流程，再就其可能遭遇之危險列舉之，製造業與服務業均可適用此種確認危險之方法。以製造業爲例，其流程始於供應商之原料、電力供應及其他的生產投入，終於製成品交付客戶。生產過程

中斷對企業之影響極大，利用流程圖，可知意外事故發生之後對於生產線之影響，因此，企業之危險管理人員可發現生產瓶頸之所在，自可由其中確認其生產過程中潛在之危險。惟流程圖主要為營運組織過程之圖解，無法指出作業過程中某一步驟之易損性註31。

6. 契約分析法

契約分析法一般係針對商務契約，例如，建造合約、銷售合約、租賃合約。契約記載當事人雙方之權利與義務，為危險管理觀點，亦反映當事人遭遇某些潛在損失之可能性，故可為確認危險之方法。為確認危險存在與否，採用此種方法時，危險管理人員必須與主事者溝通，認知合約之性質。

7. 實地觀察法（on-site inspections）

實地觀察法為動態法之一種，係指危險管理人員透過定期視察企業的內外組織或部門，或與企業之部門經理或其他員工交談方式，以了解企業目前存在之危險暴露單位與未來可能潛在之危險暴露單位。

8. 損失統計紀錄法

損失統計紀錄法係以類似危險管理資訊系統（risk management information system，簡稱 RMIS）為工具，分析企業過去之損失紀錄，藉以確認危險暴露單位之方法。一般言之，良好之損失紀錄可以反映損失原因、涉及之員工、損失發生地點、總損失等等有用之資料。

9. 實體檢查法（physical inspection）

實體檢查法與實地觀察法在性質上類似，查勘者所提供者均為現況資料註32，較具動態及時效果為其特色，不僅可查出已存在之風險，亦可查出危險因素增加等實質問題。

10. 已公開或出版資料（published information）之參考法

各行各業均有已公開或出版之相關資料，諸如作業過程、營運方式、損害防止等等，具有易於取得與實用性之特點，此法對於其他確認風險之方法具有補強效果。

至於個人或家庭為危險之確認，實際上可採用者有「流程圖法」、

個人之「人身生命週期」、家庭之「家庭生活週期」（family cycle），均可視爲流程圖法之適用。前者係將人生由出生至死亡分爲孕育期、建設期、成熟期與空巢期等四期；後者則是以家庭結構及其生活變化爲基礎，導出家庭建設期、成熟期與銀輝期等三階段。同時，由於個人或家庭亦可編列資產負債表，財務報表法自可應用。

■ 第二項　危險衡量概論

一、一般原則

危險衡量主要針對危險暴露單位，對於經濟個體可能產生之潛在損失及其影響大小，一般係以財務層面爲主，而損失之嚴重性尤爲焦點。在進行評估之前應該注意幾個觀念。

1. 須有資料根據。須以過去已發生之損失資料爲分析起點，作爲其對未來影響之分析基礎。
2. 須有時間限制。所要衡量者應爲單位時間內之預期損失成本。
3. 以損失次數與損失幅度爲評估工具。惟損失幅度較損失次數爲重要，因爲單一巨災即可能造成企業之毀滅。

・衡量工具

上述所謂損失次數（簡稱 F）係指在一段期間內可能發生的損失次數，進一步言之，係指一定危險單位數在一段期間內可能發生之損失次數之多寡。損失幅度（簡稱 S）是指某一類之損失如果發生，可能發生之損失額度大小或損失規模。由 F 與 S 可估計各危險暴露單位之損失大小序列，並作爲選擇危險管理技術甚爲重要之根據。關於損失幅度，尚須稍加分析，一次事件或事故 註33 之嚴重性顯然是重要關鍵。實際上，表現嚴重性之觀念有多種，最常使用者爲下面兩種：

⑴最大可能損失（probable maximum loss，簡稱 PML）

係指單一危險單位，在單一事故中可能發生的最嚴重損失幅度（the worst loss that is likely to occur because of a single event） 註34 。

⑵最大可達損失（the maximum possible loss，簡稱 MPL）

係指單一危險單位在企業存在期間，在單一事故中可能發生的最

壞損失幅度_{註 35}（the worst loss that could possibly occur because of a single event）。實際上，財產之 PML（probable maximum loss）通常依據財產之物理性質、使用性質以及其在危險事故中之易損性而定，例如建築物之「COPE」，係指建築結構（construction）、使用性質（occupancy）、私人消防設備與公共消防設備（private protection and public protection）、四周環境（exposure）。

二、大數法則（law of large numbers）

大數法則是在描述吾人觀察之危險暴露單位數增加時，實際損失經驗與預期損失經驗可相當接近之情況。一般言之，當危險暴露單位之量增加時，在相對基礎下，可能結果之變量會降低，變量是指實際發生損失之次數與預期損失次數之差異數。至於危險暴露單位，有如一輛汽車、一棟房子或是同一個年齡層的個體。不論變量降低或是實際損失經驗與預期損失經驗相當接近之情況，均代表危險暴露單位數增加時，客觀危險程度降低之事實。如果以統計觀念看，當樣本數目逐漸增加時，則抽樣結果與預期結果之差距會不斷減少，最後趨近於零，此種差距可以代表風險。大數法則為保險基本原理之一，就保險公司言之，大數法則可用於精確估計其未來之損失經驗。本書將在「保險基本原理」乙章中詳述大數法則。

■第三項　危險管理方法之選擇

一、危險管理方法之分類方式

危險管理方法之分類方式甚多，大致朝兩種方式分類，第一種為危險控制型與危險理財型，第二種為保險方法與非保險方法分類。第一種分類強調技術性與財務性之分野，第二種分類在於突顯保險與其他危險管理方法之相當性，並強調保險在危險管理方法中之獨特性質。又有由轉嫁觀點出發而分為轉嫁型與非轉嫁型兩類，由其過程觀察亦可分為直接轉嫁與間接轉嫁，本書採用第一種分類。

就第一種分類言之，控制型的危險管理對策，重點在損失的預防與抑減；理財型的危險管理對策，重點在預先安排資金來源，以便在損失發生後迅速恢復經濟活動或營業活動。

二、危險控制型方法概述

控制型危險管理方法係經濟單位採取各種措施,以降低意外損失的發生頻率或在損失發生後降低損失之幅度。

1.危險控制理論

危險控制理論甚多,最有名者為骨牌理論(domino theory)、能源釋放理論(energy release theory)。

⑴骨牌理論(domino theory)

此理論是 H. W. Heinrich 研究工業意外之預防(industrial accident prevention)時所提出 註 36 。本理論原在解釋工業意外事故及工業從業人員傷害之因果關係,現代危險管理理論將其擴大解釋於一般性的人身意外事故與傷害。骨牌理論認為所有意外事故的發生是由一連串的原因產生,該等原因環環相扣,具有連鎖性。詳如圖 1-2 之流程圖,由圖中將五個因素以五張骨牌表示,第一張骨牌為環境因素,顯然難以控制,該理論認為只要第三張骨牌不倒下,危險事故不致發生,損失即可避免。

環境因素(heredity and social environment)→人為錯誤(personal fault)→人之不安全行為或物理性危險因素(unsafe act or physical hazard)→意外事故之發生(accident)→意外傷害或財損(injury)

圖 1-2　骨牌圖

骨牌理論實際上亦為危險因素、危險事故、損失之連鎖關係,詳如表 1-7 之對照表。

表 1-7　骨牌理論與危險本質流程表

環境因素	人為錯誤	人之不安全行為或機械之風險因素	意外事故之發生	意外傷害或財損
危險因素			危險事故	損失

⑵能源釋放理論(energy release theory)

為美國醫學博士 Willian Haddon, Jr. 於 1970 年所提出之理論,該理

論認為所有意外事故的發生，都可視為一種「能量失控」（energy is out of control）的現象。亦即，意外事故發生，是因釋放出來的能源失去控制，加諸於人體或非人體等客體之上，致造成損失。簡言之，即加於客體之能量，大於正常情況下客體可以負荷之能量時，意外事故即產生。吾人亦可將其與危險本質流程相對照如表 1-8。

危險管理理論認為如果一方面控制能源之釋放程度，另一方面加強客體的承受力，即可避免意外事故之發生。

表 1-8　能源釋放理論與危險本質流程表

能量累積	能量瞬間爆發	意外事故	損失
危險因素	危險事故		損失

2.危險控制型方法之種類

危險控制型之種類甚多，危險避免（risk avoidance）、損失控制（loss control）、非保險之危險轉嫁（non-insurance transfer）或契約轉嫁（transfer of risk by contracts）等均是，其中又以損失控制在實務上應用最多，應用之方向通常是與保險搭配，茲將其先行歸納如表 1-9 註37。

三、危險控制型方法論

1.危險避免

(1)定義

經濟單位放棄或不從事某些活動，亦即經濟單位對某項危險直接設法避免。

(2)使用時機

危險避免採用之時機，大略有下面兩種：
①當危險暴露單位之損失次數很多，且損失幅度很大之時。
②其他危險管理措施成本過高，不符合經濟效益時。此種情況下，雖有其他危險管理方法，例如採取損失控制措施，但是所費不貲，成本過高，效益過小。

表 1-9　危險控制型方法概要表

主要種類		要　義
損失控制	危險避免	1.「避免」危險型活動。 2. 不作為：不取得危險暴露單位。 3. 作為：放棄現有之危險暴露單位。例如，婚姻暴力中之離婚、頂客族、單身貴族觀念。
	損失預防 （loss prevention）	1. 為經濟單位在損失發生前之措施。 2. 重點在於降低損失機率或降低損失次數。
	損失抑減 （loss reduction）	1. 為經濟單位在損失「發生時」、「發生後」之措施。 2. 重點在於降低損失之嚴重性。原則為降低損失至最低限度（minimization）。 3. 採用之措施可能於損失發生前即已擬定，也可能是損失發生後之施救（salvage）。保險中之損害防阻義務為典型運用。
	隔離 （separation）	1. 隔離主要在限制一個區域之損失幅度，例如，經濟單位將其資產或營運活動分離成多個單位，巨災（如大火）發生之後，可有效限制其影響區域。隔離為避免危險集中之措施，可視為損失抑減之一種。 2. 隔離主要是採用分散危險之觀念，由於有助於損失之預測，因此與保險基本原理中的大數法則原理有所關聯。
	複製 （duplication）	1. 複製為備份之觀念，例如，企業常庫存備用零件、文件等等，於危險事故發生致設備部分受損，可立即更換，維持營運活動之正常運作。 2. 複製主要在降低損失幅度。
	組合 （combination）	1. 可視為損失控制之一種。 2. 組合在於增加危險暴露單位數，朝向大數法則之功效，有助於預測損失頻率與幅度。 3. 企業合併（incorporation of a business firm）為典型之例子。
非保險之危險轉嫁	保證（warranty）	以保證契約將危險移轉由保證人承擔。
	租賃（leasing）	財產所有人將財產所生之危險以租賃契約方式轉由承租人承擔。
	轉包（subcontract）	將承包工程之全部或一部分轉包於他人，共同承擔危險。
	免責條款（hold-harmless clause）	製造商在買賣合約中設置免責條款，將其產品相關責任轉嫁由其下游企業承擔，通常用於賣方市場。
	放棄追償權條款（disclaimer clause）	買方市場情況下採用。
	套購（hedging price risks）（中和）	現買先賣、現賣先買。

(3)優點

危險避免主要重點在於拔除危險因素，因此，可消除損失發生之機會，使損失機會等於零。

(4)缺點

①不可能避免所有的損失。吾人生存於世，所為之活動難以限制，有些為必要之活動，例如旅遊或出差，依路程遠近搭乘不同交通工具，難以因懼怕而不為。
②一味避免所有的危險暴露不僅不切實際，過於消極，亦無法解決問題。

2. **損失控制**（loss control）

(1)定義

經濟單位針對其潛在之危險暴露單位，採取適當措施以降低損失發生次數或降低損失幅度。故損失控制主要之精神在於雙管齊下，使吾人有限之資源損失可以減少，實為「惜物」之一種情操。

(2)種類

原則上可分為損失預防與損失抑減兩種。

①損失預防：為經濟單位於事前採取措施以預防或降低損失發生次數，原則上為事前積極性的防護措施。蓋損失預防重在降低或消除危險因素，危險因素又為災害之源頭，故損失預防有減少損失次數之作用。
②損失抑減：是指經濟單位採取損失預防措施後仍無法阻止事故發生，則在事故發生後採用之降低損失幅度或程度之措施，原則上為事故發生時或事後的措施。
③類似之損失控制有隔離（separation）、複製（duplication）註38、組合（combination）。
　(a)隔離：主要在限制一個區域之損失幅度，例如經濟單位將其資產或營運活動分離成多個單位，巨災（例如大火）發生之後，可有效限制其影響區域。隔離的主要目的在分散，將危險分散到許多隔離的場所，使得危險事故發生時，不會同時影響到所有的危險標的。

(b)複製：為備份之觀念，例如企業常庫存備用零件、文件等等，於危險事故發生致設備部分受損，可立即更換，維持營運活動之正常運作。

(c)組合：在於增加危險暴露單位數，朝向大數法則之功效，有助於預測損失頻率與幅度。企業合併（incorporation of a business firm）為典型之例子 註39 。

(3)損失控制之使用時點

損失控制之措施不勝枚舉，依前述，原則上損失預防為事前性質，損失抑減為事後性質，惟有些情況卻難以明確劃分，因此又有所謂(1)事前之損失控制行動（pre-loss activities）；(2)與損失發生同步之損失控制行動（concurrent loss control）；(3)損失發生後之損失控制行動（post-loss activities）。茲編表 1-10 說明如下 註40 。

表 1-10　損失控制使用時點

	效用組合	例　　示
事前之損失控制行動	1. 降低損失頻率 2. 同時降低損失頻率與幅度 3. 僅降低損失幅度	企業實施員工安全教育，其內容應包括員工如何避免職場受傷，或不幸受傷時應如何應變使受傷程度降至最低
與損失發生同步之損失控制行動	以降低損失幅度為主要	百貨公司或高科技廠房於損失發生前裝置自動噴水設備（building sprinkler system），原則上可迅速滅火，阻止損失擴大
損失發生後之損失控制行動	主要重點為降低損失幅度	損失發生後搶救（salvage）受損之財產或受傷之人員

(4)採用理由

如前所述，損失預防在於降低實質損失，但是，採取之各種措施，例如各種設備，每每須花費相當費用，因此，常須考慮成本與效益。例如，就企業言之，火災產生之直接損失，可能造成更巨大之間接損失（即利潤損失）時，即值得採用。再者，就人身危險言，可降低社會成本。社會成本者，係由人力資源觀點觀察，為經濟單位因意外喪失其勞務或產出能力，致他人產生財務之不安全，所謂他人，例如企業或是經濟單位之家屬。因此，有效之損失控制計畫，可降低社會成本。

3.非保險之危險轉嫁

⑴定義

危險轉嫁爲經濟單位將其潛在之危險透過契約方式，轉由他人承擔之危險管理方法，將危險轉嫁之一方爲轉嫁者（transferor），承受他人危險者稱之爲受轉嫁者〔或稱被轉嫁者（transferee）〕。危險轉嫁可分爲保險之危險轉嫁與非保險之危險轉嫁，非保險之危險轉嫁大部分爲危險控制型之轉嫁。

⑵種類

非保險之危險轉嫁種類甚多，較重要者有租賃契約（lease）、轉包（subcontract）、免責協議〔或稱辯護協定（hold-harmless agreement or exculpatory）〕、放棄追償權條款（disclaimer clause），以及保證等等，茲說明如下：

①轉包：轉包常用於建造工程中，蓋經濟單位得標工程之同時，亦承擔相關危險。故經濟單位因其得標工程危險性高，經由轉包契約，將全部或部分工程給其他包商，共同承擔危險，爲非保險危險轉嫁之一種。

②租賃契約：經濟單位（財產所有人）將財產所生之危險於租賃契約中設定協議項目，將其財產風險或法律責任風險轉由承租人承擔。

③免責協議：通常用於賣方市場之情況。在買賣契約中簽訂此協議，最主要可免除經濟單位過失行爲的法律責任，例如產品製造商處於較強勢地位時，與百貨商於買賣契約中簽定免責協議，其產品責任在脫離其控制之後即轉由零售商承擔。

④放棄追償權條款：在買方市場中，買方於買賣協議中訂定條款，由其所致之責任，例如修改產品出售產生之產品責任，受害者向賣方索賠後，要求賣方不得向其追償。

⑤保證：經濟單位以保證契約將其債權無法回收之危險，移轉由保證人承擔。例如，債權人爲確保自己的債權，要求債務人提供保證人，如債務人無法履行債務，則保證人必須負責清償。亦即債權人藉保證契約，將債務人不履行債務的損失危險轉嫁於保證人。

(3) 採用理由

① 不具備商業可保性之危險暴露單位，其潛在損失仍可轉嫁。現代
　經濟社會雖以保險為主要之危險管理工具，不過，商業保險承保
　之危險有所謂「可保危險之要件」註 41，凡不合乎要件者，即不
　具備商業可保性，此時可採非保險之危險轉嫁因應。

② 花費通常較保險為低。由於非保險之危險轉嫁，通常透過契約為
　之，不過，由上述許多方法看，諸如保證、免責協議等等，轉嫁
　者通常不用支付代價。

③ 此種危險暴露單位之潛在損失，可移轉給較擅長對其作損失控制
　之人。例如上述轉包之情況，轉嫁者將其較不擅長之部分轉出而
　由較內行之承保商承擔，自然有損失控制之效。

(4) 缺點

① 當轉嫁契約之文字不明確時，功用全失。
② 當被轉嫁者無力償付損失時，轉嫁者仍須負責。

■第四項　危險理財型概述

一、定義與種類

　　係指經濟單位預先安排或籌措資金來源，於危險事故發生造成損失
時，能夠迅速恢復原來的財務狀況。常見之財務型危險管理措施包括自留
〔retention，又稱危險承擔（risk assumption）〕與保險轉嫁兩種，前者
較具體者又有自負額（deductible）、自己保險（self-insurance）以及專
屬保險（captive insurance），茲先行列表如表 1-11 所示。

表 1-11　財務型危險管理方法表

項目	種　　類	種　　類
危險自留	主動自留（計畫型自留）	自負額、自己保險、專屬保險
	被動自留（非計畫型自留）	因無知而自留
保險	向保險業購買保險，將可能遭遇損失之危險，轉嫁於保險人	

二、危險理財型總論

1.自留

(1)定義

係指經濟單位對某種危險不採取任何措施，一旦發生損失由其自行承擔。

(2)類型

分為計畫型自留（planned retention）〔或主動型自留（active retention）〕和非計畫型自留（unplanned retention）〔或被動型自留（passive retention）〕。前者係指經濟單位經過謹慎評估自己之財務承擔能力之後或其他狀況之後，決定不採取任何措施或由自己進行資金準備計畫，以因應危險。計畫型自留包括自負額、自己保險以及專屬保險等等。後者係指經濟單位缺乏認知，或雖有認知但卻疏忽或低估其重要性，而未採取任何因應措施，事故發生後被動自行承擔損失。

(3)採行原因

綜觀上述，經濟單位採行自留之原因約有下列幾項：

①採行其他危險管理之成本太高，超過代價。例如，商業保險之保險費過於昂貴，或是損失控制之費用過高，成本與效益不相當。

②危險太小，本身可承擔。亦即，損失次數與幅度均不大，預期的損失金額小，不致造成太大的財務衝擊。

③對於損失發生機率較高的危險事故，可於平時提撥準備金以為因應。

④企業擁有同性質且獨立互不影響的危險單位之數量龐大，利用保險技術，可採「自己保險」措施。

⑤企業擁有眾多之危險暴露單位或關係企業，可成立專屬保險公司，以承保母公司所需要的各種保險。例如，大型企業集團或跨國性企業集團，往往於免稅地區設立專屬保險公司。

⑦無法以其他危險管理方法處理，在不得已情況下被迫自留。

⑧因為無知而自留。對於危險之認識不清，低估或忽略危險之嚴重性，危險事故發生後，只好自留損失。例如許多開車族，往往僅

投保強制汽車第三人責任保險，未加保任意汽車第三人責任保險，當其因過失致對他人負有民事責任時，責任額度遠大於強制汽車第三人責任保險所能提供最高新台幣 200 萬元 註42 之保障時，只好被迫自留實際的民事責任與保強制汽車第三人責任保險差額，此為基於對民事責任認識不清產生之損失自留，屬於典型之例子。

2.自負額

自負額通常由經濟單位考慮自身之財務力量，再行決定一次意外事故自己所能承擔之損失。自負額通常應用於保險之中，指意外事故發生後，保險人理賠之前，被保人須先行承擔一部分約定之損失，超過部分始由保險人負責。

3.自己保險

(1)定義

企業利用保險技術，諸如擁有之危險暴露單位量多、自身過去之損失經驗而釐訂之危險財務計畫，企業須按期撥款建立專屬準備金，在特定危險發生時，以該準備金彌補。

(2)成立要件

自己保險成立之要件應包括保險基本技術要件與企業經濟要件兩種，茲分述如下：
① 保險基本技術要件：包括大量之危險單位、確實之損失資料、良好之管理制度。大量之危險單位主要是利用大數法則之原理，預估損失次數。確實之損失資料配合大量之危險單位，主要是要評估每年應提撥多少自保基金。至於良好之管理制度主要是須有專責人員負責自保制度，蓋自己保險應用到保險之專業技術，採用此種危險理財制度至少應能對保險概念有所理解。
② 企業經濟要件：包括專撥之自保基金、健全之財務狀況。專撥之自保基金應專款專用，以備將來損失彌補之用。至於健全之財務狀況屬於企業調度資金之層面，如果企業在資金調度方面捉襟見肘，實難有餘力考慮自己保險計畫。

(3) 優點

自我保險主要之優點有下列幾點，依其邏輯性臚列如下：

① 節省保險費：有理性之自我保險計畫應配合商業保險逐步進行，隨著自保基金之累積，商業保險所需之保險額度理應降低，經濟單位之保險費支出自然減少。

② 可提升損失控制之層次：自我保險為一種危險理財計畫，其目的非在不理會損失，經濟單位不可有恃無恐，更應提升損失控制之層次，期使損失降至最低，故理性之自保計畫應配合損失控制措施。

③ 處理損失速度較快：經濟單位累積之自保基金，其性質類似準備金，並界定為專款專用，企業如不幸發生損失，無須如保險般須經必要之理賠手續，故在處理損失之速度較快。

④ 處理非可保危險：無法取得商業保險保障之危險暴露單位，採用自己保險可紓減一部分求助無門之窘境。此種情況下有時為不得已之做法。

(4) 缺點

自我保險主要之缺點有下列幾點，依其邏輯性臚列如下：

① 影響資金之靈活應用：由於累積之自保基金屬於專款專用性質，致基金較無法靈活調度，影響資金之靈活應用。故企業考慮採用此種危險理財方式時，亟須考慮其機會成本大小之問題。

② 增加管理費用：設立自己保險須有人管理該種制度，多少會有費用產生，加上應配合損失控制，管理費用增加難以避免。

③ 有時無法如期獲得彌補：由於自保基金建立費時，如未達相當額度即發生損失，企業即無法獲得彌補，又因無商業保險之補救，致兩頭落空。

④ 危險單位不足：此為企業在成立自己保險即應考慮之因素，嚴格言之，無足夠之危險單位即不應採行，蓋企業難以估算按期應提撥之自保基金額度，勉力為之，亦僅落入無計畫之提存意外事故準備金範圍，與自己保險須要保險技術配合之本意完全相左。

⑤ 管理人才缺乏：前已言之，自己保險須有專業人員參與始竟其功，無適當之管理人才，其缺點與前述危險單位不足產生之缺點相同，喪失須保險技術配合之本意。

⑸成功的自我保險計畫應考慮之其他因素

　　成功的自我保險計畫應考慮之其他因素，須考慮自保基金累積具有時間問題，應如前述，配合商業保險逐期調整保險金額，以免基金累積未達一定規模時發生損失，求助無門，喪失自己保險之本意。

4.專屬保險

⑴定義

　　專屬保險是指大型企業集團設立自己之保險公司，以承保自己企業集團所需之各種保險。在法律上，企業本身與其成立之保險公司均為獨立之法人，繳付保費及理賠與一般保險無異。惟因在作業過程中，母公司繳付之保險費與子公司理賠之保險金均在企業集團內流動，原則上危險並無轉嫁他人，故歸屬於自留範疇。不過，假使專屬保險人另有承作其所屬企業集團以外之保險業務擴大其經營基礎，或安排相當程度之再保險轉嫁其危險，此時即可超脫危險自留之範疇，進入危險轉嫁之流。

⑵設立理由

　　設立專屬保險之理由與專屬保險之優點類似，茲依其主要性與次要性之順序分述如下：
　①節稅與延緩稅負支出：此為企業集團設立專屬保險公司最重要之理由，首就企業集團言之，支付於其專屬保險公司之保險費可列為營業費用，而專屬保險公司收到之保險費依會計應計基礎，有些必須提存為未滿期保費準備註 43，屬負債性質。因此，就整個企業集團言之，一筆資金可有節稅與延緩稅負支出之效果。
　②母公司可減輕保費支出：在商業保險之保費結構中，除純保費之外，尚有附加保險費，其中包括有保險中介人之佣金、營業費用、賠款特別準備、預期利潤等等，就專屬保險人言之，事實上同一企業集團無須支付佣金，營業費用亦可較少，所以母公司所支付之保險費可以降低甚多。
　③專屬保險公司可拓展再保交易：設立專屬保險公司，本應有分散危險之機制，即應有再保險配套措施，此時專屬保險公司即可藉業務交換之便而拓展再保交易，企業集團之業務領域因而更為寬廣。

④加強損失控制：設立專屬保險公司之目的雖在爲企業集團尋找保險出路，但須注意其目的非在救急。因此，應配合加強損失控制措施，一來可以有較佳之再保險出路，二來可使專屬保險公司擴大其規模成爲一個利潤中心。

⑤商業保險保費太高：此理由與減輕保費支出之理由類似，惟吾人須注意，保險費過高也代表企業體之危險暴露單位之危險性較高，就此點而言，設立專屬保險之理由似過於牽強。

⑥一般保險市場無意願承保：一般保險市場無意願承保由自己之專屬保險公司承保，除非能有良好之再保險出路分散危險，否則其理由亦嫌牽強。

(3)缺點

剛開辦之專屬保險，必然有下列幾個缺點：

①業務品質較差：由於專屬保險所承保者爲自家企業集團內之業務，有許多可能是原先商業保險保費過高之業務，或是商業保險無意願承保之業務，兩者均代表標的之危險性過高，亦即業務品質較差。

②危險暴露量有限：企業集團內之業務量基本上有其限制，亦即較難達到大數法則之適用，如不接受其他業務或利用再保險，基本上其經營之客觀危險甚高。

③組織規模簡陋：由於專屬保險公司原則上爲其所屬企業服務，人力配備不多，因此，組織規模簡陋。

④財務基礎脆弱：專屬保險公司組織規模簡陋，資本額有限，累積之準備金亦有限，故財務基礎脆弱。

總之，專屬保險公司如能擴大其承保基礎，妥善安排再保險，由封閉型逐步轉向開放型，轉化成眞正之商業保險，始具意義。

5.保險

藉契約行爲轉嫁他人承擔，亦即藉由他人提供的資金塡補家庭或企業所遭受的損失。一般可有：(1)人身保險（即可用以轉嫁生命、身體傷害所致損失或費用的保險）；(2)財產保險；(3)責任保險等等，請詳後面各章所述。

6. 替代性的危險管理方法

替代性的危險管理方法，又稱為危險管理新途徑，原文稱 alternative risk transfer，簡稱 ART。最原始之意義為企業透過專屬保險或是危險自留集團（risk retention group，簡稱 RRG）為風險管理工具，企圖以最低成本達成風險降至最低，專屬保險請參考本章第三節第四項，至於 PRG，為一種特殊形態的專屬保險，在性質上具有相互保險的內涵，例如一個特定行業的業主組成一個 RRG 之後，加入該組織成為會員並向該組織購買定保險，即可獲得保障。不過替代性風險移轉業已經擴大為限額再保險、保險證券化、巨災證券化、再保險證券化等等，成為一種整合性理財計畫，其目的在補助傳統再保市場效率較低、承保能量不足、可保風險過窄之問題 註 44 。所以，採用 ART 者可能是一般的企業、保險業、再保險業等等。

■ 第五項　危險管理方法選擇的原則

危險管理方法選擇的原則係以損失次數與損失幅度為主軸，將經濟單位之危險暴露型態歸納為四種（如表 1-12），就其特性採取組合式之危險管理，茲說明如下：

表 1-12　危險管理方法選擇原則表

危險型態	損失次數	損失幅度	主要採用方法
1	低	低	危險自留
2	高	低	損失預防＋危險自留＋保險
3	低	高	保險＋危險自留
4	高	高	危險避免

1. 第一種，損失次數與損失幅度均很低。此時對於經濟單位並無重大經濟傷害，採用危險自留並無疑義。
2. 第二種，損失次數高，損失幅度低。此種型態之危險主要是一段時間內之損失累積風險，此時經濟單位應先行針對損失次數高之情況，以損失預防降低損失次數，其次可評估自身之財務能力設定損失自留額度，然後購買超額損失保險（excess of loss insurance）。

3. 第三種，損失次數低，損失幅度高。此種型態之危險最適合購買
保險因應，惟購買保險時應注意成本問題，此時可結合危險自留
觀念，設定自負額或是採行損失控制措施，以使成本最低。

4. 第四種，損失次數高，損失幅度高。除採危險避免外，應更積極
採用損失控制分別減少損失次數與損失幅度，有時亦有非保險之
危險轉嫁可資利用。

總之，危險管理之方法一般是組合式的，天下並無任何單一的危險管
理方法可以概括一切，「一招半式闖江湖」在此並不適用。

■第六項　執行危險管理決策與檢討危險管理決策

一、執行危險管理計畫

在作成危險管理決策後，應有效執行，檢討執行成果，保持執行進度
之紀錄。

二、檢討危險管理決策

檢討、評估上列第一至第四步驟，以達成危險管理最佳效能。

本章關鍵詞

(1) 危險（risk）

(2) 危險因素（hazard）

(3) 實質危險因素（physical hazard）

(4) 道德危險因素（moral hazard）

(5) 心理危險因素（morale hazard）

(6) 危險事故（peril）

(7) 損失（loss）

(8) 客觀危險（objective risk）

(9) 主觀危險（subjective risk）

(10) 純危險（pure risk）

(11) 投機性危險（speculative risk）

(12) 財產危險

(13) 責任危險

(14) 人身危險

(15) 靜態危險（static risk）

(16) 動態危險（dynamic risk）

(17) 基本危險（fundamental risk）或團體危險（group risk）

(18) 特定危險（particular risk）或個別危險（individual risk）

(19) 損失機會（chance of loss）

(20) 危險程度（degree of risk）

(21) 危險之社會成本

(22) 危險管理（risk management）

(23) 危機管理

(24) 確認與分析危險（identify and analysis risks）

(25) 評量或評估危險（measure or evaluate risks）

(26) 保險調查法（the insurance survey approach）

(27) 保單檢查法（the insurance policy-checklist approach）

(28) 危險暴露單位列舉法（loss exposure checklists or extensive risk analysis questionnaire）

(29) 財務報表分析法（financial statement analysis）

(30) 作業流程圖法（flow charts）

(31) PML

(32) MPL

(33) 損失頻率

(34) 損失幅度

(35) 大數法則（law of large numbers）

(36) 危險控制

(37) 骨牌理論（domino theory）

(38) 能源釋放理論（energy release theory）

(39) 危險避免（risk avoidance）

(40) 損失控制（loss control）

(41) 損失預防與損失抑減隔離（separation）

(42) 組合（combination）

(43) 轉嫁

(44) 轉包（subcontract）

(45) 免責協議〔辯護協定（hold-harmless agreement or exculpatory）〕

(46) 放棄追償權條款（disclaimer clause）

(47) 保證

(48) 自留（retention）或危險承擔（risk assumption）

(49) 保險轉嫁

(50) 自負額（deductible）

(51) 自己保險（self-insurance）

(52) 專屬保險（captive insurance）

註釋

註 1：C. Arthur Williams, Michael L. Smith, Peter C. Young, *Risk Management and Insurance*, 7th edition, McGraw-Hill, 1995, p. 5.

註 2：有些教科書稱這些內容為「危險之特性」。

註 3：見 William H. Rodda, James S. Trieschmann, Eric A. Wiening, Bob A. Hedge 等原著，凌氤寶譯述，《商業財產風險管理與保險》（上冊）（*Commercial Property Risk Management and Insurance Volume I*），中華民國產物保險核保學會出版，民 84 年 6 月初版，頁 2。

註 4：S. Travis Pritchett etc., *Risk Management and Insurance*, 7th edition, West Publishing Company, 1996, p.12.

註 5：在火災保險中，將後面四個實質危險因素稱為 COPE。

註 6：S. Travis Pritchett etc., *Risk Management & Insurance*, 7th edition, West Publishing Company, 1996, p.13.

註 7：Mark S. Dorfman, *Introduction to Risk Management and Insurance*, 5th edition, Prentice Hall, International, Inc.,1994, p. 4.

註 8：例如，George E. Rejda 著 "*Principles of Risk Management and Insurance*" 乙書各版本，Trieschmann, Gustavson 等著 "*Risk Management and Insurance*" 第十版。

註 9：George E. Rejda, *Principles of Risk Management and Insurance*, 4th edition, Harper Collins Publishers, 1992, p. 9.

註 10：*Ibid*, p.10.

註 11：諸如摩擦性失業（frictional unemployment）、結構性失業（structural unemployment）、景氣性失業（cyclical unem-ployment）。

註 12：George E. Rejda, *Principles of Risk Management and Insurance*, 4th edition, Harper Collins Publishers, 1992, pp.12～13.

註 13：Rosenbloom, Jerry S., *A Case Study in Risk Management*, 1972, p.3.

註 14：Mehr, Cammack, Rose 於 "*Principles of Insurance*" 乙書中

引用 Robert I. Mehr and Bob A. Hedges, *Risk Management in the Business Enterprise*（Homewood, Ill, Richard D. Irwin, Inc.,1963）, p. 4 中動態危險之分類，彼等認為純危險即為靜態危險，投機危險即為動態危險，見該書第六版，1976, p. 37。

註 15：以下解釋主要參考廖述源、高棟樑、曹有諒、鄭鎮樑、黃裕哲、張耀武、周玉玫等譯述，《保險學原理》（上冊），保險事業發展中心出版，民 81 年 11 月，頁 45～46。

註 16：Mehr & Hedges, *Risk Management in the Business Enterprise*, Richard D. Irwin, 1963, pp. 3～11.

註 17：系統性危險（systematic risk），主要用於描述證券報酬率之變動，受整個市場波動影響的部分，此等危險不因任何決策而分散，故又稱不可分散的危險。而非系統性危險（unsystematic risk）則在於描述一個企業所獨有之部分，不能由一般市場之報酬率變動解釋，可藉由投資組合選擇分散之。請詳⑴保險事業發展中心編《保險英漢字典》，民 92 年 6 月初版，頁 399、881；⑵C. Arthur Williams, Michael L. Smith, Peter C. Young, *Risk Management and Insurance*, 8th edition, Irwin McGraw-Hill, 1998, p. 9.

註 18：廖述源、高棟樑、曹有諒、鄭鎮樑、黃裕哲、張耀武、周玉玫等譯述，《保險學原理》（上冊），保險事業發展中心出版，民 81 年 11 月，頁 21。

註 19：此三種情況中前面兩個似已成通論，George E. Rejda, *Principles of Risk Management and Insurance*, 4th edition, Harper Collins, 1992, p.13；Trieschmann, Gustavson, *Risk Management and Insurance*, 10th edition, South-Western College Publishing, p. 4 均有詳細描述。

註 20：Trieschmann, Gustavson, *Risk Management and Insurance*, 10th edition, South-Western College Publishing, p. 4.

註 21：廖述源、高棟樑、曹有諒、鄭鎮樑、黃裕哲、張耀武、周玉玫等譯述，《保險學原理》（上冊）第 30 頁中有詳細之描述，保險事業發展中心出版，民 81 年 11 月。

註 22：諸如 Mehr, Robert I. and Hedges, Bob A., *Risk Management, Concept and Applications*, 1974, p. 4. George L. Head, Stephen Horn II, *Essentials of Risk Management Volume I*, 2ed edition, 1991, CPCU, pp. 46～54. William H. Rodda, James S. Trieschmann, Eric A. Wiening, Bob A. Hedge 原著，凌氤寶譯述，《商業財產風險管理與保險》（上冊），初版，中華民產物保險核保學會出版，民 84 年 6 月，頁 5～8。

註 23：*ibid*, p. 48.

註 24：例如營業中斷保險。

註 25：C. S. Travis Pritchett etc., *Risk Management & Insurance*, 7th edition, West Publishing Company, 1996, p. 40.

註 26：例如百貨業者必然會發生之順手牽羊（shoplifting losses）損失，非屬意外性質。

註 27：參酌宋明哲，《風險管理》，三版一刷，五南圖書，民 82 年 11 月，頁 5。

註 28：又，學者謂，危機之發展階段一般分爲：(a) 威脅與警告階段：此爲潛伏期或警告期；(b) 影響階段：爆發期；(c) 調查與救援階段：後遺症期；(d) 清理階段：解決期。危機一詞，爲轉機與惡化之分水嶺，結果如何，端視瞬間危機管理之適當性。請詳鄭燦堂，《風險管理──理論與實務》，初版，著者發行，三民書局總經銷，民 78 年，頁 425～427。

註 29：下列各種方法，散見於各種危險管理或保險學教科書中，例如，George L. Head, Stephen Horn II, *Essentials of Risk Management Volume I*, 2ed edition, Insurance Institute of America, 1991, pp.104～127. William H. Rodda, James S. Trieschmann, Eric A. Wiening, Bob A. Hedge 等原著，凌氤寶譯述，《商業財產風險管理與保險》（上冊）（*Commercial Property Risk Management and Insurance Volume I*），中華民國產物保險核保學會出版，民 84 年 6 月初版，頁 41～70；張加恩，《風險管理簡論》，保險事業發展中心，民 78 年 3 月，頁 27～31。James S.

Trieschmann etc., *Risk Management & Insurance*, 10th edition, South-Western College Publishing, 1998, pp. 20～25.

註 30：James S. Trieschmann etc., *Risk Management & Insurance*, 10th edition, South-Western College Publishing, 1998, p. 21.

註 31：詳 James S. Trieschmann etc., *Risk Management & Insurance*, 10th edition, South-Western College Publishing, 1998, pp. 21～22.

註 32：原文稱 what is，如為過去之資料則為 what was，應該改進之情況則為 what should be。

註 33：Event 與 Occurrence 為不同之概念。

註 34：C. Arthur Williams, Michael L. Smith, Peter C. Young, *Risk Management and Insurance*, 7th edition, McGraw-Hill International editions,1995, p. 64. 但該書第八版第 79 頁稱該名詞為 Probable Maximum Loss 簡稱 PML，實則意義相同，為免誤解，本書仍以正文中簡稱分辨該兩名詞。

註 35：C. Arthur Williams, Michael L. Smith, Peter C. Young, *Risk Management and Insurance*, 7th edition, McGraw-Hill International editions,1995, p. 64.

註 36：H. W. Heinrich, *Industrial Accident Prevention*, 4th ed. New York: McGraw-Hill Book Co., 1959, pp.14～16。

註 37：綜合多本危險管理著作編成。例如，Trieschmann, Gustavson, Hoyt, *Risk Management and Insurance*, 11th ed. South-Western College Publishing, 2001, pp. 76～80；陳繼堯，《危險管理論》，著者印行，民 84 年 4 月出版，第六章。

註 38：有將兩者統稱 Segregation。

註 39：下列考題可提供讀者「組合」之另一思考方向。「近年來政府鼓勵保險同業合併，此種合併方式應屬於何種危險管理方法？又，保險同業合併後，在保險經營上帶來哪些預期效益？（90 年第一次核保人學會保險學考試保險學試題）。思考重點：⑴保險業為企業之一種，企業之收買合併類似危險管理方法中的『組合』（combination），仍屬

於危險控制之一種；⑵ 組合結果，危險單位增加，有利於大數法則，對於危險事故之頻率、損失幅度，較易預測，經濟單位較有採取對策之方向。」

註 40：參酌 Trieschmann, Gustavson, Hoyt, *Risk Management and Insurance*, 11th ed. South-Western College Publishing, 2001, p.78 編成。

註 41：請詳本書第 4 章。

註 42：強制汽車第三人責任保險剛開辦時，最高補償額度爲死亡給付 120 萬元，89 年 8 月 12 日起爲 140 萬元，現行調高爲 200 萬元。另外，傷害醫療給付仍維持最高 20 萬元。

註 43：未滿期保費準備之意義，請詳本書第 12 章。

註 44：請詳陳繼堯主持，金融自由化下新興風險移轉方法之運用現況與發展計畫案，財團法人保險事業發展中心，民 89 年 2 月，頁 61。

考題集錦

1. 危險控制的方法有哪些？請簡要說明之。　　　　　　　【108.2 核保考試】

2. 骨牌理論（Domino Theory）。　　　　　　　　　　　【108.2 核保考試】

3. 在危險管理的步驟中，辨認危險是第一個步驟，請列出五種危險辨識
   （Risk Identification）的方法。　　　　　　　　　　　【107.2 核保人員】

4. 何謂危險三要素？試簡要說明之。　　　　　　　　　　【107.1 核保人員】

5. 社會危險因素（Societal Hazard）。　　　　　　　　　【107.1 核保人員】

6. 動態危險（Dynamic Risk）。　　　　　　　　　　　　【107.1 核保人員】

7. 危險的經濟成本與危險的憂慮成本有何差異？試比較說明之。
   　　　　　　　　　　　　　　　　　　　　　　　　　【106.2 核保人員】

8. 危險程度（Degree of Risk）。　　　　　　　　　　　【106.2 核保人員】

9. 在不同損失頻率及損失幅度下可採行的危險管理方法為何？
   　　　　　　　　　　　　　　　　　　　　　　　　　【106.1 核保人員】

10. 自己保險（Self-Insurance）與專屬保險（Captive Insurance）主要不同
    為何？　　　　　　　　　　　　　　　　　　　　　　【105.2 核保人員】

11. 基本危險（Fundamental Risk）。　　　　　　　　　　【105.1 核保人員】

12. 危險程度（Degree of Risk）與損失機會（Chance of Loss）有何不同？
    試簡要說明之。　　　　　　　　　　　　　　　　　　【104.2 核保人員】

13. 能量釋放理論（Energy Release Theory）。　　　　　　【104.2 核保人員】

14. 請比較「危險成本」與「損失成本」兩者之差異？　　　【104.1 核保人員】

15. 危險組合（Risk Combination）。　　　　　　　　　　【104.1 核保人員】

16. 危險程度（Degree of Risk）。　　　　　　　　　　　【103.2 核保人員】

17. 危險管理的方法有哪幾種？產險公司採行之「拒保」、「註銷保單」、
    「再保自留額」、「分保」、「共保」、「損害防阻」、「自負額」、
    「限額承保」等，在屬性上各屬於何種危險管理方法？
    　　　　　　　　　　　　　　　　　　　　　　　　　【103.2 核保人員】

18. 保單對照法（Insurance Policy-Checklist Method）。【103.1 核保人員】

19. 請比較「危險成本」與「危險管理成本」兩者有何差異？
    　　　　　　　　　　　　　　　　　　　　　　　　　【103.1 核保人員】

20. 保險人承保危險之前，必須先分析「危險因素」（hazard），請說明保
    險學理上通常將危險因素分為哪些類型？　　　　　　　【107 保險專業人員】

21. 何謂保險式的風險移轉（Insurance type of transfer）？何謂非保險式的
    風險移轉（Non-insurance type of transfer）？請詳述之。

22. 何謂專屬保險（Captive insurance）？試述企業設立專屬保險公司之主要原因為何？此外，試述設立專屬保險公司之主要功能為何？

23. 保險是危險理財（Loss Financing）的方法之一，卻最能發揮財產的損失補償功能。請說明：(1) 險理財與危險控制（Loss Control）有何不同？（8 分）(2) 危險理財除了保險之外，尚有哪些危險理財方法？（9 分）(3) 財產保險的損失補償額度是否因定值保險單或不定值保險單而有所不同？（8 分）。

24. 何謂自己保險？自己保險與保險有何不同？企業採取此方式管理危險有何優點？請說明之。

第 2 章

保險基本原理與保險基本理論

學習目標

讀完本章，讀者應該可以：

1. 了解保險的四大基本原理。
2. 了解不同層面的保險意義。
3. 了解構成保險的五大基本要素。
4. 了解可保危險的七大基本要件。
5. 區分保險與其他經濟制度之相同點與相異點。
6. 了解保險的經濟效用與保險的社會成本。
7. 認識保險的種類。
8. 區分財產保險與人壽保險。

第一節　保險的基本原理

探究保險制度可以存在經濟社會的原理，就是保險基本原理。保險基本原理就是保險的生存元素，茲歸納如表 2-1。

表 2-1　保險基本原理

基本原理		大　意
結合 （pooling）	大數法則（law of large numbers）	觀察危險暴露單位之量愈大，甚至達到無限大，則實際之結果與預期之結果非常接近
	同質性（homogeneous）	同一個保險團體的各個危險暴露單位，在性質上應該很類似
損失分散原理（spreading）		加入保險團體之所有危險暴露單位共同分擔團體中少數危險暴露單位的損失
危險轉嫁（risk transfer）		經濟單位將所面對的純損危險，透過保險契約轉嫁給保險人
不幸意外事故之補償	意外性（accident）	不可預期的、不可預見的、不可預料的
	補償（indemnity）	恢復經濟單位之標的在損失發生前一刻其真實價值的狀況

■第一項　性質類似之大量危險暴露單位之結合

英文「pooling」一詞，導入保險範疇即為「危險暴露單位之結合」，惟保險中之結合並非毫無條件，成立機制在於危險暴露單位的數量要有一定規模，危險暴露單位之性質必須類似，而且必須在時間上、空間上分散，如此在少數危險暴露單位因不幸意外事故發生損失後，才能進行有效的損失分散，茲就上列再分析如下：

一、大數法則（law of large numbers）

危險暴露單位的數量要有一定規模，即一般所稱大數法則。依產物保險名詞辭典解釋：「大數法則又稱大數律，意即依據抽樣試驗或統計資料之顯示，某一現象在若干次重複或試驗中，其出現將呈規則性，而此規則性之準確度係與抽樣之次數或資料之數量成正比關係。」[註1]

　　上列定義主要在強調事象（event）的一種規則性，事象可以視爲特定的事件，保險中常承保房屋被火災毀損、汽車被竊盜等危險事故，但一定要先了解其發生的可能性，而且此種可能性最好能夠接近實際的情況。要達成此種效果，一定要藉由觀察大量的危險暴露單位，在一定期間之內發生事故的統計資料。

　　由上述可知，保險上所謂大數法則，是在解釋一種現象，此種現象是「觀察危險暴露單位之量愈大，甚至達到無限大，則實際之結果與預期之結果非常接近」註2。

　　不過，基於下面這些原因，保險公司運用大數法則的效果有所限制註3：

1. 保險公司的承保數量不可能無限多。實際上，保險公司所承保具同性質的危險暴露單位，因爲市場競爭之故，或是標的物本身數量本就有限，例如船體保險中的船舶，航空保險中的飛行器，在數量上一定會有限制，所以實際損失與預期損失不會完全一致。

2. 大數法則是以無數性質相同的危險單位爲基本假設，但是在保險的經營技術中，對危險暴露單位往往有分類太粗與分類過細的困境。分類太粗，所得的平均數很難表現任何一類危險的眞實情況；分類太細，該類中的危險暴露單位太少，根本難以發揮大數法則的功效。

3. 保險的環境具有變動性，以往的損失情況，一段時間之後由於社會環境、法律環境、經濟環境等等變動，無論是性質上或是數值上總會有不同，變動性較小時，經過修正或調整，雖尚可適用但也不能完全作爲未來的期望；如果變動太大，在適用上的折扣更大。所以，保險適用的損失資料時間不宜過於久遠。

4. 道德危險與心理危險是一種人爲的干擾因素，破壞自然的運作，亦即破壞大數法則的基本原性，使得吾人在預測損失時有相當的干擾作用。例如，縱火是比較難判斷的道德危險，往往摻雜在火災的損失統計中，對於火災次數或是損失金額的統計就有相當的影響。

　　值得注意者，大數法則必須與同質性原理與損失分散原理一起配合始可發揮其功效，該兩原理請詳後述。

二、同質的危險暴露單位

　　大量所構成之結合只是表面的結合，眞正堅實之結合應配合同質

性。同一個保險團體的各個危險暴露單位在性質上應該很類似，否則會破壞公平分擔損失的精神。所謂保險團體為一種通稱，有如投保汽車保險者構成汽車保險團體。火災保險、人壽保險可依此類推。不過，即使是汽車保險中承保之汽車亦應區分，同為汽車但是自用與營業用在使用性質上並不同質。火災保險中同樣是建築物，從住宅與商業用途來看也不同質。人壽保險中人的年齡層不同，生存率與死亡率亦不相同。唯有同質或性質非常類似，才能使整個保險團體的預期損失與實際損失的差異，控制在可接受的範圍之內。

■第二項　損失分散原理

所謂損失分散，是指由加入保險團體之所有危險暴露單位（exposure units）共同分擔團體中少數危險暴露單位的損失。危險暴露單位在不同的場合有不同的意義，此處是指保險團體內的構成分子，例如，人壽保險中的一個被保人。在火災保險中，我們也可稱一棟不會受到其他房子延燒危險的房子為一個危險暴露單位。在保險精算學中，危險暴露單位是衡量危險的基本尺度。不過，加入保險團體的均為人，所以是「多數人」在分擔「少數人」的損失。必須注意，各危險暴露單位所分擔之預期損失是根據大數法則事先預測的，而且具有某種程度的精確性。從保險數理的角度看，此種損失分散就好像是保險費結構中的純保費（pure premium），純保費就是保險費中用來應付賠款的那一部分保費。下圖（圖 2-1）可以說明上述一體兩面的事實。

$$損失分散 \rightarrow \frac{保險團體內少數人不幸之損失}{保險團體所有成員} \leftarrow 保險費結構中之純保費$$

圖 2-1　損失分散原理與純保費

■第三項　危險轉嫁

保險中所謂危險轉嫁，是指被保險人（也就是危險暴露單位或是經濟單位）將所面對的純損危險轉嫁給「保險人」，被保險人是轉嫁者。從原理來看，保險人其實只是一個媒介，真正的被轉嫁者是保險團體內的構成分子，同樣的轉嫁者也是被轉嫁者。真正的保險一定要具有轉嫁特性，由

此觀點看，自我保險（self-insurance）就不是真實的保險，因為它不具備將危險轉嫁出去的特性。在保險中，被保險人所能轉嫁的危險一般是純危險，包括財產上的危險、責任上的危險以及人身上的危險。

■第四項　不幸意外事故之補償

保險的第四個原理，是對於被保險人不幸意外事故損失的補償。保險人所補償的損失，必須是因意外事故所引起的。所謂意外，是指不可預見的或不可預期的（unexpected）。大數法則是在損失由意外產生的基本假設下運作，如果損失是由故意所造成，將破壞大數法則的原理。而所謂補償，是指恢復被保險人保險標的物在損失發生前一刻真實價值的狀況。所以，補償時須將標的物已經折舊的部分扣除，才不致因損失而獲利，違反補償的原意。不過，「補償」一詞原則上是指產物保險中之保險標的物，因為「物」本身是可以估價的，或是說可以評價的，人壽保險因人身無客觀價值，基本上是比較難適用補償觀念。當然保險實務中之醫療保險，如保險給付約定為實支實付，也適用補償原理。

第二節　保險的意義

保險的意義可由各種角度來觀察，例如，危險管理的觀點、經濟上的觀點、法律上的觀點。茲就上列幾個觀點分述如下：

一、危險管理的觀點

從危險管理觀點來看，保險甚為單純。亦即保險是一種危險轉嫁的方法，經濟單位利用此種方法將損失發生所致之財務損失負擔移轉給保險人。移轉必有其代價，但是，依保險基本原理，經濟單位是以小而確定之成本換取大而不確定之損失。所謂小而確定之成本，是指保險費；大而不確定之損失，一般以保險標的之價值為限。

二、經濟上的觀點

從經濟上看，保險是一種結合多數面對純損危險之危險單位或是經濟單位，預測未來損失以減輕危險的方法，並根據預測之損失，公平分攤至

群體中的每一危險單位註4。由於保險中所謂公平分攤，實際上為每一危險暴露單位繳納之純保費註5，具有事先共釀基金以應付損失的功能，而且是以確保經濟生活安定為目的，故可稱其為一種繼續性的經濟制度。根據此定義分析，保險應具備之要素（或稱要件）應有後述幾個，這些要素原則上是由危險管理與保險基本原理延伸而來（請參考表 2-2）。

表 2-2　保險要素與危險管理暨保險基本原理關係

保險要素項目	內容概要	來　源
保險的對象	合乎可保要件的純危險	保險基本原理之同質性
保險的目的	補償被保險人之財務損失	保險基本原理之補償
保險之運作方式	多數經濟單位之結合	保險基本原理之結合
保險的經營基礎	保險費	損失分散原理
保險之性質	為一種持續性經濟制度	危險管理之一種

1. 保險的「對象」應為「合乎可保要件的純損危險」

「保險的對象是危險」，為早期台灣保險學界的通說。「無危險，無保險」（no risk, no insurance）為保險的原則，但危險的種類依性質，可分成純危險與投機性危險。一般保險中所能承保的危險，原則上應限於純危險，純危險之定義已見第 1 章。但是仍須強調下列「危險」要件：

(1)事件發生與否不確定，此點並隱含保險所承保之危險應有發生之可能性，且危險之發生應屬於意外性。

(2)事件何時發生不確定，此點引申保險所承保之危險應具備未來性。

(3)事件發生之原因與結果不確定。

保險的「對象」為「純危險」是一個原則，如果從保險公司的經營立場來看，並不是所有的純危險都可以承保，因為保險公司所能承保的純危險也是要符合一定要件，一般可稱之為「可保危險的要件」。何謂可保危險的要件？一般是指保險人在承保技術上可行的要件，以及要保人在經濟上負擔得起的要件，此兩點將在本章後段說明。

2. 保險的「目的」在「補償」被保險人，確保被保險人經濟生活的安定

保險之目的，在使危險事故發生所致之損失，得以獲得補償，並確保生活之安定，此保險要素原是由保險基本原理演化。但所謂補償，是指

恢復被保險人的標的物在損失發生前一刻之財務狀況，已如前述。論及補償，必須注意「評價」的觀念，標的物只有在可以評估其價值的情況下，才可適用補償的觀念。所以，財產保險與人身保險在適用補償觀念上就有差別。

財產保險所承保者原則上是「物」，因危險實際所生的價值喪失，比較容易估計，適用補償觀念較無疑義。而人身保險是以身體或生命為保險標的，保險事故發生時無法用金錢衡量損失，所以是用投保時約定的保險金額，賠償給受益人或被保險人，是一種定額保險，所以較難適用補償觀念。

3. 保險之運作「方式」為多數經濟單位之「結合」

保險是由預想可能發生特定危險事故的多數經濟單位結合而成的，因此有「保險團體」之稱。參加的經濟單位應符合大數法則，依該法則，除了經濟單位本身可以減少不確定性外，最重要的是將少數人的損失分散於眾多的危險暴露單位，此即所謂的損失分散，從保險之運作與保險公司的經營基礎來看才會穩固。

不過，經濟單位的集合有兩種型態，即直接集合與間接集合，分述如下：

⑴直接集合（direct pooling）

所謂直接集合，是指經濟單位共同構成保險團體，如依其最原始的性質觀察，此時各經濟單位具有雙重身分，既是保險人，也是被保險人[註6]。在此種情況下，集合的保險團體一般稱為「合作保險人」，例如，相互保險公司、相互保險社、保險合作社均是。我國現行的漁船保險合作社亦為直接集合型保險團體之性質，只是加入成為社員不一定成為被保險人，算是一種修正。

⑵間接集合

間接集合是以第三人為保險人，個別經濟單位向其投保，繳納保險費，危險事故發生後，由該保險人支付保險金，此種是各經濟單位透過第三者間接集合成為保險團體。吾人可謂該等經濟單位是「不約而同」，透過他人而結合在一起。一般以營利為目的之保險股份有限公司為此種型態的代表。

4.保險的經營「基礎」爲「保險費」

加入保險之多數經濟單位，在大數法則之運作下，應合理分擔發生危險事故時，產生損失所需之補償金額，此種經合理計算而公平分擔之金額即爲保險費。最原始的觀念是少數人的損失由保險團體之成員共同分攤損失，其公式如同前述保險基本原理所列舉。

不過，現代保險中所謂公平，係指依加入者其保險標的危險性之高低決定其保險費。保險費之結構一般可包括純保險費（pure premium）及附加費用（loading）兩個部分，詳請參考本書「保險費」乙章。

再者，保險費之繳付制度，依上述保險運作方式之不同，又可分爲賦課制保費與確定制保費兩種，茲分述如下：

⑴賦課制

係根據整個保險團體每個營業年度實際應給付之保險金，以及營業費用總額，計算加入保險者應支付之保險費，課徵實際應收之保險費通常是在營業年度結束時爲之，因此，可以稱爲事後保險費徵收制。一般言之，合作型的保險以採用此種保險費制度爲多，但是隨著保險制度之演化，亦有許多例外情況，詳情請參閱本書第 3 章〈保險市場與保險組織〉。

⑵確定制

係根據經驗資料算出之損失機率，對保險加入者收取一定額度之保險費。至於營業年度結束時，保險人結算之盈餘或不足，與被保險人不相干，盈餘不予發還，虧損亦無須補繳。營利型的保險組織大略採用確定制保險費制度，不過，因應不同型態之被保險人，在產物保險中有些保險採用追溯保費制度，爲確定制之一種修正。

5.保險爲一種「繼續性」的「經濟制度」

從社會全體觀之，保險爲一多數經濟單位之集合，由於具備共釀準備基金之性質，故爲一種經濟制度。又因爲保險運作方式大部分是保險費在保險期初先行一次繳付，即便是分期繳付，亦於每期期初繳付，在保險期間發生保險事故時予以補償，所以成爲危險事故發生及結果之一種累積基金準備制度，故爲一種繼續性的經濟制度。再者，經濟單位參加保險之目的，主要是在不幸意外事故發生，產生損失時，在承保範圍之內者能得到補償。從參加保險時觀察，補償爲未來之事，更重要者爲被保險人須補償

時，保險人仍然存在且具有清償能力，故爲一種繼續性的經濟制度。

三、法律上之觀點

依據我國保險法第一條規定：「本法所稱保險，謂當事人約定，一方交付保險費於他方，他方對於因不可預料，或不可抗力之事故所致之損害，負擔賠償財物之行爲。根據前項所訂之契約，稱爲保險契約。」所以，從法律上看，保險是一種保險人與要保人間的約定行爲，由要保人給予保險人一定的對價（即保險費），保險人賠償被保險人未來可能遭受特定損失的一種契約關係，所謂未來可能遭受特定損失必須是屬於意外性質，故稱不可預料與不可抗力。

第三節　可保危險的要件

保險人所願承保的危險可以「可保危險」名之，所謂可保危險，是指成爲保險對象的純危險，亦稱爲保險的適用範圍，通常須具備下列幾個基本要件。茲說明如後。

一、危險暴露單位大量且同質

危險暴露單位大量且同質，主要在於合乎保險人經營保險合理預測損失的要求，而此非藉助大數法則之運用不可。大數法則須兼顧危險暴露單位的數量，以及危險性質相同雙重條件。數量眾多，可供保險人預測損失憑以計算保險費；危險同質，可使保險團體之實際損失與預期損失的差異數控制在可接受的範圍之內，降低保險人經營保險的客觀危險，提升保險經營之穩定性，所以有謂保險制度中承保之危險應具備可預測性、同質性。

二、損失的發生屬意外

由保險基本原理知道，大數法則主要功用之一是預測損失，亦即將個別危險暴露單位之無法預測損失情況，轉化爲群體危險暴露單位可以預測損失情況，惟此應基植於損失爲意外所致，亦即保險所補償之損失應該是超過被保險人所能控制範圍之損失，也就是一種不確定的損失。如果損失是要保人或被保人故意造成，則損失成爲一種確定的損失，必然破壞大

數法則本質，蓋預測損失之基本原則在於過去之經驗事件，應爲一種偶然事件之結果。由此可知，凡是預期內的損失，均不合乎保險可保危險之要件，所以標的物折舊、正常之呆帳損失，均爲已確定或可預期的損失。至於常引起爭論的人壽保險之死亡保險，無論是定期保險或終身保險，凡人難免一死雖屬確定，惟何時發生死亡事件仍具不確定之性質，仍可歸屬「意外」範疇。

三、損失之本身確定且可測定或衡量

損失之本身確定，是指危險發生後產生之損失不易僞造，亦即損失具確定性，不容易引起道德危險。可測定應有兩重意義：第一重，是指承保時，從全部被保人觀點，可保之損失應是可以預測的；亦即，可以測定損失機率；第二重，是損失發生後，可以用貨幣表示損失之額度，就此點而言，產物保險之物可衡量其損失程度，但是人壽保險之人就無此觀念，所以採用定額的觀念因應，因此人壽保險是屬於定額保險。

四、危險暴露單位之損失不能同時發生

不會同時造成多數危險暴露單位的損害，是指保險人承保之危險應屬於非巨大性質之危險。倘若單一危險事故在同一時間內發生，波及絕大部分之危險暴露單位，則破壞了保險原理中的損失分散原理，將使保險人無法承擔損失，危及保險人之清償能力。

不過，今日保險承保技術發達，所以藉助再保險、共同保險等等分散承保危險之技術，將同一時間之損失轉換爲空間分散，也許可彌補此一不可避免的情況，否則地震、颶風、洪水或超高大樓等等即無保險可言。

以上四點涉及保險公司的經營技術層面，所以一般又稱爲保險人的技術要件。其中第一點與第四點，有些保險文獻稱其爲絕對必要條件。

五、發生損失金額較大之危險

發生損失金額較大之危險，是指有發生重大財務損失之可能性。保險人承保之危險必須屬較大的損失，足以造成被保人嚴重的財務負擔。微小之損失，被保險人可採行其他危險管理方法，例如，危險自留，由自己承擔損失。況且在此種情況下購買保險所付出的代價，必超過所得之補償。一般稱此要件爲重大損失原則。

六、損失機率不過高之危險

損失機率不過高之危險，是指損失機會要小。因為損失機會過大，保險成本高，可能使保險失去其可行性。蓋保險成本超過保險價值時，被保人絕不可能投保。

七、保險成本應經濟合理

保險之所以吸引人，在於被保險人可以用少許保費，在不幸事故發生時，換取高額保障，此條件如果消失，經濟單位勢將改採其他危險管理方法。

以上三點與保險對價有很大關係，所以一般稱為保險的經濟要件。

第四節　保險與其類似經濟制度或行為之比較

現代社會中有許多制度或行為與保險或有類似之處，但與保險之本質並不相同，於此擬就較易混淆之幾種做比較。比較重要者有自己保險、保證、賭博、銀行等等制度之比較。

一、保險與自己保險之比較

1.相似點

根據保險基本原理，參加保險團體者須支付保險費，其目的在於「共釀基金」，以備將來補償保險團體內遭受不幸意外產生損失之人。而自己保險之運作，須按期提存自保基金，將其累積以備將來支付意外損失之用，兩種制度形成「意外準備基金」之目的至為明顯。此外，擁有夠多危險暴露單位，真正可從事自己保險之大規模企業，應用「大數法則」以預測損失之技術，與保險運作技術亦有類似之處。

2.相異點

保險與自己保險相異之處，依其重要順序有轉嫁、結合、資金準備之歸屬以及補償速度等幾個觀念。另外，尚可由法律觀點分辨，茲分述如

下：

(1) 就危險轉嫁觀點

依據前述保險原理，參加保險成為保險團體成員，的確將自己面臨之純保險透過保險制度轉嫁他人，所以具有危險轉嫁之精神，但自己保險純為大企業個體之財務制度運作，並未將自己面臨之純保險轉嫁出去，所以並無危險轉嫁之效果。

(2) 就結合之觀點言之

保險為多數經濟單位之集合，所以形成資金準備之成員甚多，自己保險則為個別經濟單位之單獨行為。縱然從「危險暴露單位數」的觀點，從事運輸業之企業，可能擁有相當規模之車隊，例如 1,000 輛，但與保險所承保的車輛數來比較，原則上仍差異甚大。

(3) 就資金準備之歸屬言之

在保險關係，若無危險事故發生，保費並不退還；但在自己保險，無危險發生，準備基金仍歸自己所有。

(4) 就保障之速度言之

保險加入者在加入保險後，只要是在承保範圍內，雖須按理賠手續才能獲得補償，仍可以迅速獲得補償；但自己保險，由於基金累積耗力費時，在基金累積未充分前發生損失，實際上無法及時、充分填補經濟單位之損害。所以，採用自己保險者仍然需要真正的保險配合運作。

(5) 從法律上觀點

想要得到保險的保障，必須先簽訂保險契約，但是自己保險無須任何法律行為即可成立。

自己保險與保險極易混淆，茲就上述再扼要比較如表 2-3 所示。

表 2-3　保險與自己保險之比較

項　　目	自己保險	保　　險
轉嫁性質	不具備	具備
結合	無，純屬自力行為	自力與他力之結合

表 2-3　保險與自己保險之比較（續）

項　　目	自己保險	保　　險
準備金歸屬	未支用之款項仍屬企業所有	已付保費不能請求返還
補償速度	準備金未形成前難以補償	保險事故發生在承保範圍之內，經理賠手續可隨時補償
法律關係	非法律行為	契約行為

二、保險與保證之比較

1. 相似點

保險與保證相似之處主要於兩者均具危險轉嫁性質，雖然轉嫁之規模有異。再者，關於保證，依我國民法第 739 條規定：「稱保證者，謂當事人約定，一方於他方之債務人不履行債務時，由其代負履行責任之契約。」不履行債務之時間具有未來性，此點與保險係對未來意外事件所致損失的填補在性質上或有些許相同。至於在偶然性方面，就保證人言之，原則上應亦超出其預料之外，多少具有「偶然性」。

2. 差異點

保險與保證之差異可由保險基本原理以及契約觀點說明，茲分述如下：

⑴就轉嫁言之

兩者均具轉嫁性質，惟保險之轉嫁雖是被保險人透過保險契約，名義上是轉嫁給保險人，但是由保險基本原理看，實際上轉嫁是以大數法則為基礎。復就保證言之，保證之轉嫁性甚為單純，可謂是權利人與保證人間一對一之單純運作。

⑵就對價觀點言之

保險之保險費實際上是基於大數法則，呈現損失分散原理，從保險經營的角度言之，保險費即須藉助於統計資料等客觀因素為合理之計算。但是保證並無對價，僅為當事人間的一種心理上或主觀上之信任或確信，並無合理之計算。

⑶就契約之性質觀察

兩者在運作雖均透過契約方式，但是保險契約為雙務契約註 7、有償契約。又依保險法第一條規定：「本法所稱保險，謂當事人約定，一方交付保險費於他方，他方對於因不可預料，或不可抗力之事故所致之損害，負擔賠償財物之行為。根據前項所訂之契約，稱為保險契約。」保險契約之當事人具有對價行為。至於保證契約則屬於單務契約、無償契約，當事人之間並無對價行為。

⑷就契約的主從關係言之

保險契約為要保人與保險人之間所訂立的獨立契約，並未依附於他人之行為。但是保證契約則為依附於他人行為的一種從屬契約。又，保險契約為保險人在保險事故發生後對被保險人履行賠償之義務，係在履行自己債務；保證是一種代償債務的行為，保證人在表面上是履行自己的從債務，但在實質上是為履行他人之債務註 8。

三、保險與賭博之比較

1. 相似點

保險與賭博相似之處，為兩者均具有射倖本質。所謂射倖，係指一項交易在一開始，交易雙方的損益未立即確定，蓋兩者均決定於「意外事件」之發生。

2. 相異點

保險與賭博相異之處有下列幾項：

⑴就處理之對象言之

保險為一種處理業已存在之純危險的技術或方法，保險為經濟單位提供危險移轉之機會；至於賭博，則會創造新的、以往並不存在的投機性危險。此為兩者主要之區別。上述中所謂純危險業已存在，如以吾人擁有建築物為例，無論是否有保險制度，建築物均可能發生火災，故謂業已存在；又吾人如不為賭博行為，並無投機性危險，即因參與賭博，投機性危險隨之而來，故謂賭博創造了原來並不存在的、新的投機性危險。

⑵就目的或對社會貢獻言之

保險結合損失控制對社會生產力有可貴之貢獻,即使被保險人發生損失,透過保險之補償原理,對於恢復社會之生產力亦有相當之貢獻,故保險人或參與保險之人具有共同之利益。賭博則不具有社會生產力,因為贏家之收益為輸家之犧牲。故有謂保險是「自助助人」。至於賭博,許多人就評之為「損人不利己」之行為。但是,現行之公益彩券應有不同之解釋。

⑶就補償觀點言之

在損失發生時,保險人可以恢復被保險人損失發生前部分或全部之財務狀況。所謂「部分」,可能是因保險契約有自負額的規定或是被保險人不足額保險所致;而所謂全部,則是因為被保險人足額保險。至於賭博則無此功能,可謂為一種金錢遊戲。

四、保險與銀行之比較

1. 相似點

由保險基本原理之一「危險分散原理」可知,其主要之作用在於將少數人之損失由保險團體內全部的成員來分攤;由另一個角度觀察,實為一種資金的重分配效果。銀行業吸收存款再放款於資金需求者,也有使用資金的重分配效果。不過,其性質究竟是不相同的,因此,保險與銀行以相異者居多。

2. 相異點

由保險基本原理「結合」與「危險分散原理」言之,保險制度中之資金「需求」與「供給」,係在保險團體內之成員循環,惟銀行業之資金「需求」與「供給」,其成員之關係較不密切,因為將錢以儲蓄方式存於銀行者泰半為一般大眾,惟對於資金需求,個人固有,但是在規模上與殷切度上看,以工商企業居多。

第五節　保險對社會與經濟的效益

保險對社會的效益，係指保險可在社會上發揮之效用，或是保險所具有的價值與機能。一般說來，其效用可歸納如下：

一、保障的功能

無論是個人、家庭或企業，保險最直接、最實在的功能，是在經濟單位意外事故發生後提供實質的經濟保障，實際上這是補償功能的延伸。茲分個人、家庭、企業說明如下。

1.個人與家庭

個人與家庭因有保險之保障，在不幸意外事故發生後，只要是在承保範圍之內，均可迅速得到全部或一部分補償，恢復經濟單位在損失發生前之部分或全部財務情況或經濟狀況。所謂承保範圍，最主要是保險人所承保之危險事故、承保之損失以及保險標的物。所以，保險具有保障個人或家庭經濟生活之安定，並促進社會穩定之功效。對於家庭而言，最具體的例子當然是人壽保險，家庭經濟維持者死亡，對於家庭之衝擊除了精神痛苦之外，最大的問題還在於經濟問題。人壽保險正可解決此種情況下所帶來的經濟困境。再就有形財產而論，各種產物保險，例如，汽車保險、火災保險，正是在保障吾人日常生活的兩大基本財產的保障險種。

2.企業

企業因有保險之保障，使其在意外事故發生後，得到補償，獲得資金以重置設備，可在一定期間內恢復生產。不僅如此，如果企業同時安排類似營業中斷保險（business interruption insurance）註9，則在營業中斷期間的利潤損失，還可由保險得到補償，對於企業經營的穩定性有極大功效。

二、提高信用的功能

「信用」是人們在現代經濟生活中資金融通不可或缺的要素，保險可增強個人或企業在金融機構中的信用基礎，主要是保險具有某種程度的

「預後」功效，可提供金融機構「保全債權」功能，茲就幾個實例說明上列所述。

就人壽保險而言，可增加債權人與債務人之間的互信，因為債務人投保人壽保險，例如用於搭配被保險人清償房貸的遞減式定期人壽保險（mortgage protection term insurance）或是健康保險中之失能保險（disability insurance），透過保險制度之運作，以債權人為受益人，萬一債務人於借款期間死亡或殘廢無還款能力，債權人仍可保全完整之債權，因此，可以增強被保險人在信用貸款中之「信用」。

再就火災保險而言，被保險人向銀行貸款時，在保險運作中，可能加入抵押建築物之保險債權條款、抵押權特約條款註10等等有利於債權人的條款，實際上即是增強抵押人（被保險人）在抵押貸款中之擔保力量。又，在海上貨物保險，保險單是國際貿易中押匯之必要文件，亦為一提供信用之例子。

三、降低心理憂慮與精神傷害

無論是企業或個人，安排適當的保險之後，可降低經理人或家庭經濟供應者心理上的憂慮與害怕，此是一種「精神保障」。企業主事者可因而開創新企業或擴大企業之規模，連帶達成社會資源的適當分配；對個人而言，則可減少後顧之憂。例如，在人壽保險中，保險事故發生後，保險金可提供為扶養子女成長及支付配偶生活費用，降低為人父母之經濟憂慮，以及連帶之精神憂慮。又如出國旅遊旅行平安保險，以至親者為受益人，除了是一種負責任、展現愛心之表現外，亦為保險提供「精神保障」的一種典型事例。

四、維持固有收益或收入

維持固有收益與保障的功能有一定的關聯性，在危險事故發生後，保險金可維持企業或個人應有收益或收入。例如，企業投保利潤損失保險（loss of profit insurance，簡稱 LOP）或收益保險，可使其維持應有之利潤或至少減少損失之規模。又如社會保險，對生、老、病、死、失業、老年醫療等問題提供基本的保障，解決部分複雜的社會問題。再如強制汽車第三人責任險，雖然賠償額度有限，但對受害第三人或其遺族提供某種程度的財務與醫療保障。

五、保險業爲長期資金的重要來源

　　保險業在金融界扮演重要角色，主要是其爲資本市場中長期資金的重要來源。例如，具有儲蓄性質之人壽保險，由於保險給付往往爲契約簽訂後數年，要保人所支付之保險費在性質上屬於長期性，且基於保險經營特性註 11，在經營過程中，累積之資金呈現巨額增長，故爲社會長期資金主要來源。保險業提供充沛資金，協助產業成長，並參與政府各項公共計畫。由上可知，保險可促成資本形成，促進社會經濟發展。

六、保險具有所得重分配效果

　　就一般商業性保險而言，經濟單位支付保險費，形成共同的財產準備，在保險事故發生後，用於補償受損失者，已具有財務重分配之效果。就社會保險而言，除具有促進社會安全、解決部分社會問題之功能外，由於政府、雇主亦負擔一部分的保險費，所以也具有所得重分配之作用。

七、提升損害防阻之層面

　　藉由保險之服務或費率加減手段，保險可促進或提升社會之損害防阻，降低損失次數。採用損失預防，減少實質危險因素或道德、心理危險因素，從而降低損失次數爲最有意義之危險管理方法。再者，由於保險業聘請大批工程人員，從事危險查勘評估及損害防阻工作，可創造就業機會，對經濟體系有另一層面之貢獻。

第六節　保險之社會成本

　　保險對經濟固然有許多貢獻，但保險制度也產生了一些社會成本，保險的社會成本主要有三項，即營運費用成本、道德危險與民事案件的膨脹，第一項爲機會成本的問題，第二與第三項則爲保險的負效用，分述如下：

一、營運費用成本

　　保險的營運費用成本，是指保險消耗具有稀少性質的經濟資源，因爲

土地與資本為保險經營要素之一，此為社會成本的一部分。另由保險費的結構可知，要保人所繳納的保險費並非悉數用來支付賠款，其中的附加費用有一部分是用來支付營業費用。不過，保險的營運成本相對上仍具有許多正面的意義，理由如下：

1. 從被保險人的立場，保險降低了被保險人的損失不確定。
2. 保險人進行許多的損失預防活動，所以保險的營運費用仍具正面的功效。
3. 保險業創造許多就業機會。

二、道德危險與心理危險

一個不誠實、心懷不軌的人故意使損失發生或製造假損失，向保險人詐領保險金，這些詐欺案件，諸如縱火、謀殺、自殺等，不僅使保險人遭受損失，亦造成許多社會成本。蓋故意危害生命及財產安全之行為，有可能是導因於保險，此不能不謂之為保險的社會成本。另外，有了保險之後，也有可能會減少被保險人防範財產損失的誘因，此種輕忽使原可避免的損失無法避免，亦即所謂的心理危險，自為保險的社會成本之一。

三、民事賠案膨脹

社會上許多賠償案件因為保險而產生，不但造成賠案增加，也造成賠款幅度暴增，結果超過被保險人的實際經濟損失。有些汽車被保險人為了將自負額「回收」而增加汽車碰撞的損失，或投保後從未發生損失，為了「回收保費」，在實務上產生所謂的「汽車美容」，為賠案或賠款膨脹的原因之一。又如有了健康保險之後，在外科手術時醫生可能收取較平均水準高的費用註 12 等等都是例子，這些都是保險的社會成本。

第七節　保險的類別

保險的類別甚多，可由各種觀點分類，茲舉較重要之分類如下：

一、我國保險法上之分類

依我國最新修訂保險法第 3 章及第 4 章規定，保險類別大概可分為財產保險與人身保險，法律上之分類，提供保險業經營險種之一種原則性方

向。茲就我國保險法所列各險種列舉如下：

1. 財產保險

⑴火災保險

依保險法第 70 條規定，火災保險人對於由火災所致保險標的物之毀損或滅失，除契約另有訂定外，負賠償之責。因救護保險標的物，致保險標的物發生損失者，視同所保危險所生之損失。

⑵海上保險

依保險法第 83 條規定，海上保險人對於保險標的物，除契約另有規定外，因海上一切事變及災害所生之毀損、滅失及費用，所生之毀損、滅失及費用，負賠償之責。

⑶陸空保險

依保險法第 85 條規定，陸上、內河及航空保險人對於保險標的物，除契約另有訂定外，因陸上、內河及航空一切事變及災害所致之毀損、滅失及費用，負賠償之責。

⑷責任保險

依保險法第 90 條規定，責任保險人於被保險人對於第三人，依法應負賠償責任，而受賠償請求時，負賠償之責。

⑸保證保險

依保險法第 95 條之 1 規定，保證保險人於被保險人因其受僱人之不誠實行為或其債務人之不履行債務所致損失，負賠償之責。依據本條文定義延伸，保證保險可分為忠誠保證保險（fidelity bonding）與確實保證保險（surety bonding）。

⑹其他財產保險

依保險法第 96 條規定，其他財產保險為不屬於火災保險、海上保險、陸空保險、責任保險及保證保險之範圍，而以財物或無形利益為保險標的之各種保險。

由上開各險種定義，可知我國保險法原則上係採取概括主義，不過，均保留彈性，以便保險業者在經營實務上可以視不同情況調整，故條文中有「除契約另有訂定外」之規定。

2. 人身保險

⑴人壽保險

依保險法第 101 條規定，人壽保險人於被保險人在契約規定年限內死亡，或屆契約規定而仍生存時，依照契約負給付保險金額之責。本條文規定實際上產生三種人壽保險基本險種，分別為生存保險、死亡保險、生死合險。

⑵健康保險

依保險法第 125 條規定，健康保險人於被保險人疾病、分娩及其所致殘廢或死亡時，負給付保險金額之責。健康保險強調危險事故應由內在原因引起，健康保險亦稱醫療保險，其基本給付型態有實支實付型與日額型兩種。

⑶傷害保險

依保險法第 131 條規定，傷害保險人於被保險人遭受意外傷害及其所致殘廢或死亡時，負給付保險金額之責。傷害保險特別強調危險事故應由外來原因引起，因此有稱傷害保險為人身意外保險。近來甚受國人關注之旅行平安保險為傷害保險之一種，由於承保之期間較短，屬於短期性之人身意外保險。

⑷年金保險

依保險法第 135 條之 1 規定，年金保險人於被保險人生存期間或特定期間內，依照契約負一次或分期給付一定金額之責。實際上，年金保險為生存保險之延伸。

傳統上人身保險市場之產品，即是由生存保險、死亡保險、生死合險、健康保險、傷害保險等幾種組合，以往人身保險組合產品不外強調保障與儲蓄，近年來則加入財務規劃，因此有所謂投資型保險之出現。關於人身保險各種商品，請詳本書人壽保險、傷害保險、健康保險等各章

說明。又因目前財產保險業者與人身保險業者均可承做健康保險與傷害保險，故該兩險種有稱為第三類保險或中性保險。

二、依是否適用補償觀念區分為補償保險與定額保險

1. 定額保險

在人壽保險中，「人」是難以評價的，所以保險契約成立時，一定是由保險當事雙方，即保險人與要保人，約定一定額度的保險金額。在承保的危險事故發生時，例如，被保險人亡故，即由保險人按約定的金額給付經其指定之受益人。人壽保險是典型的定額保險。

2. 補償保險

財產保險之標的大部分可以評價，所以在危險事故發生時，如係在承保範圍之內，通常由保險人或其指定之公證人估計被保險人實際損失，在保險價額與保險金額或其他保險條款限制下，由保險人支付保險金，此種情況之保險稱為補償保險，故有稱財產保險為損害保險。

三、以保險價額之確定時間可區分為不定值保險與定值保險

1. 定值保險（valued insurance）

少數財產保險之標的比較具主觀性，有時於簽訂保險契約時，已約定一定保險標的之價額，此種情形下之保險稱為定值保險。定值保險與定額保險不同，蓋定值保險中之保險價額仍經評價，例如，我國火險實務中之「定值保險特約條款」中即規定：「本保險標的物之價值，由保險人認可之公估人、或公證人、或鑑定人、或專家估定，並提供證明文件，經雙方同意後訂定保險金額。」

2. 不定值保險（unvalued insurance）

保險標的之價值，在危險發生後始估計之保險，不定值保險為典型之補償保險。

四、依保險標的分爲財產保險與人身保險

1.財產保險

保險實務稱爲產物保險，以有形財產或無形之利益或費用等爲保險標的，以其毀損或滅失爲保險事故，而以金錢或實物等補償方式塡補被保人損失的保險。所謂實物係指重置、修理、回復原狀等等。

2.人身保險

係指承保人身危險的一切保險，比較基本的有死亡、疾病、殘廢、老年等等。

五、依保險經營目的可區分爲營利性保險與非營利性保險

1.營利性保險

係以營利爲目的而經營的保險，一般的商業保險均屬之。營利性保險可以由私人或私法人經營，亦可由國家或公法上的團體經營。如係前者則稱爲民營保險，如係後者稱爲公營保險。民營保險與公營保險又稱以經營主體區分之保險。又，營利性保險均爲保險基本原理「結合」中之「間接結合」。

2.非營利性保險

顧名思義，非營利性保險係以非營利爲目的之保險，此種保險之特性爲，參加保險者純以互助合作爲目的；再者，此種保險通常具任意性。其保險組織有相互保險公司、相互保險社、保險合作社等等，該等組織通常是基本原理中「直接結合」之應用。

六、依保險費是否具儲蓄性或費用性分爲費用保險與儲蓄保險

1.費用保險

指保險費具有費用性質之保險，財產保險之保險費均屬之，人身保險中之意外保險、醫療保險、一年定期保險亦屬之。

2. 儲蓄保險

要保人所支付之保險費，如含有儲蓄性質者，稱為儲蓄保險。例如，人壽保險中之生存保險、生死合險、年金保險等等，即使是終身死亡保險中亦有一部分具有儲蓄性質。

七、其他

其他尚有以實施特定之國家政策為目的之保險，稱為政策性保險，此種保險一般非以營利為目的。但是政策性保險又有強制性與非強制性之分，前者如各種社會保險，凡屬於法定範圍內之對象均須參加保險，例如，公務人員一律加入公務人員保險；後者如輸出保險，雖係為輸出廠商承辦之特殊保險，但不具強制性，輸出廠商可自行決定投保與否。晚近較具特色的政策性保險為「微型保險」，所謂「微型保險」指保險業為經濟弱勢者提供因應特定風險基本保障之保險商品，其主要目的在於增進經濟弱勢者之基本保險保障，依規定目前「微型保險」之商品以一年期傳統型定期人壽保險與一年期傷害保險以及以醫療費用收據正本理賠方式辦理之一年期之實付型傷害醫療保險為原則，其設計以簡單為原則，並以承保單一保險事故為限。 註 13

第八節　財產保險與人壽保險的比較

財產保險與人壽保險在性質上差異甚大，茲先列表 2-4 比較如下：

表 2-4　財產保險與人壽保險分別比較表

項　目	基本差異		衍生差異	
	人壽保險	財產保險	人壽保險	財產保險
經營技術	事故發生規則，穩定性高	事故發生不規則，穩定性低	再保需求低 保費計算精確	再保需求高 保費計算不精確
適用對象	個人、家庭為主 保額小、具儲蓄性 認知低	企業為主 保額高、保費多 認知高	需要彈性高 議價空間小	需要彈性低 議價空間大
保險期間	長	短	費率結構 資金運用	費率結構 資金運用
契約性質	填補精神與經濟損失	填補物質損失	定額保險	補償保險

一、由經營技術觀點比較

1. 人壽保險由於較能適用大數法則，所以其事故發生率（包括生存率、死亡率等等）甚為規則，如果僅考慮事故發生率，原則上經營之穩定性高。不過，由於人壽保險之保險費率非以事故發生率為限，尚包括預定利率、預定費用率，近年來利率之變化，使得保險人在經營上亦產生很大衝擊。事故發生率穩定，原則上對於再保險之需求較少，一般以高額保額、次標準體等情況下，對於再保險之需求較高註14。另外，人壽保險公司承保之短期性保險，例如，人身意外險，尤其是短期性的、集中性的團體業務，對於再保險需求也高。

2. 財產保險適用大數法則之程度較低，所以其事故發生率較不規則，保險費較不容易精確計算。保險人經營之客觀危險較高，無再保險支撐，保險人難以經營。

二、就適用對象比較

1. 人壽保險，企業雖亦有其需求，但主要之適用或保障對象為家庭或個人。一般言之，其購買之保險金額額度並不高，購買者對於人壽保險之認知程度通常較有限，且許多人壽保險具有儲蓄性質，例如，生存保險、生死合險。再者，保險消費者對於人壽保險之需求彈性高，彈性高之意思為消費者是否購買人壽保險有很大之自主權，又由於人壽保險之產品大都採用組合式，造成一種價格區隔，且被保險人購買之保險金額通常亦不高，所以議價空間較小。

2. 財產保險，雖然個人與企業均有需求，但是企業對於財產保險之需求，不但保險額度巨大，而且支付之保險費亦多，因此，企業對於保險之認知通常較高，尤其是大型企業。企業達成永續經營的要件之一，為須有財產保險之保障，因此，對於保險之需求彈性低。惟或因其支付之保險費極高，或因保險業者過度競爭註15，致保險費之議價空間較大。

三、就保險期間比較

1. 人壽保險之保險期間屬長期性，其費率結構包括事故發生率、預

定利率、預定費用率等等，因此其所收取之資金屬於長期性質，在資金運用結構方面，自以長期投資比重較多。

2. 財產保險之保險期間屬短期性，其費率結構原則上包括事故發生率、預定費用率等，因此其所收取之資金屬於短期性質，在資金運用結構方面，自以短期投資比重較多。

四、就契約性質比較

1. 人壽保險屬於定額保險，已如前述，保險人給付之保險金，原則上在填補被保險人之受益人因被保人亡故，致其經濟及精神上之損失。

2. 財產保險屬於補償保險，亦已如前述，保險人補償被保險人之保險金，原則上在填補被保險人因保險標的之喪失所致之經濟或財務之損失，故純在填補物質損失。

本章關鍵詞

(1) 結合（pooling）

(2) 同質性（homogeneous）

(3) 分散（spreading）

(4) 危險轉嫁（risk transfer）

(5) 補償（indemnity）

(6) 費用保險

(7) 儲蓄保險

(8) 賦課制保費

(9) 確定制保費

(10) 保險的社會成本

(11) 定額保險

(12) 定值保險

(13) 不定值保險

(14) 財產保險

(15) 人身保險

註釋

註 1：台北市產物保險核保人協會編印，民 76 年 3 月初版，頁 381。

註 2：The greater the number of exposures, the more closely will actual results approach the probable results expected from an infinite number of exposures. 見 George E. Rejda, *Principles of Risk Management and Insurance*, 4th edition, Harper Collisions Publishers, 1992, pp.G～10.

註 3：Robert I. Mehr and Emerson Cammack, *Principles of Insurance*, 6th edition, Richard D. Irwin, Inc, 1976, p. 33.

註 4：參考廖述源、高棟樑、曹有諒、鄭鎮樑、黃裕哲、張耀武、周玉玫等譯述，《保險學原理》（上冊），保險事業發展中心出版，民 81 年 11 月，頁 37，並酌予修改。

註 5：保險費由純保費與附加保險費構成，請詳本書第 8 章。

註 6：參考廖述源、高棟樑、曹有諒、鄭鎮樑、黃裕哲、張耀武、周玉玫等譯述，《保險學原理》（下冊），保險事業發展中心出版，民 81 年 11 月，頁 775，並酌予修改。

註 7：保險契約之性質有單務、雙務之爭論，本書採雙務觀點。

註 8：陳雲中，《保險學》（上冊），民 84 年 2 月修正版，華視文化事業股份有限公司，頁 20。

註 9：請參閱本書第 12 章。

註 10：請參閱本書第 12 章。

註 11：保險經營之特性大略有：⑴經營規模，不斷擴大；⑵自有經營資本，必要性小；⑶人的要素，甚為重要；⑷累積資金，日益增大；⑸具有高度的公共性。詳陳雲中著，《保險學》（上冊），華視商專用書，修訂版，民 84 年 2 月。

註 12：George E. Rejda, *Principles of Risk Management and Insurance*, 2nd edition, 1992, Harper Collins Publishers Inc., pp. 34～35.

註 13：保險業辦理微型保險業務應注意事項第一、二、三條參照，行政院金管會 98. 07. 21 金管保品字第 09802526083 號令訂定發布。

註 14：一般言之，人壽保險之保險金額是由保單責任準備金與危

險保額構成，高額保險之情況下，保險公司的危險保額甚大，如在保險初期數年發生事故，保額對於保險公司而言為甚大之經營客觀危險；又次標準體之被保險人危險性較高，保險公司經營上客觀危險亦較高。

註15：惟自美國發生2001年九一一恐怖攻擊事件以及近年來巨大之天災人禍頻傳，國際再保險能量緊縮之後，費率過低情況稍有改善。

考題集錦

1. 保險之要素包括對象、目的、運作方式等，請就其中保險之對象及目的說明之。另請列舉構成可保危險之七大要件。　【108.2 核保考試】

2. 可保危險的構成要件有哪些？請簡要說明之。　【108.1 核保人員】

3. 賦課保險費（Assessment Premium）　【107.2 核保人員】

4. 財產保險基本上是補償保險或是定額保險？請說明理由。
　【105.2 核保人員】

5. 大數法則（The Law of Large Numbers）　【105.2 核保人員】

6. 產物保險業在運用大數法則時會受到哪些限制？試簡要說明之。
　【105.1 核保人員】

7. 第三類保險（Third Sector Insurance）　【103.2 核保人員】

8. 危險同質性（Homogeneousness）　【103.2 核保人員】

9. 請比較「政策性保險」與「強制性保險」兩者之差異？
　【103.2 核保人員】

10. 保險人承保危險時，必須先進行核保程序以便將保險標的分類。請說明危險組群分類之意義與原則。　【107 保險專業人員】

11. 保險經營以「大數法則」（law of large numbers）之原理為基礎，請說明「大數法則」之意義，以及其在保險經營應用上之限制。
　【107 保險專業人員】

12. 幾年前，中國大陸有保險公司推出一張中秋賞月險保單，保險契約內約定被保險人在中秋節當天若無月可賞，則保險公司負賠償責任，此事被保險專家學者斥為胡鬧一場。為何賞月不適合為保險事故，請試以我國保險法有關保險定義規定為依據，說明其理由。　【107 保險專業人員】

13. 請分別說明「保險社會價值」、「保險社會成本」、「保險社會責任」三者之意義與具體內容？再者，此三者與「保險生存定律」及「保險淘汰定律」有何具體關聯性？請分別說明之。　【105 保險專業人員】

第 3 章

保險市場與保險組織

學習目標

讀完本章，讀者應該可以：

1. 了解保險市場的意義。
2. 了解保險組織的種類。
3. 了解保險公司之內部組織與外部組織。
4. 了解保險公司的合作組織。
5. 了解保險市場發展的基本指標。

第一節　保險市場

◆保險市場之意義

市場是由自願交換彼此利益的買賣雙方所構成，以此觀之，保險市場是指一群對保險有需求的保險消費者，即「買方」，與另一群可供給保險的保險人，即「賣方」，為彼此之利益共同構成。保險業中，一般稱此為直接簽單保險市場，因為保險人必須簽發一張保險單交付要保人。不過，保險市場的範圍不僅止於直接簽單市場，上述供給保險的保險人（insurer）為了分散經營風險可能向其他的保險業者購買再保險（reinsurance），此時其地位改變成為被再保人（reassured），提供再保險者成為再保人（reinsurer），因而有再保險市場之存在。

保險市場上的保險供給者，其存在之目的並不全然為了商業利益，有時是為了執行國家的一些政策，例如，我國的全民健康保險局、勞工保險局等等，也是保險市場的一部分。所以，保險市場應為較廣義之解釋。表3-1為以直接簽單保險市場為例的保險市場組織概要。

表 3-1　保險市場之組織概要

買方（保險購買者），被保險人	危管人員或保險中介者或財務顧問師	賣方（保險出售者），保險人
個人	保險經紀人	產險公司
家庭	保險代理人	壽險公司
社會	保險業務員	
工商企業	危管人員，財務顧問師	

第二節　保險組織型態

1.保險組織之經營主體與經營目的概述

以經營主體及經營目的為方向觀察，保險組織可為下列四種組合：

表 3-2　保險經營主體與目的分類表

經營主體	經營目的或特性	
	非營利	營利
公營	(1)強制權、獨占權	(2)任意性、獨占或非獨占
民營	(3)自願性：典型之組織有相互保險社、交互保險社、保險合作社、相互保險公司	(4)競爭性：有個人型〔如倫敦的勞伊茲（Lloyd's of London）〕、公司型

2. 保險組織型態結構

保險組織之型態堪稱複雜，茲以民營保險與公營保險為主軸，再行列表 3-3 以供參考。

表 3-3　民營保險與公營保險組織型態結構

民營保險			公營保險（政府保險）
組織型態	經營目的		組織性質與經營特性
個人型（自然人）	營利性，例如 Lloyd's		1. 任意性質：具有營利性。
公司型 1. 股份型 2. 相互型	營利性		2. 獨占性：具有營利性、有獨占經營權，但無強制性。
	非利營性	以保險需求為目的之消費者型態合作保險	3. 非獨占性：具有營利性、有獨占經營權，與民營組織自由競爭。
非公司型 1. 相互保險社 2. 交互保險社 3. 保險合作社 4. 醫療與醫院服務計畫，健康維護組織	非營利性	以保險供給為目的之生產者型態合作保險人	4. 強制性質：有獨占權與強制權，以達成社會政策為目的。 5. 一般性：保險對象為全體國民，例如，社會保險中全民健康保險。 6. 特殊性、政策性：保險對象為某些特定人，例如，農作物保險。

3. 民營保險

(1) 非公司組織型

① 相互保險社（mutual insurance association）：相互保險社為一原始型態的保險組織，經濟單位加入成為社員之後，在性質上即成為被保險人或保單持有人。相互保險社之運作方式甚為簡單，由社員共同分擔賠償金與管理社務所需之開支。社員之分擔額採賦

課制。至於管理業務者，由社員選舉之理事及高級職員擔任，各社員投票權相等。相互保險社之營運具封閉性，其營業對象限社員，其營運目的係在達成會員間彼此之互助精神。

②交互保險社（reciprocal insurance exchange）：顧名思義，交互保險是經濟單位以交換保險契約方式相互保險。交互保險社本身並不簽發保單，僅是一個提供社員彼此間相互保險之機構，因此，社員入社之後須尋求其他社員之承保，故為社員間自由意志之交互承保。為使各會員間之權利義務清楚，每位社員均有個別帳戶，帳戶之借方記載社員應攤賠款與應攤費用，貸方記載已付保費與保費孳息，社員僅就其認受部分負其責任，且可就其能力在契約中訂定最高責任額度。至於交互保險社之經營方式，係委託具有法人資格之代理人經營。

③保險合作社：保險合作社在法律上之定位屬於社團法人，其構成成員為社員，關於合作社與社員關係，如表 3-4 所列。由表中可知，社員依社團法加入合作社成為社員，但社員要取得保險之保障仍須與保險合作社簽訂保險契約。所以，保險關係消失不影響社員關係。

保險合作社的營運資金來源主要有三個：第一為社員繳納的股金；第二為向社員或非社員借入的基金，為保險合作社之一種債務；第三為社員購買保險時所支付之保險費。值得注意者，保險費是屬於確定保費性質，此與合作性保險採用賦課制有所不同。再者，保險合作社簽發之保險契約，依我國保險法第 140 條第 2 項規定：「保險合作社簽訂之保險契約，以參加保單紅利者為限。」又，我國保險法第 136 條第 1 項規定：「保險業之組織，以股份有限公司或合作社為限。但經主管機關核准者，不在此限。」

④個人保險（倫敦勞伊茲）：個人保險係以自然人為保險人，目前仍在有效運作的個人保險人當屬倫敦的勞伊茲[註1]。勞伊茲起源於 17 世紀，倫敦咖啡店商人愛德華・勞伊茲（Edward Lloyd）於其店中提供航運、貿易、保險情報，嗣後逐步發展，於 18 世紀成為

表 3-4　保險合作社與其社員關係

關　係	依　　據
社員關係	社團法：合作社 ↔ 社員
保險關係	保險契約：保險人（保險合作社）↔ 要保人（社員）

交易中心，後於 1871 年依據勞伊茲法（Lloyd's Act 1871）改組爲 the Corporation of Lloyd's，成爲法人組織，奠定現代勞伊茲基石。之後勞伊茲歷經演變，其承保會員由承保海上保險逐步擴大至所有保險，成爲國際保險市場之一。雖然歷經幾百年之演變，但是承作保險者仍爲簽單會員，至今仍爲個人保險之典型。茲進一步分析如下：

(a) 勞伊茲之組織與運作：勞伊茲採會員制，會員依其性質又可分爲下列幾種：

- 承保會員（underwriting member）：承保會員即是有權以自己之名義承受保險業務之會員，一般稱爲「Names」。不過，承保會員本身之承保力量有限，因此，通常是由許多承保會員結合爲承保組合（syndicate），承保組合另聘請核保代理人（underwriting agent）接受或拒受業務，此種代理人又稱執行代理人（managing agents）。

- 非承保會員（non-underwriting member）：勞伊茲承保會員並不直接接受業務，一般係均透過勞伊茲保險經紀人（Lloyd's agent）中介業務。因此，有所謂非承保會員。非承保會員不能承保保險業務，一般是指勞伊茲保險經紀人，主要之任務爲安排業務於承保會員，非承保會員可利用勞伊茲的設備。

- 年費會員（annual subscribers）：指勞伊茲會員以外，得經營勞伊茲經紀人業務者。通常是以團體入會，例如，航運公司、貿易業、保險公司、銀行等等。

- 準會員（associates）：通常是指與保險營運相關，可爲承保會員及年會會員提供專業服務的專家，例如，律師、會計師、精算師、海損理算師、公證人等等。

(b) 勞伊茲的功能：由於歷史悠久，勞伊茲在全世界可提供下列服務事項註2：

- 擁有全世界的海上保險與航空保險承保資料，提供完整的損失紀錄。

- 在世界各地監督施救與修護作業，協助理賠。例如，在世界各重要港口設勞伊茲代理人（Lloyd's agent），爲其會員處理理賠。

- 提供會員承保場所及保險交易地點。

‧訂定業務交易、糾紛仲裁管理規則。

‧研發保單格式，爲會員設定簽發保單規則。

‧發行勞伊茲日報（Lloyd's list），報導全世界海事新聞。

‧嚴格監督會員的財務及營業狀況。

(c)勞伊茲財務保證制度：爲保證承保會員有能力履行其承保責任，勞伊茲除定期檢查承保會員的帳務外，並有下列幾個財務安全保證。

　‧承保保證金（underwriting deposit）：勞伊茲委員會規定承保會員須繳存保證金，作爲個別承保會員簽發保單的擔保，勞伊茲組織則以受託人名義提存該保證金，此即爲承保保證金。

　‧保費信託基金（premium trust fund）：承保會員將所有保險交易中收到之保費交付勞伊茲當局，並以信託基金方式提存。此基金僅在承保會員支付營業費用及理賠時始可提出，提存之保費信託基金額度有一最低規定。保險期滿時，經結帳後，可將承保利潤分配於承保會員。

　‧中央保證基金（central guarantee fund）：由承保會員每年保費收入中課徵一部分，提存勞伊茲委員會，此基金主要用途在於強化整個勞伊茲承保會員之償債能力；亦即，當承保會員喪失清償能力時，其應負之保險責任可由此支付。

　‧核保代理人提存的準備金（reserve held by underwriting agents）：係指核保代理人由承保會員獲取的淨利中提存一部分，累積成基金用以應付未來的賠款責任。此基金亦以信託型態提存。

⑵公司組織型

①營利型保險股份公司型：一般營利型保險公司在法律上屬於爲營利法人，其最高權利機關爲股東大會，公司股東之投資目的主要在享受公司之經營利潤。保險股份公司之經營基礎爲資本、繳入溢額股本、保險費收入以及歷年累積盈餘。惟保險經營過程中，隨經營規模擴大，資本之必要性，逐漸減少。一般言之，資本是屬於擔保性質。就保險費言之，大部分是採固定或是確定保費制，惟業者間有出售分紅保單或是採用經驗費率制度者則爲例外。被保險人縱使在股票市場上購買保險公司股票成爲公司股東，欲獲

得保險保障仍須與保險公司訂立保險契約。

營利型保險公司之所有權與經營分離，由股東大會選出董事，董事會選出董事長，此為所有權部分。董事會則指定公司之重要經營管理幹部，例如，總經理、副總經理、協理、各部門經理。

②相互公司型（相互保險公司）：相互保險公司為私法上之社團法人。相互保險公司之組成分子為社員，其最高權力機關為社員大會，社員大會選出之理事雖非以社員為限。經濟單位加入成為社員之後，即成為保險加入者；亦即，社員關係即等於保險關係，兩者相互依存，前者消失，後者亦告消失。相互保險公司可謂為被保險人自己之合作組織，其資產負債表之特性為無股本，只有盈餘。惟相互保險公司之經營型態業已多樣化，此由保險費之繳納方式即可見其一斑。相互保險公司依保險費收取方式，可分為純賦課制相互保險（pure assessment mutual）、預收保費制相互保險、永久相互保險制（perpetual mutual）等三種註3。

(a)純賦課制相互保險：又稱攤收保費制相互保險，依據其保險費在期初收取方式與期末之處理方式，又可分為三種，茲再列如表3-5。

(b)預收保費制相互保險：預收保費制相互保險與上列純賦課制相互保險最大不同點是，在簽發保單時，預先收取之保費足夠支付一切損失與費用，主要目的在於累積較大的盈餘金，未來並可以紅利方式退還被保險人。由於經營保險一定有波動之問題，所以有時預收保費可能不足以支應經營所需，此時可以累積之盈餘金撥補，亦可採賦課方式補收保費。所以，此種相互保險之經營方式並非單一化，可能是分紅制或不分紅制，可能

表 3-5　純賦課制相互保險之型態

型　態	簽發保單時		期末結算時	備　註
	附加保費	純保費		
第一型	收取小額承保費用	不收	社員按比例攤收不足承保費用及賠償損失	無限責任制
第二型	收取足額承保費用	小額賠償損失之金額	大額損失社員另以定額保費憑單繳付，即不足部分，社員就憑單責任範圍補繳分攤	有限責任制
第三型	收取足額承保費用	小額賠償損失之金額	不足部分，社員負無限攤繳責任	無限責任制

是賦課制或確定制。

(c) 永久相互保險制：永久係指保險期間無終止之日，被保人一旦繳納足額保費加入保險之後，保險永遠有效，終身受到保障。以此觀之，被保人繳納之保險費自然甚高，因其必須涵蓋承保費用、賠款以及盈餘金之分攤。此種保險之優點為，由於事關被保險人極大權益，保險加入者，可參與部分業務經營，較可預防道德危險及詐欺危險。再者，有剩餘金時，可以分配紅利，復就一次繳付巨額保費之觀點，涉及預定利率之問題，相對上保費應較低廉。最後，保險加入者尚可分配基金所生之利息。

4. 公營保險

公營保險，意指由政府或公法人所經營之保險。依經營性質觀察，可分為任意性與強制性兩種。

⑴ 任意性質

此種保險，對保險加入者無強制性，可能具有營利性質，也可能不以營利為目的。其經營方式有二：

① 獨占性：經營者對於承保某種保險具獨占權，但無強制性。例如，中國輸出入銀行承辦之輸出保險，其實還帶有政策性。

② 非獨占性：以營利為目的，與民營保險公司在保險市場上公平競爭。

⑵ 強制性質

強制性質之公營保險，係以徹底達成社會政策為目的，且不具商業色彩，大部分屬於社會保險之範圍。所以，其主要之特性為獨占性、強制性、政策性。依其承保之對象而論，又有一般性與特殊性之分。

① 一般性：保險對象為全體國民。例如，承辦我國全民健康保險之中央全民健康保險局。

② 特殊性：保險對象為特定族群，例如，承辦勞工保險之勞動部勞工保險局，又如承辦公務員保險、軍人保險、農民保險、漁民保險等之相對承辦單位。又如我國的中央存款保險公司、美國的聯邦存款保險公司（The Federal Deposit Insurance Corporation，簡稱 FDIC），係一種強制性質之政策性保險。

第三節　保險公司之經營組織

1. 內勤組織

內勤組織之重點在於部門組織，惟保險公司之部門組織並無定則，一般可以功能性、產品性、地區性、客戶性、管理利益性等為標準劃分，最普遍之劃分方式為前三種。須注意者，保險公司可能採混合方式規劃其部門組織。

(1) 功能性組織

功能性組織以職能為劃分基礎，甚為複雜，可以歸納如表 3-6。

表 3-6　保險公司功能性部門組織表

功能性組織名稱	功　能
(a) 承保部	核保（即選擇危險）、出單、批改作業。
(b) 再保部	分散危險。
(c) 理賠部	處理危險事故發生後之一切事宜。
(d) 展業部（代理部）	徵募、訓練、監督外勤人員及經紀人、代理人。
(e) 法務部	處理保險公司與法務有關之事宜，例如，進行抗辯、進行訴訟程序協助投資部、理賠部、代理部等。
(f) 財務部（投資部）	管理資金、選擇投資項目等。
(g) 精算與統計部	精算→釐訂保險費率、計算準備金、佣金等等。 統計→蒐集與分析資料。
(h) 損失控制部（或工程部）	從事安全研究及損害防止教育、協助核保部門釐訂費率。
(i) 會計部	記錄各項營業成果及準備各項財務報表。
(j) 契約保全（保戶服務部）	主要用於人身保險公司。主要職能為：第二期以後保險費之催繳與收取，保險契約變更之處理，保單質借，保費墊繳，保險契約失效、停效、復效、解除、終止之處理。
(k) 醫務部門	主要用於人身保險公司，為核保部門之協助部門，主要任務為體檢件審核、核保人員教育訓練、選擇體檢特約醫師、設定體檢標準等等。
(l) 其他部門	人力資源部、電子資料處理部、教育訓練部等等。

功能性組織，如依性質亦可區分為直線（line）部門與幕僚（staff）部門。

⑵依產品性質區分

茲就產物保險與人身保險分別列舉如表 3-7。

依產品性質區分，一般情況下，各部門仍然配備基本的直線性質功能性人員，例如，核保、理賠、再保等人員，至於功能性質之幕僚部門仍然存在支援各產品部門。

⑶依區域性組織區分

可區分為總公司、分公司、營業處、通訊處等等。分公司、營業處、通訊處等，有時亦處理部分保險行政工作。

表 3-7　保險公司產品部門組織

產物保險	人身保險
火災保險部	普通保險部
運輸保險部	團體保險部
汽車保險部	年金保險部
工程保險部	健康保險部
意外保險部	意外保險部

2.外勤組織

外勤組織一般指總公司內之業務招攬人員，以及總公司以外之專門招攬業務之分支機構。所謂保險業務員，依我國現行保險法第 8-1 條規定，係指為保險業、保險經紀人公司、保險代理人公司或兼營保險代理人或保險經紀人業務之銀行，從事保險招攬之人。保險中介人非在保險公司組織之內，但因與保險公司在業務上甚為密切，應可將其視為保險公司組織之一環。按保險輔助人可以分成三大類，分述如下：

⑴保險經紀人

依我國現行保險法第 9 條規定，係指基於被保險人利益，洽訂保險契約或提供相關服務，而收取佣金或報酬之人。又依現行保險經紀人管理規則第 4 條規定，經紀人分財產保險經紀人及人身保險經紀人。

(2)保險代理人

依保險法第 8 條規定，係根據代理契約或授權書，向保險人收取費用，並代理經營業務之人。又依保險代理人管理規則第 4 條規定，代理人分財產保險代理人及人身保險代理人。代理人依其代理保險業家數分為專屬代理人及普通代理人；專屬代理人以代理特定一家保險業為限，普通代理人得代理兩家以上之保險業。依保險代理人管理規則第 4 條第 2 項規定，代理人代理一家以上保險業務經營或執行業務，應即通知所代理之保險業。

(3)保險公證人

又保險公證人與保險公司亦甚密切，協助保險公司處理保險行政（主要是理賠）。依保險法第 10 條規定，所謂公證人，係指向保險人或被保險人收取費用，為其辦理保險標的之查勘，鑑定及估價與賠款之理算、洽商，而予證明之人。又保險公證人管理規則第 4 條規定，公證人分一般保險公證人及海事保險公證人。一般公證人指向保險人或被保險人收取費用，為其辦理海上保險以外保險標的之查勘、鑑定及估價與賠款之理算、洽商，而予證明之人。海事公證人指向保險人或被保險人收取費用，為其辦理海上保險標的之查勘、鑑定及估價與賠款之理算、洽商，而予證明之人。

茲就上述列表 3-8 比較，以供參考。

表 3-8　各種輔助人之比較表

項　目	公證人	經紀人	代理人
業務內容	事前→查勘、鑑定、估價 事後→理算、洽商	洽訂保險契約 收保費 遞送保單	招攬 交保單 收第一期費用
收費對象	委任之一方	保險人	保險人
代表對象	委任之一方	要保人或被保險人	保險人
類別	一般、海事	人身、財產	人身、財產 專屬、普通

第四節　保險業之合作性組織

　　保險業雖然是競爭激烈的行業，但是為了一般目的或特殊目的或法令之規定，仍然會互相合作成立不同的合作性組織。合作性組織是一廣義名詞，可以歸納為一般性質合作組織與特殊性質合作組織（表 3-9）。合作之業者不僅是保險公司本身，亦及於保險中介人。

表 3-9　保險業之合作組織

項目	一般性合作組織	特殊性合作組織
目的	共同解決保險經營發生之困難與問題，促進保險業共同利益	解決特殊性質問題，主要有競爭管制、維護清償能力、消化承保風險
範圍	編製業界之統計資料、制定費率規章、增進損害防阻方法、保險學術研究	1. 保險業市場協定：例如，費率協定（或稱價格卡特爾）、保險條款統一協定（或稱條件卡特爾） 2. 財務結合：例如，設立安定基金 3. 技術結合：例如，共保集團、協進會、再保集團
例示註4	中華民國產物保險商業同業公會 中華民國人壽保險商業同業公會 中華民國風險管理學會 中華民國精算學會 中華民國人壽保險管理學會 中華民國產物保險核保學會	財團法人工程保險協進會 中華民國核能保險聯合會

一、保險業市場協定

　　係指性質相同之保險業者，鑑於彼此之間「毀滅性」競爭可能產生之不利影響，在平等互惠精神下，採取一致行動之組織，稱為保險業市場協定。在保險市場上比較常見之協定，仍以價格與保單條款內容為主。

1. 費率協定（又稱價格卡特爾）

　　一般是指性質相同之保險業者，將其損失經驗與費用經驗集合以算定保險費率，制定規約共同遵守之協定。惟費率協定之範圍事實上可多樣化，例如，最低費率（bottom rate）之約定、最高佣金之限制等等註5。

不過，保險市場費率自由化實施之後，費率協定可能不再存在。

2. 保險條款統一協定（又稱條件卡特爾）

保險條款統一協定事實上甚為普遍，是指性質相同之保險業者將同種類之保險條款加以統一，共同遵守之協定。現行保險業即有許多標準條款之約定，海上貨物保險採用之系列協會貨物條款，儘管並無強制性，但是實質上已接近世界性之保險條款統一協定。又如國內人壽保險業者亦採用人壽保險標準示範條款，財產保險業者採用之火災保險與地震基本保險基本條款亦為例子之一。保險條款內容常表現出承保範圍之大小，其實代表另類價格表徵。

二、財務結合

財務結合原則上是保險監理單位所促成，係保障要保人、被保人之權益，並謀保險業經營安全，規定由保險業者提撥資金成立之財務性組織，其著眼點在於維持清償能力，設立安定基金為最重要之例子，我國保險法第 143 條系列規定甚為詳細，茲列示如下：

1. 保險法第 143 條之 1（安定基金之設置與提撥）

為保障被保險人之權益，並維護金融之安定，財產保險業及人身保險業應分別提撥資金，設置財團法人安定基金。

安定基金由各保險業者提撥，其提撥比率與安定基金總額，由主管機關審酌經濟、金融發展情形及保險業承擔能力定之，並不得低於各保險業者總保費收入之千分之一。

2. 保險法第 143 條之 3（動用安定基金之條件）

安定基金之動用以下列各款為限：(1) 對經營困難保險業之貸款；(2) 保險業因與承受經營不善同業進行合併或承受其契約，致遭受損失時，得請求基金予以低利貸款或墊支；(3) 保險業之業務或財務狀況顯著惡化不能支付其債務，主管機關依第 149 條第 3 項規定派員接管、勒令停業派員清理或命令解散，或經接管人依規定向法院聲請重整時，安定基金於必要時應代該保險業墊付要保人、被保險人及受益人依有效契約所得為之請求，並就其墊付金額代位取得該要保人、被保險人及受益人對該保險業之請求權；(4) 其他為保障被保險人之權益，經主管機關核定之用途。

三、經營技術結合

　　保險業經營過程必然面臨風險累積之問題，因此，必然採用不同之分散風險技術因應，同業之間共同承保同一危險爲一最早與基本的方法，此稱之爲共同保險（coinsurance），之後演變向同業購買再保險（reinsurance），或是同業之間成立再保集團（reinsurance pool）等等，均爲廣義的經營技術結合。關於三者之意義如下，詳細內容請參考本書第9章。

1.再保險

　　依保險法第39條規定，再保險謂保險人以其所承保之危險，轉向他保險人爲保險之契約行爲。該條文係由法律觀點解釋，但也點出再保險是一種分散危險、平均危險，以達成大數法則應用之保險經營技術。

2.再保集團 註6

　　是指數家保險公司共同組成之聯合機構，其主要目的在處理性質特殊之危險、應付巨額保險業務之需要、避免同業間之惡性競爭，或爲舉辦新種保險業務。各保險公司之再保業務，透過再保險集團統籌辦理，不但可節省管理費用、避免同業競爭，更可增加保險業務，擴大承保能量。不過，容易使財力薄弱之小公司養成依賴心理。

3.共同保險

　　兩個或兩個以上之保險人共同承保同一保險標的、同一被保險人、同一保險利益、同一保險事故，而簽訂一個保險契約之情況。各保險人依其承保比例，分配保險費、分攤賠款責任。共同保險可以分爲對內共保與對外共保，其意如下：

⑴對內共保

　　由接受要保之保險人爲首席公司負責簽單，直接對被保險人承擔保險責任，各個共同保險人之承保責任另以共同保險契約約定之，將來被保險人損失發生時，由其承擔全部賠償責任，而後再向各共同保險人攤回其應分攤之賠款。

⑵對外共保

各個共同保險人聯合簽單，分別約定其責任額度，將來被保險人損失發生時，亦按其責任額度負責予以賠償。

第五節　保險市場之發展基本指標

一個國家保險市場是否有發展之潛力，現行共用之基本指標有下列四種：

1. 投保率（有效契約件數／總人口數）

表示一國平均每一國民擁有人壽保險有效契約件數。

2. 普及率〔有效契約保額／國民生產毛額（GNP）或國民所得（NI）〕

表示有效契約保額與國民生產毛額之比。

3. 保險密度（總保費數／總人口數）

表示平均每一國民保費支出金額，目的在觀察該國國民利用保險之程度。

4. 保險穿透度〔總保費／國內生產毛額（GDP）〕

總保費占國內生產毛額比例，用以衡量一國保險事業對該國經濟發展之貢獻。

上列中，保險密度、保險穿透度為保險事業對經濟發展貢獻之衡量指標。尚須注意者，產險業通常適用保險密度、保險穿透度兩種指標，人壽保險則四種均適用。

本章關鍵詞

(1) 保險市場

(2) 交互保險社

(3) 相互保險公司

(4) 保險合作社

(5) 保險股份有限公司

(6) 倫敦勞伊茲（Lloyd's of London）

(7) 承保會員（underwriting member）

(8) 承保保證金（underwriting deposit）

(9) 保費信託基金（premium trust fund）

(10) 中央保證基金（central guarantee fund）

(11) 核保代理人提存的準備金（reserve held by underwriting agents）

(12) 保險代理人（insurance agents）

(13) 保險經紀人（insurance brokers）

(14) 保險公證人（surveyor）

(15) 共同保險費率協定（價格卡特爾）

(16) 保險條款統一協定（條件卡特爾）

(17) 投保率

(18) 普及率

(19) 保險密度

(20) 保險穿透度

註釋

註 1：對 Lloyd's of London 有興趣者，可參閱 Lloyd's 網站：http://www.lloydsoflondon.co.uk/。

註 2：Mehr, Cammack, Rose 原著，廖述源等譯述，《保險學原理》（下冊），第八版，財團法人保險事業發展中心出版，民 81 年 11 月，頁 777～778。

註 3：Mehr, Cammack, Rose 原著，廖述源等譯述，《保險學原理》（下冊），第八版，財團法人保險事業發展中心出版，民 81 年 11 月，頁 791～794。

註 4：組織甚多，可參考 http://www.insurance.gov.tw/insu/newo 9.asp。

註 5：不過，依過去台灣保險市場之發展經驗，費率協定常名存實亡，效果不大。

註 6：台北市產物保險核保人學會編，《產物保險名詞辭典》，民 76 年 3 月初版，頁 555。

考題集錦

1. 保險深度（Insurance Penetration）　　　　　　　　【108.2 核保人員】
2. 勞伊茲保險人（Lloyd's Underwriters）　　　　　　【108.1 核保人員】
3. 保險深度（Insurance Penetration）　　　　　　　　【107.2 核保人員】
4. 保險股份有限公司與保險相互公司有何不同，請就(1)經營主體(2)權力機關(3)經營資金(4)保險費(5)利益處分等五個項目比較說明。
　　　　　　　　　　　　　　　　　　　　　　　【106.2 核保人員】
5. 保險密度（Insurance Density）　　　　　　　　　　【106.1 核保人員】
6. 條件卡特爾（Conditions Cartel）　　　　　　　　　【104.2 核保人員】
7. 保險深度（Insurance Penetration）　　　　　　　　【104.1 核保人員】

第4章

保險契約

學習目標

讀完本章,讀者應該可以:

1. 了解保險契約的定義與保險契約的特性。
2. 了解保險契約的主體(當事人與關係人)。
3. 了解保險契約的生效要件。
4. 了解保險契約之四種書面證據。
5. 了解要保書與保險單的內容。
6. 了解保險契約主體與客體的變更。
7. 了解保險契約的終止、解除、無效、停效情形。

第一節　保險契約的意義

保險市場是由對有保險需求的人與可以供給保險的組織所構成，但保險需求者與保險供給者之間必須以契約方式相連結。依我國保險法第 1 條規定：「本法所稱保險，謂當事人約定，一方交付保險費於他方，他方對於因不可預料，或不可抗力之事故所致之損害，負擔賠償財物之行為註1。根據前項所訂之契約，稱為保險契約。」所以由保險法第 1 條規定可知，保險契約是依保險行為所訂立之契約。所謂保險行為，係指保險法第 1 條第 1 項。簡言之，保險契約為保險人與要保人以保險為目的所訂之契約。

該條中所謂「當事人」，是指要保人與保險人，其定義分別如下：

1. 要保人（applicant）

依保險法第 3 條規定，要保人是指：「對保險標的具有保險利益，向保險人申請訂立保險契約，並負有交付保險費義務之人。」由上可知，要保人主要義務為交付保險費，在投保時對於保險標的尚須具有保險利益（insurable interest）。所謂保險利益，指要保人對於保險標的因各種利害關係，而具有的合法經濟利益。

2. 保險人（insurer or assurer）

依保險法第 2 條規定，保險人是指：「經營保險事業之各種組織，在保險契約成立時，有保險費之請求權；在承保危險事故發生時，依其承保之責任，負擔賠償之義務。」由上條文可知保險人主要權利為保險費之請求權，主要之義務為負承保責任。「承保責任」是否發生，須視承保範圍而定。所謂承保範圍，最主要的有保險人承保之危險事故、承保之保險標的物、承保之損失、保險期間等等。

第二節　保險契約的特性

保險契約與一般之商務契約不同，主要是其具有無形性、未來性、繼續性。綜合言之，保險契約具有的特性有下述九個，茲說明如下。

一、射倖契約（aleatory contract）

「射倖」一詞，應與「不確定性」相結合，即指訂立保險契約時，當事人之損益尚處於未定狀態。由保險人之立場與要保人或被保人之立場分析，更可說明其中涵義。

1. 就保險人言之，保險契約訂立時，未來保險事故是否發生不確定。亦即保險人是否給付保險金，繫於偶然事故是否發生。
2. 就要保人言之，保險事故發生時，要保人支付之確定保險費與保險人支付之保險金並不相等。

上述指出，保險契約當事雙方交換之金額在任何情況下並不相等，故保險契約為射倖契約。

二、附合契約

保險契約之內容，一般是由保險人事先定型，原則上要保人僅有同意或拒絕兩種選擇（take or leave）。欲修改保險契約內容須經一定程序，而且仍須採用保險人已定型化之批單，所以稱保險契約為一種附合契約。保險契約定型化之理由甚為自然，主要來自於保險基本原理中之大數法則。大數法則須與同質性配合，同質性須藉助定型化契約。亦即，契約規範之承保範圍相同，產生之各種統計資料，對於經營技術高度專業化的保險業始具效用。

定型化產生附合性雖為自然之結果，但其內容非一般保險消費者所易了解，基本上對保險人有利。基於平衡原理，保險主管監理機關為保護要保人及被保人，相對規定保險契約及其條款應送主管機關審查核定，同時在保險法第 54 條中規範保護保險消費者之解釋規則，茲將該條文列示如下：

1. 保險法第 54 條第 1 項規定：「對於保險法之強制性規定，不得以契約變更之。但有利於被保險人者，不在此限。」
   此項規定為保險法對於被保險人權益的一種最低保障性質之宣示。
2. 保險法第 54 條第 2 項規定：「保險契約之解釋，應探求保險當事人之真意，不得拘泥於所用之文字；如有疑義，以作有利於被保險人之解釋為原則。」 註 2

除保險法第 54 條外，為更進一步平衡保險契約當事人，保險法第 54 條之 1 另列保護保險消費者之規定如下：

「保險契約中有下列情事之一，依訂約時情形顯示有失公平者，該部分之約定無效：

　　1.免除或減輕保險人依本法應負之義務者。

　　2.使要保人、受益人或被保險人拋棄或限制其依本法所享之權利者。

　　3.加重要保人或被保險人之義務者。

　　4.其他於要保人、受益人或被保險人有重大不利益者。」

上列條文即所謂「不公平原則」。

三、雙務契約（bilateral contract）

是指契約當事人雙方互負對價關係的債務之契約。就保險契約當事人言之，要保人負支付保費之義務，保險人負承保範圍內賠償財物義務，兩者居於對價，互負給付之義務，故為雙務契約。不過，由於保險人負賠償財務之義務繫於保險事故是否發生，所以英美教科書中認為[註3]：「要保人交付保險費之後，只有保險人暴露於法律上之強制承諾中，此為以一方之行為交換一個承諾，故為單務契約。」因此，產生了雙務契約或是單務契約的爭論。

其實從功能性觀察，保險重要之處為保險契約生效後保險人承擔危險之義務，亦即，要保人支付保費後，已換取保險人承擔危險之責任。保險事故發生，保險人之給付義務僅是承擔風險之極致表現[註4]，即是所謂「危險承擔說」，因此主張雙務契約似較為有理。進一步言之，保險契約對於要保人最具體之效用仍為保障作用，保障有呈經濟價值者，亦有顯現其精神價值之時，前者為危險發生，保險人提供補償，後者為危險雖未發生所提供之心理保障，只是保險是一無形產品，要保人或被保人較難以體驗，此亦為保險行銷人員於行銷過程中常有之體驗。

四、附條件之契約（conditional contract）

保險費是否為保險契約生效之必要條件，學理上尚有爭議[註5]，惟係要保人須履行之主要義務，除此之外，被保險人依據保險契約，欲得到保險人之補償，在不同階段須盡不同之義務。例如，保險契約成立前，要保人或被保人須盡告知義務；保險契約成立後，保險期間內危險若有變更，須盡危險變更之通知義務；保險期間內若發生危險事故，須盡損失通知義務、損害防止義務、保全損失現場完整之義務等等，即使保險人已作成賠償，被保人仍有保全代位求償權之義務。

以上所舉無非說明要保人或被保人必須進一步符合某些「條件」要求，才能獲取或損失賠償，所以稱保險契約為附條件之契約。

五、最大誠信契約（utmost good faith contract）

保險契約之所以具最大誠信性質，緣於保險契約本身之作成過程，惟保險契約本身之作成應由當事雙方分析。

首先就被保險人立場，保險人之核保決策有很大成分必須依賴要保人提供之資料作成，無論保險人之核保技術如何精良，仍須取決於要保人或被保險人對於保險標的物之充分誠實告知。尤其是現行保險實務中常採用要保書制度，即所謂有限告知主義，保險人通常由其所設計之要保書為起點，為核保決策之基礎，亦即為保險人測定危險之基本資料，亦為保險人收取保險費大小之主要根據。因之，要保人或被保險人應本於最大誠信基礎簽訂保險契約。

同樣的，就保險人言之，保險契約之內容涉及專門性與技術性，反映於保險經營中亦然，並非一般投保大眾所能了解。保險人如於交易過程未能誠信，將使保險契約產生不當之附合性，違反公平原則。

由上可以歸納，保險契約當事雙方進行保險交易時所需之誠信程度較一般契約為高，故為最大誠信契約。

六、對人契約（personal contract）

保險契約為對人契約，主要在強調道德危險與心理危險之核保，與實質危險之核保同等重要，此為一種保險經營的危險管理與控制。核保，除針對保險標的物之有形的實質危險因素外，應特別注重人的因素，蓋與保險標的物關係密切者仍為使用人，故保險當事雙方除應以最大誠信進行交易外，尚應特別注意當事雙方之人品、行為及信用。此等無形的危險因素，並非毫無跡象可尋，往往可由被保險人過去的一些相關紀錄尋得蛛絲馬跡。例如，被保險人損失紀錄中損失次數之多寡，經濟景氣低迷時亦為一種跡象，道德危險產生之案件可能較多。

上述純就保險人觀點，其目的無非在選擇良好的危險，避免危險逆選擇，防範道德與心理危險發生，故在性質上為一種對人契約。就被保人言之，選擇一個股實之保險人，能夠秉持迅速與公平之原則履行保險責任，實際上也是選擇一個有信用之保險人，所以也是一種對人契約性質。

七、有償契約

有償契約是指當事人互為對價關係給付之契約。保險契約之要保人所為保險費之給付與保險人承擔隱性與顯性危險之責任，互為對價，故為有償契約。此特性與雙務契約有其關聯性。

八、非要式契約（informal contract）

按所謂要式契約，是指契約當事人之意思表示必須具有特定方式，始有法律上之效果者，稱為要式契約。非要式契約，是指契約當事人之意思表示不以一定方式為依據，只須就當事人實際之合意，即具有法律上之效果，為非要式契約。

以往認為依保險法第 43 條規定保險契約應以保險單或暫保單為之，並依保險法第 55 條明定，保險契約應記載事項，而認為保險契約為要式契約。實則保險單與暫保單應只是保險契約較具體之證明文件，保險契約之成立，其效力應非繫於該等文件。按保險契約之有效成立仍依一般債權契約之原則訂定，當事人一方要約，一方為承諾，保險契約即有效成立，故以非要式契約為適當。

九、繼續性契約（continuous contract）

保險契約中約定之保險期間雖有長短之分，惟可確認保險契約並非一時性或立即性之法律關係，而為繼續性之法律關係，且期間依險種而異，產物保險之保險期間大抵為一年或一年以下之契約，人壽保險則為長期性之保險契約。保險契約因為具有持續性，契約內容難免因保險標的物之情況改變。例如，產物保險中保險標的物之危險變更，或是使用性質改變，人身保險中之意外險，被保險人之職業也可能有重大變更，此時原保險對價或條件可能須調整，此種因改變而調整之情況即適用所謂的「情事變更原則」。因此，保險契約須設置批單或是相似之批改文件，以因應情事變更之情況。

第三節　保險契約的主體

所謂保險契約的主體，是指與契約相關之人，包括兩種，即當事人與

關係人，前者包括保險人、要保人，兩者在契約中為直接關係；後者包括被保險人、受益人，為間接關係。茲先將該四主體之基本內容列表 4-1，並就保險法相關條文分析如下。

表 4-1　保險契約之主體

項　目	當事人		關係人	
	保險人	要保人	被保險人	受益人
法條根據	保險法第 2 條	保險法第 3 條	保險法第 4 條	保險法第 5 條
基本定義	經營保險事業之各種組織	申請訂立保險契約之人	保險事故發生時遭受損害，享有賠償請求權之人，惟在人壽保險中之死亡保險為例外。	被保險人或要保人約定享有賠償請求權之人，僅適用於人身保險。
基本權利	保險費請求權	1. 財產保險：要保人與被保險人為同一人時，與被保險人同。 2. 人壽保險：要保人與受益人為同一人時，與受益人同。	保險給付請求權	保險給付請求權
基本義務	負擔賠償	交付保險費 告知義務 通知義務	1. 財產保險：告知義務、通知義務 2. 人壽保險：告知義務、通知義務	通知義務

一、當事人

1. 保險人

⑴定義

保險人，指經營保險事業之各種組織。實際上保險業的組織型態，從保險業的發展觀察，可略分為合作型（或稱相互型）以及股份有限公司型，前者大抵為非營利性質，後者為營利性質。不過，仍有例外之情形產生，我國保險法第 136 條第 1 項即規定：「保險業之組織，以股份有限公司或合作社為限。但依其他法律規定或經主管機關核准設立者，不在此

限。」例外之情況，有如勞工保險由勞動部勞工保險局承辦，全國性之全民健康保險則由中央健康保險局承辦。

(2)權利

除了我國保險法第 2 條規定，保險人在保險契約成立時，有保險費之請求權外，由保險法其他條文也可發現保險人相關權利。例如，保險法第 22 條第 2 項之抗辯權註6，第 53 條之代位求償權註7。

(3)義務

保險人主要義務為，承保事故發生時，依其承保之責任，負擔賠償之義務。另依我國保險法第 33 條規定保險人應償還要保人或被保人，為避免或減輕損害之必要行為所生之費用。又如，現行保險法第 119 條註8 規定償付解約金之規定。

(4)保險組織以法人為原則，以自然人為例外

例如，英國倫敦勞伊茲之承保會員（underwriting members of Lloyd's of London），為世界少見自然人可為保險人之特例。

2. 要保人

(1)定義

要保人為向保險人申請訂立保險契約者，但是須對保險標的具有保險利益為其限制條件。

(2)義務

交付保險費為要保人主要與固有之義務。不過，根據保險法其他條文，尚可知要保人之其他義務。例如，告知義務（保險法第 64 條第 1 項）、危險增加之通知義務（保險法第 59 條）、損失發生之通知義務（保險法第 58 條）、損害防止義務（保險法第 33 條）、複保險之通知義務（保險法第 36 條）、維持損失現場完整之義務（保險法第 80 條）。

(3)權利

雖然保險法第 3 條並未指出要保人有何權利，惟由保險法規定，要保人有終止契約之權利（保險法第 82 條）、指定受益人之權利（保險法第

110 條）、優先受償責任準備金之權（保險法第 124 條）等等。

⑷資格註 9

保險法雖未規定，但可依民法相關規定說明。經濟活動者不是自然人就是法人，兩者均得為要保人。就自然人言之，由於可能有共有標的物之情況，所以要保人人數並無限制。亦即可共同投保，但須具有行為能力（指法律行為之能力）。至於無行為能力者、在無意識或精神錯亂中訂立契約者應屬無效註 10。另外，限制行為能力者註 11 未經法定代理人允許而訂立契約者亦無效。就法人言之，其行為須由機關為之，但法人機關之基本成員仍為自然人，故與保險契約相關之一切事項，皆須以自然人為代表。

二、關係人

1. 被保險人

依保險法第 4 條規定：「本法所稱被保險人，指於保險事故發生時，遭受損害，享有賠償請求權之人；要保人亦得為被保險人。」分析條文如下：

⑴定義

被保險人為保險事故發生時遭受損害之人，惟本條文在實際上並不全然適用於所有的保險，吾人如就產物保險與人身保險分別分析，即可了解。

①產物保險：產物保險中，被保險人為保險事故發生時遭受損害之人至為明顯。例如，被保險人所擁有之財產，因保險事故之發生致毀損滅失，當然是被保險人之損失。又如，被保險人對於第三人之民事責任，在損害賠償之後，被保險人受有財務損失，所以保險法第 4 條在產物保險之適用並無疑問。

②人身保險：人身保險係以人之生命或身體為保險對象，各險種不外乎以生存或死亡為危險事故，生存保險與「損害」不相干，就死亡保險而言，被保險人死亡，實際上不可能遭受財務上或其他各方面的損失，可能遭受損失者為被保險人死亡而遭受財務損失之人註 12。不過，有些醫療保險（或稱健康保險），不論是實支實付或是定額給付，從保險目的上觀察，是為了補償被保險人在

醫療費用上之花費，與產物保險類似。

(2)權利

被保險人之主要權利為其享有賠償請求權，此定義實際上亦須分別就產物保險與人身保險觀察。

①產物保險：被保險人與動產或不動產因有合法之關係，得享有經濟之利益或相對承擔某些責任，因保險事故發生，勢必使被保險人遭受經濟損害或在法律上應負損害賠償責任，故賦予享有賠償請求之權。

②人身保險：在死亡保險之情況，被保險人死亡，一般是由受益人主張賠償請求權，如無指定受益人，即成為被保險人之遺產，難謂享有賠償請求權。

除上述權利外，依其他保險法條文尚可發現在危險減少時，被保險人得請求保險人重新核定保費之權利（保險法第 59 條第 4 項）、優先受償責任準備金之權（保險法第 124 條）。再者，保險法第 105 條第 1 項規定：「由第三人訂立之死亡保險契約，未經被保險人書面同意，並約定保險金額，其契約無效。」顯見被保險人在死亡保險中，具有保險之同意權。

(3)義務

依保險法相關條文規定，被保險人至少應有危險發生之通知義務（保險法第 58 條）、危險增加之通知義務（保險法第 59 條）、維持損失現場完整之義務（保險法第 80 條）、損害防止義務（保險法第 33 條）等等。嚴格言之，應尚有告知義務、保全代位求償權的義務。

(4)資格限制

產物保險之被保險人可為自然人，亦可為法人；人身保險之被保險人應為自然人。惟被保險人之資格限制以人身保險之死亡保險為重心，主要目的在避免保險淪為不法犯罪工具，防止道德危險。依最新保險法第 107 條規定：「訂立人壽保險契約時，以未滿十五歲之未成年人為被保險人訂立之人壽保險契約，其死亡給付於被保險人滿 15 歲之日起發生效力；被保險人滿 15 歲前死亡者，保險人得加計利息退還所繳保險費，或返還投資型保險專設帳簿之帳戶價值。」另外第 107-1 條亦規定，訂立人壽保險契約時，以受監護宣告尚未撤銷者為被保險人，除喪葬費用之給付外，其

餘死亡給付部分無效。

2.受益人

保險法第 5 條規定：「本法所稱受益人，指被保險人或要保人約定享有賠償請求權之人，要保人或被保險人均得爲受益人。」以上條文分析如下：

⑴定義

受益人爲保險事故發生後，享有保險金請求權之人。惟須注意，受益人之觀念僅適用於具有人身保險性質的險種，我國產物保險業現行可經營人身意外保險，就此亦有其適用。其設置原意主要是因應以「死亡事故」爲保險金給付要件的人身保險，因爲死亡保險中，被保險人不可能請求保險給付，所以由被保險人或要保人事先約定一位享有賠償請求權之人。生存保險、生死合險等等亦均指定受益人，不以死亡保險爲限。

⑵受益人之權利

受益權爲受益人之權利，且是基於保險契約而生之權利，所以保險金請求權之性質，屬於一種固有權，所以要保人或被保險人之債權人不得就保險金額爲扣押。

⑶受益人之義務

保險法對於受益人之義務並未明文規定，惟被保險人危險發生之通知義務應是存在的。

⑷受益人資格

受益人資格並無限制，凡自然人、法人、胎兒均可，惟胎兒應以非死產者爲限。自然人於請求保險金時必須生存自無疑義，法人爲受益人主要是發生於重要人員保險（keyman insurance），以公司之重要人員爲被保險人，以公司爲受益人。

⑸受益人人數

受益人人數並無限制，故保險金之受領以發生可分之債爲原則。

⑹受益人之分類

　　受益人之分類可由保險法之觀點說明，亦可由眾受益人之中對於保險金請求權順位分類，亦可根據其可變或不可變更區別。茲為便於了解，先行列表 4-2。

表 4-2　受益人種類

分類觀點	種　　類	說　　明
保險法觀點	約定受益人	保險法第 5 條、52 條、108 條第 2 款 ⑴已確定之約定受益人。 ⑵未確定之約定受益人，如法定繼承人。
	指定受益人	保險法第 110 條
	推定受益人	保險法第 45 條、第 113 條
請求權順位觀點	主要受益人（第一受益人）（primary beneficiary）	被保人死亡時，有權收到保險金之人。
	或有受益人（第二受益人）（contingent or se-condary）	有權於第一受益人先於被保險人死亡時，收到保險金之人。
	第三受益人（tertiary beneficiary）	第一、第二受益人均於收取保險金之前死亡，有權收到保險金之人。
可否變更觀點	可變更受益人（可撤銷受益人）	為指定或約定受益人之延伸種類。 契約或遺囑處分變更，無須任何人同意即可變更。保險法第 111 條：受益人經指定後，要保人對其保險利益，除聲明放棄處分權者外，仍得以契約或遺囑處分之。
	不可變更受益人	為指定或約定受益人之延伸種類。 保險契約載明不得變更者，要保人聲明拋棄處分權者。受益人於保單上有專屬權（vested interest），任何變更須經受益人同意，被保險人或受益人兩者中，無另一位同意，均無法行使保單上之權利。

茲就保險法觀點所得之分類說明如下：

①約定受益人：稱約定受益人是因保險法第 5 條規定：「本法所稱受益人，指被保險人或要保人約定享有賠償請求權之人。」惟約定有時僅為原則性約定，故有已確定與未確定之分。已確定者，當然是受益人之姓名明白記載於保險契約之上，保險法第 108 條第 2 款規定：「人壽保險契約，除記載第 55 條規定事項外，並應

記載左列事項：受益人姓名及與被保險人之關係或確定受益人之方法。」所指即是。所謂未確定，是僅原則性約定受益人之範圍。例如，保險契約上僅記載「法定繼承人」一詞，保險法第 52 條規定：「為他人利益訂立之保險契約，於訂約時，該他人未確定者，由要保人或保險契約所載可得確定之受益人，享受其利益。」即在因應此種情況。

②指定受益人：稱指定受益人主要係因保險法第 110 條規定：「要保人得通知保險人以保險金額之全部或一部，給付其指定之受益人一人或數人。前項指定之受益人，以於請求保險金額生存時為限。」亦即在保險契約中，明白指定之受益人。

③推定受益人註 13：保險契約上如無約定或指定受益人，自須依法條或法理推斷受益人。保險法第 45 條規定：「要保人得不經委任，為他人之利益而訂立保險契約。受益人有疑義時，推定要保人為自己之利益而訂立。」

保險法中所謂「約定」、「指定」、「推定」主要之重點，在於確認受益人，如採用「已確定受益人」、「推定受益人」，再將「已確定受益人」依保險法規定再分為「已指名受益人」、「概括式受益人」，可能較易理解。由請求權順位觀點分類之受益人，甚易理解。至於以可否變更觀點分類之受益人，主要針對「已確定受益人」之變更問題，其相關內容已見表 4-2 所列。

(7)受益人之受益權相關問題

受益權為固有非繼受已如前述。又，依保險法第 112 條規定：保險金額約定於被保險人死亡時，給付於其所指定之受益人者，其金額不得作為被保人之遺產。又依遺產稅與贈與稅法規定：約定於被繼承人死亡時給付其所指定受益人之人壽保險金，免納遺產稅。但死亡保險契約的被保險人未指定受益人者，即為被保人之遺產。可見受益權對於受益人之重要性。不過為維護被保人之生命安全，受益權可以撤銷，但不得轉讓。依保險法第 121 條規定：受益人故意致被保險人於死或雖未致死者，喪失其受益權。再者，保險法第 114 條規定：受益人非經要保人之同意，或保險契約載明允許轉讓者，不得將其利益轉讓他人。又依保險法第 106 條規定：由第三人訂立之人壽保險契約，其權利之移轉或出質非經被保險人以書面承認者，不生效力。

三、要保人、被保險人、受益人之關係

1.要保人與受益人之關係

依據保險法第 4 條、第 5 條規定，可知要保人可以指定自己為受益人，可以他人為受益人，將此觀念推廣，亦可同時以自己與他人為共同受益人。由此可以分析要保人訂立保險契約之動機，可分為自己利益、為他人之利益、兼為自己與他人利益而訂立之保險契約。實務上，人壽保險公司之要保書常有下列有關受益人之詢問事項，印證保險法規定之各種情況。

吾人可以表 4-6 說明上述為自己之利益、為他人之利益情況、兼為自己與他人利益之情況。

2.要保人與被保險人之關係

論及要保人與被保險人之關係前，先行就被保險人種類作一說明。

被保險人之種類依其是否載明於保險單上，區分為列名被保險人（named insured）註14 與附加被保險人（或稱額外被保險人）（additional insured）。列名被保險人，為保單上載明之被保險人；附加被保險人，係指雖未載明於保險單，但符合某些特定條件而仍受保險契約保障之被保險人。所謂符合某些特定條件，為一種範圍限制，通常與列名之被保險人有一定關係，汽車責任保險是最明顯的例子，茲舉例說明如下：

⑴我國強制汽車責任保險單條款第 2 條（名詞定義）。

本保險契約所稱「被保險人」，除經特別載明者外，包括下列之人：

① 本保險契約（證）所載之列名被保險人。

② 其他經要保人同意使用或管理被保險汽車之人。

表 4-3　要保書上之受益人資料㈠

生存還本受益人姓名	與被保險人關係	年　　齡

（若有生存還本受益人，上述指定須填寫；倘無指定時，要保人即為生存還本受益人）

表 4-4　要保書上之受益人資料㈡

滿期受益人姓名	與被保險人關係	年　　齡

（滿期受益人，倘無指定時，要保人即滿期受益人）

表 4-5　要保書上之受益人資料㈢

身故受益人姓名	與被保險人關係	年　　齡

（受益人超過一個，除經指定外，本保單之利益將由所有受益人平均分配）

表 4-6　人身保險訂約動機

要保人	被保險人	受益人	訂約動機暨契約種類	說　　明
張三	張三	張三	自己利益之保險契約	生存保險，要保人與受益人為同一人，有保險金請求權。
張三	張三	李四	他人利益之保險契約	要保人可購買生存保險或死亡保險，要保人與受益人不為同一人，受益人有保險金請求權。
張三	李四	張三	自己利益之保險契約	要保人可購買生存保險或死亡保險，要保人與受益人為同一人，有保險金請求權。
張三	李四	李四	他人利益之保險契約	要保人可購買生存保險或死亡保險，受益人（被保人）有保險金請求權。
張三	李四	王五	他人利益之保險契約	要保人可購買生存保險或死亡保險，受益人有保險金請求權。
張三	張三	張三與他人	兼為自己與他人利益之保險契約	要保人購買生存保險時，要保人與其他人均為受益人，有保險金請求權。此為受益人不止一人之情況。要保人購買生死合險時，生存險部分同上，死亡險應由他人為受益人。
結論	⑴自己利益之保險契約；⑵他人利益之保險契約；⑶兼為自己與他人利益之保險契約。			

⑵我國汽車責任保險條款第 2 條（被保險人之定義）規定。

　① 列名被保險人係指本保險契約所載明之被保險人，包括個人或團體。

　② 附加被保險人係指下列之人而言：

　　(a) 列名被保險人配偶及其同居家屬。

　　(b) 列名被保險人所僱用之駕駛人及所屬之業務使用人。

　　(c) 經列名被保險人許可使用或管理被保險汽車之人。

⑶我國住宅火災及地震基本保險條款第 3 條規定。

　① 要保人：指以自己或他人所有之住宅建築物及其內之動產向本公司投保，並負有交付保險費義務之人。要保人以自己所有之

住宅建築物及其內之動產投保，要保人即為被保險人；以他人所有之住宅建築物及其內之動產投保，該住宅建築物及其內之動產之所有權人為被保險人。

② 被保險人：指對承保住宅建築物及其內之動產所有權有保險利益，於承保的危險事故發生時遭受損失，享有保險賠償請求權之人。本保險契約承保被保險人之配偶、家屬、受僱人、同居人所有之物時，該物之所有權人就該特定物視為被保險人。本條規定要保人與被保險人可為不同之人，也顯示出有附加被保險人之情況。

⑷ 美國住宅綜合保險單 HO3 註15 之規定亦頗詳細，觀察其中規定，也包括列名被保險人與附加被保險人，茲將其規定臚列如表 4-7 以供參考。

表 4-7　美國住宅綜合保險單 HO3

"Insured" means:

    a.　You and residents of your household who are

      ⑴ Your relatives; or

      ⑵ Other persons under the age of 21 and in the care of any person named above;

    b.　A student enrolled in school full time, as defined by the school, who was a resident of your household before moving out to attend school, provided the student is under the age of:

      ⑴ 24 and your relative; or

      ⑵ 21 and in your care or the care of a person described in a.⑴ above; or

    c.　Under section II

      ⑴ With respect to animals or watercraft to which this policy applies, any person or organization legally responsible for these animals or watercraft which are owned by you or any person included in a. or b. above. "Insured" does not mean a person or organization using or having custody of these animals or watercraft in the course of any "business" or without consent of the owner;

      ⑵ With respect to a "motor vehicle" to which this policy applies:

        (a) Persons while engaged in your employ or that of any person included in a. or b. above; or

        (b) Other persons using the vehicle on an "insured location" with your consent.

Under both Section I and II, when the word an immediately precedes the word "Insured", the words an "Insured" together mean one or more "insureds".

為何要有附加被保險人，其理由大概有四，分別是：①提供與列名被保險人關係密切之人保險保障；②善盡列名被保險人對於附加被保險人之法律責任與道德；③避免衍生理賠糾紛；④對社會大眾提供賠償保障註16。

3.要保人與被保險人之關係

由上述各點可發現要保人與被保險人之關係有三種情況，茲仍以表4-8說明。

表4-8中所列保險法第47、71、92等各條，分別說明「合夥人或共有人」、「被保險人家屬、受僱人或同居人」、「被保險人之代理人、管理人或監督人」似均可視爲上述「額外被保險人」之情況。

表 4-8　要保人與被保險人之關係

要保人	被保險人	保險契約訂約性質	說　明
張三	張三	本人利益之保險契約	要保人與被保險人相同 要保人自行享有賠償請求權
張三	李四	他人利益之保險契約	要保人與被保險人不相同 要保人不享有賠償請求權（第三人利益之保險契約）。例如，抵押權人被指定為被保險人。
張三	張三及其他人	本人與他人利益之保險契約	保險法第47條、第71條、第92條

保險法第47條：保險契約由合夥人或共有人中之一人或數人訂立，而其立保及於全體合夥人或共有人者，應載明為全體合夥人或共有人訂立之意旨。

保險法第71條：依保險法第71條第1項：就集合之物而總括為保險者，被保險人家屬、受僱人或同居人之物，亦得為保險標的，載明於保險契約，在危險發生時，就其損失受賠償。同條第2項：此種保險契約，視同並為第三人利益而訂立。

保險法第92條：保險契約係為被保險人所營事業之損失賠償責任而訂立者，被保險人之代理人、管理人或監督人所負之損失賠償責任，亦享受保險之利益，其契約視同並為第三人之利益而訂立。

第四節　保險契約的種類

保險契約之種類，爲保險運作過程中之產物。例如，許多標的物之價值較主觀，須預先確定。又如，由行銷觀點開發出集體投保之保險契約，再如保險人爲分散保險經營之危險而購買再保險契約等等，不勝枚舉，茲就較重要者分述如下：

一、以保險價額之確定時間，可區分為定值保險契約與不定值保險契約

定值保險契約與不定值保險契約為產物保險中最為重要之分類，保險法中規定甚為清楚。

1. 不定值保險契約

⑴定義

依保險法第 50 條規定，不定值保險契約，為契約上載明保險標的之價值，須至危險發生後估計而訂之保險契約。實務上，保險人之賠償金額不得超過保險標的物在保險事故發生時之實際現金價值，其主要之特點為保險標的之價值確定時間為危險發生之時。

⑵採用理由

財產保險中以採用不定值保險契約為主，採用定值保險契約為例外。不定值保險契約原在配合損失補償原則，損失補償原則主要之運作原則為「充分補償」（fully indemnity）。所謂「充分補償」，是在足額保險之情況下，保險金額範圍內之損失均可得到補償。在不足額保險之情況下，按實際損失、保險金額、保險價額共同決定補償金額。由於保險價額須至危險發生時估計，所以最符合實際，此即實際現金價值之觀念。實際現金價值即是重置成本扣除折舊後之額度。保險法第 73 條第 3 項規定，保險標的未經約定價值者，發生損失時，按保險事故發生時「實際價值」為標準計算賠償，其賠償金額不得超過保險金額，即是不定值保險概念。

⑶缺點

不定值保險情況下，保險標的之價值，須至危險發生時估計，在物價波動時期，容易造成不足額保險。蓋要保人投保時，即使非常謹慎估計保險標的物之價值，並投保足額保險金額，惟損失發生時，可能因物價波動而使保險價額較高，造成不足額保險。再者，以火災保險而言，因為建築技術進步、採用防火建材，且防火技術進步，發生全損可能性低，要求按標的全部價值投保，學者認為有失保險之積極性意義，因此衍生出「實損實賠保險」（first loss insurance）註 17 之觀念。

⑷適用險種

此種保險契約一般適用於海上保險以外之財產保險，蓋大部分之財產保險於損失發生時易於評價，海上保險具有國際性，屬於動態性保險，爲避免爭端，並配合國際貿易實務，大部分採定值保險。

2. 定值保險契約

⑴定義

依保險法第 50 條規定，定值保險契約，爲契約上載明保險標的一定價值之保險契約。主要特點爲保險標的之價值確定時，爲保險契約簽訂之時，屬於事前概念，故可將此時之保險價額稱爲約定價額。

⑵採用理由

採用定值保險契約，主要理由有下列幾個：
①保險標的之保險價額較爲主觀，不易確定。
②保險標的體積小，價值高。
③保險標的無法替代。
④保險標的價值波動性較高。
⑤降低理賠爭議。
常見之標的有藝術品、古玩、文稿、金塊、銀塊等等，比較特別的是海上保險中承保之貨物、船舶等，採用原因主要是價值波動性高，且在發生事故時往往在海上，損失不易查證。

⑶缺點

定值保險契約事先約定保險價額，如約定之額度偏離過大，容易造成道德危險。所以，約定保險價額時，必須嚴格勘價，達成損害補償之修正。

⑷理賠標準

保險法第 73 條第 2 項規定，保險標的以約定價值爲保險金額者，發生全部損失或部分損失時，均按約定價值爲標準計算賠償。即損失發生後，以該約定價值配合保險金額與實際損失金額理賠。

(5)適用險種

凡是稀有性質險種，例如，藝術品保險，或是保險價額較有波動性之險種，例如，海上保險。

茲將定值保險與不定值保險兩者，列表 4-9 作簡要之比較。

表 4-9　定值保險與不定值保險之比較

比較項目	定值保險	不定值保險
保險價額約定時點	簽訂保險契約時	危險發生時
保險價額別稱	約定價額（agreed value）	實際現金價值（actual cash value, ACV），惟保險法稱「實際價值」
損害補償原則之適用	較不適用，勉強可稱損害補償之修正	較適用
相等保險金額與保險價額是否相等	通常相等	通常會有差異
適用險種	海上保險、特殊險種（少有或珍貴之物）	一般財產保險
是否適用共保條款	否	是
部分損失時之賠償計算標準	實際損失 × 保險金額 ÷ 約定價額	實際損失 × 保險金額 ÷ 實際現金價值

二、以保險價額與保險金額為比較標準，可區分為足額保險契約、不足額保險契約、超額保險契約

1.足額保險契約

足額保險契約，是指被保險人投保之保險金額與保險標的之保險價額相等之保險契約。保險標的物發生全損時，保險人即理賠保險金額；發生部分損失時，則依實際損失理賠，達到充分補償之保險原則。

2.不足額保險契約

不足額保險契約，被保險人投保之保險金額小於保險標的之保險價額。造成不足額保險之原因，有下列幾個：

⑴要保人或被保險人對於保險觀念認知錯誤，未將保險標的視為「整體」。

⑵要保人或被保險人為節省保險費，保險金額偏低。

⑶保險標的價值上漲：訂立保險契約時，本來是足額保險，因物價上漲，損失發生時保險標的之實際現金價值大於保險金額，此種情況對於被保險人可謂是「非戰之罪」，針對某些險種保險業者也採取因應措施。例如，我國現行住宅火險改採「重置成本法」承保，並於基本條款「承保建築物之理賠」條文中規定：「建築物之保險金額低於承保危險事故發生時之重置成本之百分之六十時，本公司僅按保險金額與該重置成本百分之六十之比例負賠償之責。」其理賠基本計算方式（如下列）就是一種修正註 18。

> 按重置成本為基礎計算之損失金額 × 建築物之保險金額
> ÷（建築物於承保危險事故發生時之重置成本×60%）

⑷契約之強制規定：保險業者針對某些特定標的物之危險性，基於加強被保險人損失控制暨防止道德危險之觀念，可以在保險契約中約定保險標的物之一部分，應由要保人自行負擔由危險而生之損失，此係根據保險法第 48 條規定而來，該條規定：「保險人得約定保險標的物之一部分，應由要保人自行負擔由危險而生之損失。有前項約定時，要保人不得將未經保險之部分，另向他保險人訂立保險契約。」

不足額保險之情況下發生損失，全損時保險人理付全額保險金額，部分損失時，依保險法第 77 條：「保險金額不及保險標的物之價值者，除契約另有訂定外，保險人之負擔，以保險金額對於保險標的物之價值比例定之。」亦即：

> 保險金＝損失 × 保險金額 ÷ 保險標的物之價值

3.超額保險契約

超額保險是指保險價額小於保險金額，其原因有下列幾個：

⑴要保人或被保險人的無心之過

此種情況即是善意超額保險，依保險法第76條第1項後段規定：「保險金額超過保險標的價值之契約，無詐欺情事者，除定值保險外，其契約僅於保險標的價值之限度內為有效。」又依保險法第 76 條第 2 項規定：「無詐欺情事之保險契約，經當事人一方將超過價值之事實通知他方後，保險金額及保險費，均應按照保險標的之價值比例減少。」

由上述規定，知其法律效果為保險價額內之保險金額有其效力，在損失發生前，經通知之後，可恢復至足額保險之原則，要保人應支付之對價當然比例減少。

⑵要保人或被保險人的故意行為

即惡意超額保險，依保險法第 76 條第 1 項前段：「保險金額超過保險標的價值之契約，係由當事人一方之詐欺而訂立者，他方得解除契約。如有損失，並得請求賠償。」可見惡意超額保險須受懲罰，比較嚴重的效果是解除契約以及損害賠償。

三、以保險標的物是否單一為標準，區分為個別保險契約與集合保險契約

1. 個別保險契約

一般情況下，一個保險契約以承保一人或一標的物為原則，個人人壽保險或產物保險中之個人汽車保險[19]均屬之。

2. 集合保險契約

隨社會經濟環境之變化，被保險人之保險需求方向隨之亦有改變，許多商業性險種（commercial line），甚至於個人性質險種（personal line），同一保險契約中承保之標的物已朝向複數化，因此產生所謂的集合保險契約。即就商業性險種言之，是以多數人或多數物為標的之保險契約，此時之標的物須確定，而且不能交替。工商業團體集合員工代其向產物保險公司集體投保汽車保險或住宅火災保險即屬之，實務上，稱此種方式投保者為團體財產責任保險（group property and liability insurance），又如工商業團體為員工福利投保之團體人壽保險（group life insurance）[20]亦

屬之。保險法第 71 條第 1 項謂：「就集合物而總括爲保險者，被保險人家屬、受僱人或同居人之物，亦得爲保險契約，在危險發生時，就其損失享受賠償。前項保險契約，視同並爲第三人利益而訂立。」即在說明集合保險。又，該條文與前述要保人「兼爲自己或第三人利益」之契約相關。

四、依保險標的是否特定，區分爲特定保險契約與總括保險契約

1.特定保險契約

特定即是不變動，所以保險標的物特定而不變動之保險契約爲特定保險契約。

2.總括保險契約

總括保險契約通常於承保儲存倉庫內之貨物，以可變動之多數物之集團爲標的之保險契約。其承保方式是以一個保險契約訂定一個總保險金額，承保同一地點之不同財產，或不同地點之同一或多種財產，任何地點及任何財產之損失，都可在此一總保險金額內獲得賠償，爲防止被保險人以較少之保險金額得到較大之保障，保險人通常以比例分配條款（pro rata distribution clause）處理此種保險契約之理賠。此條款主要目的是以各地點之標的物之實際現金價值爲基礎分配契約之總保險金額，以防被保險人之投機心理[註21]。

五、依對於同一保險利益、同一保險事故，與數保險人訂立數個保險契約爲標準，區分爲單保險契約與複保險契約

1.單保險契約

要保人以同一保險標的、同一保險利益、同一保險事故，與同一保險人訂立一個保險契約，稱爲單保險契約。

2.複保險契約

(1)定義

要保人以同一保險標的、同一被保險人、同一保險利益、同一保險事故、同一保險期間向兩個以上之保險人訂立數個保險契約，而總保險金額超過保險價額稱之。我國保險法第 35 條規定：「複保險，謂要保人對於

同一保險利益，同一保險事故，與數保險人訂立數個保險契約之行為。」

(2) 要件

由上述定義觀察，複保險之要件有下列幾個：

① 須為同一保險標的：同一保險標的之意義有兩種，其一為損失發生時，各保險人針對同一被保險人所承保之標的完全相同；其二為損失發生時，各保險人針對同一被保險人所承保之標的僅有部分相同；前者產生相同保險單（concurrent policy），後者稱為不相同保險單（non-concurrent policy）。茲以表 4-10 舉例說明。

② 須為同一被保險人與同一保險利益：同一保險標的，因為法律之關係可能衍生不同的保險利益，各利害關係人可就其擁有之保險利益投保，彼此間並無衝突，也不構成複保險。就同一被保險人言之，同一被保險人可能擁有多種保險利益，被保險人就各種保險利益分別安排保險，亦不構成複保險。所以，僅在同一被保險人對於同一保險利益分別向數保險人訂立保險契約，始可稱複保險。

表 4-10　相同保險與不相同保險

保險人	承保人標的	說　明
甲 乙 丙	ABCDE ABCDE ABCDE	損失發生時承保之標的完全相同，此為相同保險單。
丁 戊 己	ABCDE ABCD ABC	損失發生時承保之標的不完全相同，此為不相同保險單。

③ 須為同一保險事故：所謂同一保險事故，重點在於損失發生時，數保險人同時須負理賠責任。一般是以相同險種為原則，只要契約承保之保險事故重疊即可，但並非完全一致。不過，現行大部分產物保險均為標準保單，承保範圍大致相同，所以大部分完全一致。例如，汽車保險、火災保險、海上保險等險種。

④ 須向數保險人訂立數個保險契約：數保險人是指兩個及兩個以上，且須分別訂立保險契約；如僅為一個保險契約，即可能成為共同保險（coinsurance）。

⑤ 須保險期間有所重疊：涉及複保險之保險契約，保險期間完全一

致固然是複保險，部分重疊亦屬之，關鍵在於損失發生時間應在重疊期間內，所以有時雖爲複保險，但並非每一保險契約均牽涉其中。

(3) 種類

由保險期間是否完全重疊，可將複保險分爲下列兩種：
① 同時複保險：保險期間完全重疊之複保險。
② 異時複保險：保險期間部分重疊之複保險。

(4) 效力

複保險之效力可依善意複保險與惡意複保險，分別說明如下：
① 善意複保險：
　　(a) 被保人之通知義務：保險法第 36 條：「複保險，除另有約定外，要保人應將其他保險人之名稱及保險金額通知各保險人。」
　　(b) 比例分攤賠款：保險法第 38 條：「善意之複保險，其保險金額之總額超過保險標的之價值者，除另有約定外，各保險人對於保險標的之全部價值，僅就其所保金額負比例分擔之責；但賠償總額，不得超過保險標的之價值。」
　　(c) 保費之返還：依保險法第 23 條：「以同一保險利益，同一保險事故，善意訂立數個保險契約，保險金額之總額超過保險標的之價值者，在危險發生前，要保人得依超過部分，要求比例返還保險費。」
② 惡意複保險：
　　(a) 通知義務之違反：惡意複保險最重要之效果爲保險契約無效，依保險法第 37 條規定，要保人故意不爲前條之通知，或意圖不當得利而爲複保險者，其契約無效。
　　(b) 不返還保費：依保險法第 23 條規定，保險契約因第 37 條之情事而無效時，保險人於不知情之時期內仍取得保險費。

六、以保險人所負責任之次序爲標準，區分爲原保險契約與再保險契約

1. 原保險契約

要保人直接與保險人所訂立之保險契約，此種保險契約實務上可稱爲

簽單業務。

2. 再保險契約

原保險人與再保險人所訂立之保險契約。依保險法第 39 條規定：「再保險，謂保險人以其所承保之危險，轉向他保險人爲保險之契約行爲。」實際上，專業再保險公司（professional reinsurance company）或是直接簽單公司再保部門承受之再保險業務，亦可藉助再保險工具分散經營風險，此時稱爲轉再保契約。

七、依保險期間長短，可分爲普通保險契約、短期保險契約、長期保險契約

1. 普通保險契約

又稱年保險契約，是指保險期間爲一年之保險契約，此種情況下簽發之保險單稱爲年保險單，在計算保險費時適用年保險費率。

2. 短期保險契約

保險期間在一年內之保險契約，適用短期保險費率。由於保險公司承保短期保險單之簽單費用相對上較高，而且一般情況下，短期保單承保之風險較爲集中，損失經驗較不穩定，依保險費率釐訂基本原則，危險性愈高，保險費率愈高，因此保險消費者之保險費率相對上較年保險費率爲高。例如，在台灣，每年的 5 月到 10 月是颱風季節，如果汽車所有人或建築物所有人於此時投保颱風洪水附加保險，危險明顯集中，保險費自然較高。

3. 長期保險契約

是指保險期間在一年以上之保險契約，適用長期保險費率。長期保險之保險費，均會產生預定利率問題，況且保險人享有保險費繳付與保險賠償時間差的貨幣價值，亦即預收保費較多，保險人可作長時間之投資運用，再者，保險公司初期簽單費用較節省，所以長期保險費率相對較年保單費率爲低。

八、其他尚有綜合保險（comprehensive insurance）契約、套裝保險（package insurance）契約等等

綜合保險一般之定義為保險人在保險契約中，以全險基礎承保被保險人之危險，主要重點在於承保之危險事故採概括式。套裝保險為要保人購買一張套裝保險單而獲取多類保險保障之交易方式，而套裝保險單為一張承保兩種或以上不同險種之保單。不過該兩名詞在應用時頗為混亂，由於綜合保險契約中之承保方式，常以各種承保範圍承保不同的標的與危險事故，其實具有套裝保單之實質意義。例如，美國的 HO 保單系列，係以承保範圍 A、B、C、D、E、F 規範不同之承保範圍，其中有財損風險，也有對他人之責任風險，實質上已承保不同的險種。

另外，尚有較特別之保險種類名稱，例如「待期保險」（waiting term insurance）與「追溯保險」（retrospective insurance），前者其實為一通稱，常用於健康保險（health insurance）或失能保險（disability insurance），主要是為避免逆選擇，保險人常於保單條款中規定，保險事故雖已發生，但須等待一段期間之後，保險人才始負賠償責任，亦即，該段期間之損失（例如醫療費用），保險人不理賠。至於「追溯保險」，原見於古老的海上保險 SG 保單中的條款，即所謂的「失吉或未失吉條款」（Lost or not lost clause），該條款之內容目前規範於協會貨物條款第 11 條保險利益條款之第 2 項（請見本書第 12 章），按該項規定：「除非被保險人知損失已發生而保險人不知情，對於保險期間所發生之承保損失，即使該項損失發生於保險契約簽訂之前，被保險人仍有權要求賠償。」亦即規定保險人的責任開始點，可以追溯至保險契約簽訂之前。

第五節　保險契約之訂立與保險契約文件

一、概說

保險契約之訂立與保險契約證明文件之種類為一複雜問題，尤其是保險消費者常將保險單與保險契約畫上等號，實為一種誤解。茲先將其流程列示如表 4-11。

表 4-11　保險契約之形成與保險契約之證據

保險契約之形成	（要約）要保人之聲請		（承諾）保險人之同意		
	↑		↑		
	要保人之說明義務		保險人之核保		
保險契約之證據	↓		↓	↓	↓
	要保書		暫保單	保險單	批單與批註
保險單之結構	保單結構（以火險為例）	保單正面：序文、簽署、附表　↓ 保單背面：承保條款→基本條款、特約條款			
	以美國 HO 保單為例	陳述事項 declarations	定義 definition	承保範圍 insuring agreement	不保範圍 exclusions	基本承保條款 conditions 其他承保條款 miscellaneous provisions

二、保險契約之訂立

1. 要保人之聲請

保險法第 44 條規定：「保險契約，由保險人於同意要保人聲請後簽訂。」聲請，即為要約。亦即要保人為締結保險契約所為之意思表示。要約，可以書面或口頭為之。填寫要保書為最正式之投保方式，惟現今通訊發達，無論是電話、電子郵件，只要投保內容清楚，均提供要保人投保之管道。尚須澄清者，現行保險許多仍由保險經紀人、保險代理人或由保險公司之業務員中介，此種行為在激發潛在被保險人之投保意願，僅是要約之引誘[註22]階段。

2. 保險人之同意

保險法第 44 條中所謂同意，即為承諾。即接受要保人要約之意思表示。承諾，可以言詞、書信、出示保費收據、開給暫保單等表示。

3. 其他要件

保險契約成立之要件除上述外，尚有當事人具有行為能力、保險契約內容合法、須有對價等等要件。

三、保險契約之書面證據

1. 要保書

要保書是要保人向保險人表達要保意念的一種書面文件，是保險人所設計的一種書面詢問表，在保險契約訂定過程中扮演重要角色。所謂的「書面詢問回答主義」，即是要保人根據保險人設計之要保書詳實填寫之意。

要保書上所詢問之問題，有時極其複雜詳細，例如，產品責任保險、人壽保險；有些較為單純，例如，海上貨物保險。不過，所有的要保書內容通常都是保險人所認定的，與保險標的相關的重要事項（material facts），亦即為保險人考慮承保與否、以何費率承保，以及以何條件承保之主要事項。重要事項之具體表現，各險不同，本書僅例示火災保險暨汽車保險之要保書如本章附件一、附件二以供參考。

2. 保險單

保險單為保險人對要保人所作成之正式書面憑證，其中記載契約當事雙方之權利與義務。一般言之，保險單對第三者亦發生利害關係，所以保險法第 44 條規定，利害關係人，均得向保險人請求保險契約之謄本。茲就我國保險單之內容結構與國外保險單內容結構，列表說明如下：

⑴ 我國住宅暨商業火災保險單內容結構（表 4-12）

⑵ 美國財產險與責任險類保險單內容結構（表 4-13）

表 4-12　我國住宅暨商業火災保險單內容結構

	項		目
	序　文	附　表	簽署暨保單簽發年月日
保單正面	保單開頭部分，簡要說明保險契約當事雙方主要之權利義務。	記載承保事項，例如，被保險人名字、保險標的物、保險標的物所在地、保險金額等等。	簽署是指保險公司代表人暨部門經理之簽名。保單簽發年月日原則上與保險生效日同，為重要記載日。

表 4-12　我國住宅暨商業火災保險單內容結構（續）

			項　　　　　　　目	
保單背面	基本條款	住宅火災及地震基本保險	共同條款	定義、一般事項、理賠事項、法令適用
			住宅火災保險	承保範圍、特約承保事項、不保事項、一般事項、理賠事項
			住宅第三人責任基本保險	承保範圍、用語定義、除外事項、理賠事項、一般事項
			住宅地震基本保險	承保範圍、定義、不保事項、理賠事項
		商業火災保險		契約之構成、定義、承保之危險事故及不保之危險事故、承保之不動產、動產及不保之動產、一般事項、理賠事項、法令之適用。
	特約條款	住宅火災保險		例如抵押建築物之保險債權條款（住宅火險）
		商業火災保險		例如抵押機器設備之保險債權條款（商房火險）

表 4-13　美國財產險與責任險類保險單內容結構

項　　目	主要內容
陳述事項 declaration	通常置於保單第一頁，或以附件附於保單。記載被保財產重要內容，包括保險人名字、被保險人名字、財產所在地點、保險期間、保險金額、保險費、自負額以及其他相關重要資料[註23]。
定義 definition	針對保險單內較具關鍵用語規範其意義，具確認保單內容之功能。
承保範圍 insuring agreement	為保險契約主要部分，規範保險人主要義務。例如，損失補償義務、提供損失預防服務。承保範圍一般分成兩種型態，分別為列舉式（named）承保範圍與概括式（all risks）[註24]承保範圍。凡採列舉式者，被保險人主張理賠，須負舉證責任，證明損失係由列舉之危險事故所致。凡採概括式者，如保險人認為不在承保範圍，保險人須負舉證責任，證明損失為除外不保事項所致者。
除外事項 exclusion	為保單中修改或澄清承保範圍的部分，一般除外項目包括危險事故、保險標的物、損失等。
基本條款 condition	保單中限制保險人承保責任之條款（Conditions areprovisions in the policy that qualify or place limitations on the insurer's promise to perform.）。基本條件亦要求被保險人損失發生時必須盡必要之義務，例如，損失通知義務、損害防止義務、提供損失證明、合作義務。
其他條款 miscellaneous provision	其他條款即保險單中，基本條款以外之其他條款。

茲就上列細項目詳述如下：

①陳述事項：通常爲保單的第一頁，說明要保的危險實質上之重要
　事項，主要有承保之標的物、危險事故、危險因素、損失型態及
　範圍（直接損失或間接損失或額外費用、被保險人、標的物所在
　地點、保險金額、保險期間）。例如，美國 HO3-Special Form 與
　PAP 保單之陳述事項記載的主要內容，在說明保險標的物之狀況。

　(a) HO3-Special Form：表 4-14 主要在說明建築物之實質危險因素。

表 4-14　美國 HO3-Special Form 陳述事項

Policyholder（Named Insured）		Policy Number	
Policy Period	Inception: Expiration:	Policy period begins 12:01 A.M. standard time at the residence premises	
First Mortgagee and mailing address:			
We will provide the insurance described in this policy in return for the premium and compliance with all applicable policy provisions.			
Section I Coverages	Limit	Section I Deductible:$250 （In case of loss under Section I, we cover only that part of the loss over the deductible amount shown above.）	
A-Dwelling	$120,000		
B-Other Structures	$ 12,000		
C-Personal Property	$ 60,000		
D-Loss of Use	$ 36,000		
Section II Coverages	Limit		
E-Personal Property	$300,000 Each Occurrence		
F-Medical Payments to Others	$100 Each Person		
Construction	No. Families	Type Roof	
Year Built	Protection Class	Fire District	
Not more than 1000 feet from Hydrant			
Not more than 5 miles from fire Dept.			
Forms and Endorsements in policy			
Policy Premium	Countersignature Date	Agent	

(b)PAP：表 4-15 為美國 PAP 之陳述事項。

表 4-15　美國 PAP 陳述事項

Policyholder（Named Insured）			
Policy Number			
Policy Period	From: To:		
But only if the required premium for this period has been paid, and for six-month renewal periods if renewal premiums are paid as required. Each period begins and ends at 12:01A.M. standard time at the address of the policyholder.			
Insured Vehicles and Schedule of Coverages			
Vehicle　　Coverages	Limits of Insurance		Premium
19XX Toyota Tercel	ID		
Coverage A-Liability	$300,000 Each Occurrence		xxx
Coverage B-Medical Payments	$　5,000 Each Person		xxx
Coverage C-Uninsured Motorists	$300,000 Each Occurrence		xxx
Policy Form and Endorsements			
Countersignature Date			
Agent			

　　由上列兩種保險可知，陳述事項與我國保單中所謂「附表」為類似項目，其中所列皆為要保書中所載重要資料。

　②定義（definition）：保險契約為定型化契約，保單用語如能平易近人可減少保險契約當事人之糾紛，近代保單均朝此方向設計。不過，保險單仍有其專業性，許多情況不易也無法完全口語化，將許多關鍵字採用定義方式記載有澄清之效。茲以我國火災保險與美國 HO3-Special Form 舉例如下。

　(2.1) 我國住宅火災保險暨商業火災保險：針對保險契約中使用之名詞定義，包括下列幾項：

　(a)住宅火災保險：特別定義之名詞有：要保人、被保險人、保險標的物、建築物、建築物內動產、重置成本、實際價值、時間。

　(b)商業火災保險：特別定義之名詞有：要保人、被保險人、保險標的物、不動產（包括建築物、營業裝修）、動產（包括營業生財、

機器設備、貨物）、損失、重置成本、實際價值、時間。

由上可知，同樣是火災保險，但是承保對象不同時，標的物隨之有異，採用定義方式確實有益於界定承保範圍，使承保範圍更為清晰、確定，並減少當事人之爭議。

(2.2) 美國 HO3-Special Form 與 Personal Auto Policy（簡稱 PAP）規定如下：

(a)HO3-Special Form：You, Your、We, Us、Aircraft Liability、Hovercraft Liability、Vehicle Liability、Watercraft Liability、Bodily Injury、Business、Employee、Insured、Insured Location、Motor Vehicle、Occurrence、Property Damage、Residence、Employee、Residence Premises。

(b)PAP：You, Your、We, Us、Bodily Injury、Business、Family Member、Occupying、Property Damage、Trailer、Your covered auto、Newly acquired auto。

③承保範圍（insuring agreement）：承保範圍或稱承保條款（insuring clause）註25，為保險契約之重心，係規範契約當事雙方主要權利義務之條款。較重要者有保險人在保險契約中之承保範圍，補償之給付方法，要保人保險費之交付，要保人或被保險人危險變更或發生之通知義務等等。承保範圍一般包括承保之危險事故、標的物、損失等，但是以危險事故為主軸規範承保方法，一般可分成兩種，其一為傳統式的列舉式承保法（named perils approach）（或稱特定危險事故承保法），其二為概括式或全險式承保法（all-risk approach or open-perils approach），茲說明如下：

(a)列舉事故基礎法：即在承保範圍內逐一列舉保險契約所承保的危險事故，凡該等危險事故造成保險標的之損失，均應由保險人負賠償責任。

(b)概括式或全險式承保法：不於承保範圍內逐一列舉承保之危險事故，原則上，除保險單載明之不保事項之外，凡因意外事故所致保險標的之毀損滅失，均在承保範圍之內。故所謂全險，並非承保一切，僅是保障範圍較周延。

④不保事項（exclusion）註26：是指在保險契約中，針對某些特定之危險事故、損失、財產，予以排除承保之項目，違反保險基本原理或可保危險要件之危險事故，通常為除外之危險事故，例

如，被保險人之故意行為。簡言之，不保事項即是與承保範圍規範相反的部分，其主要功用在於限制、澄清、修正保險人承負責任。所以，在保險基本條款通常會包括不保之危險事故條款、不保之損失條款、不保之財產條款等三種。某些險種甚至有除外之承保區域（excluded locations）之規定。不保事項存在之理由甚為複雜，茲列表 4-16。

表 4-16　不保事項存在理由

不保事項	理　　由	觀點歸納
不保之危險事故	澄清或補充承保範圍之原則性規定。採用概括式承保時，將保險人不願或無法承保之危險事故列舉除外，避免被保人誤解保險人無所不保，此為必要澄清之功效；採用列舉式承保時，原已規範承保之危險事故，但仍將較不易了解或易於引起誤解或模糊之危險事故列舉，此為補充之功能。	保險經營技術觀點
	消除基本上不可保之危險，克服經營上之困難。許多危險事故所致之損失，具有巨災性質，難以預測其損失機會，例如，陸上戰爭或類似戰爭行為。某些危險事故所致之損失具有「確定」性質或是非意外性質，例如，自然耗損、故意行為（例：縱火行為）。	保險基本原理與可保危險要件觀點
	某些危險事故以其他保險契約處理較為適當。有些危險事故性質特殊，應針對其性質設計適用之保險，所以商業性質之危險事故不應在個人性質之保單中承保。再者，此種處理方式亦可避免重複保險。又如，洪水通常不在住宅綜合保險承保之內，主要就是洪水為一種性質特殊之危險事故，而且有許多特別問題須要考慮，因此列為該險種之除外事項。	保險基本原理中之同質性原理；保險經營之危險管理原則
	消除保險人無法提供之保險或便於管理實質及道德危險。此為保險人經營技術問題。	保險經營之技術問題
	須以額外費率或較高費率或特約方式承保者。有些危險事故採用批單方式承保，有些性質特殊須以較高費率處理，或須特殊核保考慮，例如，以特殊條款處理，均為一種結合危險管理觀念之技術性除外。	保險經營之危險管理原則
不保之損失	區分性質不同之損失。直接損失與間接損失性質不同，一般由不同保險承保。	保險經營技術原則
	補充近因原則適用範圍之選擇性。根據近因原則，連鎖性之危險事故可能造成直接損失與間接損失，基於損失性質不同，保險人提供之保障技術亦不相同。雖因連鎖性造成直接與間接損失，保險人基於經營技術觀點，宜區分不同性質之損失。	保險經營技術原則

表 4-16　不保事項存在理由（續）

不保事項	理　　由	觀點歸納
不保之財產	針對某些財產，保險人希望以不同之保單承保。	保險經營技術原則
	某些財產具有特殊實質危險事故或道德危險。	保險經營之危險管理
	某些財產發生損失時，不易估計其價值。	保險經營技術原則
	消除某些非一般人所需要之保障項目。例如，少數人擁有之輕航機，住宅綜合保險並不承保，該種財產對某些人雖屬重要，但對大多數人並非需要之保險保障範圍。	保險經營原則
不保之地區	便於危險控制。財產保險契約通常有承保地區之限制，有些僅承保一個地區，有些承保兩個以上地區，有些保單提供全球性保障。被保險財產搬移至保單記載地區以外時，有些保單不承保，有些保單規定可提供一定期限保障。保險人控制承保地區，主要之考量為財產在不同地區之風險差異極大，同時保險人限制承保區域可隨時進行風險檢查。	保險經營之危險管理

⑤基本條款與其他條款：基本條款與其他條款，亦為規範保險契約當事雙方之權利及義務相關事項，已如前列表中所述。其性質為一種當事雙方基本交易規則，各險種之交易規則或許有差異之處，但是，其範圍不外乎保險契約成立前之最大誠信原則，成立後保險當事雙方與關係人之權利義務，後者又可依損失是否發生，區分為一般性條款與損失發生後理賠相關條款。

3.暫保單

⑴定義

暫保單為一種臨時性保險契約證明文件，通常是保險人基於特定原因，無法立即簽發正式保單時採用。

⑵簽發暫保單原因

保險人簽發暫保單原因相當複雜，大略有下列幾個，茲列舉如下：
①口頭成立契約之情況下，由於簽單準備通常花費一段時間，在正式保險單簽發之前，作為保險契約成立之臨時證明文件。
②產物保險之承保，危險尚未完全確定，在確定是否合乎承保標準前，以暫保單代替保險單。蓋保險標的之危險尚未完全確定時，

保險人有必要以較長時間進行業務危險性查勘。再者，有時要保人雖依要保書填寫資料，但因標的特別，或是保險人有所懷疑，短期內難以確定保險條件。爲因應被保險人亟需保障，先行簽發暫保單，保險人日後如作成不承保決定，暫保單期限終了保險人責任自然終止，免除保單簽發後再解除之不經濟。

③因應代理授權問題。財產保險代理人依據授權書，在授權範圍內固可拘束保險人，惟針對某些險種，保險人欲深入調查保險標的物之狀況，因此，要求代理人先行簽發暫保單。在授權範圍之外時，簽發正式保單往往耗費相當時日，爲因應被保人保障需求，往往先行簽發暫保單。

④現代保險常須再保險支持，尤其是巨大或特殊業務，當合約再保險額度無法容納時，須藉助臨時再保險，在未完全安排之前，有時以較小之保險金額先行承保，此時亦可以暫保單爲之。

(3)暫保單期間

暫保單有效期間以一個月爲最大期限，惟在正式保單簽發後，即使尚未達 30 天，暫保單之效力亦告終止。在暫保單有效期間內發生保險事故，保險人應負承保責任。

(4)暫保單記載內容

暫保單記載內容大略爲保險契約之重要事項，諸如被保人姓名、承保危險種類、承保損失種類、保險標的、標的物所在地、保險金額、生效日期、有效期限、其他重要約定事項。

(5)人壽保險是否使用暫保單問題

壽險公司對於人壽保險契約成立之核保權通常甚爲堅持，因此有「人壽保險行銷者僅係招攬代理人，而非簽發保險契約之代理人」之主張註 27。因此，人壽保險不適用暫保單，但是採用「承保收據」。「承保收據」其實是一種「附有條件的收據」（conditional receipt），保險公司是在要保人繳付第一期保險費並附上要保書時發給「附有條件的收據」。「附有條件的收據」通常規定，正式保單簽發前，如被保險人發生保險事故而亡故，如投保時被保險人合乎保險人之承保標準。例如，體檢報告出爐合於保險公司之核保標準，保險人依約須將保險金理賠於受益人。有些「附有條件的收據」則規定堅持要保書及其他相關文件經保險公司之總公司批核

之後，保障始生效力 註28 ，已失「暫時承保」之功能。

4.批單與批註

⑴設置批單與批註之理由

設置批單與批註之理由在於：①應消費者之特殊需要，使定型化保險契約保持彈性；②變更或補充原保單內容。茲再分析如下：

保險契約爲一種定型化契約，無論是要保書、暫保單、保險單均事先印妥，尤其是保險單所附基本條款，一般爲標準條款，目的在規範一般情況。惟保險契約並非一時性契約，契約存在期間內容難免有所變動，有時被保險人尚有特殊保障需求，爲保持承保彈性，通常以各種臨時性附加條款方式修正保險契約之承保範圍。所謂修正，其目的在補充或變更主契約原有之內容事項。

⑵附加條款之方式及其效力順序

附加條款之方式甚多，但在效力上有順序之別。有時直接在保單空白處以文字「批註」，有時採用事先印妥之「批單」加貼，以完成變更或補充手續。茲將其各種方式以及其效力順序排列如下：

書寫 > 打字 > 橡皮章 > 鉛印 > 主保單原內容

又，人壽保險契約稱此種附加條款爲「批註」（riders），產物保險稱「批單」（endorsement）。以我國火災保險爲例，可批改項目甚多，諸如被保人、要保人、總保險金額、保險期間、抵押權人、被保險標的物所在地址、建築構造及等級、使用性質等等均可批改，可見產物保險之契約常因經濟活動與標的物之危險情況變動而修改。

第六節　保險單及條款之標準化

一、保險單標準化之緣由

保險單標準化有其歷史背景，主要來自於保險業者自由設計保單產生之缺點，以及保險之經營基本原則，茲分述如下：

1. 自由設計保單產生之缺點

保險發展初期，保險業者並未緊密結合，再者，彼時各行各業分工尚未精細，保險業者設計保險單可完全依被保險人之需求而設，即保有完全自主規劃設計權，看來似為契約自由最佳寫照，惟因被保險人之保險需求其實非止於一種，所需之保險亦非僅向同一保險人購買，致雖有多張保單而其承保範圍產生重複與遺漏之缺點，既浪費保險費，保障又不足，整體言之，負面效用反而較多。

2. 保險之經營基本原則所致

保險之經營需要大數法則，大數法則需要同質性與危險分散配合，承保範圍相同可謂為保險經營同質性之一種，唯有如此，保險人所為之相關保險統計資料，尤其是損失統計資料，始有效用，也唯有如此，才能增加保險費率的可信度。再者，保單與保險條款標準化之後，亦可防止不肖之保險業者以保險專業文字投機取巧，損害被保險人之權益。

二、保險單暨保險條款標準化途徑

保險單暨保險條款標準化途徑大略有下列三種，分述如下：

1. 依習慣或權威性而標準化

古老的倫敦勞伊茲標準船體與貨物保單（Lloyd's S.G. Policy），於1779 年開始由勞伊茲的承保會員一致同意採用，由於該保單之文字有判例支撐，並被 1906 年英國海上保險法列入成為附件，加上英國曾是海上霸權，影響深遠，幾乎成為全世界通用之保險單。1982 年新制保單取代勞伊茲標準船體與貨物保單，但是在相沿成習之情況下，加上新保單之內容條理分明具權威性，仍為全世界大部分海上保險業者採用。各地業者儘管可能因地制宜，應用上或有些微差異，標準化保單之精神並未消失。

2. 因法令而標準化

許多保險市場藉由法律規定將保單或保險條款完全標準化，或是部分標準化，此時即有所謂的示範條款出現。我國許多保險種類均有「示範條款」，例如，「人壽保險示範條款」、「汽車保險基本條款」等等。

3.因同業協議而標準化

保險業雖處競爭之中，亦可能面對相同問題，因此，常有解決共同問題之結合組織，開會研商，協議將保險單與保單條款標準化。

三、保險單之標準化之優缺點

1.優點

保險單標準化之優點可歸納如下：

⑴由保險消費者觀點

可使要保人選擇保險人及保險商品較為容易。

⑵理賠觀點

由於保險條款內容一致，在複保險時各保險契約內容無衝突性，處理理賠較順利。再者，此種保險條款中之用語，在解釋時較為統一，對於理賠亦有實益。

⑶保險人行銷觀點

由於保險條款內容一致，且可長期使用，保險中介人推銷商品時較為容易，有助於保單解說之單純化，理論上尚有助於消弭惡性競爭。

⑷費率觀點

由於承保範圍一致，損失經驗可靠性較大，可增進費率之適當性與穩定性。

2.缺點

⑴保單標準化費時費力，保單內容變更不見彈性，亦使保險消費者無選擇機會。
⑵保單標準化是保險業者妥協之結果，而非最佳之決定，再者，標準保單也無法適用所有被保險人個別情況。
⑶保單標準化阻礙創新，且妨礙保險市場自由化之進行。
其實現行保險業自有其經營調整機制，況且並非各種保險之條款均標準化，因此，以上所稱缺點在程度上並不嚴重。

第七節　保單條款

一、概論

「條款」一詞，甚易引起誤解。任何一種保險，爲規範保險當事雙方之權利義務，一定有保單條款，爲分別適應一般性情況與特殊情況，因此又有基本性條款與特殊性條款之分。基本性條款爲保險單內的先定條款，有些是取諸於保險相關法令，即法律規定必須記載之條款，有些法律雖未規定，但爲一般性必須記載的規定。至於特殊性條款，種類繁多，以我國現行火災保險爲例，即有一般特約條款、行號店鋪特約條款、倉庫特約條款、一般工廠特約條款、紡織工廠特約條款、保險費延緩交付特約條款、其他特約條款。此外，尚有附加條款（分爲 SA 型及 SB 型）、各種抵押權特約條款。

茲將上述與我國現行保險法相關法條整理如表 4-17，以便參考。

表 4-17　保單條款概況表

保單條款種類		依　　據	內　　　容
基本條款	任意條款	契約當事人自行約定	除法定條款以外之一般性規定。
	法定條款	保險法第 55 條	保險契約，除本法另有訂定外，應記載下列事項：當事人之姓名及住所、保險之標的物、保險事故之種類、保險責任開始之日時及保險期間、保險金額、保險費、無權及失效之原因、訂約之年月日。
特約條款（可以各種方式表示，例如，以保證方式爲之）		保險法第 66 條、67 條、68 條、69 條	(1)定義：保險法第 66 條，爲當事人於保險契約基本條款外，承認履行特種義務之條款。 (2)種類：保險法第 67 條，與保險契約有關之一切事項，不問過去、現在或未來，均得以特約條款定之。 　①確認特約：針對某些事項存在或不存在之特約，此爲對過去之一種特約。 　②承諾特約：針對某些事項作爲或不作爲之特約，此爲對未來之一種特約。 (3)特約條款之積極效力：保險法第 68 條，違背特約條款，他方得解除契約。其危險發生後亦然。 (4)特約條款之消極效力：保險法第 69 條，關於未來事項之特約條款，於未屆履行期前危險已發生，或其履行爲不可能，或在訂約地爲不合法而未履行者，保險契約不因之而消滅。

二、示範保險條款之條款性質分類舉例——以人壽保險爲例

　　產物保險之保險基本條款之示範條款性質，可參考第五節保單結構。至於人壽保險，表 4-18 爲通用之範例，係以功能性爲標準之分類，可爲參考。

表 4-18　人壽保險條款分類表

類別	名稱	條　款
1	核保類	保險責任開始及交付保險費、契約撤銷權、保險效力之恢復、告知義務與契約的解除、投保年齡的計算及錯誤的處理、保險人查詢權。
2	理賠類	身故保險金或喪葬費用保險金的給付、生存保險金的申領、契約的解除、保險事故的通知與保險金的申請時間、保險人之查詢權、欠繳保費或未還款項之扣除、失蹤處理、除外責任。
3	精算類	保費的墊繳、保險效力的恢復、保險契約之轉換、契約內容之變更、保險單紅利的計算及給付 。
4	保全類	減少保險金額、契約撤銷權、第二期以後保險費之繳付、寬限期間及契約效力的停止、保費的墊繳、保險效力的恢復、契約的終止、保險單貸款、保險契約轉換、批註、欠繳保險費或未還款項之扣除、契約內容之變更、減額繳清保險、展期定期保險。
5	法務類	保險契約的扣除、受益人的指定及變更、保險契約的轉換、變更住址、時效、管轄法院、失蹤處理、除外責任、受益人之受益權。
6	其他	—

第八節　保險契約的變更、消滅與停效

　　保險契約成立生效之後，於契約存續期間可能發生內容變更之情事，亦可能發生契約效力暫停之情況，當然亦有可能因各種原因發生終止、解除、無效，而使契約消滅。

一、保險契約的變更

1.定義

　　保險契約變更，指在保險契約存續期間，保險契約原先記載之主體與內容發生變更，保險契約當事雙方以一定程序，將新主體與新內容記載於

保險契約上。

2.主體變更

主體變更即是保險契約中「人」變更，可分為保險人變更與被保險人之變更，茲分述如下：

⑴保險人變更

是指保險人將其所承受保險契約之全部或一部，概括的移轉於其他保險人。通常是在保險人清算、喪失清償能力、停止營業，或在一個區域結束營業時發生。

⑵被保險人變更

被保險人變更通常發生於產物保險，人身保險原則上應無此情事。保險法第 49 條即規定：「保險契約，除人身保險外，得為指示式或無記名式。保險人對於要保人所得為之抗辯，亦得以之對抗保險契約之受讓人。」被保險人之變更方式，可由海上貨物保險與海上貨物保險以外之產物保險來說明。

①海上貨物保險：海上貨物保險為非對人契約，自得為記名式、指示式或無記名式，配合國際貿易作業，被保險人之變更無須保險人之書面同意，其變更方式為形式變更或實質變更。前者發生於指示式保險契約，以背書方法變更當事人之姓名記載。後者發生於無記名式之保險契約，以交付方法，即可發生轉讓之效力。

②海上貨物保險以外之產物保險：其性質為對人契約，一般採記名式，非經保險人同意，不得移轉。保險法第 18 條規定：「被保險人死亡或保險標的物所有權移轉時，保險契約，除另有訂定外，仍為繼承人或受讓人之利益而存在。」原則上被保險人雖順理成章可以改變，但是法條中所稱「除另有訂定外」，顯然是居於對人契約之考量。

③內容變更：是指保險契約約定事項之變更，一般須經保險人之承諾。例如，保險標的價值增加，要求增加保險金額。內容變更通常涉及承諾之推定問題，保險法第 56 條規定：「變更保險契約或恢復停止效力之保險契約時，保險人於接到通知後十日內不為拒絕者，視為承諾；但本法就人身保險有特別規定者，從其規定。」

二、保險契約的消滅

1. 保險契約之終止

(1)保險契約終止之意義

指保險契約成立生效,在契約存續期中,由於一定事由之發生,而使其效力自終止時起消滅。所謂一定事由,不外乎當然事由與任意事由,至於效力如何終止問題,有些無須等待契約當事人之意思表示即可終止,有些則須契約當事人行使終止權方可終止。

(2)保險契約終止之原因

因當然事由而終止者,一般係保險法條之規定,有些則與保險基本遊戲規則有關。茲編表 4-19 列舉。

表 4-19　保險契約終止事由

當然終止	任意終止
保險期間屆滿。	危險顯著增加。 保險法第 60 條第 1 項:保險遇有前條情形(指第 59 條危險增加情形),得終止契約。
因保險事故致保險標的物全損。	要保人破產。 保險法第 28 條:要保人破產時,保險契約仍為破產債權人之利益而存在,但破產管理人或保險人得於破產宣告三個月內終止契約。
非因保險事故致保險標的滅失。 保險法第 81 條規定,保險標的物非因保險契約所載之保險事故而完全滅失時,保險契約即為終止。	危險發生變動。 保險法第 26 條:保險費依保險契約所載增加危險之特別情形計算者,其情形在契約存續期內消滅時,要保人得按訂約時保險費率,自其情形消滅時起算,請求比例減少保險費。保險人對於前項減少保險費不同意時,要保人得終止契約。其終止後之保險費,已交付者,保險人應返還之。
保險人破產。 保險法第 27 條規定,保險人破產時,保險契約於破產宣告之日終止。	保險標的部分損失。 保險法第 82 條第 1 項:保險標的物受部分之損失者,保險人與要保人均有終止契約之權。
	優惠期間屆滿。 保險法第 116 條第 5 項:保險人於第 3 項所規定之期限屆滿後,有終止契約之權。 海商法第 133 條:要保人或被保險人於保險人破產時,得終止契約。

⑶保險契約終止之效果

保險契約終止，僅使契約對將來失其效力，不溯及既往，雙方當事人無回復原狀之責。保險人對於終止之前所收受之保費，無返還之義務，要保人對於終止後已交付之保費，依法有返還請求權。保險費退費計算方式視實際情況，可能採比例退還，亦有可能涉及短期保費問題。又，保險法第 60 條第 1 項後段規定，契約之終止係因要保人或被保險人之行為而增加時，保險人如因終止而受損失，得請求賠償。

2. 保險契約之解除

⑴保險契約解除之意義註 29

指保險契約當事人一方，於契約成立後，因一定事由之發生，行使法律或契約所賦予之解除權，使保險契約效力自始消滅。所謂一定事由，有法律規定者，有當事人約定者，前者為法定事由，後者為約定事由。

⑵保險契約解除之原因

保險契約解除之原因甚多，茲列表 4-20 分類。

表 4-20　保險契約解除原因

法定事由	約定事由
違反告知。 保險法第 64 條第 2 項：要保人有為隱匿或遺漏不為說明，或為不實說明，足以變更或減少保險人對於危險之估計者，保險人得解除契約；其危險發生後亦同。但要保人證明危險之發生未基於其說明或未說明之事實時，不在此限。保險法第 64 條第 3 項：前項契約解除權，自保險人知有解除之原因後，經一個月不行使而消滅；或契約訂立後經過二年，即有可以解除之原因，亦不得解除契約。	只要是無妨公益及法律強制規定之原則，可由當事人任意約定。當事人可約定解除原因之事由，亦可約定解除權之行使期間。
怠於通知。 保險法第 57 條：當事人之一方對於他方應通知之事項而怠於通知者，除不可抗力之事故外，不問是否故意，他方得據為解除契約之原因。	
違背特約。 保險法第 68 條：保險契約當事人之一方違背特約條款時，他方得解除保險契約。其危險發生後亦同。	

表 4-20　保險契約解除原因（續）

法定事由	約定事由
惡意超額保險。 保險法第 76 條第 1 項。保險金額超過保險標的價值之契約，係由當事人一方之詐欺而訂立者，他方得解除契約。	

(3)保險契約解除之效果

保險契約解除之後，契約效力自始即不存在，當事人互負回復原狀之義務。惟依保險法第 25 條規定：「保險契約因第 64 條第 2 項之情事而解除時，保險人無須返還其已收受之保費。」爲一例外。

3.保險契約之無效

(1)保險契約無效之意義

是指保險契約定立後，因違反法定事項或約定事項，而使之自始不能成立。前者稱法定無效，後者稱約定無效。

(2)保險契約無效之原因

茲分類如表 4-21。

表 4-21　保險契約無效原因

法定無效	約定無效
危險不存在。 保險法第 51 條第 1 項：保險契約訂立時，保險標的之危險已發生或已消滅者，其契約無效。	由保險契約當事人任意約定契約無效之各種原因，例如保險法第 55 條第 7 款。
複保險之瑕疵。 保險法第 36 條：複保險，除另有約定外，要保人應將他保險人之名稱及保險金額通知各保險人。保險法第 37 條：要保人故意不為前條之通知，或意圖不當得利而為複保險者，其契約無效。	
因保護被保險人生命之安全。 保險法第 105 條：由第三人訂立之死亡保險契約，未經被保險人書面承認，並約定保險金額，其契約無效。	
因所報年齡不實。 保險法第 122 條：被保險人年齡不實，而其真實年齡已超過保險人所定保險年齡限度者，其契約無效。	

表 4-21 保險契約無效原因（續）

法定無效	約定無效
僅保險契約當事人之一方，得主張契約無效。 例如，保險法第 51 條第 2 項：訂約時，僅要保人知危險已發生者，保險人不受契約之拘束。保險法第 51 條第 3 項：訂約時，僅保險人知危險已消滅者，要保人不受契約之拘束。	

(3)保險契約無效之效果

保險契約自始不能成立，當事人間所爲給付，民法上以不當得利視之，其受領人有返還之責。

三、保險契約之停止

1.定義

指在保險契約存續期間，因某種原因而使契約之效力處於停止狀態之謂。但是停效契約通常可以復效。茲就人壽保險說明如下：

2.人壽保險之停效與復效

依保險法第 116 條規定，人壽保險之保險費到期未交付者，除契約另有訂定外，經催告到達後逾三十日仍不交付時，保險契約之效力停止。催告應送達於要保人，或負有交付保險費義務之人之最後住所或居所，保險費經催告後，應於保險人營業所交付之。第 1 項停止效力之保險契約，於停止效力之日起六個月內清償保險費、保險契約約定之利息及其他費用清償後，翌日上午零時起，開始恢復其效力。要保人於停止效力之日起六個月後申請恢復效力者，保險人得於要保人申請恢復效力之日起五日內要求要保人提供被保險人之可保證明，除被保險人之危險程度有重大變更已達拒絕承保外，保險人不得拒絕其恢復效力。

目前保險法第 116 條規定，停效期間自停效日起算，不得少於二年，並不得遲於保險期間之屆滿日，該段期間亦爲可復效期間。

保險實務中火災保險與汽車保險均停效之相關規定，例如商業火災保險之「停效與復效」條款規定，承保之建築物或置存承保之動產之建築物，連續六十日以上無人看管或使用者或是承保之動產搬移至保險契約所載地址以外之處所者，除經保險公司書面同意並簽發批單者外，保險契約對於該項保險標的物之保險效力即告停止，對於效力停止後所發生之

損失，保險公司不負賠償責任。而保險契約於停止原因消失後其效力即自動恢復。停效期間之保險費本公司按日數比例退還。而汽車保險共同條款中之「保險標的及契約權益之移轉」條款規定，被保險汽車之行車執照業經過戶，而保險契約在行車執照生效日起，超過十日未申請權益移轉者，保險契約效力暫行停止，在停效期間發生保險事故，保險公司不負賠償責任。

本章關鍵詞

(1) 保險當事人

(2) 要保人

(3) 保險人

(4) 保險關係人

(5) 被保險人

(6) 保險受益人

(7) 附合契約（contract of adhesion）

(8) 繼續契約（continual contract）

(9) 非要式契約（informal contract）

(10) 要式契約（formal contract）

(11) 射倖契約（aleatory contract）

(12) 對人契約

(13) 非對人契約

(14) 約定受益人

(15) 指定受益人

(16) 推定受益人

(17) 列名被保險人（named insured）

(18) 附加被保險人（additional insured）

(19) 集合保險契約

(20) 總括保險契約

(21) 複保險契約

(22) 同時複保險

(23) 異時複保險

(24) 要保書（application form）

(25) 暫保單（binder）

(26) 保險單（policy）

(27) 批單（endorsement）

(28) 陳述事項

(29) 承保範圍

(30) 不保事項

(31) 保險契約之停效

(32) 保險契約之終止

⑶⑶ 保險契約之解除

⑶⑷ 保險契約之無效

註釋

註 1：許多保險法學者評論「負擔賠償財物之行爲」之定義，難以適用人身保險。

註 2：除此之外，尚有主張謂保險契約之解釋原則尚應符合「不公平原則」與「合理期待原則」。前者係指如保險契約條款對被保險人顯然不公平時，法院得宣告契約或其中條款之無效；後者係指保險人應依要保人或被保人投保時之合理期待，負擔其在保險契約上之責任，其目的在避免保險人或其代理人利用專業知識爲不實之招攬說明。

註 3：Mehr, Cammack, Rose 原著，廖述源等譯述，《保險學原理》（上冊），第八版，財團法人保險事業發展中心出版，民 81 年 11 月，頁 171。

註 4：有謂，簽訂保險契約之始，保險人之危險承擔爲隱性階段，保險事故發生後即成爲危險承擔之實現階段。請詳江朝國，《保險法論》，瑞興圖書公司出版，民 79 年 4 月第一版，頁 30～31。

註 5：保險費是否爲保險契約生效之必要條件學理上有爭議，依照保險實務，人壽保險通常繳付第一期保險費之後，契約始生效力；但在產物保險實務上，有保險費延緩交付特款，例如，保險費延緩交付特款（甲式）、保險費延緩交付特款（戊式）——金融機構押貸業務等等，顯又非保險契約生效之必要條件。

註 6：要保人爲他人利益訂立之保險契約，保險人對於要保人所得爲之抗辯，亦得以之對抗受益人。

註 7：請參閱本書第 6 章。

註 8：要保人終止保險契約，而保險費已付足一年以上者，保險人應於接到通知後一個月內償付解約金；其金額不得少於要保人應得保單價值準備金之四分之三。償付解約金之條件及金額，應載明於保險契約。

註 9：有主張僅須具權利能力，即可成爲要保人。

註 10：民法第 75 條規定，無行爲能力者、在無意識或精神錯亂者，其意思表示無效。

註 11：民法第 13 條，滿七歲以上之未成年人，有限制行爲能力。

註 12：Mehr, Cammack, Rose 原著，廖述源等譯述，《保險學原理》（上冊），第八版，財團法人保險事業發展中心出版，民 81 年 11 月，頁 123。

註 13：有稱法定受益人。

註 14：人壽保險稱為保單持有人（policyholder）。

註 15：有稱 Omnibus Clause。

註 16：該四種理由應為通論，詳見(1)楊坊山，《自用、營業用汽車保險單條款釋義》，台北市產物保險商業公會印行，民 85 年 12 月二刷，頁 43；(2)劉宗榮，《保險法》，著者發行，民 84 年 8 月初版一刷，頁 353～355。

註 17：陳振金，《火災保險學》，初版，著者發行，民 86 年 3 月，頁 112。又，目前在我國可以使用「實損實賠保險」者僅限商業火險，且採用特約條款方式承保，其內容重點為：「茲經雙方同意，本保險契約承保之保險標的物，其保險金額係以實損實賠為基礎，以實際損失賠付，不受商業火災保險基本條款中比例分攤之限制，但保險期間內累計之賠償金額仍以保險金額為限。」請注意，欲採用「實損實賠保險」尚有許多限制，例如，建築物防火條件良好，保險標的物之實際現金價值高，最重要者須正確預估最大可能損失之比率。請詳見我國「火災保險費率規章」。

註 18：85 年（1996 年）時即有修定，彼時住宅火災保險基本條款第 27 條第 1 項第 5 款規定：「保險期間為一年以下者，要保人或被保險人投保時，其保險金額等於投保時『台灣地區住宅類建築造價參考表』所訂之實際現金價值，即不受本項第 2 款比例分攤之限制。保險期間超過一年者，承保建築物之保險金額已達該建築物於承保危險事故發生時之實際現金價值百分之八十者，即不受本項第 2 款比例分攤之限制。」現行條文係 95 年（2006 年）5 月啓用最新條文。

註 19：個人汽車保險屬個人險種（personal line），與商業險種（commercial line）有別。個人險種是指承保個人之財產、責任及人身等危險之各種保險總稱，與企業機構所需之企業保險有別。商業險種是指承保商業機構專用之等危險之各種保險總稱。

註 20：人身保險類之團體保險種類甚多，視企業主之需求而定。惟不出團體定期壽險、團體長期保險、團體意外傷害保險、團體住院醫療保險、團體失能保險。尚有由銀行、信託公司為要保人之團體信用壽險。

註 21：其運作方式，請詳見本書第 8 章。

註 22：原文稱 an invitation to make an offer。

註 23：人壽保險通常不稱陳述事項，惟仍包括被保人名字、年齡、保險費、保單簽發日期、保單號碼等等。請詳 George E. Rejda, *Principles of Risk Management and Insurance*, 7th edition, 2001, Addison Wesley Longman, Inc., p.103.

註 24：人壽保險大多採概括式。

註 25：Trieschmann, Gustavson, *Risk Management & Insurance*, 10th edition, South-Western College Publishing Company,1998, p.154.

註 26：有謂除外不保事項分為「exclusions」及「exceptions」兩類，除外「exceptions」，一般是指縮小危險範圍之方法，應屬保險人應負之承保責任，但依法律或契約規定，在某種條件下應予除外，因而不負承保責任。因此，除外之危險，為原屬包括在內之危險，若不予明文除外，即應包括。不包括「exclusions」，是指原來並不包括在內之危險，但因明文規定將其包括，故在其列。亦即，將某些特定危險事故或財產，預先聲明不負賠償責任。請詳見桂裕，《保險法論》，增訂十版，著者發行，頁 178～179。

註 27：Mehr, Cammack, Rose 原著，廖述源等譯述，《保險學原理》（上冊），第八版，財團法人保險事業發展中心出版，民 81 年 11 月，頁 159。

註 28：本段參考前揭書頁 159～160，惟文字經著者修改。

註 29：解除與無效、撤銷之性質不同，茲說明如下：

　　　⑴與契約無效之比較：

　　　　①就主張人言之：契約解除，須由有解除權之當事人一方始得為之，且可因期間之經過而消滅。契約無效：人人皆得主張，並無期間之影響。

　　　　②就效果言之：解除權之效果，須因解除權之行使而開

始，然後溯及既往。契約無效之效果：自始契約不生
效力。

(2) 與契約撤銷之性質比較：契約之解除權，有法定與約定
之分契約之撤銷權，僅有法定撤銷權，無約定撤銷權。
契約解除之事由，不限於契約成立當時所存在者。契約
撤銷之法定事由，僅限於契約成立當時所存在，非於契
約成立後發生者。

考題集錦

1. 暫保單（Binder 或 Binding Slip）　　　　　　　　【108.2 核保人員】

2. 何謂不足額保險（Under Insurance）？何謂超額保險（Over Insurance）？損失發生時保險人的責任分別為何？　【108.1 核保人員】

3. 射倖契約（Aleatory Contract）　　　　　　　　　【108.1 核保人員】

4. 附合契約（Contract of Adhesion）　　　　　　　　【107.2 核保人員】

5. 何謂保險契約之解除？保險契約解除之後有何法律效果？並請列舉保險契約解除的法定原因三種。　　　　　　　　【107.1 核保人員】

6. 保險契約中設置附加被保險人（Additional Insured）之理由為何？試簡要說明之。　　　　　　　　　　　　【107.1 核保人員】

7. 保險契約特性甚多，試說明其為何是附合契約（Contract of Adhesion）與附條件契約（Conditional Contract）。　【107.1 核保人員】

8. 實損實賠保險條款（First Loss Insurance Clause）　【107.1 核保人員】

9. 保單條款中有所謂基本條款與特約條款，試分別就其意義、種類詳細說明之。又，特約條款之積極效力與消極效力各為何？試說明之。

　　　　　　　　　　　　　　　　　　　　　　　【106.2 核保人員】

10. 複保險與其他保險有何差異？試簡要說明之。　　　【106.2 核保人員】

11. 套裝保險（Package Insurance）　　　　　　　　　【106.2 核保人員】

12. 保險契約中為何有不保條款之訂定？不保條款所約定之不保事項包括哪些類型？另請以火災保險或汽車保險為例舉出五種不保事項。

　　　　　　　　　　　　　　　　　　　　　　　【106.1 核保人員】

13. 何謂保險契約？財產保險契約為何是對人契約？保險契約之主體與客體各為何？請詳述之。　　　　　　　　　　【106.1 核保人員】

14. 總括保險契約。　　　　　　　　　　　　　　　　【106.1 核保人員】

15. 何謂暫保單？其與保險單有何不同？　　　　　　　【106.1 核保人員】

16. 不保條款依據承保彈性之不同可區分為哪些？其意義各為何？

　　　　　　　　　　　　　　　　　　　　　　　【105.1 核保人員】

17. 何謂複保險？複保險的成立要件為何？依承保之標的物與承保期間而論，複保險之種類有哪些？我國保險法對善意複保險與惡意複保險之規定各為何？再者，國內外產險保單對善意複保險情況下的分攤方式有幾種？並說明該等分攤方式如何運作。以上問題，請分別說明之。

　　　　　　　　　　　　　　　　　　　　　　　【105.1 核保人員】

18. 保險契約解除與保險契約無效有何不同？試簡要說明之。【104.2 核保人員】

19. 總括保險契約（Blanket Insurance Contract）　　　　　【104.2 核保人員】

20. 複保險（Double Insurance）與再保險有何不同？試比較説明之。

　　　　　　　　　　　　　　　　　　　　　　　　　　【104.2 核保人員】

21. 請比較「除外不保」（Exclusions）與「例外不保」（Exceptions）兩者之差異？　　　　　　　　　　　　　　　　【104.1 核保人員】

22. 請比較「基本條款」與「特約條款」兩者之差異？　【104.1 核保人員】

23. 實損實賠條款（First Loss Insurance Clause）　　　【104.1 核保人員】

24. 多險種（Multiple-Lines）　　　　　　　　　　　　【103.2 核保人員】

25. 請比較「附加條款」與「特約條款」兩者之差異？　【103.2 核保人員】

26. 請比較「超額保險」（Over Insurance）與「溢額保險」（Excess Insurance）兩者之差異？　　　　　　　　　　　　【103.2 核保人員】

27. 追溯保險（Retrospective Insurance）　　　　　　　【103.1 核保人員】

28. 請説明「要式契約」之意義？財產保險契約是否為要式契約？

　　　　　　　　　　　　　　　　　　　　　　　　　　【103.1 核保人員】

29. 請比較「批單」（Endorsement）與「批註」（Rider）兩者有何差異？

　　　　　　　　　　　　　　　　　　　　　　　　　　【103.1 核保人員】

30. 請比較「集合保險單」（Collective Policy）與「總括保險單」（Blanket Policy）兩者有何差異？　　　　　　　　　　　【103.1 核保人員】

31. 保險契約上常列有除外不保項目，請説明保險契約常見之除外責任及其與危險因素之關係。　　　　　　　　　　　　　【107 保險專業人員】

32. 試分別解釋定額保險與定值保險兩保險用語的意義，及説明二者在理賠處理方式的差異，並列舉二者應用場合。　　　【107 保險專業人員】

33. 何謂複保險？複保險成立的要件為何？若為善意之複保險，通常採取哪些賠款分攤方式？請説明之。　　　　　　　　【102 保險專業人員】

本章附件

附件一　住宅火災及地震基本保險要保書

　　立要保書人願依照　貴公司有關住宅火災及地震基本保險條款之約定，將下列標的物要保住宅火災及地震基本保險，並聲明下列各款之説明均屬真實無訛，足為訂立正式保險契約之根據，特立本要保書存證。

住宅火災及地震基本保險要保書範本

單位：新台幣元

<table>
<tr><td>保險單號碼</td><td colspan="3">第　　　號　本單係　　　　號續保</td><td>費率性質</td><td colspan="2">險別代號</td></tr>
<tr><td rowspan="2">被保險人</td><td colspan="2"></td><td rowspan="2">通訊
處所</td><td rowspan="2"></td><td rowspan="2">電
話</td><td>宅：（　）</td></tr>
<tr><td colspan="2">身分證字號</td><td>公：（　）</td></tr>
<tr><td rowspan="2">要保人</td><td colspan="2"></td><td rowspan="2">通訊
處所</td><td rowspan="2"></td><td rowspan="2">電
話</td><td>宅：（　）</td></tr>
<tr><td colspan="2">身分證字號／營利事業
統一編號／護照號碼：</td><td>公：（　）</td></tr>
<tr><td>總保險金額</td><td>住宅火災保
險：NT$

住宅地震基本
保險：NT$</td><td>保險費</td><td>(1)住宅火災保
險：NT$
(2)住宅地震基
　本保險：NT
　$</td><td>(3)其他附加
　險</td><td colspan="2">(1)＋(2)＋(3)
保費合計</td></tr>
<tr><td>保險期間</td><td colspan="6">（　個月）　自民國　年　月　日中午十二時起至民國　年　月　日
中午十二時止</td></tr>
<tr><td>保險標的物
所在地址</td><td colspan="4">　縣　鄉鎮　路　弄　號　樓　室
　市　區　街　巷　街</td><td colspan="2">郵遞區號</td></tr>
<tr><td rowspan="2">建築物</td><td>本體</td><td>□鋼骨混凝土（水泥）
　造
□磚造
□鋼筋混凝土（水泥）
　造
□石造
□加強磚造
□木造
□金屬（鐵皮）造
□其他
建造年分：民國　年
使用面積（含公共設
施）：　坪</td><td>屋頂</td><td>□水泥平屋頂
□瓦屋頂
□金屬鐵皮屋
　頂
□石棉板屋頂
□木屋頂
□其他</td><td>樓屋數</td><td>地上層共
　層
地下共　層</td><td>建築等級</td></tr>
<tr><td colspan="7">保險金額約定以重置成本為基礎，如需加保附加險者，其保險費另計。</td></tr>
<tr><td>動產</td><td colspan="6">本保險契約於承保被保險人所有建築物之後，即自動承保其所有置存建築物內動產，其保險金額之約定以實際價值為基礎，並為建築物保險金額之百分之三十，但最高以新台幣五十萬元為限，被保險人對前述動產之保險金額認為不足時，可另行投保其不足之部分。如需加保附加險者，其保險費另計。因地震所致動產之損失不予賠償。</td></tr>
<tr><td>第三人責任</td><td colspan="6">1.本保險契約自動承保住宅第三人責任基本保險。
2.責任限額：每一個人體傷為新台幣二十五萬元。每一個人死亡為新台幣五十萬元。每一意外事故體傷及死亡為新台幣五百萬元。每一意外事故財物損害為新台幣五十萬元。保險期間內之最高賠償金額為新台幣一千萬元。</td></tr>
</table>

住宅火災保險	編號	保險標的物	1.動產 2.不動產 3.動產及不動產	保險金額	保險費率每千元（）	短期係數	保險費	使用性質及代號	建築等級代號
住宅地震基本保險		建築物	2						

加費投保附加險別類別（）	□擴大地震險　　□颱風及洪水險　　□水漬險　　□罷工、暴動、民眾騷擾、惡意行為險　　□恐怖主義險　　□自動消防裝置滲漏險　　□竊盜險　　□地層下陷、滑動或山崩險　　□租金損失險　　□其他

有否向其他保險公司投保	其他保險公司	保險單號碼	保險標的物	保險金額

備註	對於同一保險標的物，如同時向其他保險人投保相同之地震基本保險，要保人或被保險人應立即將其他保險人之名稱及保險金額通知本公司。本公司僅就本保險契約保險金額對全部住宅地震基本保險保險金額總額之比例負賠償責任，但最高不得超過新台幣一百二十萬元，臨時住宿費用亦按前述比例負賠償責任。本保險契約保險標的物經保險公司同意並於保險契約上載明設定有抵押權者，本保險契約即適用住宅火災及地震基本保險抵押權附加條款。

抵押權人：　　　（請註明：貸款戶：□1.新貸　□2.增貸／續貸　□3.轉貸
　　　　　　　　　　　　　□6.次順位貸款（住宅地震基本保險保險金額
　　　　　　　　　　　　　　為零時）
　　　　　　　非貸款戶：□4.新保　□5.續保）

總行代號□□□

要保人與被保險人的關係：

要　保　日　期：　　　　　　　要　保　人　簽　章：

附件二　汽車保險要保書

保險單號碼	第　號　本單係　　號續保			承保地區		副本份數	
被保險人							
住址 （通訊處）	□□□ 郵遞區號			電話			
□抵押權人 □受益人			保險 期間	自民國　年　月　日中午 12 時起 至民國　年　月　日中午 12 時止			

標的 編號	原始發 照年月	製造 年分	車輛 廠牌	車輛種 類及代 號	排器量	引擎／車 身號碼	牌照號碼	承載限制
001	年　月				cc			

被保 人身 分證 號碼	國籍	□ 本	□ 外	出生 日期	年月日	性別	□男 □女	婚　姻	□已婚 □未婚

車體損失險費 率代號	係數	竊盜損失險 費率代號		係數	年齡性別係數	

下列各項「保險種類」僅於其相關「保險金額」欄內填入保險金額或附貼該險批單，並分別計收保險費後始於承保在內。

險種 代號	保　險　種　類			保險金額 （新台幣 元）	自負額	保險費 （新台 幣元）	備　　　　註
01	甲式		車體損失險	重置 價值			業務代號 □□□□
05	乙式						
02	颱風、地震、 海嘯、冰雹、 洪水或因雨積 水險		同車體損失險		無		
11	竊盜損失險				依特約條 款之約定		請填註電話以便聯繫 電話： 收費地點：
18	重大事故險				依特約條 款之約定		
31	第三人責任 險		每一個人體傷		無		
32			每一意外事故傷害				
			每一意外事故財損				聯絡人：
12	零件配件被 竊損失險		依本特約條款之約定		無		
07	車對車碰撞 損失險				無		
51	乘客	責任險	每一個人體傷		無		勘車紀錄 1.照相：　張 2.顏色： 3.里程數：　km 4.受損部位：
53	旅客		每一個人死亡或 殘廢				
			每一意外事故之 總額				

52	雇主責任險				無		
		每一個人死亡					
		每一意外事故之總額					

	總保險費		勘車人員		勘車日期	

強制汽車責任險	保險證號碼：			保險公司	適用等級	附註：需同時簽發強制保險證者請打 v
	保險期間	自民國　年　月　日中午 12 時起 至民國　年　月　日中午 12 時止（　個月）		保險費 NT$		

要保人茲特別聲明：本要保書所填各項，均屬詳實無訛，絕無隱匿或偽報情事，足為與　貴公司訂立保險契約之基礎。

要保人並願接受該保險契約各項條款及規定之約束。貴公司並得使用要保書上相關資料於產物保險一般行政及業務。

從人因素係數暨算	經驗年度	承保公司保單號碼	賠款次數		要保人簽章_____ 代 理 人_____ 經 紀 人_____ 要保日期：　　　年　月　日					
			責任	車體						
	前一年									
	前二年									
	前三年				核保	經辦	輸入	1	2	3	4
	累計點數									
	賠款累計係數									

舊保單期滿後，本要保書車體損失或第三人責任險之保費，須依實際賠款紀錄重新核算：若已辦理續保，該項保費如有逾收，應予退費；如有短收，應予補繳。

第5章

保險基本原則 (一)── 最大誠信原則與保險利益原則

學習目標

讀完本章,讀者應該可以:

1. 了解最大誠信原則之意義。

2. 了解告知義務與保證義務之詳細內容。

3. 了解隱匿學說、棄權、禁止抗辯與口頭證據法則之內容。

4. 了解保險利益之意義與目的。

5. 了解財產保險之保險利益。

6. 了解人身保險之保險利益。

7. 比較財產保險利益與人身保險利益。

8. 了解保險利益的變動。

　　一個保險契約要能順利運作，發揮應有之功能，必須遵守四大基本原則，分別是最大誠信原則（principle of utmost good faith）、保險利益原則（principle of insurable interest）、損害補償原則（principle of indemnity）、近因原則（或稱緊接原因原則）（principle of proximate cause）。本章先行討論前兩個原則。

第一節　最大誠信原則

■第一項　最大誠信之意義

　　「不誆語」本為人們處世之基本原則，一般的商務契約即講究誠實信用原則，但是保險契約卻提升層次，要求最大誠信。其理由何在，歸納之至少有下列三點：

一、歷史因素

　　最大誠信的要求源自海上保險，海上保險為動態性保險，保險標的有時遠在千里外，兼之早期通訊不若現在發達，保險人想要作成保險決策，亦即保險人是否承保，以何條件承保，以何種費率承保，完全根據要保人或被保險人的告知，告知是否正確、充分，影響保險人保險決策甚大。所以，要求要保人或被保險人在投保時盡最大誠信。

二、保險商品具有無形性且保險契約當事雙方具有高度依存度

　　由於保險商品本身具有無形性，為保險當事雙方的一種紙面的信守及未來之承諾，從要保人而言，固然須主動告知保險人所為之口頭或書面詢問，相對言之，保險人亦有適用之餘地，蓋保險契約雖具射倖性，但又有「信託」性質，保險人應本於公平信實的作風真誠相對。因為要保人或被保險人不易了解保險人如何經營保險的專門性與技術性，所謂專門技術包括保險費率的釐訂方式、核保、理賠、保險契約的內容等等；再者，保險人是否信守承諾對要保人或被保險人亦有重大影響。所以，下列情況均可認定保險人違反最大誠信原則。

　　1.明知要保人要求承保之內容為不合法，但是，保險人貪圖保險費仍予接受。

2. 利用專業技術掩護取巧，簽發文義曖昧不明的保單，企圖規避保險責任。

3. 訂立保險契約時，對於要保人或被保險人之詢問作虛偽不實的解釋或說明。

惟就適用被保險人觀點而言，保險契約要求要保人履行最大誠信義務之程度似較保險人為重，蓋要保人或被保險人最了解標的之情況，保險人依賴其資料之真實性作成保險決策。保險法第 64 條第 1 項規定，訂立契約時，要保人對於保險人之書面詢問，應據實說明，其本意在此，明定要保人之告知義務。

所以，保險中所謂最大誠信，又可解釋為保險契約當事雙方，在法律上有義務向彼此告知，所有足以影響彼此簽訂保險契約的所有已要求或未要求的重要事項。因此，最大誠信同時適用於保險人與被保險人。

三、保險契約大部分經中介人之運作作成

現代工商社會分工細密，加以保險具有專業性，經濟單位對於產物保險或是人身保險之需求，大部分透過保險經紀人、保險代理人或是保險公司之業務員居中說明，法律上保險契約是當事人所簽訂，但實務上多賴中介人說明引導，尤其是人身保險。此種情況下，保險人與要保人謀面機會不多，所以彼此之間更應盡最大誠信。

■第二項 告知義務

最大誠信之表現方式以告知義務與保證義務為主要，本單元先討論告知義務。

一、告知義務之意義

所謂告知，是指要保人在獲得保單的過程中向保險人所作之陳述。亦即，要保人由聲請要約時起至保險契約成立時，向保險人所作的任何與保險標的有關的陳述。由上可知，告知義務之期間為聲請要約時起至保險契約成立時為止。英國 1906 年海上保險法第 17 條規定：「海上保險契約是基於最大誠信而締結之契約」[註1]，又依保險法第 64 條第 1 項規定：「訂立契約時，要保人對於保險人之書面詢問，應據實說明」，可謂告知義務為據實說明之義務。此亦為保險契約告知義務立法基本原則中之「誠

實信用原則」。

　　告知與通知有異，通知是指保險契約成立後，由於保險契約爲一繼續性契約，在契約期間內常有危險變更之情事，保險人爲掌握保險標的之現實情況，均要求要保人或被保險人向保險人說明或陳述其情況，並將其在保單中列爲一種義務，通知之事項非限於上述，損失發生時通常規定要保人或被保險人有損失通知之義務。

　　所謂告知義務有廣義和狹義之分，前者是指契約簽訂前與簽訂後要保人均須盡告知義務，後者係指僅契約簽訂前之告知，爲另類分類。不過，以告知與通知區分其間意義較易說明契約之流程。

　　至於告知的方式，以口頭或書面告知均可，惟因口頭告知甚難證明，故以書面告知爲原則。

二、告知之內容

　　告知之內容涉及告知之範圍，有無限告知主義（又稱客觀主義）與書面詢問回答主義（又稱主觀主義）兩種。茲將兩者列表 5-1 比較。

　　事實上，在保險契約訂立時，要保人或被保險人對於有關保險標的應告知的事項並非漫無限制。英國 1906 年海上保險法第 18 條規定被保人之告知義務，即將其限制於「對於要保危險任何重要事項，不論其已知、依其判斷可得知或在正常業務過程中所應知者，均應爲告知」註2。在實務上，一般採書面詢問回答主義，僅以重要具體事項（material fact）爲限。而所謂重要具體事項，通說爲足以影響一個審愼的保險人評估危險並作成保險決策之事項。所謂作成決策是指核保決策，包括⑴承保或拒受；⑵若決定接受，是以何種條件、何種費率承保。

　　重要事項的範圍以保險標的以往及現在的實際情況爲原則，至於非事實的告知，例如，希望或信念、轉述的告知等，一般不視爲重要事項。重

表 5-1　無限告知主義與書面詢問回答主義

學　　說	主張內容	對要保人的衡平性分析
無限告知主義（客觀主義）	與保險標的物相關的事項，不論重要與否要保人均須告知保險人，即使無法完全確定者仍須告知，而且要與客觀存在事實一致。	使要保人負無限告知義務，有失公平。再者，非重要事項亦應告知，徒具形式。
書面詢問回答主義（主觀主義）	須告知的僅以與保險人估計危險相關的爲限。保險人估計危險所需的事項由其自行設計要保書或核保問卷，要保人所需告知者以要保書或核保問卷者爲限。	要保人依保險人評估危險技術要求負有限告知義務，相對上較公平。

要事項通常於要保書中列舉，各險種之重要事項各有其範圍。不過，皆可歸納為實質危險事項與道德危險事項兩種。實質危險事項較具體，茲舉數例說明如下：

1. 人壽保險重要事項部分內容

見表 5-2。

2. 產物保險

(1) 海上貨物保險：評估保險標的之重要事項，通常有貨品種類、包裝、運送方式、航程起迄點、運送航程之長短等等。

(2) 火災保險：被保險人、要保人、總保險金額、保險期間、保險標的物所在地址、建築物本體、屋頂、樓層數、建築等級、使用面積（含公共設施）、保險標的物、附加險別、複保險等項目。一般歸納為 COPE 一詞，C 為建築等級，O 為使用性質，P 為消防設施，E 為四周環境。

(3) 竊盜保險中，建築物被夜盜闖入紀錄。

(4) 汽車保險中之從車因素與從人因素等，均為重要事項之具體例子。

至於道德危險事項則有保險利益、財務狀況，甚至於大環境因素，例如經濟是否景氣等等。

表 5-2　人壽保險重要事項內容

項　　目	主要內容
被保險人	(1) 婚姻狀況（未婚、已婚、離婚、喪偶）；(2) 出生年月日；(3) 性別；(4) 年齡；(5) 住所；(6) 服務單位（職業）；(7) 姓名
要保人	姓名、與被保險人之關係、年齡、住所、收費地址
受益人	姓名、與被保險人之關係、年齡、住所
保單紅利給付方式	現金給付、抵繳保費、儲存生息、購買繳清保險
繳費方式	年繳、半年繳、季繳、月繳
續期繳費	金融機構轉帳、自行繳費（如郵政劃撥）
續期保費之墊繳	同意或不同意
主契約	險種名稱與保險金額
附加契約	險種名稱與保險金額
被保險人告知事項	職業暨工作性質（類別、職位、工作內容）、身高與體重、目前身體狀況、過去病史、家族病史
被保險人說明事項	已有之人身保險、嗜好與興趣、生活環境、財務狀況

三、要保人或被保險人不必告知的事項

依據前述書面詢問回答主義，要保人固然須據實回答要保書上詢問的問題，然而有些情況下要保人無須告知保險人。關於此點，保險法上雖未明文規定，不過由保險法第 62 條對於保險契約成立後遇有危險變動，要保人或被保險人在某些情況下不負通知義務的規定，該規定並應可准用之。另外，英國 1906 年海上保險法第 19 條 註3 亦明文規定，五種不必告知之情況，茲將其歸納列舉如下：

1.為他方所知者

所謂為他方所知者，係指為保險人知悉的事實，或為社會公開之事實，或為履行道德上之義務者。例如，簽訂海上貨物保險契約時，某地區正發生戰爭中。又如，簽訂火災保險契約時，標的物所在地鄰近設有加油站，其實為一種公開的事實。

2.依通常注意為他方所應知，或無法諉為不知者

此係指可合理推斷為保險人知悉的事實，亦即依通知之認知或在正常業務過程中，推定保險人應知之事實。

3.一方對他方經聲明不必告知者

此係指保險人認為不需要的事實，經聲明不必告知者，例如與危險估計無關之事實，又如任何保險人所放棄之事實。

4.危險性減少的事實

例如，火險中建築物附近緊鄰公共消防設施。不過，從要保人或被保險人的觀點，告知危險性減少的事實，有助保險費降低。

5.已經列為明示或默示保證之任何事實

四、告知義務的履行

告知義務的履行，涉及告知義務的主體、告知的相對人及告知期限。就告知義務的主體而言，依保險法第 64 條第 1 項規定應為要保人，但有時要保人與被保險人並不相同，且事實上被保險人為在保險事故發生

時遭受損害的人，對於危險情況應該最清楚，所以告知義務人似應包括被保險人在內。就接受要保人或被保險人告知的相對人而言，原則上應為保險人，但依保險法第 8 條規定：保險代理人根據代理契約或授權書，代理經營業務，應將代理人亦包括在內。至於告知期限，應指要保人聲請保險契約時起至保險契約成立時為止，前已述及。

五、告知義務的違反

1. 告知義務違反之法律規定

我國保險法第 64 條第 2 項對於告知義務的違反及其效果，有相當明確的規範。按該條之規定為：「要保人有為隱匿或遺漏不為說明，或為不實之說明，足以變更或減少保險人對於危險之估計者，保險人得解除契約；其危險發生後亦同。但要保人證明危險之發生未基於其說明或未說明之事實時，不在此限。」

上述規定之目的，無非強調要保人提供保險人估計危險必要資料，其實在要求對價平衡之原則。

另由上述可知，違反告知義務的解除時點可分成兩種，一為危險發生前的解除，二為危險發生後的解除。不過，重要之處在於解除須具備一定要件。

2. 違反告知義務的要件

由上列條款可知，保險人欲以違反告知義務解除保險契約須具備三要件：

(1)須有違反之事實。亦即，須要保人有隱匿，遺漏不為說明，或為不實之說明。

(2)須違反之事實屬於重要事項。亦即，須隱匿、遺漏或不實說明，足以變更或減少保險人對於危險之估計。

(3)須有因果關係。亦即，危險發生之事由與告知或未告知有所相關。如非相關者，則不能適用保險法第 64 條主張解除保險契約。

3. 違反告知義務的種類

由我國保險法第 64 條第 2 項規定引申，違反告知義務的種類應有四種，分別是隱匿（concealment）、詐欺（fraudulent）、漏報（non-disclosure）、誤報（innocent misrepresentation），其性質則有故意與非故意之分，茲列表 5-3。

表 5-3　違反告知義務的種類

類別	性　　質	內　　　　容
隱匿	故意違反	對具體重要的事實故意不告知。
詐欺	故意違反	歪曲重要事項，故意作不實的告知。
漏報	非故意違反	因意外或認為事實不重要，而未說明要保標的之重要事項，此為一種過失遺漏。
誤報	非故意違反	對重要事項告知錯誤，惟並無詐欺意圖。

4. 違反效果

要保人違反告知義務之效果，有下列幾項：

⑴賦予保險人解除契約之權利：依保險法第 64 條第 2 項規定，要保人違反告知義務，保險人有解除契約的權利。但是否解除契約，全視保險人之考量。亦即，要保人違反告知義務，並非使保險契約當然無效。

保險契約因解除而涉及原點消滅，與未訂約效果完全類似。

⑵依民法第 259 條規定，解除契約時當事人雙方有回復原狀之義務。惟依保險法第 25 條特別規定，違反告知義務解除契約，保險人不須返還保險費，僅使被保險人負返還保險金的責任。究其原因為，保險契約大部分依賴要保人或被保險人的誠信告知而成立，違反告知義務為破壞保險契約的主因，故給予要保人不退還保險費的懲罰。

5. 保險人解除權的消滅

依保險法第 64 條第 3 項規定：「前項解除契約權，自保險人知有解除之原因後，經過一個月不行使而消滅；或契約訂立後經過兩年，即有可以解除之原因，亦不得解除契約。」該條文所規定的解除權屬於除斥期間註 4，有兩種解除期限。

⑴保險人知情的情況下，為一個月。

⑵保險人不知情的情況下，為兩年，其起算點為契約簽訂日。

■第三項　保證學說

一、保證的意義

保證，海上保險使用最多。依英國 1906 年海上保險法第 33 條的規定，保證意指「承諾保證」，是指被保險人承擔某些事項之作爲或不作爲，或某些條款之履行，或確認或否認某一特定事實之存在。保證的方式甚多，但是保證爲特約條款之一種表現方式。

關於特約條款，依我國保險法第 66 條規定：「特約條款，爲當事人於保險契約基本條款外，承認履行各種義務之條款。」可知，特約條款的要件有二：(1) 須當事人承認履行特種義務：此種義務之履行並非法定義務，而是一種約定義務，所以應屬於任意記載的事項；(2) 須在基本條款之外。至於特約條款之內容，依保險法第 67 條規定，與保險契約有關之一切事項，不問過去、現在或將來，均得以特約條款定之。其中所謂過去事項，是指契約成立前之事項；現在事項，是指契約成立時之事項；將來事項，是指契約成立後之事項。

由於保險上的保證係與被保危險性質相關的一種保單條件，相對上使保險人的保險責任附有條件。因此，保證事項被認爲是絕對重要事項。至於被保險人是否知其重要性則在所不問，所以，保證在性質上，具有絕對重要性。

二、保證的種類

依英國海上保險法第 33 條規定，保證可歸納爲兩類，詳如下：

1. 明示保證與默示保證

此係依保證之方式，所爲之分類。

⑴明示保證

凡是以任何形式之文字，規定於保險契約之內或保單相關文件的保證爲明示保證 註5 。即，明示保證必以書面爲之，並構成保險契約之一部分。

⑵默示保證

保險契約內雖無保證的規定，但習慣上如認為被保險人應保證某事之作為或不作為者，是為默示保證。例如，海上保險中三大默示保證為：①船舶有適航能力；②不能偏航；③航海須合法。

2. 確認保證與承諾保證

此係依保證之性質，所為之分類。

⑴承諾保證（promissory warranty）

保證某一事實之作為或不作為者，稱之。例如，在火災保險中，被保險人因有完善的消防自動噴水設備，而以較低的費率為保險的對價，則須保證在整個保險期間內，該項消防設備須保持可用狀態。如果發生火災時，該設備處於不良或無法使用狀況，保險人可以違反承諾保證拒賠。

⑵確認保證（affirmative warranty）

指某一事實的現在情況，但不涉及未來之情況。例如，在人壽保險，保證過去並未動過大手術。

三、保證的效果

1. 違反保證之積極效果

就保險人言之，由於保證事項在本質上均屬重要事項，要保人或被保險人有違反保證之事實，保證人可行使解除權，解除其保險責任。因此，保險人以被保險人或要保人違反保證而行使解除契約的理由，較其他理由有利。就被保險人言之，保證須確實遵守，如有違反，無論是否為過失，或是否涉及重要，保險人均可解除契約。即使實情與保證事項相比較，雖有利於被保險人，保險人仍得以破壞保證為由，解除契約。又如，英國1906 年海上保險法第 33 條亦規定：「保證為一種必須確實履行之契約條款，如保險契約內任何明示之條款未能履行者，則保險人得自其違反保證之日起免除其責任。」註6

2. 違反保證之消極效果

違反保證之消極效果即為被保人抗辯理由，茲準用我國保險法第 69

條規定註7，並參酌英國 1906 年海上保險法第 34 條註8，在下列幾種情況下被保險人可以免責：

　　⑴於未屆履行期前危險已發生。

　　⑵事實情況改變，不可能履行。例如，環境改變，而被保險人無法履行。

　　⑶在訂約地為不合法而未履行。亦即修正後之法令，被保險人如履行保證規定事項成為違法。

　　⑷保險人棄權，亦即保險人放棄原約定之條款事項。

四、告知與保證的比較

　　告知與保證有下列幾點不同：

　　1. 保證必為保險契約的一部分，告知則非。告知僅為一種陳述，不一定為契約之一部分。

　　2. 對於重要性之性質有不同主張。告知事項為重要事項，屬於實質性，視告知之種類或性質而定；保證事項為重要事項，兼具形式與實質，無論實質上重要與否，被保險人須嚴格遵守。

　　3. 保險人主張解除權時舉證方向不同。保證事項必為絕對真實，如有破壞，無論大小、是否為故意、是否有利於危險情況，保險人均可據以解除契約。告知事項著重實質內容，所以，保險人主張解除權時，須舉證違反之事實屬於重要事項。

　　茲再列表比較之，如表 5-4。

表 5-4　告知與保證之比較

比較項目	告　　知	保　　證
是否出現於保單	僅為一種陳述，不一定出現在保單上。	保證必須明白表示出來，不論是直接記載保單上或以附註方式（默示保證除外）。
重要性性質不同	著重實質面，僅在實質上是正確的即可。具相對性。	形式與實質兼顧，要保人必須嚴格實在遵守保證事項。具絕對性。
保險人舉證方向與範圍不同	保險人行使解除權之前，須認定被保險人違反重要事項。	任何違反保證之事項，均賦予保險人行使解除契約之權利。

第二節　保險利益原則

「無危險亦無保險。從而，無利益，則無損失，無損失，則無保險。」

上面所列，可視為保險理論發展過程的縮影。所謂「無利益」中的「利益」兩字，已成為保險理論中的基本原則之一，就是保險利益。

■第一項　保險利益的定義與目的

一、保險利益的定義

要保人或被保險人與保險標的間之經濟利害關係，所謂「利」，是指保險事故未發生，保險標的存在，要保人或被保險人享有經濟利益。所謂「害」，是指保險事故發生，要保人或被保險人將承受經濟上之不利益。所謂「保險標的」，即為保險之客體。又上述所謂「利害關係」，即為保險利益，保險利益為保險契約存在之前提。保險利益，有稱可保權益者，係指要保人或被保險人對於特定客體因具有特定的關係，而在保險事故發生時將遭受財產上之不利益。特定客體，即保險標的，保險標的有人有物，有些為有形標的，有些是由有形而衍生之無形標的。以保險利益的性質觀察，保險利益有積極與消極的分別，茲分別說明如下：

1.積極的保險利益

是指要保人或被保險人，對於特定客體因具有利害關係而得享有的合法經濟利益。亦即，要保人或被保險人對於保險標的所享有之固有利益。此種利益將因保險事故不發生而繼續享有，因保險事故發生而受到損害。亦即，如果某項標的遭受任何不幸事件時，某人將有任何財務損失，則該人對該項財產具有保險利益，反之則否，此見表 5-5。

以產物保險而言，積極保險利益通常涉及責任保險以外之財產保險。

表 5-5　積極性之保險利益

保險事故發生→經濟利益受損或消失→經濟生活受影響
保險事故不發生→經濟利益持續享有→經濟生活不受影響

2.消極的保險利益

是指要保人或被保險人對於因保險事故發生而產生的某種不利關係，而使其財產遭受不利益之負擔。消極保險利益通常與責任保險有關，亦即被保險人在法律上因對第三人負損害賠償義務，而產生之一種「責任義務保險利益」。例如，汽車責任保險之被保險人因「依法應負之賠償責任不存在為有利益」，是一種消極的期待利益。

由以上可知，財產保險的保險利益是以某些法定權利為基礎，而保全財產的任何財務上的利益。

就人壽保險而言，保險利益是否適用，雖有學理上的爭議，但依保險法第 16 條的規定，可暫時推定為要保人或受益人對於他人之繼續生存而得享有之財務利益。亦即，人壽保險的保險利益是對於被保險人死亡，而產生財務損失的合理期待註 9。

二、保險利益的目的

保險利益為保險契約成立的重要條件，故依保險法第 17 條規定：「要保人或被保險人對於保險標的物無保險利益者，保險契約失其效力。」該條規定主要的目的有下列幾個：

1.避免賭博行為發生

要保人對於他人財產如無保險利益，或對他人生命或身體並無保險利益，如允許其支付保險費投保，並消極期待他人的財產發生保險事故或死亡保險事故，期待獲取保險人的保險金，無異是以小的「賭金」期待大的「彩金」，實已成為一種賭博，且違反公共利益。

2.減少道德危險

要保人無保險利益而投保，除具有賭博性質外，可能為圖早日獲取不當的利益，並不等待被保險危險的自然發生，而設法以人為手段積極的、故意的造成被保險人死亡或被保財產的損失，詐領保險金，產生可怕的道德危險。所以，在人壽保險，要求具有保險利益可減低被保險人因他人為謀取保險金而被謀殺的誘因。在財產保險，要求具有保險利益可減少財產遭受損害。

3.維護損害補償之精神

在法律上，保險利益為保險契約所能填補損害的最高限度，保險的本意也是在補償被保險人的損失，如填補的金額可超過保險利益的限制，獲得的補償比實際的損失多，不但加深賭博的性質且極易誘致道德危險。反之，如保險人所支付的賠款不超過保險利益時，即可維護損害補償原則。再者，意外事故發生時，保險利益亦有助於衡量被保險人之實際損失，惟此是指財產保險之情況。

■第二項　保險利益成立要件

保險利益為一無形的觀念，一般認為應具有下列幾個要件：

一、須為合法的利益

所謂合法的利益，係指法律上所認可的利益。亦即，要保人與保險標的之間存在可確認之合法關係。所以，如果以偷竊、搶劫而得的財物投保，或是以贓物投保，由於屬非法持有，持有者原本與之並無利害關係存在，自不能成為合法之利益。法律上所認可的利益，當然係由債權、物權等等產生，包括現有利益暨期待利益。由於該等權利均得聲請法院強制執行，所以又具有強制性註 10。

二、須為經濟上（pecuniary）的利益

一般認為保險利益必為可以金錢估計之利益，惟因財產保險與人壽保險的性質並不相同，所以在解釋上亦有不同，茲分述如下：

1.財產保險

在財產保險，保險利益一般可以金錢估計，惟金錢上之利益原則上應由客觀認定。亦即，保險利益限於與財產價值相關者，所以對財產之感情因素所具有之主觀性，自不能包括在內。簡言之，凡由法律關係上所生之利益，經濟上的或事實上的關係所存在的利益，均可為保險利益。

2.人壽保險

在人壽保險，保險利益通常無法以金錢估計，因為人壽保險契約不是

補償契約。再者，人壽保險契約為一種定額保險契約，非關評價，所以，人壽保險的保險利益「額度」非關重要。但是債權人以債務人的生命為標的購買人壽保險時，就可以金錢衡量，即保險單的面值須有合理的債務關係存在。

三、須為已確定或可得確定的利益

可為保險標的之保險利益，須為已確定或可得確定的利益。所謂已確定的利益，為現有的利益。可得確定的利益，為期待利益，惟期待利益須以現有已確定的利益為基礎。易言之，「單純的期待」僅是一種妄想或是虛有，例如，可以「繼承遺產」之妄想。至於預期可獲得合法權益，明顯之例子有如商業火災保險之附加險之一，營業中斷保險中承保之「利潤損失」（loss of profit），為一種合理之期待。再如國際貿易中信用狀交易，價格條件採「兼付運費保險費貨價」（以下稱 CIF），信用狀上之保險條款常要求「以足額 CIF 價加 10% 投保」（full CIF value plus 10%），其中之 10% 似亦可視為進口商之合理期待利益。

第三節　財產保險的保險利益

一、財產保險的保險利益之由來

由保險利益之定義引申，可知財產保險之保險利益係因要保人或被保險人，對於保險標的具有某種合法的經濟利害關係而發生。依保險法第 14 條（財產上的現有利益或因其產生之期待利益）、第 15 條（運送人與保管人之責任利益）、第 20 條（基於有效契約而生的利益）之內容可知，所謂經濟利害關係包括法律上或契約上產生之權利或責任。一般言之，財產上的現有利益或期待利益源自民法中之物權或準物權，而基於有效契約而生的利益源自民法債篇中之債權。消極性之保險利益，通常與債務不履行及侵權行為有所關聯。

二、財產保險之保險利益的種類

由上可知，財產保險之保險利益的種類可分為現有利益、期待利益、責任利益，分別說明如下：

1.財產上的現有利益與期待利益

依我國保險法第 14 條規定：「要保人對於財產上之現有利益，或因財產上之現有利益而生之期待利益，有保險利益。」無論是現有利益或期待利益，來自物權或準物權已如前述，其中又以所有權為首要，其例甚多。除所有權外，尚有地上權、永佃權、抵押權等等。須注意者，期待利益必須以現有利益為基礎，不能基於空泛的期待。例如，企業主經營企業的預期利益，可以投保火災保險範圍中之營業中斷保險（business interruption insurance，簡稱 BI）或利潤損失保險（loss of profit，簡稱 LOP），海上運送人對於貨物到達的運費期待利益，可以投保運費保險（freight insurance）。

2.財產上的責任利益

依我國保險法第 15 條規定：「運送人或保管人對於所運送或保管之貨物，以其所負之責任為限，有保險利益。」也就是說，運送人對其所運送的貨物，保管人對所保管之貨物，具有責任上的「不利益」。此為一種消極性的保險利益，通常與債務不履行或侵權行為有關。

3.基於有效契約而生的利益

依我國保險法第 20 條規定：「凡基於有效契約而生的利益，亦得為保險利益。」保險法第 20 條是一條概括性的規定，目的在規範以上三種以外之情況。基於有效契約而生的利益，主要與民法債權篇中所規範者有關。例如，海上保險中的運費保險，為運送人基於運送契約中「運費到付」（freight collect）規定而生之利益，房屋租賃保險是房客基於房屋租賃契約而生的利益。此外，洗衣店所有人對其客戶之財產有保險利益，因為洗衣店可能因過失對客戶的送洗衣物造成損害而負法律上的責任。所以，基於有效契約而生的利益，實際上可能涉及現有利益、期待利益與責任利益。

三、財產保險之保險利益存在於何人？

依我國保險法第 3 條規定：「要保人，指對保險標的具有保險利益，向保險人申請訂立保險契約，並負有交付保險費義務之人。」又依保險法第 17 條規定：「要保人或被保險人，對於保險標的物無保險利益者，保

險契約失其效力。」由保險法的規定可知，財產保險之保險利益應存在於要保人與被保險人。

　　由實務上各險種對於要保人與保險人之規範，可了解保險利益存在於何人之情況衍生甚廣，例如下列幾例。

1. 我國現行住宅火災及地震基本保險條款第一章第 3 條

⑴要保人

　　指以自己或他人所有之住宅建築物及其內之動產，向保險公司投保並負有交付保險費義務之人。要保人以自己所有之住宅建築物及其內之動產投保，要保人即為被保險人；以他人所有之住宅建築物及其內之動產投保，該住宅建築物及其內之動產之所有權人為被保險人。

⑵被保險人

　　指對承保住宅建築物及其內之動產所有權有保險利益，於承保的危險事故發生時遭受損失，享有保險賠償請求權之人。保險契約如承保被保險人之配偶、家屬、受僱人、同居人所有之物時，該物之所有權人就該特定物視為被保險人。

2. 汽車第三人責任保險條款第 2 條被保險人之定義

所稱「被保險人」，其意義包括列名被保險人及附加被保險人。

⑴列名被保險人

係指保險契約所載明之被保險人，包括個人或團體。

⑵附加被保險人

係指下列之人：
①列名被保險人之配偶、家長及及家屬。
②列名被保險人所僱用之駕駛人或所屬之業務使用人。
③經列名被保險人許可使用或管理被保險汽車之人。

四、財產保險之保險利益應存在的時間

　　財產保險之保險利益應存在的時間，應依海上保險與其他財產保險之不同，分別探討如下：

1. 海上保險

原則上，海上保險在保險事故發生時保險利益一定要存在，簽訂保險契約時不一定要存在。英國 1906 年海上保險法第 6 條規定：「簽約時不一定要具有保險利益，損失發生時一定要具有保險利益。」[註 11] 但是此種規定尚須考慮各種保險契約之特性。如果是非對人契約，原則上是適用的，海上貨物保險就是一個典型。海上貨物保險契約為適應國際貿易之實務，包括保險文件在內之押匯文件可以背書轉讓。再者，貨物交付運送人之後，已脫離託運人之掌控，發生道德危險之機會相對降低，其在本質上非屬於對人契約。而且，發生損失時持有保險單者，若無保險利益的證明，仍難取得索賠的權利。如為對人契約，在適用上即值得注意，海上保險中之船體保險，由於船舶管理良窳影響船舶之安全甚大，1995 年協會時間條款（institute time clause）中即規定，船舶所有權或船籍變更、轉讓新經理人時保險效力終止[註 12]，故屬於對人契約，無論是在訂立保險契約或是保險事故發生時，原則上均須具有保險利益。

2. 其他財產保險

非海上保險原則上在保險契約成立與保險事故發生時均須具備，主要理由在於非海上保險契約一般屬於對人契約，保險標的與要保人或被保險人之管理或使用有重大關係，而且保險標的所有權之移轉，並非使原保險契約當然移轉於新的所有權人，而是須經當事人申請，並經保險人書面同意，性質上為一種對人契約。惟遺囑或法律上之特別規定（如保險法第 27 條）為例外。

第四節　人身保險的保險利益

一、人身保險之保險利益的由來

人身保險之保險利益的由來，應由民法親屬篇、婚姻篇暨保險法相關規定探討，因此下列法條之內容非常重要，在實務應用上也非常有意思。

1. 家的定義：民法第 1122 條

「所謂家，以永久共同生活為目的而同居之親屬團體。家置家長，同

家之人，除家長外，均為家屬，雖非親屬而以永久共同生活為目的同居一家者，視為家屬。」

2. 互負扶養義務之親屬：民法第 1114 條

「下列親屬互負扶養之義務：⑴ 直系血親相互間；⑵ 夫妻之一方，與他方之父母同居者，其相互間；⑶ 兄弟姐妹相互間；⑷ 家長與家屬相互間。」

3. 保險法第 16 條

「要保人對於下列各人之生命或身體，有保險利益：⑴ 本人或其家屬；⑵ 生活費或教育費所仰給之人；⑶ 債務人；⑷ 為本人管理財產或利益之人。」

4. 保險法第 20 條

「凡基於有效契約而生之利益，亦得為保險利益。」

人身保險之保險利益的由來，可由上列中保險法第 16 條為中心討論，並與要保人、被保險人、受益人結合，約略可看出其全貌，有些屬於純經濟關係，有些超越之並包括精神層面。

二、人身保險之保險利益的種類歸納

茲就上列先行歸納如表 5-6，以便說明。

表 5-6　人身保險之保險利益的種類表

要保人 ↓	被保險人 ↓	受益人 ↓	備　　註
本人	本人	本人 他人	本人對本人是否有保險利益，學理上有疑問
本人→家長	家屬→親屬性質 　　　→非親屬性質	本人或他人	親屬性質關係為基礎者應限於近親，為愛與感情的自然結合
受扶養者 受供給者	扶養者、供給者（生活費或教育費所仰給之人） →有法定扶養義務之人 →無法定扶養義務之情況	本人	－
債權人 保證人	債務人、一般保證人、連帶保證人 主債務人	本人	－

表 5-6　人身保險之保險利益的種類表（續）

要保人 ↓	被保險人 ↓	受益人 ↓	備　　註
本人 →法人 →共同繼承人	為本人管理財產之人 →董事、經理人 →共同繼承人	本人	—
未婚夫妻	未婚夫妻	本人	基於有效契約而生之利益

茲就表 5-6 說明如下：

1. 本人對於本人

本人對於本人生命之存在否，或是身體健康是否有保險利益，是一個引起爭論的問題，亦是一個有趣的問題。在要保人、被保險人與受益人均為同一人之情況下，針對身體健康購買醫療保險，或以生存為條件而購買生存保險，或任何具儲蓄性質之保險，為保障身體健康或是晚年生存之經濟需求，應持有保險利益之觀點。至於購買死亡保險，則有討論餘地。持反對意見者認為，縱使他人可能因被保險人死亡而遭致財務損失，亦無保險利益。而其主要哲理為註 13：⑴ 亡故者不可能遭受財務損失；⑵ 現世使用之貨幣於被保險人亡故後無法轉讓；⑶ 縱可為亡故者設計一種制度保存其財富，保險人卻無法僱用居間者遞送保單所得。

實際上，保障家屬之經濟生活仍有其必要，此種情況下要保人與被保險人相同，但受益人另有其人，持此利他觀點，吾人似應勉力承認有保險利益之存在。

2. 本人對家屬

本人對於家屬有保險利益，其範圍有多大，應由「家屬」一詞定義。按前述家之定義，此處之本人（要保人）應為家長。至於「家屬」，其重點在於「以永久共同生活為目的」，所以親屬與非親屬均在其中。親屬關係亦應限制於近親家庭關係，但應以直系血親之間為原則，此為愛與感情的自然結合，此種保險利益並無令人懷疑之處。不過，為了減少道德危險，實際上，親屬或非親屬關係均應特別考慮關係人之間是否存在經濟利害註 14。

3.受供給者對供給者

本人對於生活費或教育費所仰給之人具有保險利益，涉及受供給者與供給者之關係，而扶養是此問題之重點。民法第1114條規定，互負扶養義務者有「直系血親相互間、夫妻之一方，與他方之父母同居者，其相互間、兄弟姊妹相互間、家長與家屬相互間」，此為法定扶養義務，彼此間互為受供給者與供給者，存在著保險利益應無問題。不過，經濟利害關係是否存在仍須特別注意，另尚有非法定扶養義務，其考慮重點亦為經濟利害關係註15。

4.債權人對於債務人

債權人對於債務人屬於債權債務關係產生之保險利益，債權人之範圍甚廣，例如，保證人對於主債務人之生命具有保險利益，蓋債務人是否存在，對於債權人之債權有重大之利害關係。

5.本人對於為本人管理財產之人

為本人管理財產之人繼續生存，對於本人有重大之利害關係。例如，雇主對於重要員工之生命，合夥人對於共同合夥人之生命，又如公司對其董事、經理人，共同繼承人對遺產管理人等等，均為本人對於為本人管理財產之人具有保險利益之例子。

三、人身保險之保險利益應存在於何人？

人身保險之保險利益應存在於何人？一言以蔽之，即對他人生命之繼續存在具有預期之財務利益者，對他人之生命即具有保險利益。所以，原則上，人身保險利益應存在於要保人，當然要保人與被保險人有時同為一人，因此，被保險人自然包括在內。

四、要保人與被保險人不相同之問題

要保人與被保險人不相同時，依我國保險法第16條及20條的規定，係指婚姻或血統或金錢上產生的利害關係。此種情況下，只要對他人生命繼續存在具有預期的財務利益，該人即對他人的生命具有保險利益。不過，此種情況下，如投保死亡保險，基於保護第三人生命安全，契約之生效兼採金錢利益主義與一般利益主義，此分別表現於我國保險法第16條

及保險法第 105 條。按保險法第 105 條規定：「由第三人訂立之死亡保險契約，未經被保險人書面同意，並約定保險金額，其契約無效。被保險人依前項所爲之同意，得隨時撤銷之。其撤銷之方式應以書面通知保險人及要保人。被保險人依前項規定行使其撤銷權者，視爲要保人終止保險契約。」其目的在強調，原則上必須經由被保險人之同意，以防道德危險產生。

五、人壽保險之保險利益存在時間

一般認爲人壽保險的保險利益在保險契約訂立時須存在，但在保險事故發生時或保單到期時不一定要存在。其理由如下 註 16：

1. 就人壽保險契約的性質觀察，人壽保險契約非補償性契約，而爲一種定額契約。
2. 保險利益消失即認爲保險責任終止，對於支付保險費的保單持有者有失公平，因爲人壽保險中，保險金一般爲過去已繳保費與利息之累積，具有儲蓄性質。
3. 保險利益消失，喪失保險事故發生時應得的保險金，將使權益處於不確定的狀態。
4. 許多保險人基於優良的商業習慣傳統，即使原先具備的保險利益已不存在，保險人仍會給付。

第五節　保險利益的變動與保險契約利益之關係

保險利益的變動與保險契約利益之轉讓爲不同之概念，前者是涉及保險利益的移轉與保險利益的消滅，後者是指存在於保險契約上之利益，是否可轉讓之問題。

保險標的因被保險人死亡或轉讓，致保險利益有變動。原擁有保險利益者，或因將某特定保險標的轉讓，對該特定標的不再有保險利益。被保險人亡故，繼承人繼承標的，由繼承人取得保險利益。合夥人之一退夥或亡故，其他合夥人承受該合夥人之股份，亦爲保險利益變動之情況。

保險利益的變動，原已存在之保險契約如何處理亦爲一問題。原則上，對保險標的原具有保險利益之關係人，在保險利益移轉之後，原簽訂之保險契約效力，依保險契約之對人屬性，應隨之消滅。亦即，保險利益

消滅之情況下，財產保險契約上的利益亦隨之消滅，惟依保險法規定有例外情況。

1. 依保險法第 18 條規定：「被保險人死亡或保險標的物所有權移轉時，保險契約除另有訂定外，仍為繼承人或受讓人之利益而存在。」

2. 又依保險法第 19 條規定：「合夥人或共有人聯合為被保險人時，其中一人或數人讓與保險利益於他人者，保險契約不因之而失效。」可知，在財產保險情況下，保險利益因繼承而移轉於繼承人者，保險契約利益的關係並不因之消滅，又在合夥人或共有人聯合為被保險人的情況下，保險利益轉讓，保險契約上的利益仍為受讓人之利益而存在。至於人壽保險並無保險利益之移轉問題。

3. 另保險法第 28 條規定：「要保人破產時，保險契約上的利益仍為破產債權人之利益而存在。」

觀察各該條文之文義，「保險契約之移轉」主要考量點為：(1) 保障受讓人及基於免除重新投保之經濟效益之雙重考慮；(2) 非因當事人之意思表示之法定移轉；(3) 保障破產債權人之利益。該等條文中保險利益之所以「移轉」，係因保險標的所有權移轉、法定移轉（繼承），以及要保人破產喪失財產處分權等特種情況所致。所以，保險利益移轉、保險契約上利益之移轉、保險契約之移轉，實為完全不同之觀念。

本章關鍵詞

(1) 告知義務

(2) 重要事項（material fact）

(3) 隱匿（concealment）

(4) 詐欺（fraudulent）

(5) 漏報（non-disclosure）

(6) 誤報（innocent misrepresentation）

(7) 保證義務

(8) 承諾保證

(9) 默示保證（implied warranty）

(10) 保險利益（insurable interest）

(11) 積極保險利益

(12) 消極保險利益

註釋

註 1：A contract of marine insurance is a contract based upon the utmost good faith, and, if the utmost good faith not be observed by either party, the contract may be avoided by the other party.

註 2：Every material circumstance which is known to the assured, and the assured is deemed to know every circumstance which, in the ordinary course of business, ought to be known by him.

註 3：In the absence of inquiry the following circumstances need not be disclosed, namely:

(a) Any circumstance which diminishes the risk;

(b) Any circumstance which is known or presumed to be known to the insurer. The insurer is presumed to know matters of common notoriety or knowledge, and matters which an insurer in the ordinary course of his business, as such, ought to know;

(c) Any circumstance as to which information is waived by the insurer;

(d) Any circumstance which it is superfluous to disclose by reason of any express or implied warranty.

註 4：除斥期間為法律對於某種權利所預定之存續期間。與之相對者為消滅時效，指請求權因於一定期間內，繼續不行使而消滅。兩者之差異如下：

比較項目	消滅時效	除斥期間
權利存續期間	無權利存續期間之限制	自始即有權利存續期間之限制
是否可延長	可因不中斷或不完成而延長	不因任何事由而延長（不變期間）
起算點不同	自請求權可行使時起算	自權利成立時起算
是否須當事人援用	須當事人援用，法院不得依職權採為裁判資料	當事人縱不援用，法院亦得依職權採為裁判資料
利益是否可拋棄	時效完成後，利益可拋棄	期間經過後，利益不許拋棄

參閱楊與齡，《民法概要》，著者發行，民 74 年 8 月，頁 82。

註5：英國 1906MIA 第 35 條

⑴ An express warranty may be in any form of words from which the intention to warrant is to be inferred.

⑵ An express warranty must be included in, or written upon, the policy, or must be contained in some document incorporated by reference into the policy.

⑶ An express warranty does not exclude an implied warranty, unless it be inconsistent therewith.

註6：1906MIA33⑶ A warranty, as above defined, is a condition which must be exactly complied with, whether it be material to the risk or not. If it be not so complied with, then, subject to any express provision in the policy, the insurer is discharged from liability as from the date of the breach of warranty, but without prejudice to any liability incurred by him before that date.

註7：關於未來事項之特約條款，於未屆履行期前危險已發生，或其履行爲不可能，或在訂約地爲不合法而未履行者，保險契約不因之而失效。

註8：1906MIA34

⑴ Non-compliance with a warranty is excused when, by reason of a change of circumstances, the warranty ceases to be applicable to the circumstances of the contract, or when compliance with the warranty is rendered unlawful by any subsequent law.

⑵ Where a warranty is broken, the assured cannot avail himself of the defense that the breach has been remedied, and the warranty complied with, before loss.

⑶ A breach of warranty may be waived by the insurer.

註9：Mehr, Cammack, Rose 原著，廖述源等譯述，《保險學原理》（上冊），第八版，財團法人保險事業發展中心出版，民 81 年 11 月，頁 119。

註10：參考前揭書例子，惟經重新整理編表。

註11：劉宗榮，《保險法》，著者發行，三民書局總經銷，民 84

年8月初版一刷,頁89。

註12：The assured must be interested in the subject-matter insured at the time of the loss though he need not be interested when the insurance is effected.

註13：參考1995ITC第5條 Termination。

註14：Mehr, Cammack, Rose原著,廖述源等譯述,《保險學原理》（上冊）,第八版,財團法人保險事業發展中心出版,民81年11月,頁123。

註15：下列亦為一有趣之問題：「無親屬關係但有愛及感情,可否構成保險利益？無愛及感情但有親屬關係,可否構成保險利益？」

註16：Mehr, Cammack, Rose原著,廖述源等譯述,《保險學原理》（上冊）,第八版,財團法人保險事業發展中心出版,民81年11月,頁126。

考題集錦

1. 默示保證（Implied Warranty）　　　　　　　　　　　　　　　　【108.1 核保人員】

2. 請說明保險利益的三項目的。　　　　　　　　　　　　　　　　　【107.2 核保人員】

3. 最大誠信原則主要在討論告知義務。何謂主觀主義的告知義務？其與保險人所設計之要保書有何相關之處？並請說明要保書的主要內容為何？違反告知義務會產生何種法律效果？又，要保人雖必須盡告知義務，但依最大誠信原則之理論，要保人或被保險人亦有不必告知之事項，試舉出四項並詳細說明之。　　　　　　　　　　　　　　　　　　　　　【107.1 核保人員】

4. 何謂保險利益？保險利益之成立要件為何？財產保險與人身保險之保險利益各應在何時存在？請申述之。　　　　　　　　　　　　　　【105.2 核保人員】

5. 重要事項（Material Facts）　　　　　　　　　　　　　　　　　【105.2 核保人員】

6. 默示保證（Implied Warranty）　　　　　　　　　　　　　　　　【105.1 核保人員】

7. 保險人欲以違反告知義務解除保險契約時，應滿足之要件有哪些？試說明之。　　　　　　　　　　　　　　　　　　　　　　　　　　　【105.1 核保人員】

8. 告知與保證有何區別？試簡要說明之。　　　　　　　　　　　　　【104.2 核保人員】

9. 請比較「積極保險利益」與「消極保險利益」兩者之差異？　　　　　　　　　　　　　　　　　　　　　　　　　　　　　　　　　　【103.2 核保人員】

10. 請比較「保險利益」與「保險標的」兩者有何差異？【103.1 核保人員】

11. 何謂保險利益原則（Principle of Insurable Interest）？此原則的目的為何？　　　　　　　　　　　　　　　　　　　　　　　　　【108 專業人員】

第6章

保險基本原則 (二) —— 損害補償原則與主力近因原則

學習目標

讀完本章,讀者應該可以:

1. 了解損害補償及其原則之意義。
2. 了解保險人之補償範圍規範。
3. 了解損害補償原則之例外。
4. 了解限制賠償金額的重要保險條款,尤其是自負額條款、共同保險條款。
5. 了解損害補償補助原則之一為損失分攤原則。
6. 了解損害補償補助原則之二為代位求償原則。
7. 了解主力近因原則之意義與種類。

　　損害補償原則與主力近因原則，均為保險人處理理賠之重要原則，前者主要在判斷保險人有無補償責任與補償範圍，後者主要在判斷造成損失的有效原因，從而判斷保險人之責任問題。

第一節　損害補償原則之結構

　　損害補償原則甚為複雜，茲先將其結構以表 6-1 列示如下：

表 6-1　損害補償原則結構

項　　目	相關因素	主要內容概要
保險人有無責任	保險利益	無保險利益，即無保險；無保險利益，即無補償。
	保險人承保範圍	不在契約承保範圍內，雖有保險利益亦無補償。 以財務損失（或經濟損失）為限，非關精神損失。
保險人之補償範圍	保險利益	保險利益為損失補償原則之前提。保險利益為保險人在法律上之最高補償限制。
	保險單形式 損失種類 保險金額	保險人決定保險賠償之三因素。定值保險與不定值保險；全損與部分損失；足額保險、不足額保險、超額保險。Min（實際損失，保險金額，保險利益）。
補償範圍限制條款	比例分擔條款 （損失分擔條款）	通常適用於不足額保險。
	自負額條款	設定理由、種類與保險費率之關係。 扣除式、起賠式、隱藏式、累積限制式（以期間累積條款規範 accumulation period provision）、等待期間、all cause deductible、per cause deductible、a corridor deductible、integrated deductible。
	共保條款	設定理由、公式、相關問題。
	其他保險條款	競合、廣義競合、狹義競合。
補償方式 （1C，3R）	現金（cash）	適用所有險種，尤其是責任保險、人身保險。
	回復原狀 （reinstatement）	火災保險有時採用。
	重置（replacement）	例如，玻璃保險。
	修理（repair）	例如，汽車保險。
損害補償之修正與例外	定值保險	損害補償修正之意義、使用時機、使用險種。
	重置成本保險	損害補償修正之意義、使用時機。
	定額保險	損害補償修正之例外。 使用於人壽保險。

表 6-1　損害補償原則結構（續）

項　目	相關因素	主要內容概要
損害補償補助原則	損害分攤原則	適用於複保險、其他保險。 分攤方法、目的。
	代位、權利代位、物上代位、代位求償原則	目的、要件、限制、追償金額分配問題。

第二節　損害補償之意義與保險人之補償範圍

一、損害補償之意義

保險中所謂損害補償（indemnity），係指被保險人因保險事故所致保險標的毀損滅失而遭受之實際經濟損害，由保險人給予補償之意。損害補償的最高原則有二，茲分述如下：

1. 保險事故發生時，被保險人無實際損失，即無補償，此種情況通常涉及被保險人有無保險利益之問題。
2. 被保險人有實際損失時，在足額保險之情況下，保險人的補償金額絕不超過其損失金額以上。亦即，僅恢復被保險人至保險事故發生前的保險標的之狀態。

二、損害補償原則的適用情形

損害補償原則的適用情形，有原則性之內容，也有應用性之內容。原則性之內容主要涉及保險人的補償責任與補償範圍，前者是保險人是否須理賠問題，後者是保險人賠償多少的問題，通常與限制保險人賠償額度有關。至於應用性，係指各險種之適用情況。

1.保險人是否須有理賠責任之問題

危險事故發生，保險人是否須理賠，應由兩方面決定，一為保險利益，另一為承保範圍。就保險利益言之，與補償原則有最直接的關聯性，蓋損失發生時，無保險利益者，被保險人與保險標的已無利害關係，亦即無損失，自然無法得到補償。另外，事故發生之內容不一定與承保範圍有關，倘與保險人承保之危險事故、保險標的、損失等任何其中一項無關，

即不在承保範圍之內，保險人即無責任。

2. 保險人之補償範圍

保險人決定保險補償之範圍應考慮幾個因素，分別為保險利益、保險單形式、損失種類、保險金額等，另須考慮保險單條款中設定之限制補償條款，茲說明如下：

⑴保險利益、保險金額與實際損失的相關性

① 保險利益原則與損害補償原則：

保險利益原則與損害補償原則有下列幾點相關性：

(a)被保險標的物發生全損時，最高之補償額度等於損失發生時之可保利益。

(b)只要是根據可衡量的「保險利益」所作成之保險，均應適用補償原則。產物保險中之保險標的物，其「保險利益」原則上是可客觀衡量的，所以適用補償原則；人身保險則因人身無價，無法衡量，所以原則上並不適用，惟債權人就債務人的生命而為死亡保險者，保險利益額度有限制，是以貸款或債務額度為限。

(c)保險利益以金錢表示者即為保險價額，此為法律上的最高損害補償限度。

⑵保險金額、實際損失與補償原則的關係

保險人決定保險賠償因素時，係就保險單形式、損失種類、保險金額等三方面考慮。所謂保險單形式，應指定值或不定值保單，因之，表 6-2 可充分顯現其間之關係性。

表 6-2　保險人決定保險賠償因素表

保險價額或約定價額與保險金額之比較	不定值保險		定值保險	
	全損	部分損失	全損	部分損失
足額保險 （保險價額＝保險金額）	保險金額 保險價額 保險利益	實際損失	保險金額 保險價額 保險利益	實際損失
不足額保險 （保險價額＞保險金額）	保險金額	實際損失 × 保險金額 ÷ 保險價額	保險金額	實際損失 × 保險金額 ÷ 約定價額

表 6-2　保險人決定保險賠償因素表（續）

保險價額或約定價額與保險金額之比較		不定值保險		定值保險	
		全損	部分損失	全損	部分損失
超額保險（保險價額＜保險金額）	善意	保險價額	實際損失	約定價額	實際損失
	惡意	依保險法規定不理賠			

①由上觀察，保險金額與補償原則應有下列關係：

(a) 在足額保險的情況下，無論是定值保險或不定值保險，全損或部分損失，被保險人均可得到「充分補償」。

(b) 保險金額係保險人在保險期間內所負擔的最高責任限額。

(c) 保險金額亦為保險契約上的損害補償限度。

(d) 保險金額與補償原則：除超額保險外，保險金額係保險人在保險期間內所負之最高責任限額。責任保險僅有責任限額，但實務上均稱「保險金額」，責任保險之責任限額通常有數種。但是實務上保險金額又有不同之規範方式，例如，單項保險金額、總保險金額、複項（分項）保險金額、責任限額，整理如表 6-3。

表 6-3　保險金額之規範方式表

單項型保險金額	總保險金額（TSI）（複項保險金額）			責任限額
	分項保額	分項保額	分項保額	A/B/C/D
承保單項保險標的物之個別型財產保險採用	承保多項保險標的物之保險契約採用總括保單採用綜合保單採用套裝保單採用			A：（bodily injury/per person）每一次意外事故，每一個人身體傷亡之責任限額 B：（bodily injury/peraccident）每一次意外事故，身體傷亡之責任限額 C：（physical damage/per accident）每一次意外事故之財損責任限額 D：（aggregate/accidents）保險期間內最高累積賠償限額

②實際損失與補償原則的關係：就不定值保單言之，保險人僅於保險金額及保險利益範圍內，在足額保險之情況下，賠償被保險人實際所受之損失。超額保險之情況下，仍受到保險利益之限制。

而實際損失通常以實際現金價值來衡量，所謂實際現金價值，是指重置成本扣除折舊後的金額。至於定值保險，適用原則亦同，惟因採約定價額觀念，所以在理論上有所修正，詳見後述。

3. 不適用或修正損害補償原則的情形

並非每一種保險都適用損害補償原則，實務上可發現，在若干種情況下不是不適用，而是一種概念式的修正，茲列舉說明如下：

(1) 定值保險

採用定值保險，已於訂約時事先約定保險標的之價值，損失發生後，不論保險標的實際價值為何，其重點在於事前之嚴格核保，投保之標的須經專業鑑價，以決定保額。亦即，事前約定之價額儘量與損失發生時之實際價額能夠接近，故為補償原則之修正。

(2) 重置成本保險

重置成本保險以保險標的之重置成本為保險金額，並據以計算保費，未來發生損失後並作為賠款之基礎，不論修復或重置保險標的物，均不扣除折舊。所謂「重置成本，係指修復、重建或置換與該標的，同一地點之建築物或裝修，或同一廠牌、形式或相類似機具之新品成本」。一般認為，此種保險同時保障標的之實際現金價值與折舊，被保險人無須以其他危險管理方法處理折舊問題，是對被保險人有利之處，但是被保險人獲取保障之代價亦較高。另又有認為，由於無須扣除折舊，可避免在損失發生時評估實際現金價值大小之爭議，從保險人理賠行政觀點言之，可減少理賠糾紛。惟就理論之觀點，由於不扣除折舊，賠償被保險人之賠款常較實際損失為大，且極易誘致道德危險或心理危險，故有學者認其違反損害補償原則。

實務上，保險人對於重置成本保險之運作有相當嚴格之規定，觀察其內容，實際上與補償原則相去不遠。茲就火災保險中之重置成本保險內容說明，以便驗證。

①被保險人以重置成本為保險金額設定基礎，保險人計算保費之基礎較高，被保險人之保障成本較高。

②保險人承保時應為嚴格核保。例如，我國商業火災保險附加條款（SB）之重置成本條款（replacement cost clause），核保要點即規定：「(a) 建築物或機器設備毀損後，如礙於法令之規定不能重

置或重建時，則於承保前是否運用重置成本條款應謹慎考慮其可行性；(b) 保險標的其折舊率已達百分之五十者，不宜接受，因實際現金價值與重置成本之差距較大，道德危險較高；(c) 企業經營不穩健或顯現虧損狀態者，或負責人操守有瑕疵者均不宜接受；(d) 有些條款規定被保險人應於事故發生日起一定期間內通知保險公司是否有意重置，如被保險人無意重置，則保險公司只須按實際現金價值賠付。」

③雖可能發生道德風險，但在進行理賠時，保險人通常仍有許多理賠方式選擇權。例如，我國現行住宅火災保險暨地震基本保險條款「承保建築物之理賠」條款規定：「(a) 建築物因承保危險事故發生所致之損失，本公司得選擇修復或重建受毀損之建築物，亦得以現金賠付因修復或重建受毀損建築物所需之費用，不再扣除折舊；(b) 本公司選擇修復或重建受毀損之建築物時，其所需之費用雖超過保險金額時，本公司仍負賠償責任。」

④重置成本保險仍有不定值保險原理之輔助。按我國現行住宅火災保險暨地震基本保險之基本條款規定：「(a) 除法令規定或事實原因無法修復或重建外，若被保險人不願修復或重建受毀損建築物，本公司僅以實際價值為基礎賠付之。本公司並就重置成本為基礎與實際價值為基礎之保險金額差額部分計算應返還之保險費；(b) 建築物之保險金額低於承保危險事故發生時之重置成本之百分之六十時，本公司僅按保險金額與該重置成本百分之六十之比例負賠償之責註1；(c) 建築物之保險金額高於承保危險事故發生時之重置成本者，本保險契約之保險金額僅於該重置成本之限度內為有效。但有詐欺情事時，本公司得解除契約，如有損失並得請求賠償。無詐欺情事時，本保險契約之保險金額及保險費，均按照承保建築物之重置成本比例減少。」

由上可知，重置成本保險是否違背補償原則，尚須視實務上如何運作，就上述我國住宅火險之做法，應為一種修正。

⑶人身保險

人身保險為定額保險或給付（benefit）型保險，且人身難以用金錢衡量，故原則上不適用損害補償原則。再者，當被保人死亡時，無實際現金價值之估算問題，保險人依約定支付定額保險金。由此可知，人壽保險契約非補償契約，不適用補償原則。惟採用實支實付型之醫療保險則為例外

情況。

　　⑷傷害保險與健康保險

　　①健康保險（醫療保險）：由於是補償被保險人因疾病所致之損失，
　　　在採實支實付型之情況下，原則上爲一種補償契約。惟如採日額
　　　型，例如，定額給付型住院費用保險，可能與補償原則有所出入。

　　②傷害保險（人身意外險）：係以人之生命與身體爲保險標的，無
　　　評價問題，採定額保險承保，原則上不適用損害補償原則。惟因
　　　現行傷害保險常附加醫療給付部分，醫療費用採補償方式，故有
　　　補償性質，但因住院費用亦有採日數定額給付方式，又不適用損
　　　害補償原則。

　　⑸新換舊險單

　　有些特殊險種，例如，回復原狀保險（reinstatement insurance），
不問保險標的物之折舊或自然耗損，在損失發生後保險人賠償全部復舊費
用，爲一種「新換舊」保險。惟此種保險並非採現金給付，又如海上船體
保險適用之 1995 年協會時間條款第 14 條新換舊條款（new for old）規定
「應付之賠款不扣除新換舊之差額」註2，亦爲一種損害補償原則的例外。

4. 補償方式

　　保險人補償被保險人之方式，有所謂 1 C 與 3 R。C 是指現金
（cash），3 R 是指回復原狀（reinstatement）、修理（repair）、重置
（replacement），分別說明如下：

　　⑴現金

　　適用於任何險種，尤以責任保險最稱適用。

　　⑵回復原狀

　　保險標的因保險事故發生而遭受毀損時，保險人得選擇或基於法律規
定使保險標的回復原狀或以類似之實物賠償，而不以金錢賠付之規定，適
用於火險。

　　⑶修理

　　適當之修理，常用於車險，保險人可以直接支付修理費給修車廠。

⑷重置

　　保險標的因保險事故發生而遭受毀損滅失時，保險人為被保險人購置類似之財產，以填補其損失之行為。此為一種實物給付，特別是有折扣的，例如，珠寶、皮草、玻璃等保險。

第三節　限制賠償金額的保險條款

　　保險人為達成業務危險管理目的，或為維持損害補償基本原則，每在保單中設有限制補償之條款，比較常見者有自負額條款、共同保險條款、比例分配條款、複保險條款、比例分擔條款、其他保險條款等等，茲分述如下。

■第一項　自負額條款

一、自負額條款之意義

　　自負額是指意外事故發生，在保險人承保範圍之內時，保險人理賠前，被保險人應先行承擔之特定損失金額。而所謂自負額條款，是保險單內規定，在保險期間之內，保險事故發生致產生損失，在保險人賠付前，被保險人應先行自行負擔某一金額或比例損失之條款。設定自負額，其實反映保險人在經營中之核保技術要求，並反映被保險人之危險管理觀念。

二、自負額型態

　　自負額條款之內容依自負額型態而異，自負額之類別與自負額大小，尚依險種而有不同，即使是最常使用之扣減式自負額亦有多種變型。

1.扣減式自負額（straight deductible）

　　指保險契約中約定，當每一次損失低於某一約定金額時，即由被保險人自行承擔，若損失超過該約定金額時，則保險人僅就超過該金額之部分負賠償責任。扣減式自負額也可以固定比率設定，例如，現行汽車險竊盜損失險特約條款規定：「被保險人於保險契約有效期間內，發生本保險承保範圍內之損失時，對於每一次損失，應負擔基本自負額百分之十，如被

保險人選擇較高之自負額時從其約定。」此為固定比率型自負額。

2. 累積年自負額（aggregate annual deductible）

指某一特定歷年或會計年度之全部損失未達某一約定金額者，皆由被保險人自行承擔，而一旦損失累計超過該約定金額，則其超過之損失即由保險人負擔之自負額型態。又稱固定金額年自負額。

3. 起賠式自負額（franchise）註 3

指每一危險事故所致之損失在約定金額以下時，由被保險人自行承擔，但若超過則全部由保險人負擔。此種自負額若使用不當易致道德危險，一般常用於海上貨物保險，因為海上貨物保險之被保人對於其保險標的物之控制性較小。

4. 消除式自負額（disappearing deductible）

指被保險人之自負額負擔隨損失金額增加而逐漸減少，當損失達到某一約定金額時，自負額即完全免除，被保險人可獲得全額之賠償。所謂某一約定金額，稱之為隱藏點。此種自負額型態，被保險人之負擔大多訂有最低、最高損失金額與賠款比例。此種自負額係結合「扣減式自負額」與「起賠式自負額」而成。例如，保單中規定最低損失額 500 元，最高損失額 5,000 元，賠款比例為 110%，則當損失介於 500 元至 5,000 元之間，則應按遞減率計算，例如，損失為 3,000 元，保險人應理賠（3,000 – 500）×1.1 = 2,750 元。

5. 迴廊式自負額（corridor deductible）

被保險人之醫療保險有時於基本型醫療費用保險之外，另安排高額醫療保險計畫。在基本型醫療費用保險獲得補償之後，獲得高額醫療保險計畫之前，被保險人必須先行負擔一個自負額，超出部分始由高額醫療保險計畫負擔。因此，迴廊式自負額主要適用於高額醫療保險計畫。例如，設定 200 元自負額，發生醫療費用 6,000 元，基本醫療保險計畫 2,000 元，扣除之後尚有 4,000 元，在適用高額醫療保險計畫之前，必須先行扣除 200 元，高額醫療保險計畫僅理賠 3,800 元。

6. 等待期間（waiting period）

等待期間是一種以固定時間為基礎的一種自付額型態，通常用於健康

保險契約中，此種自負額規定之免責期間或等待期間，日數有短有長，約定被保險人自生病之日起，直到約定的等待期間屆滿以前，保險人不支付任何給付。約定等待期間主要目的有兩個，其一為可防止被保險人藉輕微之傷害或疾病坐享給付，其二為保險人在被保險人開始獲得給付之前，有充分時間可從事調查 註4。

另外，我國營業中斷保險附加條款（製造業適用）第 6 條自負額條款規定：「本附加條款承保範圍內之任何一次損失自負額為五個連續工作天（consecutive working days）之損失，但另有約定者，從其約定。凡自損失或保險事故發生時起算，其確定營業中斷期間不超過五個連續工作天者，本公司不負賠償責任，而確定營業中斷期間超過五個連續工作天者，本公司僅就超過自負額之損失部分負賠償責任。」採用時間為自負額，亦類似等待期間。

三、設定自負額條款之時機與目的

1.設定時機

自負額的觀念來自於危險管理，當損失頻率小與損失幅度小時，可採取自留之危險管理策略。從保險經營角度觀察，損失幅度小之賠案由被保險人自行承擔，對於被保險人與保險人可有許多優點，最原始之優點為「經濟性」，以及可減少道德危險。

2.自負額條款之目的

演變至今，設立自負額條款之目的已不再消極的防弊，尚導引至積極的危險管理功能，此可由保險人觀點與被保險人觀點分別說明。

⑴由保險人觀點

①可加強被保險人之風險警覺性，此為降低心理危險因素之考量，目的在降低損失次數。

②鼓勵被保險人採取損失防止措施，此為損失控制之考量，目的在降低損失次數。

③減少道德危險之發生，可有效減少因道德風險因素產生之不當賠款。

④省卻保險人處理小額賠款手續之繁瑣，並使保險人降低其所承負賠款金額，此為保險行政作業之考量。

⑤降低處理（或理賠）費用，此爲保險行政作業之考量。

⑥促使費率降低，此爲採行危險管理措施之後與保險行政作業減少後之自然結果，爲保險經營之正面效用。

⑵由被保險人觀點

①可節省保險費：被保險人自行承擔一部分損失，保險人在對價上自應相應調整。

②可充爲自保基金：被保險人可將其節省之保險費，運用危險管理之技術，成立類似自己保險計畫機制。

③可提高保險金額：節省之保費可用來購買較高之保險金額，更能合乎購買保險之「重大損失原則」。

④可改善危險情況：設定自負額可降低心理危險，並可提升損失預防層次，故可改善危險情況。

綜言之，上列功能可改善損失經驗，因而節省要保人之保費負擔，理論上可形成保險市場與保險消費者間之良性循環。

■第二項　共保條款（coinsurance clause）

一、共保條款的意義

共同保險條款（coinsurance clause）、共同保險（coinsurance）及保險法第 48 條「約定共同保險」在涵義上並不相同。共同保險條款爲保險單條款之一種，其意義及內容將於下述討論。共同保險（coinsurance）爲保險業之間，分散經營風險的一種經營技術。至保險法第 48 條「約定共同保險」，其內容爲：「保險人得約定保險標的物之一部分，應由要保人自行負擔由危險而生之損失。有前項約定時，要保人不得將未經保險之部分，另向其他保險人訂立保險契約。」就內容觀察顯爲保險人在承保時，控制被保險人實質、心理、道德危險因素之一種手段或策略。

共保條款係規定保險標的物發生部分損失，而實際保險金額未達保險標的物價值的某一定比例時，保險人依實際保險金額與最低應保金額（amount required）之比例負賠償責任之條款，一般以百分之八十共保條款爲代表。

二、共保條款的公式

共保條款的公式如下：

保險人之賠償責任＝（實際損失 × 實際保險金額）／ 最低應保金額

式中，

最低應保金額＝損失發生時保險標的物之價值 × 共保比率

三、共保條款的目的

共保條款的目的有二：

1.使保險費負擔公平與合理

促使被保險人提高保險金額，避免被保險人為了節省保險費，普遍採取過度之不足額保險，使保險人保費收入不足，有違保險費率公平與適當原則。關於保險費率公平與適當原則，其原理主要在於部分損失發生之機率與全損發生之機率不同，前者之機率較高，後者之機率較低，因此產生費率公平與適當之問題。簡言之，由損失機率觀察，不足額保險與足額保險之成本並不相同，前者較高，後者較低。因為部分損失發生之機率較高，全損發生之機率較低，保險費率雖亦由損失發生機率釐訂，理論上費率應有高低之分，但一般所採用者為平均費率，致有不公平之情況。況且，保險之基本原理在於一個保險團體之保費收入等於保險賠款與費用之支出，不足額保險之比例過高，勢難達成收入等於支出原則。

2.減輕被保險人遭受損失分擔條款之懲罰

採用共保條款之後，被保險人相對之下無須按保險標的之全部價值足額投保，在物價上漲期間可有一定之功效。

下例表 6-4 可顯示上述觀點。

表 6-4　共保條款運作例示

	保險價額 =1,000 萬，部分損失 =50 萬		保險價額 =1,000 萬，全損 =1,000 萬	
	無 80% 共保條款理賠	有 80% 共保條款理賠	無 80% 共保條款理賠	有 80% 共保條款理賠
保險金額 =1,000 萬	50 萬	50 萬	1,000 萬	1,000 萬
保險金額 =800 萬	40 萬	50 萬	800 萬	800 萬
保險金額 =700 萬	35 萬	43.75 萬	700 萬	700 萬
結　　論	在部分損失之情況下，有共保條款可降低損失分擔條款之懲罰，惟保險人之理賠絕不超過其實際損失		全損之情況下，共保條款並無作用	

■第三項　比例分擔條款（或稱損失分擔條款）

一、比例分擔條款（average clause）的意義

　　本條款規定在不足額保險（under insurance）之情況下，或是保險單訂有保險法第 48 條所稱「強制共保」，或保險單訂有共保條款之情況下，保險人與被保險人應按投保比例分別負擔部分損失之規定。大部分的產物保險在保單中均設損失分擔條款，例如，我國現行商業火災保險基本條款第 25 條「保險標的物之理賠」條款規定：「保險標的物因承保危險事故發生所致之損失，本公司以該保險標的物承保危險事故發生時之實際價值為基礎賠付之。保險標的物之保險金額低於承保危險事故發生時之實際價值者，本公司僅按保險金額與該實際價值之比例負賠償之責。」

二、公式

$$保險人之賠償責任 = 損失 \times \left(\frac{保險金額}{損失發生時保險標的物之實際現金價值} \right)$$

　　例如，某甲於 2019 年 1 月 2 日投保火災保險 1,000 萬元，為期一年，投保時雖知建築物之價值，在扣除土地價值之後為 1,000 萬元，建築物不幸於 2019 年 8 月 3 日意外火災，損失 200 萬元，但因物價上漲，彼時建築物之實際現金價值上漲至 1,200 萬元，則保險人應理賠之額度為 200 萬

×（1,000 萬／1,200 萬）。

■第四項　複保險條款與其他保險條款

一、複保險條款

　　一般之保險單其基本條款均有複保險條款，其內容如下[註5]：

　　「對於同一保險標的物，如同時或先後向其他保險人投保相同之保險，致保險金額之總額超過保險標的物之價值者，要保人或被保險人應立即將其他保險人之名稱及保險金額通知本公司。要保人或被保險人故意不依前項規定為通知，或意圖不當得利而為複保險者，本保險契約無效。保險費已收受者，本公司不予退還，尚未收受者，本公司得請求交付。

　　本保險契約有善意複保險情形者，本公司得為如下之處理：

　　　1. 於承保危險事故發生前，本公司經要保人或被保險人通知後，得降低本保險契約之保險金額，並按減低之保險金額及未滿期保險期間，比例退還保險費。

　　　2. 於承保危險事故發生後，僅按本保險契約之保險金額對全部保險契約保險金額總額之比例負賠償責任。」

　　複保險條款主要在規範保險人遇有複保險時其責任為何，因而引發出保險另一重要基本原則，即損失分攤原則（principle of contribution），甚為重要，詳情請參閱下節。

二、其他保險條款

　　其他保險（other insurance）亦為一容易誤解之名詞，其原意是「別家公司保險」，指某一保險單所承保之保險標的，在損失發生之同時，另有其他保險契約存在，且亦為有效承保之情況。所以，有認為複保險亦可解為其他保險的一種，不過在實務上通常將複保險另列，本書亦採另列方式以便與實務接軌。下列條款為典型的其他保險條款[註6]。

　　「除前條情形外（按：係指複保險），保險標的物在承保之危險事故發生時，如另有其他保險契約同時應負賠償責任，本公司應依本保險契約之保險金額與總保險金額之比例負賠償之責。但本公司得經被保險人請求，先行全額賠付後，依比例分別向其他保險之保險人攤回其應賠付之金額，被保險人應提供必要之協助。」

第四節　損害補償原則的補助原則㈠── 損失分攤原則

一、損失分攤的原因與目的

損失分攤的原因是因存在著複保險與其他保險，其意義已見前述。至於損失分攤的目的，主要在於防止被保險人以一個損失，分別向各個保險人或保險契約請求賠償，而獲得一次或一個以上的賠償，造成不當得利，違反公共政策，誘發道德危險，同時破壞損害補償原則，故稱損失分攤原則爲損害補償原則之補助原則。

二、複保險的賠款分攤方法

複保險的賠款分攤方法主要有兩種，分別說明如下：

1.比例責任分攤法

比例責任分攤法又稱保險金額比例分攤法，實務上大都採取此種方法。例如，前述「於承保危險事故發生後，僅按本保險契約之保險金額對全部保險契約保險金額總額之比例負賠償責任」。重要者爲損失發生時，涉及之保險契約均應有效，每一個保險人按其個別保險金額與總保險金額之比例分攤損失，但須注意賠款總額不得超過保險標的之價值。

例如，張先生以其價值 400,000 元的自有住宅投保火災保險，假設其分別向甲、乙、丙三家保險公司投保火災保險，保險金額分別爲 300,000 元、100,000 元、150,000 元。假設發生火災，損失 100,000 元，則該三個保險人應分攤如下：

⑴甲公司：$100,000 \times 300,000 \div (300,000+100,000+150,000)$

⑵乙公司：$100,000 \times 100,000 \div (300,000+100,000+150,000)$

⑶丙公司：$100,000 \times 150,000 \div (300,000+100,000+150,000)$

比例責任分攤法亦可以下列公式表示：

$$P_i = \frac{X_i}{\sum\limits_{i=1}^{n} X_i} L$$

P_i：某保險人應付之賠償金額

X_i：某保險人之保險金額

L：損失金額

2. 獨立責任比例分攤法

獨立責任比例分攤法是指損失發生時，假定無其他保險存在之情況，先行求出各保險人個別應負的賠償責任額，再按其對全部保險人總賠償責任額之比例，負分攤賠償之責，俾使各保險人之賠償總額不致超過被保險人的實際損害金額，一般稱此為「淨損失規則」的一種分攤法。原則上，總保險金額合計大於保險價額之複保險時，獨立責任比例分攤法方具意義。獨立責任比例分攤法主要精神在於「獨立責任」一詞，如果各個複保險人之獨立責任完全相同，在分攤過程其實不用大費周章，採用平均分攤即可。此種分攤法在計算時並不困難，將其表現如下列公式更為清楚：

$$P_i = \frac{I_i}{\sum\limits_{i=1}^{n} I_i} L$$

$I_i : \dfrac{X_i}{V} L$

I_i：各保險人獨立責任額

V：保險價額

各複保險人在不同「責任」之情況下所為之分攤可歸納如表 6-5，為方便計，僅假設兩個保險契約涉及。

實務上，大部分採用保險金額比例分攤法已如前述。

三、其他保險存在時之損失分攤

其他保險指某一保險人或保險單所承保之標的，另有其他保險人或保險契約承保之場合，主要指保險種類不同之其他保險。保險人分攤損失的方法，在實務上仍以採保險金額比例分攤法為主。

表 6-5　獨立責任比例分攤法例示

情　　況	標的物保險價額	複保險人甲之保險金額	複保險人乙之保險金額	標的物損失	甲獨立責任（甲分攤賠款）	乙獨立責任（乙分攤賠款）	分　　析
1. 總保險金小於保險價額，各複保險人保險金額相同，且均為不足額保險。	100 萬	40 萬	40 萬	(A)50 萬 (B)100 萬	(A)20 萬（20 萬） (B)40 萬（40 萬）	(A)20 萬（20 萬） (B)40 萬（40 萬）	1. 無論各複保險人保險金額相同或不相同，與保險金額比例分攤法完全相同。 2. 總保險金額小於保險價額，應先計算整體賠款金額。
2. 總保險金相等於保險價額，各複保險人保險金額相同，且均為不足額保險。	100 萬	50 萬	50 萬	(C)50 萬 (D)100 萬	(C)25 萬（25 萬） (D)50 萬（50 萬）	(C)25 萬（25 萬） (D)50 萬（50 萬）	1. 無論各複保險人保險金額相同或不相同，與保險金額比例分攤法完全相同。 2. 足額保險之故，完全相同。
3. 總保險金大於保險價額，各複保險人保險金額不相同，且均為不足額保險。	100 萬	90 萬	60 萬	(E)50 萬 (F)100 萬	(E)45 萬（30 萬） (F)90 萬（60 萬）	(E)30 萬（20 萬） (F)60 萬（40 萬）	與保險金額比例分攤法完全相同。
4. 總保險金大於保險價額，各複保險人保險金額不相同，超額保險、不足額保險兼具。	100 萬	120 萬	60 萬	(G)50 萬 (H)100 萬	(G)50 萬（31.25萬） (H)100 萬（62.5 萬）	(G)30 萬（18.75萬） (H)60 萬（37.5 萬）	1. 部分損失情況下，超額保險之複保險人賠償金額增加。 2. 全損情況下，須注意各複保險人之獨立責任上限。

表 6-5　獨立責任比例分攤法例示（續）

情　況	標的物保險價額	複保險人甲之保險金額	複保險人乙之保險金額	標的物損失	甲獨立責任（甲分攤賠款）	乙獨立責任（乙分攤賠款）	分　析
5. 總保險金大於保險價額，各複保險人保險金額不相同，超額保險、足額保險兼具。	100 萬	120 萬	100 萬	(I)50 萬 (J)100 萬	(I)50 萬（25 萬） (J)100 萬（50 萬）	(I)50 萬（25 萬） (J)100 萬（50 萬）	應負賠償責任完全相等。

第五節　損害補償原則的補助原則㈡——代位求償原則

一、保險代位的意義

保險上所謂代位，應包括權利代位與物上代位。權利代位為一種損害賠償請求權之代位，亦為「人」之代位，一般之產物保險大都適用；物上代位為財產權之代位，主要重點為「物」之代位，海上保險應用最多。

二、物上代位

1. 意義

物上代位是指保險人對於保險標的物所發生之損失，於給付全額保險金後，代位取得被保險人對於殘餘物之一切權利。大部分的情況下，由於標的物處於毀損狀態，所以物上代位又稱殘餘物代位。茲就幾個險種有關物上代位之規定說明如下。

2. 海上保險之情況 註7

⑴ 英國 1906 年海上保險法第 79 條第 1 項規定

「保險標的物全損，或是貨物的可劃分全損，自保險事故發生致損失時起，保險人按全損賠償之同時，保險人有權取得被保險人對於該標的物

剩餘之利益，並得代位行使被保險人原可主張之一切權利或賠償請求。」
註 8 已說明該國海上保險中兼有權利代位與物上代位之規定。

⑵推定全損與物上代位

除上述規定外，海上保險之物上代位其實與推定全損關係極為密
切，海上保險常有規定，在特定情況之下經合理委付所成立之全損為推定
全損，推定全損為一種經濟上之損失。所謂特定情況，規定甚多，例如，
從事海上貨物保險者所熟知之推定全損條款中規定：「除非被保險標的物
之實際全損顯已不可避免或因其回復、整理及轉運保單所載明目的地之費
用，將超過抵達後之價值，並經合理委付者，被保險人不得以推定全損請
求索賠。」註 9 欲成立推定全損必須經過「委付」程序，亦即為物上代位
之必要程序。

⑶委付之意義

委付是指被保險人正式表示將其對標的物之所有權，無條件的讓與
保險人，並要求賠付全額保險金，委付為殘餘物代位之一種。一般而言，
委付之後，保險人之權利，依英國 1906 年海上保險法第 63 條「委付之
效果」（effect of abandonment）規定：「委付一經生效，保險人立即有
權取得被保險人對於保險標的物所留存之一切利益，以及因其而生之財產
權。」註 10

3.火災保險之情況

火災保險有禁止委棄之規定。例如，我國住宅火災及地震保險基本條
款「禁止委棄」條款註 11 規定：「保險標的物因承保之危險事故發生遭
受部分損失時，被保險人或其他有保險賠償請求權之人非經本公司同意，
不得將之委棄予本公司，而要求本公司按全損賠償。」

三、權利代位

1.意義

權利代位適用產物保險，其意義是在發生保險事故後，保險人依保險
契約規定補償被保險人之損失，同時取得該被保險人對第三人之損害賠償
請求權者，又稱代位求償。亦即，保險人依保險契約約定，於賠償被保險
人損失之後，居於被保險人之地位向造成損害在法律上應負責之第三人依

法請求損害賠償，該種權利稱之為代位求償權。對於權利代位，各國保險法規均有詳盡規定，例如：

(1)我國保險法第 53 條規定：「被保險人因保險人應負保險責任之損失發生，而對於第三人有損失賠償請求權者，保險人得於給付賠償金額後，代位行使被保險人對於第三人之請求權；但其所請求之數額，以不逾賠償金額為限。前項第三人為被保險人之家屬或受僱人時，保險人無代位請求權；但損失係由其故意所致者，不在此限。」

(2)英國海上保險法第 79 條第 1 項規定發生全損與部分全損時，同時存在權利代位與物上代位。同條第 2 項規定特別強調發生部分損失時仍有權利代位，該項規定大意如下：「依據本法上述條文規定，當保險人針對部分損失賠付時，保險人對於該標的物之所有權或該部分標的物之剩餘利益，無代位之權，惟在其補償被保險人該部分損失之後，溯自保險事故發生致保險標的物損失時起，保險人仍可代位行使被保險人原可主張之一切權利或賠償請求。」 註 12

實務上應用甚廣，為產物保險各種保險之基本條款不可或缺之規定。

例如，我國住宅火災及地震保險基本條款「代位」條款規定：「被保險人因本保險契約承保範圍內之損失而對於第三人有賠償請求權者，本公司得於給付賠償金額後，於賠償金額範圍內代位行使被保險人對於第三人之請求權，所衍生之費用由本公司負擔。」

2. 代位求償的目的

基本上，代位求償的目的有下列幾個：

(1)防止被保險人一次事故獲得雙重賠償，造成不當得利。因為在事故中之被害人（即被保險人）依民法規定，可向造成損失之第三人請求賠償，又可依保險契約向保險人請求賠償，破壞損害補償原則。有了代位求償規定，可以有效防止該種不當情況，故稱代位求償原則為損害補償原則之補助原則。

(2)使法律上該負責之人負其責任，以維護社會之公平性。

(3)有助降低保險費。行使代位求償之後，保險人之賠款可有效降低，可以反映在釐訂保險費率之統計資料上，降低保險費。

3. 權利代位的分析

⑴要件

由保險相關法條（如保險法第 53 條）可知，權利代位要件有下列幾個：

① 須第三人對於被保險人（受害人）有不法行為。

② 須被保險人受有損害，即體傷或財損。

③ 被保險人對第三人有損害賠償請求權。

④ 須保險人理付保險金於被保險人，代位權之轉移效力始發生。

⑤ 第三人不得為被保險人之家屬或受僱人。

⑵權利代位之行使時期，為保險人給付保險金之時。

⑶行使名義

保險人可以自己名義，行使代位權。

⑷保險人行使代位權之限制

保險人行使代位權，基本上有下列幾個限制：

① 行使範圍之限制：原則上以不超過保險人所賠償之保險金為限。惟對於追償之金額如何分配，實務與理論尚有值得討論之處。在足額保險之情況下，保險人向第三人追償所得，如何由其與被保險人分配，較無疑問。惟在被保險人之保險處於不足額保險或有自負額之情況下，卻頗有爭議。關於此問題，保險文獻有不同之主張，茲說明如下註 13：

  (a)實務上持「保險人就追償金額先行彌補其已支出保險金」之做法，此又稱「保險人代位權優先說」。

  (b)保險人有權追償之前，被保險人有權獲得全部賠款，此又稱「被保險人代位權優先說」。

  (c)採比例分配之說，認為保險人與被保險人地位平等，對於加害之第三人，兩者依其債權比例均有求償權，又稱「請求權平等順位說」。

② 行使對象之限制：依保險法第 53 條規定：「第三人為被保險人之家屬或受僱人時，保險人無代位請求權；但損失係由其故意所致

　　者，不在此限。」

③行使期間有限制：依保險法第 53 條規定：「保險人得於給付賠償金額後，代位行使被保險人對於第三人之請求權。」此為保險人代位權之取得時點，但行使期間為兩年（保險法第 65 條參照）。

四、人壽保險不適用代位求償權

　　人壽保險不適用代位求償權，因為人壽保險的標的為人的生命與身體，無法評價，保險人給付保險金純在履行定額保險契約上之義務，並無雙重利益之問題。

五、權利代位與物上代位之比較

　　茲列表比較如表 6-6。

表 6-6　權利代位與物上代位比較

權利代位	物上代位
人之代位	物之代位
全損或部分損失均可代位	全損或可分割之損失
保險人取得損害賠償請求權	保險人取得財產權
權利發生於理賠	權利存在於有效的委付
以不超過保險人所賠償之保險金為限	原則無超額代位之問題

第六節　主力近因原則

■第一項　主力近因之意義

　　從保險契約的角度看，保險人是否應承擔責任，最重要的是，確定損失發生的原因註14是否在承保範圍之內。亦即，損失與保險事故有相當之關聯性。簡言之，保險人必須先行確認造成損失的主要、有效原因，因而產生主力近因理論。

　　主力近因之定義來自英國判例，下列為其中幾個，先行列出以供參考：

1. 「近因原則係指造成一連串事故發生的實質、有效，且不受其他新生而獨立的力量所中斷的原因。」註 15

2. 「主力近因重在其有效性，為一種導致某種結果（即損失）的運作因子。如有許多因子或原因同時發生，必須選擇其中之一，如何選擇為一事實之認定，但其選擇原則應合乎實質性、主要性、有效性。」註 16

　　由上可知，主力近因（proximate cause of loss）可謂為有效的損失原因。而所謂有效，應更進一步解釋，包括造成損失的一項最主要的、最有力的、最實質性的、決定性的、最密切的原因，因此，近因不一定在時間上或空間上與損失最為接近。

　　近因之意義常被誤解，因為近因的定義通常很抽象。所以，有學者註 17 以「對症下藥」、「擒賊先擒王」比喻尋找近因，真是妙喻。其實，在法律上亦認為近因仍根據合理標準判斷。所謂合理標準，就是一般常識（common sense）判斷標準註 18，學者又謂此為「常識的近因」註 19。

■第二項　判斷近因的四種情況

　　如何判斷近因，應視情況而定，有時單純，有時甚為複雜。蓋一件損失之發生可能僅有單一原因，也可能涉及許多原因，或是一連串的原因，主要之重點在於發生之原因中有無除外或不保之危險事故。通論可歸納為下列四種情況：

一、單一原因造成損失

　　此種情況甚為單純，該單一危險事故必為主力近因，如為保險人所承保者，即成為保險事故，保險人應負全部理賠責任；如非保險人承保者，即非保險事故，保險人不負理賠責任。茲簡要圖示如圖 6-1。

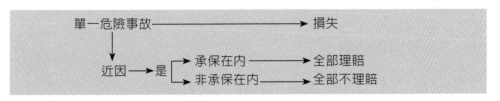

圖 6-1　單一原因近因

二、多數原因同時發生

即有多種危險事故同時造成保險標的之損失，該等原因均為近因，此時可能有三種情況產生：(1) 所有原因均為保險人承保者；(2) 所有原因均非保險人承保者；(3) 部分是保險人承保者，部分不是。前兩者保險人是否有責任甚為清楚，第三種情況應視造成之損失是否可以劃分，即應視損失之可分性而定。如果可分，保險人只針對承保之危險造成之損失部分負賠償責任；如為不可分，保險人完全不負責任。茲將上述簡圖如圖 6-2。

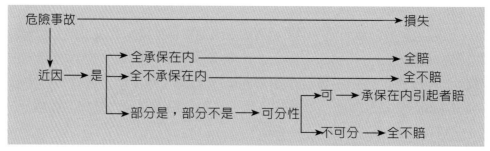

圖 6-2　多數原因同時發生之近因

三、多數原因連續發生

多數原因連續發生即通稱連鎖性之原因，各原因之間環環相扣，密切不可分，則有四種情況：

(1)前因及後因均為承保之危險；

(2)前因非承保危險，後因為承保之危險；

(3)前因是承保危險，後因不是承保危險；

(4)前因及後因均為不保危險。

前三種情況保險人是否有責任甚易判別，第三種之原則是僅理賠非承保危險發生前之損失，詳如圖 6-3 所示。

四、多數原因間斷發生

前因與後因之間不相關聯，後因為一種新爆發又完全獨立之原因，而非前因之直接或自然之結果，此時視個別原因是否為承保之危險事故而定，詳如圖 6-4 所示。

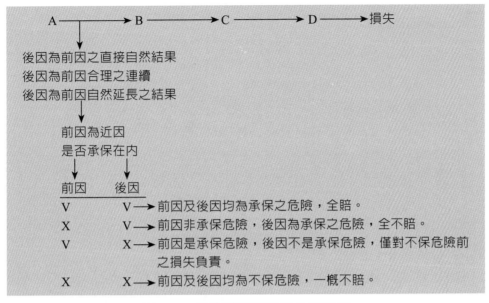

圖 6-3　多數原因連續發生之近因

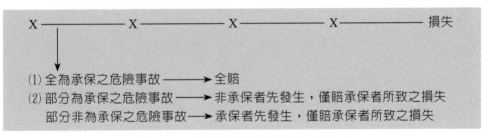

圖 6-4　多數原因間斷發生之近因

　　上述雖易理解，但是在實務上所遇之情況千變萬化，尤其是財產保險困難度甚高，求助於法庭判決者並不稀奇。人身保險方面，人壽保險較少問題，但是醫療保險（健康保險）在判斷時有時亦有其挑戰性。

本章關鍵詞

(1) 損害補償原則

(2) 重置成本（replacement cost）

(3) 回復原狀

(4) 扣減式自負額（straight deductible）

(5) 起賠式自負額（franchise）

(6) 隱藏式自負額（或消失性自負額）（disappearing deductible）

(7) 等待期間（waiting period）

(8) 共同保險條款（coinsurance clause）

(9) 保險金額分攤法

(10) 獨立責任分攤法

(11) 權利代位

(12) 物上代位

(13) 近因

(14) 近因原則

註釋

註 1：其計算公式爲：

按重置成本爲基礎計算之損失金額 × 建築物之保險金額 ÷（建築物於承保危險事故發生時之重置成本 ×60%）

註 2：Claims payable without deduction new for old.

註 3：最著名的起賠式自負額爲勞伊茲 SG 保險單之附註條款，其原文如下：

"N.B. Corn, Fish, Salt, Fruit, Flour and Seed, are warranted free from Average, unless General, or the Ship be Stranded; Sugar, Tobacco, Hemp, Flax, Hides and Skins, are warranted free from Average, under Five Pounds per Cent; and all other Goods, also the Ship and Freight are warranted free from Average under Three Pounds per Cent, unless General, or the Ship be stranded."

註 4：尚有所謂試保期間（probationary period），指保單簽發後之一段特定天數內，對於某些疾病不提供保障，在特定天數過後保障才開始生效。主要是爲保障保險公司，避免承擔被保險人一些既存之健康危險。

註 5：我國現行住宅火災及地震基本保險條款第二章第 35 條。

註 6：我國現行住宅火災及地震基本保險條款第二章第 36 條。

註 7：請詳見本書第 12 章。

註 8：原文如下：

"Where the insurer pays for a total loss, either of the whole, or in the case of goods of any apportionable part, of the subject insured, her thereupon becomes entitled to take over the interest of the assured in whatever may remain of the subject-matter so paid for, and he is thereby subrogated to all the rights and remedies of the assured in and in respect of that subject-mattter as from the time of the casualty causing the loss."

註 9：英國 1982 年協會貨物條款（Institute Cargo Clause）第 13 條推定全損條款（constructive total loss）。協會貨物條款爲規範海上貨物保險人與被保險人權利義務之基本條款，只

是由於其權威性，全世界大部分國家均採用。其性質就相當於我們所熟知的標準條款，例如國內的住宅火險與地震險基本條款。

註 10：Where there is a valid abandonment the insurer is entitled to take over the interest of the assured in whatever may remain of the subject-matter insured, and all proprietary rights incidental thereto.

註 11：商業火災保險基本條款第 32 條之規定相同。

註 12：Subject to the foregoing provisions, where the insurer pays for a partial loss, he acquires no title to the subject-matter insured, or such part of it as may remain, but he is thereupon subrogated to all rights and remedies of the assured in and in respect of the subject-matter insured as from the time of the casualty causing the loss, in so far as the assured has been indemnified, according to the act, by such payment for the loss.

註 13：下列理論或主張參考：

(1)劉宗榮，《保險法》，著者發行，三民書局總經銷，民 84 年 8 月初版一刷，頁 25～257。

(2)Mehr, Cammack, Rose 原著，廖述源等譯述，《保險學原理》（上冊），第八版，財團法人保險事業發展中心出版，民 81 年 11 月，頁 176～177。

註 14：損失發生的原因即風險管理中所謂的危險事故，如以保險角度看，有謂危險事故之型態有保險事故，除外（exception）以及不包括（exclusion）。

註 15：D. S. Hansell 原著，孫惠瑛、林純眞、周玉玫、謝良瑾、張蕙如、賴曜賢等譯述，《保險學入門》，財團法人保險事業發展中心出版，民 83 年 10 月，頁 187。該書引用 1907 年 Pawsey v. Scottish Union & National。

註 16：1918 年 Leyland Shipping Co. v,. Norwich Union Fire Insurance Society。Lord Shaw 謂 "Proximately cause is an expression referring to the efficiency as an operating factor upon the result. Where various factors or causes are concurrent, and one has to be selected, the matter is determined as one of fact, and the choice falls upon the one to which may be ascribed the qualities of reality, predominance, efficiency." (The Modern Law of Marne Insurance. Edited by D. Rhidian Thomas, LLP Limited. 1996. p.176)

註 17：楊良宜，《海上保險》，頁 87。

註 18：*Templeman on Marine Insurance-Its Principles and Practice*, 6th edition, Pitman Publishing Limited, 1986, p.191.

註 19：見楊良宜，《海上保險》，頁 91。其大意是一個人在客觀之情形下，具正常智力與常識，所述之近因。

考題集錦

1. 常見的自負額型態有哪些？請簡要說明之。 【108.2 核保人員】

2. 何謂損害補償原則？請就其適用情形、修正以及損害補償之方式分別說明之。 【108.1 核保人員】

3. 保險單訂有不保條款（Exclusion Clause）之主要理由為何？請說明之。 【108.1 核保人員】

4. 何謂保險代位原則？其目的為何？一般來說可以分為哪兩種？請詳述之。 【107.2 核保人員】

5. 何謂 80% 共保條款？設立共保條款的目的為何？既然有 80% 共保條款，是不是應該將保險標的的可保價值乘以 80% 當作保險金額來投保，以便節省保險費？請詳細解釋之。 【107.2 核保人員】

6. 權利代位與物上代位有何分野？試比較說明之。 【106.2 核保人員】

7. 消除式自負額（Disappearing Deductible） 【106.2 核保人員】

8. 扣減式自負額（Straight Deductible）與起賠式自負額（Franchise）有何不同？ 【106.1 核保人員】

9. 獨立責任比例分攤法。 【106.1 核保人員】

10. 定值保險與不定值保險有何區別？定值保險通常適用在哪些保險標的物？ 【105.2 核保人員】

11. 80% 共保條款 【105.2 核保人員】

12. 試就(1)定值保險 (2)重置成本保險 (3)人壽保險 (4)傷害保險 (5)健康保險 (6)不定值保險，詳細分析其在損害補償原則之適用情況為何。 【105.1 核保人員】

13. 消除式自負額（Disappearing Deductible） 【104.2 核保人員】

14. 何謂共同保險（Coinsurance）？其構成要件為何？又，何謂 80% 共保條款（80% Coinsurance Clause），其與共同保險有何差異？在不足額保險（Under Insurance）之情況下，發生部分損失（Partial Loss）時，依 80% 共保條款如何理賠？發生全損之情況下，又應如何計算其賠償金額？而我國保險法第 48 條所稱「保險人得於約定保險標的物之一部分，應由要保人自行負擔由危險而生之損失。有前項約定時，要保人不得將未經保險之部分，另向他保險人訂立保險契約」，與共同保險又有何差異？以上問題請分別詳細說明之。 【104.2 核保人員】

15. 通常善意複保險之賠款分攤方式有哪幾種？請依下列險種之特性，分別說明：(1)強制汽車第三人責任保險、(2)海上貨物保險、(3)雇主意外責

任保險、⑷政策性住宅地震保險、⑸商業火災保險等五種，原則上各應
採行何種賠款分攤方式較為適宜？　　　　　　　　　【104.1 核保人員】

16. 請比較「重置成本」與「實際現金價值」兩者之差異？

　　　　　　　　　　　　　　　　　　　　　　　　　【104.1 核保人員】

17. 請說明「損害補償原則」、「賠款分攤原則」、「保險代位原則」三者
之意義及其適用時機各為何？再者，此三者彼此間有何關聯性？請分予
說明之。　　　　　　　　　　　　　　　　　　　　【103.2 核保人員】

18. 起賠式自負額（Franchise）　　　　　　　　　　　【103.1 核保人員】

19. 何謂損害補償原則？請說明保險人決定財產保險損害補償金額之因素有
哪些？請分予說明之。　　　　　　　　　　　　　　【103.1 核保人員】

20. 損害填補原則是財產保險的重要原則，請說明此原則的目的為何？並分
析定值保險單（Valued policy）是否有違反此一原則。（25 分）

　　　　　　　　　　　　　　　　　　　　　　　　　【108 保險專業人員】

21. 損害填補原則與保險代位原則均為保險契約的重要原則，請分別詳述這
兩個原則，並說明這兩個原則之間的關係。　　　　　【106 保險專業人員】

22. 請比較「損失分擔（Loss Sharing）」與「損失分攤（Loss
Contribution）」兩者有何差異？其次，此兩者在保險學理各形成何種重
要理論？再者，此兩者在保險經營上產生哪些重要保單條款？

　　　　　　　　　　　　　　　　　　　　　　　　　【105 保險專業人員】

23. 已知某要保人將保險標的 A、B 向甲、乙保險人投保，甲保險人僅承
保保險標的 A；乙保險人則承保 A、B 兩項保險標的（總保險金額為
100 萬元）。今在甲、乙保險有效期間內發生保險事故造成全損，相
關資料如下表所示，假設在善意重複投保前提下，請依獨立責任基礎
（Independent Liability Basis）計算甲、乙保險人各應分攤保險標的 A、
B 之保險賠款多少元？　　　　　　　　　　　　　　【105 保險專業人員】

保險標的	保險金額		損失金額
	甲保險人	乙保險人	
A	50	100	120
B	-	（A＋B 合併金額）	30

24. 下列三種公式計算結果雖屬相同（式中 X：損害補償金額；I：保險金額；
V：保險價額；L：損失金額；k 為 0＜k＜1），惟其代表涵義卻互有不

同。請分別說明此三種公式是否符合損害補償原則之理由？再者，保險人在哪些情況下會分別採行下列三種不同公式計算損害補償金額？請分別說明之。　　　　　　　　　　　　　　　　　【105 保險專業人員】

$$X = \frac{I}{kV} \times L \text{————————}（公式 1）$$

$$X = \frac{(1/k)I}{V} \times L \text{————————}（公式 2）$$

$$X = \frac{I}{V} \times (1/k)L \text{————————}（公式 3）$$

25. 何謂共同保險（Coinsurance）？國內現有產險業務採用共保方式主要有哪些？此外，共同保險與共同保險條款（Coinsurance Clause）兩者有何不同？並以 80% 共同保險條款為例說明之。　　【104 保險專業人員】

26. 請說明主力近因（Proximate Cause）的意義？若遇有多數原因連續發生以致造成保險標的（物）之損失時，主力近因原則如何適用？若「火災引起爆炸」將保險標的物炸毀，請問此種炸毀的損失在我國住宅火災及地震基本保險與商業火災保險兩種保險單中是否要負賠償責任？請詳述之。　　　　　　　　　　　　　　　　　　【103 保險專業人員】

27. 何謂保險代位權？（5 分）何謂權利代位與物上代位？（10 分）人身保險一般不適用代位求償權的理由為何？（10 分）請分別說明之。
　　　　　　　　　　　　　　　　　　　　　【102 保險專業人員】

第 7 章

保險經營 (一) ── 原則、行銷、核保

學習目標

讀完本章，讀者應該可以：

1. 了解保險經營之三大基本法則與六大經營原則。
2. 了解保險行銷之特性與行銷通路之種類。
3. 了解狹義核保與廣義核保之意義。
4. 了解核保之目的與危險選擇之內容。

保險公司營運活動可分成業務活動與財務活動，前者包括行銷、核保、精算、理賠、再保險等中心活動，後者主要是準備金之提存與資金之運用。原則上保險經營仍有其基本原理原則，本章及後兩章先討論本業之營運活動。

第一節　保險經營技術法則與基本原則

保險經營中的各種活動甚稱複雜，但是有其基本原則可循，而基本原則又與保險基本原理有關，由保險基本原理又可衍生出基本技術法則。茲將其流程編列如表 7-1，以便參考。

由表 7-1 中可知，基本技術法則完全源自保險基本原理，而基本原則中之危險暴露單位大量原則、危險暴露單位選擇原則、危險暴露單位分散原則完全為大數法則之內涵之延伸，保費充分公平原則則是大數法則、或然率、平均律之共同運作結果，理賠適當原則為保費充分公平原則之另外一面，蓋保險經營甚為講求收入等於支出原則。至於投資安全、流動與獲利原則為資金運用之問題，從安全與流動層面看，可視為危險分散原則之另一解釋，獲利原則亦可視為大量原則與同質原則之引申。保險基本經營原則為保險經營活動之基本指導原則，但其間關係密切，也可謂各種經營原則須藉由經營活動為達成手段。

表 7-1　保險經營技術法則與基本原則相關表

三種技術法則註1 →	六種基本原則註2 →	保險經營活動→
大數法則律	危險暴露單位大量原則（又稱大量良質契約原則）	行銷、核保
機率律（或然率）	危險選擇原則（又稱危險同質原則）	核保、再保險、共同保險
平均律	危險分散原則（又稱避免危險累積原則）	再保險
—	保費充分公平合理原則	核保、精算 精算
—	投資安全、流動與獲利原則	資金運用
—	理賠適當原則	理賠

■第一項　保險經營技術三大法則

一、大數法則

　　由保險經營角度觀察，應特別重視保險人如何利用大數法則經營保險。保險人經營保險，須針對各種事件預測其可能發生之次數。保險人僅觀察個別危險暴露單位是無法進行損失之預測，唯有多數危險暴露單位，始可預測可信賴的整體損失。而當危險暴露單位數愈大時，保險人的實際結果愈趨近預期經驗。舉例言之，應用大數法則可預測火災保險建築物發生火災之次數，亦可精確預估人壽保險中各年齡層之死亡人數與死亡率，因而做出釐訂保險費的重要根據，亦即經驗生命表。所以說，大數法則是經營保險最基本的數理法則。

　　此外，保險經營在實際上雖因市場競爭，難以達到大數法則中「無限大」的標準，所以須承擔經營上之客觀風險，即各種事件之預期發生次數與實際發生次數之差異性問題，但是以大數法則為經營之法則仍是保險人降低保險經營客觀風險的重要原理。

二、機率法則（或然率）

　　機率（或然率）係指某一事件發生的可能性，其測試值介於 0 與 1 之間。機率理論一般有三種，即先天機率〔又稱古典機率或先驗機率（classical probability）〕、後天機率註3、主觀機率等三種。保險一般應用後天機率，此種機率是指一個實驗重複試行，某特定事件（A）發生的機率為該實驗在長期試行中，出現該特定事件的次數（F_A）與試行總次數（N）之比註4。機率法則亦為保險人釐訂保險費之重要法則。

三、平均律

　　平均律的觀念來自統計中的集中趨勢量數。所謂集中趨勢量數，是指一個群體中其個體之某一特性，表面上看起來參差不齊，但是在實際上有其共同之趨勢存在，表示此種共同趨勢的表徵數稱之註5。集中趨勢量數代表該種特性之平均水準，故稱平均數註6。又，平均數為一通稱，其種類有算術平均數、中位數、眾數等等。所以，平均律是以平均數代替個體變量的一種統計常數法則。就保險而言，集合在一起的同類危險，其發生某一事件之可能性實際上亦有其集中趨勢，亦即，其發生同類事故的次數

亦可得到一個平均數。

■第二項　六大經營原則與三大法則

一、六大經營原則

1.危險暴露單位大量原則

危險暴露單位大量原則爲大數法則之應用，其主要內容如下：

⑴保險公司對於任何保險種類的經營，必須以大量良質的危險暴露單位爲基礎。所謂良質，是指較少逆選擇或是危險性不極端。

⑵獲得大量良質危險暴露單位的主要目的，在使保險公司經營的客觀危險減至最低。易言之，是要使實際損失接近預期損失，合乎大數法則之原意。

⑶達成危險暴露單位大量原則的手段或方法，包括新業務的開發與舊業務的維持，新業務的開發即是新契約之成長，舊業務的維持即是續約率之維持或是續繳率之維持，亦即有效契約之成長情況。這些手段涉及保險公司的行銷與展業能力、承保能量之配置、再保險的安排是否適當、保險公司的售後服務等等有關，而承保能量又與責任準備金、淨值、資本、再保險等有密切關係。

2.危險暴露單位同質原則

危險暴露單位同質原則爲大數法則與平均律之運用，主要內容如下：

⑴保險公司對於任何保險種類的經營，除須以大量良質的危險暴露單位爲基礎外，尙需配合同質性原則，其目的在集合多數同類危險以爲觀察，以其發生同類事故次數所得的平均數，達成危險平均化，並使損失機會趨於穩定性，作爲保險費率制定的基礎。反言之，無法取得同質性契約，或是過多巨大危險業務，終將破壞大數法則所具有的機能。上述在實際保險經營過程中勢難避免，所以在經營時必須藉助其他手段達成，例如再保險。

⑵達成危險暴露單位同質原則的手段，除核保人員之第一線的危險選擇外，共同保險與再保險的安排亦爲有效之方法，而危險選擇基本上包括事前與事後選擇兩種。

3. 危險暴露單位分散原則

危險暴露單位分散原則為大數法則之應用，主要內容如下：

(1)保險的經營應避免危險集中，最重要之目的係在避免巨大危險或異常危險之發生，亦即使保險經營的實際損失能夠穩定。「避免危險集中」與可保危險要件之中所謂「同一時間內大多數危險暴露單位不會同時受到損失波及」，兩者實為一體之兩面。

(2)避免危險集中，應針對承保地理區域集中與單一高保額契約之問題，藉由再保險與共同保險可有效分割危險，為達成危險暴露單位分散原則的主要手段。

4. 保險對價充分公平合理原則

保險對價充分公平合理原則，包括給付與對待給付均等原則與收支相等原理，主要是大數法則與後天機率法則的應用，其主要內容如下：

(1)保險對價充分公平合理原則，係指釐訂保險費率應求公平性及適當性。

(2)所謂費率公平性，又稱費率合理性，是指各危險暴露單位的保險對價應依其危險程度負擔相稱的保險費，由於原則上是以或然率為基礎，仍存有不確定性因子，為一種相對公平。此亦為一般所謂的「給付與對待給付相等原則」，無論產險或壽險之保險加入者均適用該原則。

(3)所謂充分性，指保險人的保費收入應足以支付保險賠款（包括理賠費用）以及營業費用。以另一觀點而言，一個保險團體應符合收入等於支出的自足性原則，此為團體自足性原則。例如，無論是以住宅為標的之火災保險或是以工廠為標的之火災保險，應分成不同之保險團體，兩者之保險費收入與相對之賠款應獨立計算，不應混合計算。收支相等原則，事實上為保險經營上之安全原則。

5. 理賠適當原則

保險理賠適當原則為保險對價充分公平合理原則的衍生原則，因為保險費與賠款為一體之兩面，主要內容如下：

(1)理賠為保險經營最重要的「售後服務」，發生保險事故進行理賠時最能顯現保險的功能，保險實務界常謂「事故顯功能」即屬之，

所以保險理賠適當與否，影響保險公司的經營甚大。

⑵保險理賠適當原則主要指保險人處理理賠案應達迅速與公平。
所謂迅速，是指在保險事故發生後，保險人應儘速確定是否有理
賠責任，如有理賠責任，應迅速估計損失，在被保險人求償文件
齊備後，在約定或法定賠償期限內支付保險金，迅速結案。所謂
公平，是指保險人應依據損失補償原則進行理賠，不宜過多或過
少，以發揮保險經濟上的功能，又稱給付確實原則。

6. 投資原則

投資原則又稱投資多樣化原則，投資原則為危險選擇與危險分散原則
的衍生原則，即該原則的一種觀念推廣，主要內容如下：

⑴保險業的經營活動主要可分為保險本業（主要是核保、理賠等），
以及承作保險累積資金之資金運用兩大類。資金可分為自有資金
與外來資金，大部分之資金為外來資金，資金運用應符合三大投
資原則，以避免喪失清償能力，危害被保險人之權益。

⑵所謂三大投資原則，是指保險業進行投資時應注意安全性、收益
性、流動性[註7]。

⑶各種原則之要義：

① 安全性：主要重點為投資標的之品質及標的之分散。

② 流動性：維持適度之變現性，以應現金流動需求。

③ 收益性：在安全中獲取利潤。

⑷資金應用原則在安全性、流動性、收益性方面之優先順序，應依
產物保險與人壽保險的性質而定。在產物保險方面，為短期資金
性質，其優先順序為安全性、收益性、流動性；在人壽保險方面，
為長期資金性質，其優先順序為安全性、收益性、流動性。

第二節　保險行銷

一、保險行銷概念

行銷為保險經營中重要職能之一，無行銷即無後續之核保、理賠等等
職能之存在。行銷重在滿足消費者之需求，行銷以 4P〔產品（product）、
價格（price）、通路（placement）、促銷（promotion）〕與行銷策略組

合爲手段，在滿足消費者需求之情況下創造企業之利潤。因此，所謂保險行銷是保險公司在了解準保險客戶之需求後，研究開發適當的保單商品，以適當的定價，以及各種促銷方式，經由各種行銷通路，將保險商品交予保險消費者，以滿足其需求，並達成保險公司本身營運之目標。行銷管理之基本過程業已定型，茲將其流程列示如下：

分析市場機會 ⟶ 選擇目標市場 ⟶ 擬定行銷策略組合 ⟶ 執行控制

分析市場機會重在尋找商機，建立行銷資訊系統；選擇目標市場在於界定客戶群，重在市場區隔；擬定行銷策略組合即爲 4P 問題；執行控制爲管理之標準過程。

保險行銷爲一複雜問題，在本書中僅討論保險產品行銷之特性與保險業的行銷制度，特別是間接行銷招攬制度與組織。

二、保險業務行銷的特性

產物保險與人壽保險之業務行銷，事實上有相當差異，但亦有其共同點，如下所列：

1. 爲一種無形產品的行銷

保險消費者無法立即顯現保險的功效，又因保險爲一種無形產品，故保險業務的行銷爲一種無形產品的行銷。

2. 產銷合一

保險業務銷售與生產同時發生。經由招攬，保險人與要保人成立保險關係，既爲保險產品的生產，也是保險產品的銷售。

3. 保險眞實成本事先無法預知

保險的對象爲「無形的危險」，保險費是保險人根據過去損失經驗統計及評估危險性質，在實際成本確定之前預估釐訂。

4. 保險招攬以「人」爲主要途徑

一般人無法了解「危險」的意義，自然也難以體認保險的重要性，需

要業務招攬人員的協助，始能確認與評估所面臨的危險，並激發其對保險的需求。

5. 良好的業務招攬人員為保險經營健全的先導

保險的經營需有大量的良質業務，欲達成「良質」，首須對危險性質充分評估，以洽訂適當費率及契約條款，此須在洽攬過程中初步了解。因此，良好的業務招攬人員為保險經營健全的先導。

三、保險業務招攬制度

1. 保險業招攬制度概要

招攬制度包括直接招攬制度與間接招攬制度。就前者言之，由於保險經營環境改變，除保險公司之專職業務員外，目前尚有多種直接招攬銷售管道，又稱直接銷售管道，例如，保險商店、櫃檯直銷、電話行銷、廣告書面行銷（DM）、大量行銷（mass marketing）、資料庫行銷、網路行銷等等。後者包括代理人與經紀人。代理人依其所代理保險公司之數目，可分為獨立代理人與專屬代理人；依轄區與權限分為總代理制度、地區代理制度、直接報告制度。就保險產品特性言之，以間接行銷招攬制度較佳，但是有些地區之保險環境較為特殊，採用直接銷售制度反而功效卓著，早期台灣保險市場採用保險業務員或是展業人員即是最有力之證明，即使現行保險業務員仍有其銷售地位。茲將上述列表 7-2，以供參考。

2. 保險業間接招攬制度

⑴定義

保險公司透過保險代理人與保險經紀人洽攬業務，為間接招攬制度。茲將其種類分述如下：

⑵間接招攬制度（相關銷售管道）之種類

①保險代理人制度：保險代理人制度依代理保險公司的數目，可分為獨立代理制度與專屬代理制度，詳如下：

(a)獨立代理制度（independent agent system）

　(i) 可同時代理兩家以上的保險公司的代理人稱之為獨立代理人，在性質上為一獨立的「生意人」。我國稱為普通代理人。

表 7-2　保險行銷管道表

銷售管道			概　要
直接行銷招攬制度	保險業務員		1. 相關法條：保險法第 8 條之 1、保險業務員管理規則第 15 條、保險業務員管理規則第 15 條第 3 項。 2. 報酬：固定薪制、業績計酬制、車馬費津貼、業績獎金。 3. 目前實務：聘僱制（保險公司編制內職員，接受保險公司督導）；委任制（業餘保險招攬者，非保險公司正式職員）。
	保險商店		保險公司於人潮匯集之公共場所設置之保險銷售櫃檯，通常以簡單無須太多核保之險種為主。
	櫃檯直銷		保險消費者直接至保險公司及其分支機構主動投保之情況，由保險公司之櫃檯人員提供服務。
	電話行銷		保險公司以其聘僱人員或兼差人員為電話訪談人員，與其訪談對象約定拜訪事宜（時間、地點、內容），並促成保單簽訂。
	廣告書面行銷		主要是以平面媒體方式，針對現有客戶或準客戶進行市場導向行銷。
	大量行銷		針對特定目標市場（通常是特定族群），以說明會或其他公開方式推介保險公司已開發之保險商品。針對各機關團體進行職團行銷，為現行最普遍之大量行銷。
	資料庫行銷		利用電腦化之資料庫系統，有系統的蒐集與分析消費者之需求與偏好，隨時保持客戶最新資料，有效、及時回應顧客需求或抱怨之行銷方式[註8]。
	網路行銷		保險公司在其專設網站上提供保險消費者上網查詢保險相關資料，同時提供其在線上購買保險之機制。網路行銷通常以較不需要核保之簡易險種為對象。
間接行銷招攬制度	銀行保險		銀行保險有狹義與廣義之分，前者專指行銷通路或是一種跨業銷售；後者為銀行以內部化的方式，自己成立保險公司或控股公司，達到控制的方法。[註9]
	經紀人制度		1. 相關法條：保險法第 9 條。 2. 報酬：佣金。 3. 法律地位：代表保險消費者。 4. 現代保險經紀人任務：提供危險管理服務、洽訂保險契約、提供售後服務。
	代理人制度 依代理保險公司數	獨立代理制度	1. 我國稱普通代理人。原則上有保單續約所有權。 2. 代理一家以上之保險公司，代理範圍依授權書或代理契約而定。 3. 報酬：一般佣金、利潤分享金。 4. 原則上新業務與續保業務支領之佣金相同。

表 7-2　保險行銷管道表（續）

銷售管道			概　要
		專屬代理制度	1. 僅代理某一特定保險業或某一保險集團之保險業務。原則上無保單續約所有權。 2. 代理範圍依授權書或代理契約而定。 3. 報酬：一般佣金。 4. 原則上新業務之佣金較續保業務為高。
	依轄區或權限	總代理制度	1. 總代理人依據特定代理契約，在某一特定區域內代表某一特定保險公司監督其於該地區的業務。 2. 負責業務的推廣與管理。
		地區代理制度	1. 僅在某特定區域代保險人經營業務。 2. 權限小。
		直接報告制度	代理人直接與總公司傳遞業務，不與分公司或總代理人發生關係。

(ii) 獨立代理人依據代理契約或授權書，代理保險業者經營保險業務。而其權責，依代理契約或授權書所授與之權限而定，例如，簽發保單、收取保險費、有限度之核保、理賠等等。

(iii) 獨立代理人擁有保單續約所有權。是否續約之決定權雖仍在要保人或被保險人，但是保險消費者一向仰賴保險中介人，一個服務良好、信譽卓著之保險中介人，必得消費者之信賴，續約所有權乃成其一種無形資產。再者，要保人或被保險人的要保資料可視為獨立代理人的重要資產，因其對招攬續保具有無形獨占權利。

(iv) 獨立代理人的正常報酬為佣金，由於具有安排保險公司之優勢，所以無論新約業務或是續約業務，保險人支付之佣金率均相同。又如其所招攬的業務品質佳，損失率低，尚可享有利潤分享佣金（profit sharing commission）。

(b) 專屬代理人制度（exclusive agency system）

　(i) 專屬代理人制度，係指代理人允諾僅代理某一特定保險業者或某一保險集團之保險業務。

　(ii) 在專屬代理制度下的代理人對其所招攬之業務無續約所有權，要保人或被保人相關之保單資料原則上由保險人控制與使用。

　(iii) 專屬代理人之報酬為佣金。原則上，新業務之佣金較舊業務之佣金為高，藉以激勵專屬代理人之銷售業績。

(iv) 基本上，專屬代理人較能配合保險人之行銷目標。

除上述依代理數目區分外，代理人尚可依轄區與權限區分為總代理人制度（the general agency system）、地區代理人制度（regional agent system）及直接報告制度（direct-reporting system）等三類註10，茲再分述如下：

(a) 總代理人制度

(i) 定義：總代理人制度係指透過總代理人（general agent）進行保險行銷的制度。依此制度，總代理人按特定代理契約，在某一特定區域內代表特定保險公司監督該地區的業務，或由保險公司授權總代理人於該區域內，負責業務的推廣與管理。

(ii) 總代理人也可代表保險業者在特定區域任命，並監督代理該保險業者經營業務的其他代理人，該其他代理人稱為次代理人（subagent）。

(iii) 總代理人向其所代表的保險業者收取報酬以支應其營業開銷，營業開銷包括營業費用、行政人員之薪資、業務招攬人員之業務佣金等等。

(iv) 就人壽保險言，總代理人主要任務為發展業務與提供服務；就財產及責任保險言，除招攬業務外，亦可承擔授權範圍內之核保、理賠工作。由於主要任務是發展業務與提供服務，所以在代理人員之招募、選任、訓練、監督、激勵方面特別重要。

(b) 地區代理人制度（regional agent system）：此制度下，代理人僅在某特定區域代理保險人經營業務。地區代理人的權限小，通常以招攬業務、交付保單、收取第一期保費為其代理範圍。

(c) 直接報告制度（direct-reporting system）：直接報告制度下，代理人直接與總公司傳遞業務，不與分公司或總代理人發生關係。

保險公司當然也可以在較重要地區成立其分支機構，通常為分公司，其所執行之任務類似總代理制度，但是分公司須受總公司之監督。至於較偏遠之通訊處，則以招攬業務為主要任務。一般言之，無論規模大小，分支機構之人員應為保險人之聘僱人員，無論是產品之行銷或是客戶之服務，應與總公司同一步調。

②保險經紀人制度：保險經紀人指為要保人或被保險人洽商安排保險者。以保險公司而言，保險經紀人的主要功能為招攬及拓展業務。基本上，經紀人代表保險消費者，現代的保險經紀人通常扮演危險管理者之角色，尤其是國際知名規模較大的保險經紀人，通常設有各種業務之專業團隊，其營運之業務以巨大的危險暴露單位為主，例如，發電廠、航空機隊、船隊等等。

3. 保險經紀人與保險代理人的地位分析

⑴保險經紀人的地位分析

保險法第 9 條規定：「本法所稱保險經紀人，指基於被保險人之利益，洽訂保險契約或提供相關服務，而收取佣金或報酬之人。」依該條分析可知：

①保險經紀人的代理對象為要保人及被保險人。

②保險經紀人的任務為代要保人向保險人「洽訂」保險契約，而非「代訂」保險契約。因此，簽訂契約者仍為要保人與保險人。

⑵保險代理人的地位分析

保險代理人的權限以及其行為效果之歸屬，應分別適用保險法與民法有關代理的規定。前者是指保險法第 8 條：「本法條所稱保險代理人，指根據代理契約或授權書，向保險人收取費用，並代理經營業務之人。」以及保險法第 46 條：「保險契約由代理人訂立者，應載明代訂之意旨。」後者則指民法有關代理之規定。根據相關條文分析，可知下列事項：

①保險代理人的代理對象為保險人。

②保險代理人的任務為代理經營保險業務。

③保險代理人的經營範圍，即代理權的範圍，通常根據代理契約或授權書而定，此為意定代理，依授權之意思表示以為決定。茲以財產保險與人壽保險舉例說明。

　(a)在財產保險：代理的範圍大略為招攬保險業務、代訂保險契約，通常為有限度的核保權、代收保費、處理授權範圍內的理賠業務。

　(b)人壽保險：代理的範圍大略為招攬保險業務、處理有限度的理賠業務。

④保險代理人其報酬及營業費用請求對象為保險人。

4. 保險業直接招攬制度（direct-selling system）

⑴定義

直接招攬制度係指保險公司透過自動販賣機、報章雜誌廣告、郵售或僱用外務人員直接銷售保險（詳如表 7-2），而不透過代理人或經紀人招攬的行銷方式。但僱用外務人員仍有其特定效用，外務人員在保險法上稱為業務員。

⑵業務員的定義

保險法第 8 條之 1：「本法所稱保險業務員，指為保險業、保險經紀人公司、保險代理人公司從事保險招攬之人。」

⑶保險業務員之分析

①意義：是指從事保險招攬之人。
②保險業務員與保險業、保險經紀人公司、保險代理人公司之關係，依保險業務員管理規則第 15 條規定：「業務員經授權從事保險招攬之行為，視為該所屬公司授權範圍內之行為，所屬公司對其登錄之業務員應嚴加管理，並就其業務員招攬行為所生之損害，依法負連帶責任。」
③保險業務員招攬範圍：依保險業務員管理規則第 15 條第 3 項規定，保險業務員的招攬範圍為：
(a)解釋保險商品內容及保險單條款。
(b)說明填寫要保書注意事項。
(c)轉送要保文件及保險單。
(d)其他經所屬公司授權從事保險招攬之行為。

5. 保險業行銷通路之新發展

保險業行銷未來發展趨勢雖離不開直接行銷與間接行銷，但是隨著多媒體之發展以及金融控股法通過，金融控股公司紛紛成立，加上策略聯盟與異業結盟之潮流，未來發展趨勢受到交叉行銷與網路行銷之影響甚大。許多新的行銷名詞，諸如大量行銷、職團行銷、電話行銷、網路行銷、銀行保險、資料庫行銷，紛紛問世，但其中有些亦脫離不了直接行銷與間接行銷之共同運作。

第三節　保險業務之核保

一、核保的意義

保險公司經營業務首要目標為獲取利潤[註11]，以對提供其資本之投資者（股東）有一合理報酬。為獲取利潤，必須針對行銷人員所招攬之業務進行管制，以降低經營上之客觀風險，核保（underwriting）為完成此任務的必要之舉。因此，核保是保險業務經營的第二線，主要的功能為業務的品質管制。惟因應現行保險經營結合危險管理觀念，核保的意義與功能已由狹義核保擴大為廣義核保，茲分別說明如下。

二、狹義核保

狹義核保是指核保人員選擇要保人、被保險人或保險標的物的過程，亦即選擇危險的過程。分析之下，狹義核保具有下列幾個意義：

1. 核保為一種危險選擇的工作。核保，一方面選擇良好的危險（即實務上所稱業務），一方面淘汰不良的危險，此為實質危險因素的核保。
2. 核保為一種防止危險逆選擇的工作。核保，除注重保險標的物之實質危險因素外，特別注重被保險人的人格、品德、信用等，此為道德危險因素與心理危險因素之核保。
3. 核保是核保人員的一種決策。核保人員決定是否接受危險，如已接受業務，尚應考量應以何種承保條件、釐訂多少保險費率以承保被保險標的。
4. 總而言之，核保是核保人員考慮保險標的之實質危險因素與道德、心理危險因素之後，所為之承保決策。

三、廣義核保

1. 廣義核保為一種危險管理式的核保，亦即降低保險經營客觀危險之概念式核保，是指核保人員針對各項要保業務進行危險之鑑定、評估與選擇，並就符合核保標準的危險決定承保條件與承保費率的整個過程。為一種全方位的核保，其整個過程及其內容可分別如表 7-3 及表 7-4[註12]。

表 7-3　廣義核保流程概要

蒐集與危險相關之資訊，並鑑定與分析危險所在 ⟶ 制定、評估各種核保方案 ⟶ 選擇最佳核保方案 ⟶ 執行已選定之核保方案 ⟶ 監督、改進選定之核保方案

表 7-4　廣義核保詳表

程　序	內　容　概　要	
蒐集與危險相關之資料，並鑑定與分析危險所在	蒐集資料	1. 要保人填寫之要保書。 2. 外部資料：其他機構：徵信社、公證報告、財務評鑑等。 3. 洽談資料：核保人員與公司或公司外相關人員之洽談。 4. 內部資料：查勘報告、危險控制報告書、損失紀錄、理賠檔案。
	鑑定、分析資料	1. 實質危險因素（有形之因素）。 2. 道德危險因素（品格與財務因素）。 3. 心理危險因素（可考慮共保、損失分擔、自負額、損失預防）。 4. 估計危險大小、估計損失大小。
制定各種核保方案 評估核保方案	依危險特性損失暨可能性	1. 接受要保：單純之核保方案。 2. 拒絕要保：易受社會指責之方案。 3. 限制接受要保：(1)配合控制型危險管理技術；(2)改變承保範圍；(3)改變承保條件；(4)限制承保額度；(5)配合理財型危險管理技術，例如自負額；(6)增加費率；(7)融通技術。
	依業務、同質性	1. 分類核保方案：符合大數法則、同質性。 2. 個別核保方案：危險情況特殊，缺乏同質性適用。
	考慮重點	最大預期收益或最小預期損失
選擇最佳核保方案	主觀意識	核保人之學識背景、核保經驗、觀察力、直覺力。
	客觀環境	公司之核保哲學（政策）、核保人權限、搭配業務、中介人業務關係、法令限制（可由核保政策矩陣圖說明）。
	考慮重點	事前選擇：新業務（按核保準則或指南）。 事後選擇：舊業務。不再續約（自動滿期）、反要約（同限制接受要保）。
執行已選定之核保方案	步驟	與生產單位（行銷單位）溝通、建立損失紀錄系統、相關文書之傳達與建檔（保單、批單）。
監督、改進選定之核保方案	方向	評估現行核保政策與準則。 改進與建立新核保政策、準則。

2. 核保政策矩陣圖 註 13：核保政策由核保範圍與核保限制因素共同
運作，一般可以核保矩陣圖說明，主要是表現保險公司的核保活
動受到的限制。按表中核保活動範圍包括保險公司經營險種、承
保地理區域、保單形式與費率（即承保內容與費率條件）三個因
子，每一個活動因子的範圍分別受到保險公司承保能量、保險相
關法令規章、保險公司核保及技術人員數與學識經驗，以及保險
公司再保計畫等四個條件的限制。茲將核保政策矩陣圖列示如表
7-5，保險業可根據該等因素建立其核保政策。

表 7-5　核保矩陣表

核保限制因素	核　　保　　範　　圍		
	經營險種	承保地理區域	保單形式與費率
承保能量			
法規			
人事			
再保險			

四、核保的理由

1. 增強保險人在市場上的競爭能力，達成選擇業務而非被業務選擇
之目標。

   ⑴ 要保人的危險暴露情況不完全一致，但通常可根據不同特性進
   行分類。經由保險經營的實際損失統計分析可知，危險暴露單
   位的特性與預期損失關係密切。具有類似特性的要保人應歸為
   同一分類，一來合乎保險經營原則同質性之要求，二來合乎不
   同保險團體之公平性。

   ⑵ 從費率觀點，不同性質的業務應有費率上的差別，以維護公平
   原則，並可避免削弱保險人在市場上的競爭地位。反言之，保
   險人如不對要保人加以選擇，對於費率如採齊頭式平等方式，
   必定遭到許多要保人的逆選擇，如此與採行危險分類核保之保
   險競爭者相比較，終將因後者的費率較公平而損失許多良質業
   務，最後必然喪失在市場上的競爭地位。

   ⑶ 上述所謂逆選擇（anti-selection 或 adverse selection），其原

意是指要保人或被保險人所為與保險人相反之選擇，應由要保人與保險人立場分別說明。就要保人言之，其面臨之危險暴露單位，通常選擇危險較差者購買保險，對於情況良好者則為不購買或不再續約之決策。就保險人言之，一定選擇合乎大數法則之標的承保。當然，隨著保險觀念普及，要保人逆選擇情況或許不致過於嚴重，但是保險經營中，如不採危險分類核保，必然產生經營上之逆選擇。

2. 配合危險分類制度，適用適當的費率。

(1) 良好的費率制度，必須有良好的核保制度配合。所謂適用適當的費率，應是指個別費率之公平性。

(2) 危險性質類似的業務原則上應適用相同的費率，此為群體上的費率公平，已如前述，同一危險團體內之費率亦須考慮個體的損失經驗以達成個體的公平，這些均須藉助核保達成。

3. 應用大數法則，達成危險的適當分配。

(1) 核保的目的並非在使危險不發生，因為無理賠就不會有保險存在。保險人的真正目的，是將理賠金額控制於原先估計的費率結構中。

(2) 要達到此種目標，必須避免短期間核保不當而使保險業務出險過多或發生巨額損失，亦即應避免業務過度波動。因此，從長期著眼，保險公司應特別注意承保業務集中的問題，亦即危險暴露單位的適當分配問題。

(3) 危險暴露單位分配之適當性，涉及保險標的物之種類與型態、承保地區、危險事故等的分散性。欲達成此種分散性，須就危險作有利的分配，此可分成危險品質之管制與危險地理分散兩個方向達成。此兩個方向依賴再保險之運作，不過，再保險人接受原保險人之業務，即是承受風險，相對上應有合理之預期利潤，其前提為原保險人之業務應維持一定品質，並初步控管危險累積之問題，此須依賴原保險人之嚴格核保以竟其功。

4. 確保核保利潤，達成保險公司的經營目標。

(1) 核保人的核保原則之一，是依據保險公司預定的核保政策與核保標準選擇被保險人。核保人員依據良好的核保政策與核保標準選擇業務，可使業務之實際損失與理賠費用控制在費率結構中所設定之預期範圍內，可使保險人降低其在經營上的客觀危險，從而確保較高的核保利潤。

⑵ 再者，透過核保選擇業務，可以降低保險費率，吸引更多業務
增加利潤；不作業務選擇者，除將喪失前述良質業務外，還將
承受較多的劣質業務，將使核保產生虧損。

5. 達成對個人、家庭及企業的安全保障。

⑴ 此為核保履行社會責任的目的。

⑵ 主要是透過核保功能，儘可能配合危險管理技術的配合，滿足
社會對保險之需求，完成保險之安全保障功能。

6. 維護保險公司的清償能力。

⑴ 保險公司的清償能力如無法確保，則無法達成對個人、家庭及
企業的安全保障。

⑵ 確保保險公司之清償能力的第一道防線，即為優良的核保。

五、核保人員的範圍

核保通常並不單純，核保人員通常須要多年經驗才能養成。以現代
的保險環境觀察，核保人員的範圍早已突破以往之觀念，包括外野核保人
員、真正的核保人員（即保險公司內部核保人員）以及核保服務機構，甚
有擴大及於各行銷管道之行銷人員。茲分述如下：

1. 外野核保人員

⑴外野核保人員通常是指保險代理人或保險經紀人。保險代理人與
保險經紀人的角色原本是保險中介人，不過，基於保險公司對於
保險招攬品質的重視，保險經紀人中介業務的報酬或保險代理人
的代理條件除業務量以外，與損失率有相當關係：

⑵損失經驗良好的保險中介人除可享受較高的佣金外，有時尚有利
潤佣金分享的協定，可喚起保險中介人的品質管制意識，從保險
人的觀點，無形中已成為一種初步的要保評估。不過，保險中介
人在本質上仍為行銷角色，較重視本身的佣金收入，所以，對要
保人或被保險人的道德評估，對保險公司而言可能較重要。

所以，外野核保人員扮演的是一種輔助性核保。

2. 保險公司的核保人員

保險公司的核保人員是一群領取固定薪水的人員，負最終的核保責
任。核保人員以公司之整體利益為考量前提，較能客觀分析與判斷危險的

大小。核保人員歸屬於核保部門，除負責選擇業務的「險種」（line）核保人員外，尚有擔任幕僚（staff）的核保人員，其任務有下列幾項：

(1)定期評估保險業務招攬人員。

(2)制定核保政策。

(3)參與開發新產品。

(4)分析營運統計資料。

(5)監督業務核保人員。

3.核保服務機構

徵信公司、危險管理顧問公司、信用評估公司、工程顧問公司、其他顧問公司等，均可提供不同險種核保的建議及危險管理服務，幫助核保人員作成核保決策。

六、狹義核保的內容

狹義核保的內容是指一般選擇危險暴露單位的過程，可分為事前選擇與事後選擇兩種，茲分述如下：

1.事前選擇

(1)定義：事前選擇為針對新業務所作的選擇，亦即在接受新業務之前蒐集與業務相關的核保資料，作為是否承保的根據。

(2)事前選擇的原則有二，分述如下：

① 指示業務招攬人員配合公司的核保政策，原則上應拒絕某些業務。例如，高度危險性的危險暴露單位。例如，在人壽保險中，對於馬戲團中的特技人員，原則上不予承保；財產保險中的汽車保險，對於低於某一年齡層的駕駛人不予承保。

② 選擇具有獲利潛力的業務。例如，財產保險中，個人險種（personal line）損失率較低，則在火災保險中可選擇較多純住宅的業務，工業火險業務之比重應減少。

(3)核保人員所需的核保資料：除要保人在要保書上已告知的實質危險因素外，通常還包括「人」的危險因素。就前者言，例如火災保險應包括建築物的構造、用途、環境、防護等因素，又如人壽保險，應包括年齡、職業、健康狀況等。就後者言之，例如要保人以往的損失紀錄、財務狀況、生活習慣、投保動機等。核保資

料一般以要保書爲主，通常由保險中介人或要保人提供；另尙可
由前述核保服務機構，提供危險暴露單位的調查報告、產品檢驗
報告等。

⑷核保人員之核保決策：核保人員根據所獲取的核保資料作成核保
決策，一般的核保決策包括下列三種：

① 接受要保：此爲對標準危險的處理方式。

② 拒絕要保：此爲對於無利可圖的不良危險的處理方式。

③ 反要約方式：此爲對於尙可一試的業務的處理方式，實際上爲
一種修正承保條件的做法，一般有下列幾種：

(a) 增加費率。

(b) 變更承保範圍。

(c) 設定或提高自負額。

(d) 採取共保方式。

(e) 設定承保時間限制。

(f) 限制保險金額。

(g) 配合損失預防。

(h) 採用損失分擔。

2.事後選擇

此爲保險契約成立後所作的選擇，係對舊業務的選擇，除接受續保
外，針對不良業務所採取的方法有下列幾種：

⑴立刻終止或解除保險契約，惟僅限於保單中規定可以解約的情況
始有可能。

⑵使保單自動期滿不再續約，惟此亦僅限於無續約保證的情況下始
有可能。

⑶於續約時採反要約，方式與事前選擇同。

本章關鍵詞

(1) 直接行銷制度

(2) 間接行銷制度

(3) 職團行銷

(4) 電話行銷

(5) 網路行銷

(6) 銀行保險

(7) 資料庫行銷

(8) 狹義核保

(9) 廣義核保

(10) 核保政策矩陣

註釋

註 1：大數律即大數法則，其實大數律只是機率的一部分，平均律為一種集中趨勢。

註 2：保險經營六種基本原則已成通論，許多中文保險學書籍均有提及。

註 3：又稱客觀機率、相對次數機率（relative frequency probability）、統計機率、經驗機率。

註 4：顏月珠，《現代統計學》，初版，三民書局印行，民 81 年 9 月，頁 137。

註 5：顏月珠，《現代統計學》，初版，三民書局印行，民 81 年 9 月，頁 61。

註 6：同前註。頁 61。

註 7：所謂六大原則者，即是增加市場性、公共性、分散性（變化性）等三個原則。其意義分別是：

　　⑴市場性：注意經濟情況之變化，例如市場利率之動向、通貨膨脹之情況，並選擇正確之投資及最佳之投資組合。

　　⑵公共性：配合國家經濟建設及社會安定之需要。

　　⑶分散性與安全性意義類似。

註 8：謝耀龍，《壽險行銷》，著者印行，二版，華泰文化事業有限公司總經銷，民 87 年，頁 223。

註 9：王維元、鄭鎮樑、張邦茹、范姜肱等著，《我國產險行銷通路未來發展趨勢》，財團法人保險事業發展中心，民 92 年。

註 10：該等區分由於顯示代理人權限之大小，故有 agency forces 之形容。

註 11：其他目標為迎合客戶之需、符合法令要求、符合人道主義與社會責任。請詳 "Insurance Company Operation, Volume I, CPCU"，文中對於該等目標有完整之分析。

註 12：文中流程圖暨過程表，係參考下列資料編製：

　　⑴凌氚寶，《核保與產險經營》，台北市產物保險核保人協會會報第三期，民 74 年。

　　⑵Bernard D. Webb, Connor M. Harrison, James J. Markham 等原著 "Insurance Operations Volume I"，陳森松、康裕民、吳瑞雲、莊文昌等譯述，中華民國產

物保險核保學會出版，初版，民 84 年 3 月，頁 169～
187。

註 13：根據 Bernard D. Webb, Connor M. Harrison, James J.
Markham 等原著 "*Insurance Operations Volume I*"，陳森
松、康裕民、吳瑞雲、莊文昌等譯述，中華民國產物保險
核保學會出版，初版，民 84 年 3 月，頁 146，表 4-1「核
保政策之影響因素與限制」改編。其詳細內容可參閱該書
頁 146～149。

考題集錦

1. 針對危險逆選擇（Anti-Selection），保險人有何因應之道？試列舉說明之。　　　　　　　　　　　　　　　　　　　　【106.2 核保人員】

2. 危險逆選擇　　　　　　　　　　　　　　　　　【106.1 核保人員】

3. 請比較「危險選擇」與「危險逆選擇」兩者之差異？【104.1 核保人員】

第 8 章

保險經營 (二)——
保險費率與保險理賠

學習目標

讀完本章，讀者應該可以：

1. 區分保險費與保險費率。
2. 了解保險費之結構。
3. 了解保險費率之釐訂原則。
4. 了解財產保險費率釐訂之方法概要。
5. 了解人壽保險費率釐訂之方法概要。
6. 了解保險費之交付相關問題。
7. 了解保險理賠之原則。
8. 了解保險理賠過程中，保險人與被保險人之原則性權利與義務。

第一節　保險價格之意義

　　無疑的，保險交易中最爲關鍵的因素是保險費的高低。以保險市場爲觀點，保險費率在本質上即是保險價格。如何決定保險費既是保險業的經營重點，也是保險消費者在乎的問題，更是保險監理者所關注的要項。

一、保險費意義

1.定義

　　保險費可由不同觀點解釋，保險契約觀點與保險精算觀點是其中的兩個方向，分別說明如下：

⑴保險契約觀點

　　保險費是要保人對保險人，負擔保險責任所給付之對價金額。

⑵保險精算觀點

　　保險費爲一群危險暴露單位，於特定期間內保險成本之總和。

$$保險費＝危險暴露單位數 \times 每個危險暴露單位對應之價格$$

　　公式中危險暴露單位與每個危險暴露單位對應之價格，即爲精算觀點的保險費率，其意義詳後述。

2.保險費之構成

　　保險費包括純保費與附加保險費。

$$保險費＝純保費＋附加保險費$$

⑴純保費

　　純保費爲保險費中應付賠款之用，其原理爲損失分散原理，即少數人之損失由所有參加保險者共同分攤。保險經營中，純保費可由不同方法釐

訂，各險種適用之方法亦不相同。

（少數人之損失／保險團體之所有成員）──→ 損失分散原理 ──→ 原始純保費

圖 8-1　損失分散原理與純保費關係流程圖

(2)附加保險費

雖言附加保險費爲提供保險人當期營業費用之需要，惟其構成元素較爲複雜，其內容詳如下述：

①賠款特別準備金：供日後意外巨災填補之用，亦在於因應危險之異常波動，調節巨額損失加諸財務之衝擊。

②佣金：給付保險業務洽攬者之一種報酬，洽攬者通常是指保險經紀人、保險代理人、保險業務員等。

③其他費用：包括保險人承保保險契約所支付之一切費用，可稱之爲營業費用，例如，簽單費用、查勘費用、體檢費用等。

④預期利潤：爲保險人經營保險業務之合理報酬。

附加費用固然以上列四種爲主要，但實際上各國保險監理制度不同，亦可能在保險發展過程中徵收保險業務發展基金，又有些國家按險種徵收不同之額外附加費用，例如，在火災保險保費中徵收消防費用（fire brigade）。

3. 保險費之種類

除了在第 2 章所提及之賦課制保險費與確定制保險費之分類外，由保險經營過程中尚可發現許多分類，茲以相對關係方式列舉數例如下 註 1：

(1)滿期保險費（earned premium）與未滿期保險費（unearned premium）：滿期保險費是指保險期間已屆滿之相對保險費，而未滿期保險費是指保險期間未到期部分之相對保險費。例如要保人 2011 年 7 月 1 日預繳一年之火災保險費 20,000 元，則於 2011 年 12 月 31 日依會計權責基礎，保險人已提供六個月保障，故滿期保險費爲 10,000 元，尚須提供未來六個月之保障，故未滿期保險費爲 10,000 元。

(2)簽單保險費（written premium）與自留保險費（retain premium）：簽單保險費係指保險人於一定期間（通常是一個會計年度）內，

簽發之保單相對應之應收保險費收入總額。自留保險費為保險人之淨承擔責任之相對保費,其計算公式為簽單保險費加上再保費收入扣除再保費支出。

(3)分類保險費與均等制保險費:凡是按危險分類相對收取之保險費,稱為分類保險費,歸屬於較高危險性之分類,保費自然較高,反之則較低。而不管危險分類,經濟單位繳交之保險費完全均一者,稱為均等制保險費。

二、保險費率

1.保險費率之意義

保險費率亦可由不同觀念說明,從保險經營原理中之損失分擔原理觀察,為要保人或被保險人分擔意外損失之金額,係根據過去損失經驗之統計並透過數理精算而釐訂。但以保險經營立場,應由精算觀點觀察,比較容易突顯「危險暴露」之意義。前述每個危險暴露單位對應之價格即是,如融合法律觀點,可將保險費率解釋為「要保人或被保人於購買保險契約時,對每一暴露單位所應支付之價格」。

2.保險費率計算基礎

保險經營中必須衡量險種之核心危險所在,在精算觀點就必須有「一種衡量每一危險的保險標準尺度」註2,此即為危險暴露單位(exposure unit)的概念。如何決定每一險種的危險暴露單位雖為複雜問題註3,但其中心點在於以簡單之單位,正確表現保險人承保之「危險」。所以,每一險種選用之危險暴露單位不一定相同。例如,汽車第三人責任險係以一輛汽車作為危險暴露單位,航空保險中之乘客責任保險係以一個座位為標準,產品責任保險則以每 1,000 元銷售金額為標準,公共意外責任保險以平方公尺為標準,雇主意外責任保險以每 100 元薪資為標準,海上貨物保險以每 100 元保險金額為標準。以公共意外責任保險為例,餐廳之營業廳面積愈大,可能造成之「危險暴露」亦愈大。

第二節　保險費率釐訂原則 註4

保險人釐訂保險費率時,基本上須秉持「平衡性」與「對稱性」原

理，其目的在兼顧保險人與被保險人之立場。吾人由下列公認之九個費率釐訂原則即可發現，九個費率釐訂原則可分為三大保險監理原則與六大經營或引申原則，茲分別說明如下：

一、由保險監理立場產生之原則（或稱基本原則）

保險監理立場產生之原則，又稱基本原則，共有三個，分別是充分性原則、適當性原則以及公平性原則。

1. 充分性原則

此原則之考慮對象為保險人，其意為保險人之保費收入應足以支付保險賠款（包括理賠費用）以及合理的營業費用，以免影響服務品質，失卻清償能力，無法支付未來之保險理賠。保險費率充分性，主要取決於實際損失率須在預期損失率範圍之內。

2. 適當性原則

此原則考慮對象為被保險人，其意為在費率釐訂過程中，保險人必須考量各項必要因素，不至有不合理超收保費，加重被保險人保險費負擔，造成保險人不當得利，此原則又稱為不偏高原則。所謂考量之因素，是指保險費結構中用以計算純保費之預期損失經驗，以及構成附加費用之幾個因素，該等因素採用之數據是否適當，自然影響費率之適當性。

3. 公平性原則

為同時兼顧保險人與被保險人雙方公平性之費率釐訂原則。理想上是根據個別危險之實際差別狀況，危險性較高者收取較高費率，危險性較低者收取較低費率，此謂個別公平性。惟依據保險原理，同質性亦只是「危險性質近似」，故實務上採用相對公平或群體公平之概念。質言之，不應超收某一群體之被保險人之保險費用，以補貼另一群體之被保險人，即至少不應有群體之歧視性。幸好現行資訊系統功能強大，且可根據個別危險之損失紀錄為費率之加減，以彌補相對公平之缺點，此原則又稱費率合理性原則。

二、由監理立場產生之引申原則

由監理立場產生之引申原則，是由保險公司經營角度所產生之原

則，一共有六個。

1. 穩定性原則

是指保險人在特定期間內，不能隨意變更保險費率，以免給予被保險人缺少穩定安全感。再者，變更費率為一巨大工程，耗時費力，而常常變更費率亦致被保險人心生不滿，亦可能導致監理機關之嚴重關切。惟所謂不能變更是指在特定期間內力求穩定，本原則係由充分性引申而來，考慮對象為被保險人。

2. 彈性原則

由長期觀點，保險公司經營保險業務過程中，常因各種因素，諸如法令改變，社會與經濟環境變遷或是受巨災波及，使實際損失率與預期損失率之差異超過一定程度，此時必須調整保險費率以符實際。亦即，費率必須適時反映損失真正變動情形，達成費率真正之充分性。本原則是由充分性引申而來，主要考慮對象為保險人。

3. 損失預防誘導性原則

保險費率除具有事後之消極性補償功能外，亦可以採用事前的積極誘導預防損失功能。事前預防有消除與降低實質危險因素，降低危險事故發生頻率的功能。利用損失預防為調整被保險人保險費率，可謂為危險管理之運用，蓋保險人可依據被保險人進行損失預防之成效，而為保險費率高低之調整，適可達成保險費率之適當性。因此，此原則是由適當性引申而來，考慮對象為被保險人。

4. 競爭性原則

保險市場為一競爭市場，價格競爭最為直接。保險人釐訂保險費率時，不僅須考慮同業間推出之類似商品的激烈競爭，同時亦須考慮同業推出屬性類似商品之競爭，同時由於行銷導向已成服務業之主流，且保險為一種無形商品，更須以服務取得行銷優勢，因此，服務之競爭成為一種品質之競爭。因此，在釐訂保險費率時應對競爭程度加以衡量，以使釐訂之保費具有銷售性，亦可達成保險費率之適當性。因此，此原則是由適當性原則引申而來，其考慮對象為保險人。

5.簡明性原則

費率簡明性原則主要是指保險費率容易解釋、使用方便,以及使用成本較低。在保險交易過程中,保險中介人、核保人員與保險消費者對於費率均甚敏感,釐訂費率之方法愈簡潔,愈容易調和彼此之立場。尤其是對於被保險人,使其信服,可避免爭執,有助於提高商品之銷售性,並節省保險人之人力、時間與成本。本原則是由公平性引申而來,考慮對象為保險人與被保險人。

6.一致性原則

統計資料、損失率、費用率為保險費率釐訂之基礎,採用之基礎如常有變更,必使費率使用者產生適用之困境。一致性有助於避免或降低保險人與保險消費者間之誤解。因此,費率釐訂之基礎,前後期應該一致,以利觀察長期發展趨勢,使釐訂之費率更加準確,同時也有利於保險人之行銷。本原則是由公平性引申而來,考慮對象為保險人與被保險人。茲就上述重點表列(表 8-1)以利參考。

第三節　產物保險費率釐訂方法

產物保險與人身保險各有其費率釐訂方法,本節先說明產物保險。

一、產物保險費率釐訂方法[註5]

產物保險費率釐訂之基本方法已定型,分述如圖 8-2。

表 8-1　保險費率釐訂原則結構表

三大基本監理原則			六大經營引申原則		
名稱	考慮對象	內容概要	名稱	考慮對象	內容概要
充分性原則	保險人	保費收入足以支付保險賠款及合理的營業費用	彈性原則	保險人	真實損失率與預期損失率差異達到一定水準時,例如 5%,適時反映損失真正變動情形,達成費率真正之充分性。

表 8-1　保險費率釐訂原則結構表（續）

三大基本監理原則			六大經營引申原則		
名稱	考慮對象	內容概要	名稱	考慮對象	內容概要
			穩定性原則	被保險人	真實損失率與預期損失率差異未達一定水準時，不能隨意調整費率。
適當性原則（費率不偏高原則）	保險人	保險費率不偏高	競爭性原則	保險人	保險費率應有量之競爭與質的競爭。前者為費率競爭，後者為服務競爭。
			損失預防誘導性原則	被保險人	被保險人採取損失預防措施應予費率優待；被保險人之行為致損失機會增加時，應提高費率。
公平性原則（費率合理性原則）	保險人	根據個別危險之實際狀況，收取保險費（給付與對待給付公平）	簡明性原則	保險人	保險人易用。
				被保險人	被保險人易懂。
	被保險人		一致性原則	保險人	釐訂基礎前後期一致。
				被保險人	比較前後期之保險費。

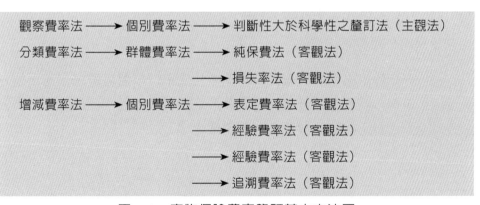

圖 8-2　產物保險費率釐訂基本方法圖

1. 觀察法（判斷法）

⑴定義

觀察法又稱判斷法，係核保人員就個別危險之獨特性質，觀察優劣以

判斷其應適用之費率。此法在釐訂時原則上非以統計爲基礎，而是根據核保人員主觀之經驗判斷。

(2)優點

觀察法主要優點爲應用簡單，可隨時調整保險費率，合乎釐訂費率原則中之彈性原則。

(3)缺點

觀察法主要缺點爲不夠客觀，而且養成一個適格之核保人員成本太大，況且資深核保人員常有跳槽流動之問題。

2.分類費率法

(1)定義

分類費率法是一種總括費率法（blanket rating），係將保險公司承保之危險暴露單位按危險性質分級，集合同一等級內具有同質性或類似性質之多數危險單位，就其損失經驗求取其平均費率，並課以相同之保險費率。此爲大數法則中之大數律、同質性原理與損失分散原理之典型運用，此法以平均費率反映群體損失經驗。分類費率應用極廣，例如，火災保險、汽車保險均採用，即使是同一險種，其內容亦可再分。

(2)採用分類費率之條件

每一分類等級必須有大量同質的危險暴露單位，釐訂費率之前，須先經危險鑑定與危險衡量。惟危險分類等級之數量、性質、標準等等，仍依賴費率釐訂人員之判斷，故仍有一些主觀之成分。

(3)優點

分類費率法主要優點爲應用簡單與成本低廉，並爲增減費率法的釐訂基礎。

(4)缺點

實務上由於各保險公司之危險單位有限，且分類技術上之限制，各分類危險單位有時無法滿足大數法則，此時須擴大分類等級，結果使危險性質之差異性變大，但又要求各危險單位適用平均費率，有失公平性。有時

分類過細，又無法滿足大數律之要求。

(5)分類費率法之種類

有純保費法與損失率法兩種，茲分述如下：

①純保費法：係以純保費法爲計算與調整保險費率之方法，純保費之計算一般是採損失頻率與損失幅度法（簡稱 F×S 法），其主要內容如下：

(a)純保費計算公式表，如表 8-2。

表 8-2　純保費計算公式表

(1)平均損失頻率 (F)= 損失發生次數 (n) / 危險暴露單位數 (N)
(2)平均損失幅度 (S)= 損失總額 (L) / 損失發生次數 (n)
(3)純保費 =F×S
(4)純保費 = 損失總額 (L) / 危險暴露單位數 (N)

上列 F×S，代表純保費之概念，係由保險經營觀點著手，事實上尚有其他層面之意義，例如由危險管理之角度觀察，又稱爲危險數理值（mathematical value of risk），而若由經濟主體觀察，則又稱爲損失成本（cost of loss）註 6。

例示 1

假設汽車保險中某分類危險，某特定期間內，其危險單位數爲 100 萬輛，已知損失金額爲 7,500 萬。又知，其原先之純保費爲 60 元，又知預期損失率爲 55%，計算實際純保費之信賴度爲 60%，則其調整後之總保費應爲多少？

答：〔（75,000,000÷1,000,000）×0.6 ＋ 60×0.4〕÷0.55 ＝ 125.45

例示 2

假設火災保險承保 1,000,000 棟房屋，每棟價值爲 2,000,000 元，在過去一年內房屋焚毀 100 棟，損失總金額爲 40,000,000 元，倘預期損失率爲 55%，請依純保費法（pure premium method）計算合理之總保費爲多少？

答：平均損失次數＝100/1000000，平均損失幅度＝40000000/100

　　純保費＝平均損失次數 × 平均損失幅度＝40

　　總保費＝40/55%＝72.72

(b)優點：一般情形下，純保費法採用之統計資料既深且廣，比較容易達成保險費率之適當性與公平性，惟所謂公平性指各類被保團體之公平性。

(c)缺點：由於採用過去之統計資料，當保險環境改變時極易誤導未來，最好配合統計趨勢作必要調整。

② 損失率法

(a)定義：係比較實際損失率與預期損失率，以決定保險費率應否變動以及應變動多少之費率釐訂方法，此是以客觀統計為基礎之一種費率釐訂方法。

(b)基本假設：費用率之變動與保費變動維持同一比例。經驗保費調整後，實際損失率與預期損失率應相同。

(c)公式如表 8-3 所示。

表 8-3　損失率法公式

(1)費率調整係數＝實際損失率 / 預期損失率 　當比率大於 100% 時，增加費率；當比率小於 100% 時，降低費率。
(2)費率調整係數＝信賴度 ×〔（實際損失率－預期損失率）/ 預期損失率〕 　如為正數，增加費率；如為負數，降低費率。

(d)優點：使用資料較少，不須保持損失暴露單位之損失紀錄，管理成本低。損失率法另一優點，為符合費率之充分性。

(e)缺點：統計結果非十分可靠時，難以正確表達損失率。影響危險之因素時在變動，過去之損失經驗不能完全作為未來損失經驗之指標。

(f)例題

例示 3

已知現行火災保險費率為 0.8%，今假設預期損失率為 55%，實際賠款率為 85%，信賴度為 80%，試求調整後之保險費率應為多少？

【85 年保險專技人員特考保險學概要考題】

答：1. 調整比率 80%×（0.85%–0.55%）/0.55%=43.64%

　　2. 調整後之保險費率 =0.8%×（1+43.64%）=1.15%

3. 增減費率法

⑴定義

又稱修正法，為融合觀察法與分類法的一種費率釐訂法。增減費率法係以分類費率法為基礎，再參考個別危險暴露單位過去的、現在的或未來的損失經驗加以增減調整費率。此法最主要之目的為針對個別危險，依據其個別「損失經驗」調整保險費率。損失經驗較佳者，降低保險費；損失經驗較差者，則提高保險費。

⑵優點

由於針對相同等級之個別被保險人，依實際損失經驗調整，維繫保險費率與損失經驗之對稱關係，容易達成個別費率之公平性。

⑶增減費率法之種類

①表定費率法之定義：以分類費率法為基礎，將同一等級分類中特殊顯著危險因素，設立客觀標準，實際受評估之危險單位其實質或人為措施與之進行比較，凡較同級平均危險為低者，予以減費，較同級平均危險為高者，予以加費。所謂實質或人為措施，係指可降低特殊顯著危險因素之損失預防或損失抑減之措施。例如建築物之維護情況、員工之訓練與管理情形。所以，表定費率法為：

表定費率法＝分類費率法被保險人現在之損失經驗

②經驗費率法之意義：以群體危險分類費率為基礎，再按群體中之個別被保險人過去特定期間（通常為過去三至五年）之實際損失經驗，據以調整而求取之一種費率釐訂方法。基本上，此種費率釐訂法較難反映當期之損失經驗，故須考慮趨勢因素。簡言之，經驗費率法可由下列表示：

> 經驗費率法＝分類費率法被保險人過去之實際損失經驗

③追溯費率法之意義：追溯費率法仍以分類費率法為基礎，然後就被保險人個別危險本身之未來保險期間（通常為一年）損失經驗，以調整保險費率。所以，本法之性質為：

> 追溯費率法＝分類費率法被保險人未來一年之實際損失經驗

追溯費率法相關之保費在運作時設有最低保費與最高保費，最低保費保證保險人有一最低成本收入，最高保費在於保障被保人不因實際損失經驗過大而受到過度之保費懲罰。再者，保險契約生效時，保險買方應先繳基本保費供保險人行政營運成本之需。

第四節　人壽保險費率

一、概論

在討論人壽保險費率之前，試先觀察下列問題：

> 設有一種三年期的生死合險保險，投保人有 5,000 人，保險金額為 1,000 元，預訂利率為 3%，同時設第一年死亡 500 人，第二年 600 人，第三年 750 人，請問每位投保者薑繳純保費是多少？
>
> 　　　　　　　　　【91 年保險專技人員特考保險學概要考題】
>
> 試答：假設保險給付均在期末，則依收入等於支出原理，薑繳純保費 X 可由下列等式求出：
>
> $$5000 \times X = 500 \times 1000 \times (1 + 3\%)^{-1} + 600 \times 1000 \times (1 + 3\%)^{-2} +$$
> $$750 \times 1000 \times (1 + 3\%)^{-3} + 3150 \times 1000 \times (1 + 3\%)^{-3}$$
>
> 即 $X = [500 \times 1000 \times (1 + 3\%)^{-1} + 600 \times 1000 \times (1 + 3\%)^{-2} +$
> $$750 \times 1000 \times (1 + 3\%)^{-3} + 3150 \times 1000 \times (1 + 3\%)^{-3}]$$
> $$\div 5000$$

事實上，人壽保險之保險費當然不僅是純保費，尚包括附加保費。

純保費與預定死亡率有絕對的關係，附加保費與預定費用率有關，又因人壽保險爲長期契約，因此又涉及預定利率。所以，決定人壽保險保費之三個因素爲預定死亡率（如爲生存保險則爲生存率）、預定費用率、預定利率。

　　預定死亡率參考生命表，生命表種類基本上可分成兩大類，分別是：⑴普通生命表（係依內政部人口普查及死亡登記資料爲基礎編製）；⑵經驗生命表（係人壽保險業依據其投保人以往之生死經驗資料編製）。但是經驗生命表又依其採用性質不同的經驗統計資料分成三種，其一爲檢選表（select table），檢選的意思爲有體檢效力且效力仍然存在，所以根據該類有效之資料編成的經驗表即爲檢選表。其二爲終極表（ultimate table），終極的意思爲「最後」，意指體檢效力業已消失，因爲檢選的效力有一定期限，所以根據體檢效力已消失的經驗資料編製的生命表稱爲終極表。其三爲混合表（aggregate table），顧名思義，採用各種經驗死亡統計，不分是否還具檢選效力，此種資料下所製成的生命表稱爲混合表。

二、經驗生命表之內容概要

　　生命表中列有各年齡層之生存數（l_x）、死亡數（d_x）、死亡率（q_x）、平均餘命（e_x）、生存人年數（L_x，T_x）等統計資料。又因男性與女性之死亡率並不相同，因此經驗生命表有男女之分。茲列示生命表部分內容如下：

　　1. 台四表（2003 TSO 表）（男性）

表 8-4　2003 TSO 表（男性，部分）

年齡	生存數	死亡數	死亡率	平均餘命	生存人年數	
x	l_x	d_x	q_x	e_x	L_x	T_x
0	10,000,000	57,300	0.005730	72.91	9,971,350	729,073,772
1	9,942,700	9,625	0.000968	72.32	9,937,888	719,102,422
2	9,933,075	7,470	0.000752	71.39	9,929,340	709,164,534
3	9,925,605	5,797	0.000584	70.45	9,922,707	699,235,194
≀	≀	≀	≀	≀	≀	≀
47	9,283,222	44,411	0.004784	29.25	9,261,017	271,490,359

表 8-4 2003 TSO 表（男性，部分）（續）

年齡	生存數	死亡數	死亡率	平均餘命	生存人年數	
≀	≀	≀	≀	≀	≀	≀
99	46,661	18,889	0.404815	1.78	37,217	82,906
100	27,772	12,056	0.434119	1.65	21,744	45,689
≀	≀	≀	≀	≀	≀	≀
105	878	522	0.594967	1.12	617	988
≀	≀	≀	≀	≀	≀	≀
110	3	3	1.000000	0.50	2	2

2. 台四表（2003 TSO 表）（女性）

表 8-5 2003 TSO 表（女性，部分）

年齡	生存數	死亡數	死亡率	平均餘命	生存人年數	
x	l_x	d_x	q_x	e_x	L_x	T_x
0	10,000,000	52,400	0.005240	79.61	9,973,800	796,113,496
1	9,947,600	8,993	0.00904	79.03	9,943,104	786,139,696
2	9,938,607	6,202	0.000624	78.10	9,935,506	776,196,592
3	9,932,405	4,370	0.000440	77.15	9,930,220	766,261,086
≀	≀	≀	≀	≀	≀	≀
47	9,637,085	21,751	0.002257	34.60	9,626,210	333,462,518
≀	≀	≀	≀	≀	≀	≀
99	277,573	89,048	0.320809	2.24	233,049	620,975
100	188,525	65,752	0.348771	2.06	155,649	17,742
≀	≀	≀	≀	≀	≀	≀
105	13,180	6,742	0.511501	1.35	9,809	988
≀	≀	≀	≀	≀	≀	≀
110	152	152	1.000000	0.50	76	76

三、純保費之計算

計算純保費的重要觀念為：(1) 收入等於支出原理；(2) 預定死亡率與預定利率；(3) 現值（present value）。收入等於支出原理，意為保險公司

未來應給付之保險金現值應等於保險費收入之現值，其中牽涉現值觀念，現值大小又與預定利率有關。現值之公式如表 8-6。

表 8-6　現值之公式

設預定利率為 i，n 年後終值為 1 元，則其現值為 $(1 + i)^{-n}$
與現值相對者為終值，設預定利率為 i，則現行之 1 元以複利計算，n 年後之終值為 $(1 + i)^{-n}$

純保費之計算過程較繁複，但並不困難，如同本節所舉之考題，只不過題中已確認投保人數為 5,000 人。實際上保險人推出一種商品時，有多少人購買事先不可能確認。因此，一般均須由生命表著手。茲為讓讀者了解純保費之計算原理，舉數例說明如下：

例示 4　一年期定期壽險之躉繳純保費

假設某甲（男性）現年 47 歲，投保一年定期壽險，保額 1,000,000 元，假設預定利率為 2%，設保險金於期末支付，則按前列 1974 年 TSO 表知其躉繳純保費（E），依收入等於支出原理應為：

⟶ $l_{47} \times E = 1,000,000 \times d_{47} \times (1 + 2\%)^{-1}$

⟶ $8997177 \times E = 1,000,000 \times 57096 \times (1 + 2\%)^{-1}$

⟶ $E = 6222$

上例躉繳即一次繳付，隨投保年齡增加，保費愈高，蓋因死亡率愈高之故，該種保險費之性質即稱之為自然保險費。一般情況下，被保險人購買之保險契約至少也有五年期，況且一般繳付保費均採分期式，即平衡純保險費制，年繳為最普遍之方式，此時保險費之計算即有所不同，如將上例延長為五年，不但可發現保險費不同，亦可發現準備金之概念。

例示 5　五年期定期壽險之躉繳純保費與年繳保險費

五年期保單之情況下，仍然適用收入等於支出原理。躉繳保費制之情況下，應將各保單年度應支付之保險金現值分別求出；年繳保險費制之下分年繳保費收入亦有現值之問題，計算結果如下：

保單年度	躉繳保費制 （各保單年度應支付之保險金現值）	年繳保險費制（可收保費之現值） （假設每年之保險費為 P，保費於期初繳付）
1st	$1,000,000 \times 57,096 \times (1 + 2\%)^{-1}$	$P \times 8,997,177 \times 1$
2nd	$1,000,000 \times 60,712 \times (1 + 2\%)^{-2}$	$P \times 8,940,081 \times (1 + 2\%)^{-1}$
3rd	$1,000,000 \times 64,278 \times (1 + 2\%)^{-3}$	$P \times 8,879,369 \times (1 + 2\%)^{-2}$
4th	$1,000,000 \times 67,973 \times (1 + 2\%)^{-4}$	$P \times 8,815,091 \times (1 + 2\%)^{-3}$
5th	$1,000,000 \times 71,980 \times (1 + 2\%)^{-5}$	$P \times 8,747,118 \times (1 + 2\%)^{-4}$
保費	各保單年度之保險金額之現值總合 $\div 8,997,177 = 33,665$	各保單年度之保險金額之現值總合 $\div 42,684,176.69$, $P = 7,096$

　　人壽保險之險種當然不以上例為限，尚有生存保險、生死合險等，其計算原理相同，茲因篇幅所限，不再舉例。

四、附加保險費

　　人壽保險之附加費用甚為複雜，由於係長期契約，所以分為初年費用與續年費用兩種。初年費用又稱新契約費用，亦即招攬新契約所需之相關費用，所占比重甚高，例如，外勤人員之薪資，經紀人代理人或業務人員之佣金、旅費、交際費、體檢費，以上稱之為直接費用。至於內勤人員之薪資、保單印刷費等，稱為間接費用。第二年以後之費用，包括收費費用暨維持費用等等。附加費用一般採三元素法計算，其內容為：(1) 初年營業費用率，由單位保額計算；(2) 初年暨續年之管理費用率，由單位保額計算；(3) 收費費用率與續年佣金率，按總保費一定比率計收。附加費用一樣有現值之觀念。

第五節　保險理賠

一、理賠意義

　　保險理賠是指保險人對於被保險人或受益人於保險事故發生後，在一定條件下提出給付保險金之請求時，保險人應有受理之責任。所以，理賠為一過程，由接獲被保險人報案後，依據保險契約判斷、調查損失發生之原因、估計損失金額，一直到估算賠款金額、理付賠款之整個作業流程。

基本上，理賠是保險的基本職能之一。廣義的保險理算人員包括保險公司的代理人、保險公司的理賠人員、公證人等等，許多國家並有所謂的理算局、獨立理算人、公共理算人，獨立理算人代表保險人，公共理算人代表被保險人註 7 。

二、保險理賠處理原則

理賠原則甚為簡單，不外乎迅速與公平。就迅速言之，是指在合理期間內確定理賠責任、調查損失之事實與時間、估計損失金額，並在約定或法定期間內給付保險金。理賠迅速原則著眼於行銷，蓋一件欠缺效率之理賠案件往往破壞保險人長期以來建立之信譽，特別是無正當理由，未在期限內支付賠款，最易打擊保險消費者對保險人之信心。就公平言之，係指依照損害補償原則給付保險金，即不多賠亦不少賠，關於損害補償原則請參考本書前述。迅速與公平往往是保險公司之最佳行銷廣告，故有稱「理賠」為保險公司之櫥窗。

三、理賠程序

理賠之流程約略如圖 8-3 。理賠流程涉及保險人與被保險人之權利與義務，本節擬以此為討論方向。

損失通知 ⟶ 損失證明 ⟶ 損失調查 ⟶ 賠款給付

圖 8-3　理賠流程概要

損失發生（或危險發生）通知之義務 ⟶ 避免損失擴大的義務 ⟶ 保留現場之義務 ⟶ 舉證損失之義務 ⟶ 協助與合作之義務

圖 8-4　要保人在索賠中之義務流程

1.要保人的義務

要保人的義務約有下列幾項，原則上亦有先後之分：

⑴損失發生通知之義務

①通知之目的：有兩大目的，其一為使保險人可立即調查損失事實真相，確定責任之範圍；其二為一種連帶目的，是使保險人可採

取適當方法搶救被保的財產，防止損失擴大，此在海上保險中尤其重要。

②通知的時限：通知的時限依法定或契約規定而異。一般有立即通知、儘速通知、固定期限通知等不同型態。立即通知是指「儘可能合理的快速」。何謂合理，視情況而定。儘速通知是指「被保險人合理相信有索賠發生情況下之通知」。固定期限通知是指「在保險人規定之確定時限內之通知」。儘速通知之解釋較立即通知為寬大，通常用於責任保險中。

(a)通知條款之種類：保險單內設定之通知條款依險種而有不同，財產保險之通知條款為「意外事故發生之通知條款」，責任保險為一種抗辯型保險，尚包括「索賠或訴訟通知條款」，其內容略為：「被保險人知悉遭受控訴或被請求賠償之時，應即將其自身或其代理人收到之每一項要求、傳票、其他訴訟文件，送交保險人。」註8

(b)通知義務人：一般包括要保人、被保險人、受益人等等。

(c)通知方式與對象：書面與口頭通知均可。雖現行社會中電信普遍與多樣化，原則上保單條款仍以採書面通知居多，但有時被保險人以口頭方式通知保險人授權內之代理人，此種情況下視同已通知保險人。有時雖未通知，但是保險人業已介入損失之調查或處理，亦視同已通知。

(d)怠於通知之效果：依保險法第57條規定，怠於通知最嚴重之後果為使保險人據為解除保險契約之原因。

(2)避免損失擴大的義務（或損失防止義務）

避免損失擴大的義務可謂為一種法定義務，我國保險法第33條即予明訂，按該條文規定：「保險人對於要保人或被保險人，為避免或減輕損害之必要行為所生之費用，負償還之責。其償還數額與賠償金額，合計雖超過保險標的之價值，仍應償還。保險人對於前項費用之償還，以保險金額對於保險標的之價值比例定之。」

本項義務主要目的雖在減少損失，其實亦有防止保險事故發生時，要保人、被保險人或其代理人自恃有保險不加施救之心理危險。再者，被保險人仍須持有保護社會經濟與保護公益之心，發揮保險之積極意義。海上保險中設有「損害防止條款」（sue and labour clause），為典型之條款。

⑶保留現場之義務

　　保險事故發生後保留現場之目的，係便於保險人調查危險發生原因估訂損失程度，並防止被保險人隱匿實情。因此，我國保險法第 80 條有如下之規定：「損失未估定前，要保人或被保險人除為公共利益或避免擴大損失外，非經保險人同意，對於保險標的物不得加以變更。」在實務上亦均採該法條適用，例如，我國現行住宅火災及地震基本保險條款「損失現場之處理」 註 9 條文中規定：「應保留受損及可能受損之保險標的物，並維持現狀。」

⑷舉證損失之義務

　　被保險人於保險事故發生通知保險人後，負有舉證責任，並提供損失證明文件。損失文件包括損失清單、損失證明文件等等。損失清單通常記載損失之數量、品名、損失額度、實際現金價值等等相關資料；損失證明文件即證據，其內容通常有損失之時間與原因、被保險人與利害關係人之保險利益、其他保險之情形、損失之詳細說明等等，視各險種而有不同之要求。保險單之內通常列有損失證明條款，責任保險通常定有證據條款。我國車體損失保險甲式條款「理賠申請」條款中，規定應檢具文件之一為修車估價單及修妥後發票 註 10 。

⑸協助與合作之義務

　　協助與合作之義務最主要是要確保對第三人索賠權利，即確保代位求償權。除此之外，保險人常要求被保險人協助解決賠案，我國任意汽車保險共同條款「被保險人之協助義務」條款即規定：「被保險汽車發生本保險契約承保範圍內之賠償責任或毀損滅失時，被保險人應協助本公司處理，並提供本公司所要求之資料及文書證件。」至於合作之部分，一般之項目為和解之參與以及抗辯之參與，依保險法第 93 條規定：「保險人得約定被保險人對於第三人就其責任所為之承認、和解或賠償，未經其參與者，不受拘束。但經要保人或被保險人通知保險人參與而無正當理由拒絕或藉故遲延者，不在此限。」大部分險種均適用之代位求償，係保險法第 53 條之適用。

2. 保險人之責任

　　保險人之責任，或稱保險理賠程序，其內容如下：

⑴確定保險人之理賠責任

保險人接獲損失通知之後，先根據保單承保範圍初步判斷其理賠責任，一般須初步確認者有承保時間、保險事故、損失種類、財產、發生地點、損失結果是否達到理賠標準、請求賠償者是否合乎資格、保險利益是否存在等等項目。

⑵調查損失之事實

係指查勘損失情形、認定求償權利人履行義務之情形、估計損失金額等等。關於估計損失金額乙節，人壽保險為定額保險，並無疑義；產物保險為損害保險性質，視定值與不定值而有不同。定值以訂約時之協議價額為基礎，不定值以實際現金價值為基礎。至於決定損失金額之方法，自應由當事雙方協議或委由公證人為之，如有爭議，可採仲裁為之，例如我國現行住宅火災及地震保險基本條款「申訴、調節或仲裁條款」規定：「本公司與要保人或被保險人或其他有保險賠償請求權之人對於因本保險契約所生爭議時，得提出申訴或提交調節或經雙方同意提交仲裁。其程序及費用等，依相關法令或仲裁法規定辦理。」

產物保險實務常委任保險公證人處理理賠，主要工作之一即是索賠之調查。公證人的公證報告往往為保險人處理理賠的重要根據，尤其是海上保險，常採用的公證報告格式以勞伊茲公證報告（Lloyd's Survey Report）最著稱，該種項目繁多 註 11 。火災保險亦常採公證方式，公證人站在中間立場，在處理理賠時較為順暢 註 12 。

⑶給付保險金

①給付期限：依保險法第 34 條第 1 項規定：「應付之賠償金額確定後，保險人應於約定期限內給付之。無約定期限者，應於接到通知後十五日內給付之。」又如海商法第 151 條第 1 項規定：「保險人應於收到要保人或被保險人證明文件後三十日內，給付保險金額。」

②給付方法：一次給付為原則，分期給付為例外。

③給付種類：現金給付為原則，修理、恢復原狀、重置等實物給付為例外。

④給付範圍：較具體者包括賠償金額、損害防止費用、估計損失之必要費用，相關法條如下：

(a)保險法第 29 條：「保險人對於由不可預料或不可抗力之事故所致之損害，負賠償責任。但保險契約內有明文限制者，不在此限。保險人對於由要保人或被保險人之過失所致之損害，負賠償責任。但出於要保人或被保險人之故意者，不在此限。」

(b)保險法第 33 條：「保險人對於要保人或被保險人，為避免或減輕損害之必要行為所生之費用，負償還之責。其償還數額與賠償金額，合計雖超過保險標的之價值，仍應償還。保險人對於前項費用之償還，以保險金額對於保險標的之價值比例定之。」

(c)保險法第 79 條：「保險人或被保險人為證明及估計損失所支出之必要費用，除契約另有訂定外，由保險人負擔之。保險金額不及保險標的物之價值時，保險人對於前項費用，依第 77 條規定比例負擔之。」

⑷物上代位與權利代位之執行

保險人理賠過程之中，有些情況之下保險人可行使物上代位，有些情況可行使權利代位，行使之後有利於保險人降低其賠款，基本上，「追償」在保險經營過程中是一重要工作。

⑸註銷保險單或變更保險金額

在全損之情況下，將保單收回註銷；在部分損失情況下，由於危險發生變動，當事雙方均有終止契約之權，如不終止契約，保險人對於以後保險事故所致之損失，其責任以賠償保險金額之餘額為限。相關法條如下：

① 保險法第 81 條：「保險標的物非因保險契約所載之保險事故而完全滅失時，保險契約即為終止。」

② 保險法第 82 條：「保險標的物受部分之損失者，保險人與要保人均有終止契約之權。終止後，已交付未損失部分之保費應返還之。前項終止契約權，於賠償金額給付後，經過一個月不行使而消滅。保險人終止契約時，應於十五日前通知要保人。要保人與保險人均不終止契約時，除契約另有訂定外，保險人對於以後保險事故所致之損失，其責任以賠償保險金額之餘額為限。」

本章關鍵詞

(1) 純保費

(2) 附加保險費

(3) 保險費率

(4) 分類費率法

(5) 加減費率法

(6) 經驗費率（experience rating）

(7) 追溯費率（retrospective rating）

(8) 表定費率（schedule rating）

(9) 普通生命表

(10) 經驗生命表

(11) 檢選表（select table）

(12) 終極表（ultimate table）

(13) 混合表（aggregate table）

(14) 理賠基本原則

(15) 仲裁

註釋

註 1：以下所列各種保費之解說部分，參考財團法人保險事業發展中心發行之《保險英漢字典》，民 92 年 6 月初版。

註 2：C. A. Kulp & J W. Hall 早在 1968 年於 *"Casualty Insurance"* 一書第四版第 765 頁中，即提出此觀念。

註 3：廖述源教授於《財產保險費率釐訂理論與實際之研究》，第 1 頁（民 79 年 5 月初版，著者發行）中認為，好的危險暴露單位應合乎三要件：一為不易偽造；二為確定與適用；三為可正確衡量損失。

註 4：本單元資料參酌廖述源教授著《財產保險費率釐訂理論與實際之研究》、《保險學原理》（下冊），Webb 等原著，曾明人等譯，《保險經營》（下冊），頁 99～101，頁 128～129。

註 5：本節主要參酌前揭《保險經營》（下冊），《保險學原理》（下冊），「財產保險費率釐訂理論與實際之研究」等。

註 6：廖述源、鄭鎮樑、曾文瑞、呂慧芬，《保險學題綱》，初版，保險事業發展中心，民 100 年 3 月，頁 42。

註 7：Mehr, Cammack, Rose 原著，廖述源等譯述，《保險學原理》（下冊），第八版，財團法人保險事業發展中心出版，民 81 年 11 月，頁 840。

註 8：我國汽車第三人責任保險條款第 8 條和解與抗辯：「被保險汽車在本保險契約有效期間內，因意外事故致第三人受有損害而應負賠償責任時，被保險人如受有賠償請求或被起訴，本公司得應被保險人之要求，協助其代為進行和解或抗辯，其所需費用由本公司負擔，並不受保險金額之限制，被保險人有協助本公司處理之義務。」雖未有「通知」字眼，但涵義相差不遠。

註 9：遇有本保險契約所承保之危險事故發生，要保人或被保險人除依第 13 條規定為必要之緊急措施外，應保留受損及可能受損之保險標的物，並維持現狀。承保公司得隨時查勘發生事故之建築物或處所及被保險人置存於該建築物內或處所之動產，並加以分類、整理、搬運、保管或作其他合理必要之處置。要保人或被保險人無正當理由拒絕或妨礙承保公司執

　　　　　　行前項之處置者，喪失該項損失之賠償請求權。

註10：被保險人向承保公司提出理賠申請時，應檢具下列文件：
　　　一、理賠申請書（由承保公司提供），並由被保險人親自
　　　填寫其所載內容。如被保險人死亡或受重大傷害時，得由
　　　其繼承人或代理人代爲填寫。二、汽車行車執照及駕駛人
　　　駕駛執照影本。三、修車估價單及修妥後發票。四、實際
　　　全損或推定全損者，加附公路監理機關報廢證明文件。承
　　　保公司於接到上列文件齊全後，應於十五日內給付之。但
　　　另有約定者，依其約定。承保公司因可歸責於自己之事由
　　　致未能在前項規定之期限內爲給付者，應給付遲延利息，
　　　其利率以年利一分計算。

註11：主要內容包括基本資料、公證過程、損失之估計、損失原
　　　因以及建議。

註12：公證報告之內容大概項目有被保險人、保單號碼、出險日
　　　期、出險地點、保險標的物起火及其原因、保險期間、保
　　　險金額、查勘經過暨結果、損失理算，一般並附上損失計
　　　算表、賠償請求書、火災證明書、接受書、照片等附件。

考題集錦

1. 財產保險之理賠有哪兩大基本原則？　　　　　　　【108.2 核保人員】

2. 增減費率法（Merit Method）　　　　　　　　　　【108.2 核保人員】

3. 保險費率釐訂之原則有哪些？　　　　　　　　　　【108.1 核保人員】

4. 請列出保險費率的結構。　　　　　　　　　　　　【107.2 核保人員】

5. 優惠賠款（Ex Gratia Payment）　　　　　　　　　【107.2 核保人員】

6. 何謂短期費率？其適用時機為何？保險人採用短期費率之主要理由為
何？試詳細說明之。　　　　　　　　　　　　　　【107.1 核保人員】

7. 何謂滿期保費（Earned Premium）？滿期保費如何計算？

　　　　　　　　　　　　　　　　　　　　　　　【106.1 核保人員】

8. 何謂保險費？其與保險費率有何不同？保險費的構成包括哪些項目？請
說明之。　　　　　　　　　　　　　　　　　　　【105.2 核保人員】

9. 未決賠款（Outstanding Loss）　　　　　　　　　　【105.2 核保人員】

10. 產險精算角度中所稱之「保險費」（Premium）　　【105.1 核保人員】

11. 理賠原則中所指的「公平原則」　　　　　　　　　【105.1 核保人員】

12. 分類費率法中之「純保險費法」（Pure Premium Method）

　　　　　　　　　　　　　　　　　　　　　　　【104.2 核保人員】

13. 協議賠款與優惠賠款（Ex Gratia Payment）之意義各為何？二者有何不
同？試簡要說明之。　　　　　　　　　　　　　　【104.2 核保人員】

14. 何謂「短期費率」？何謂「未滿期保費準備金」？再者，「短期費率係
數」與「未滿期保費準備金提存係數」兩者彼此間有何關聯性？請說明
其主要理由。　　　　　　　　　　　　　　　　　【104.1 核保人員】

15. 表定費率法　　　　　　　　　　　　　　　　　　【104.1 核保人員】

16. 請比較「保險費」與「保險費率」兩者之差異？　　【103.2 核保人員】

17. 經驗費率法（Experience Rating Method）　　　　　【103.1 核保人員】

第9章

保險經營 (三) ——
共同保險與再保險

學習目標

讀完本章,讀者應該可以:

1. 了解共同保險之定義與種類。
2. 了解再保險之意義與功能。
3. 了解再保險之方法與型態。

第一節　概　要

　　保險人接受不同被保險人之風險，可能產生單一業務危險累積風險與地理區域累積風險。由於資本有限，必須分散經營風險，比較常採用之方法為共同保險與再保險；共同保險一般僅用於分散單一業務危險累積風險，再保險則兩者皆可適用。當然，自 20 世紀末以來，由於保險環境變化日益巨大，天然巨災與人為巨災造成的經營風險更大，傳統再保險難以完全消化風險，於是產生新興的再保險方法，所謂「財務再保險」（financial reinsurance）即是，再保險的範圍因此擴大[註1]，惟兩者是互補關係非取代關係。

第二節　共同保險

一、定義

　　共同保險是指同一保險標的、同一被保險人、同一保險利益、同一危險事故，同時由兩個以上保險人共同承保，而簽訂一個保險契約之情況。共同保險主要在因應單一巨災累積之風險，例如巨大油輪、巨大建築物等等標的，為保險人分散經營風險的一種承保技術。共同保險情況下，通常不致有超額保險的情況。共同保險基本上是個案交易，但亦有保險業成立共保集團，在約定範圍內之所有業務採共保方式。

二、要件

　　依據定義共同保險之要件，應有下列幾個：
  1. 兩個以上保險人共同承保（以下簡稱共保人）。
  2. 共保人承保同一保險標的。
  3. 共保人承保同一被保險人所謂被保險人屬於較廣義之被保險人，例如保單上常有聯合被保險人或附加被保險人。
  4. 共保人承保同一保險利益。不同之保險利益可成立不同之保險，例如同一保險標的物可能有基於所有權而產生之保險利益，亦有可能因責任關係產生責任利益，所以，共同保險應以同一保險利

　　益爲限。

　　5. 共保人承保同一危險事故。

　　6. 共保人簽訂同一個保險契約。

三、種類

　　共同保險依保險人是否聯合簽單，又可分爲對內共保（internal coinsurance）與對外共保（external coinsurance），茲分別說明如下：

1. 對內共保

　　係指由共保人中之一人爲首席保險人（leading insurer，或稱 leader），由其負責向被保險人簽發保險單，並收取全數保險費，被保險人發生保險事故時，由其直接負責理賠。首席保險人在簽發保單之同時，另與其他共同保險人簽訂共保契約，保險費依據各共保人承保比例分配，發生賠款時向各共保人攤回其應分攤之賠款。其流程如圖 9-1。

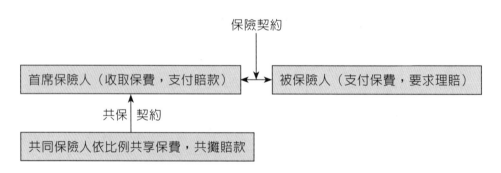

圖 9-1　對內共保圖

2. 對外共保

　　係由全體共保人聯合簽發保險單，各共保人之責任額度於保單上約定，各共保人依責任比例分配保險費，當損失發生時亦按責任額度比例分攤賠款。茲圖示如圖 9-2。

共保人甲責任比例 30% 共保人乙責任比例 20% 共保人丙責任比例 15% 共保人丁責任比例 25% 共保人戊責任比例 10% 各共保人按比例分配保險費以 及分攤賠款	按各共保人比例支付保費 被保險人 按各共保人比例要求理賠

圖 9-2　對外共保圖

四、損失分攤

保險人之間採用保險金額比例分攤法分攤被保險人之損失，可用公式表示如下：

$$P_i = L \times (\frac{S_i}{T_s})$$

P_i：各共保人應攤付之賠償金額

L：損失金額

S_i：各共保人承擔之責任額度

T_s：所有共保人之總保險責任額度

五、性質

共同保險爲一橫的分擔，亦爲保險人之間第一次之危險分擔。實務上，要保人僅須與一個保險人接洽，但在法律上依然爲要保人與各共保人間之直接關係，仍爲多數契約並立之情況。

第三節　再保險

一、再保險意義

再保險之定義可由不同層面解釋。依我國保險法第 39 條規定：「再保險，謂保險人以其所承保之危險，轉向他保險人爲保險之契約行爲。」保險人於再保險契約中成爲被保障者，一般以「被再保人」（reassured）稱之，提供保障者或承保能量者以「再保人」（reinsurer）稱之。再保人

當然也要分散風險，因此，可能有再保險之情況稱爲轉再保，將風險分出者仍可稱爲被轉再保人，接受風險者稱爲轉再保人（retrocessionaire）。

二、再保險與原保險之關係

就上述再保險契約關係而論，涉及原保險關係與再保險關係，兩者有上中游之關係；如再考慮轉再保關係，則有上中下游之關係。依我國保險法之規定，原保險契約以及再保險契約間有個別獨立之關係；而由業務之來源與風險分散觀點，兩者又有互相依存之關係，茲分別說明如下：

1.個別獨立

⑴保險法第 40 條規定原保險契約之被保險人，對於再保險人無賠償請求權。但原保險契約及再保險契約另有約定者，不在此限。

⑵保險法第 41 條規定，再保險人不得向原保險契約之要保人請求交付保險費。

⑶保險法第 42 條規定，原保險人不得以再保險人不履行再保金額給付之義務爲理由，拒絕或延遲履行其對於被保險人之義務。

上述規定雖然表現兩種契約之獨立性，但我國保險法第 40 條現已有例外規定，國際再保市場中針對特殊情況亦有例外情形，例如，「直接給付條款」（cut-through clause）註 2 中即規定保險人破產或喪失清償能力，被保險人有權逕向再保人要求再保賠款。一般而言，由於保險公司之被保險人甚多，所以在執行上實際甚難。

2.互相依存

再保契約不能離原保險契約而單獨存在；原保險契約藉再保險契約而分散危險。再者，由業務觀點言之，如無原保險，自然不須再保險，但若無再保險，原保險人也無法承保巨大之業務，或是應付累積之風險，所以兩者互相依存。

三、再保險之功用

1.原始功能

分散危險、平均危險與擴大承保業務量爲再保險原始功能，詳如下述。

　　再保險最為原始之功能，應為協助保險人達成保險的基本原理，即大數法則。由於大數法則應用上之限制，保險人在經營業務之過程中可能面臨的是業務同質性不夠、單一危險累積、地理區域之累積。無法自留之部分由再保人承擔，對於分散危險有絕對之功效。至於擴大承保業務量方面，則可藉助承作再保險業務或再保險交換達成。保險人須衡量本身承保能力，限制本身實質上所承擔之金額於一標準內，以符合平均法則。亦即，將超過自留限額部分賦予再保險，則可將大小不齊之保額，在自留內予以齊一化，保持責任之平均化。再者，藉由再保險，設定自留額，自留額範圍內之業務可趨向同質性。

2. 衍生功能

　　再保險衍生之功能甚多，茲分述如下：

(1) 擴大承保能量

　　任何一個保險人的承保力量均有限制，如不藉助再保險很難承保較大之業務，尤以現行巨型之保險標的比比皆是，絕非單一保險人可以承受。採用共同保險，雖有其效用，但不如再保險來得立竿見影。例如，假設一艘巨輪價值 3,000 萬美元，為一典型的單一危險累積，保險人本身之自留能量如為 100 萬美元，將 2,900 萬美元分出由再保險人承受，已經反映再保險提供保險人 2,900 萬美元之承保能量，如果無再保險，則保險人對於單一危險之承保能量僅是 100 萬美元，由此甚易看出再保險擴大承保能量之功效。

(2) 穩定損失經驗

　　保險經營，尤其是產物保險，貴在穩定。不過，實際上保險公司之損失經驗往往是有波動性的，有時損失率高，有時損失率低，透過再保險，保險人可設定其規劃中之穩定損失率。損失率低時，保險人與再保人共享承保利益；損失率高時，再保人分攤保險人之損失，以長時間觀念穩定損失經驗。

(3) 增加盈餘保障

　　保險人透過再保險，將其一部分業務由再保人承擔，再保人分配再保費之同時，亦應補償保險人為獲得業務所支出之管銷費用，保險人通常與再保人議定再保佣金率彌補之。再者，再保合約之業績如果良好，再保合

約通常規定再保險人應支付盈餘佣金以酬謝保險人審慎核保之功，如此一方面費用降低，一方面分享利潤，自可增加盈餘保障。

(4)健全財務基礎，增進償債能力

保險人在迅速擴張業務之時，支出費用、償付賠款、提存法定準備金等等，可能使其淨值下降甚多，甚至產生負淨值之情況。法定準備金中之未滿期保費準備、賠款準備等影響最大。以再保險機制將一部分業務轉由再保人承擔，產生之功效可有效降低法定準備之提存，蓋保險法規定提存之基礎為保險人淨自留部分。一般而言，各國保險監理機關均會規定所謂的清償邊際（solvency margin），即最低之償債比率。以下列公式之一定比率為衡量標準係其中之一例。

$$（資本＋公積）÷淨保費收入$$

再保險可有效提高上式計算出之比率。設資本與公積為 30M，簽單保費 200M，在無再保險之情況下，償債比率僅有 15%，設定再保險之情況下，如分出 75%，可達 60%；如分出 95%，可達 300%。另外，再保佣金可有效彌補保險人之管銷費用，自可降低營運費用。

(5)加速業務發展

保險公司欲進入新承保領域，開疆闢土通常耗時費力，如藉由再保險接受新種類業務，可節省擴展業務之時間與人力，並由其中吸取承保經驗。

(6)便利業務移轉

便利業務移轉保險人常因策略考量，決定退出某一地區或是某一險種的經營，但是其原先接受之保險責任要完全終止可能耗時甚長，且管理不便。此時可採取再保險方式，付出再保費將其未了責任移轉於其他公司。此種再保險一般稱為未了責任移轉再保險（loss portfolio transfer reinsurance）。

(7)提供技術服務

開辦新種類保險往往缺乏經驗，且人才有限，知名再保險人擁有許多專家，可提供核保理賠之技術服務，保險人可由其間吸收承保經驗。

第四節　再保險方法與型態

一、就方法區分

1.臨時再保險

此種再保險方法，被再保人是否分出業務與再保險人是否接受業務各有自由選擇之權，係屬個案交易性質，此為其兩大特性。就優點言之，對被再保人而言，由於再保條件可充分洽商，故具有彈性；對再保人而言，亦有充分之業務選擇權。而其缺點則為手續繁瑣、洽商之再保人多，過程往返成本高。再者，尚未完全分保之前，保障有時間上之空隙。

2.合約再保險

此種再保險方法，被再保人有分出業務之義務，再保人則有分入業務之義務。其特性為依再保險合約規定，當事雙方具有義務性，其優點源自其義務性，理論上大略有手續簡便、費用較低、保障空隙較小等等；其缺點則為再保條件一經協定，即缺少伸縮性，例如，採用固定再保佣金率（reinsurance commission ratio）之情況。惟在保險經營實務上彈性極大，視再保環境之變化而異。簡言之，在劇變環境中充分之事前協定，其實可彌補缺少伸縮性之問題。

3.預約再保險

此種再保險方法，被再保人是否分出業務具有選擇權，再保險人對於被再保人分出之業務則有義務接受。基本上，預約再保險對於被再保人比較有利，蓋其掌握業務品質控制權，所以，相對上再保條件應較有利於再保人，以求平衡。但由經營觀點，被再保人縱有分出控制權，在業務倫理上仍應講究業務品質，否則產生合約無法繼續之情況，被再保人最後反而蒙受其害。

茲將再保險方法摘要如表 9-1。

表 9-1 再保方法區分

被再保人分出	再保險人分入	導出之再保方法
選擇性分出	選擇性接受	臨時再保險
選擇性分出	有義務接受	預約再保險
有義務分出	有義務接受	合約再保險

二、就型態區分

再保險依型態區分為比例型再保險與非比例型再保險，前者係以保險金額為再保險契約當事人權利義務之基礎，後者則以損失為基礎。茲分述如下：

1.比例型再保險

比例型再保險原則上可分為比率合約再保險與溢額合約再保險，另有將該兩種再保險結合成為比率與溢額複合再保險，茲分述如下：

⑴比率合約再保險

被再保人就每一危險單位之保險金額，按事先約定之比率分予再保險人之再保險。再保人為限制所承擔之責任過於巨大，一般約定一特定金額為其對每一危險單位之最高責任限額。再保實務表現的方式如下：

> 40% quota share with limit hereon US$2,000,000 (being 40% of US $5,000,000)

上文表示，保險人就每一危險單位之保險金額分出 40%，但是再保人最高責任限制於 US$2,000,000。但就整個再保合約而言，被再保人自留與再保人責任之總額為每一危險單位 US$5,000,000。如果被再保人原先承受的業務超過 US$5,000,000，達 US$6,000,000，因已超過合約之容納範圍，所以，被再保人須再安排其他再保險消化該 US$1,000,000 保額。茲再舉一例如下。

比率合約再保險：設原保險人自留 40%，其餘由再保人甲、乙、丙按約定比率認受，設再保計畫最高責任 1,000 萬，設有三筆業務，則其責任分配如下：

原保額	原保險人自留 40%	再保人之責任			其　他
		甲 30%	乙 20%	丙 10%	
8,000,000	3,200,000	2,400,000	1,600,000	800,000	0
10,000,000	4,000,000	3,000,000	2,000,000	1,000,000	0
12,000,000	4,000,000	3,000,000	2,000,000	1,000,000	2,000,000

⑵溢額合約再保險

　　就被再保人承保之每一危險單位其保險金額超過自留額（retention）之部分，依約定之線數（lines）分予再保險人之再保險。通常被再保人自留之部分設定爲一線（one line），再保險人之責任則以線數代表。被再保人通常依各種業務危險性大小設定自留限額表。有時業務之保額過大，一個溢額合約無法消化風險，可視其情況增設第二溢額、第三溢額。再保實務表現的方式如下：

> To accept up to 10lines of US $ or CAN$ any one risk with maximum limit of 2,000,000, reassured maximum retention of US$200,000 any one risk.

　　原文中表示此溢額合約再保險中，被再保人以「線」爲單位設定自留額，「線」爲限額之意，每一線設定一個固定的額度，即每一危險單位 US$200,000，再保人的最高責任限額爲每一危險單位 US$2,000,000，亦即爲 10 線，所以合約的總承保能量，包括被再保人自留的一線，總共爲 US$2,200,000。由於被再保人接受之業務並不是每一筆均在 US$2,200,000 之內，所以，被再保人可視其業務結構往上安排第二溢額，假如第二溢額之線數爲 20 線，則被再保人之承保能量又增加了 US$4,000,000。並非安排愈多，合約就愈好，過與不及都不好，過多，浪費再保能量，再保人可分到之業務偏低，影響來年續約的意願；過低，則被再保人之承保能量不足，承受很大的經營風險，所以最爲重要之處在於配合業務結構安排。

　　茲舉一例說明。設有一再保計畫，分設第一、第二溢額合約再保險，分別設 10 線與 20 線，每線額度爲 30 萬元，設有四筆業務，則應分配如下：

Cession	Sum Insured	Retention	1ˢᵗ Surplus	2ⁿᵈ Surplus	Others
001	300,000	300,000	0	0	0
002	20,000,000	300,000	3,000,000	6,000,000	10,700,000
003	10,000,000	300,000	3,000,000	6,000,000	700,000
004	9,300,000	300,000	300,000	6,000,000	0

⑶比率與溢額複合再保險

比率與溢額複合再保險（combined Q/S R/I treaty）是一種再保險安排方式，通常是被再保人將溢額再保險中自留之一線，再安排比率合約再保險，如此安排的結果，理論上就有兩種再保險人，但是實務上，再保人都同步接受該兩種再保險。對於被再保人而言，此種安排等於將其自留額再度降低，對於資本偏低，承保能量不足之被再保人而言，未嘗不是在經營過程中的權宜安排。再保實務表現的方式如下：

Quota Share Section:

50% of Maximum NT$30,000,000.and scaled down in accordance with the Table of Limits. All cessions ceded will be on per risk basis subject to the maximum limit of NT$15,000,000.

Surplus Section:

NT$150,000,000.comprising 5 lines of maximum NT$30,000,000.per line surplus.

Reassured's Max.Retention: NT$15,000,000.any one risk.

由上列很清楚可看出溢額合約每一線爲 NT$30,000,000，被再保人就該線安排一個 50% 的比率再保險合約，所以由整個合約觀察，被再保人實際上就每一個危險的最高自留額爲 NT$15,000,000。至於溢額合約中，再保險人承擔的責任額爲 NT$150,000,000。

2.非比例型再保險

此種再保險可分成兩大類，分別是超額賠款再保險（excess of loss reinsurance）與超率賠款再保險（excess of loss ratio reinsurance），後者或稱停止損失再保險（stop loss reinsurance）。茲分述如下：

⑴超額賠款再保險

　　被再保人之最終淨賠款（ultimate net loss，簡稱 UNL）超過某一約定金額時，超過之部分由再保險人負責賠償之再保險。被再保人自行承擔之損失金額稱爲自負額（deductible），再保人負責賠償之部分以每次損失或每一事件爲基礎有最高限制，一般以 limit 稱之。其基本型態有普通超額賠款再保險（WXL）與巨災超額賠款再保險（CXL）。

①普通超額賠款再保險（WXL）：此種再保險主要保障被再保人因損失頻率高所導致損失之超額賠款再保險，側重損失次數之保障。此種再保險之損失分擔基礎可能採每一事件，亦可能採每一危險。由於可預期合約期間內通常會有數個賠案波及再保人，所以合約的起賠點設得較低，被再保人之自負額度通常小於或等於被再保人就每一危險或每一合約之最大自留額。此種再保險可減少或代替正常的比例再保險，可維持被再保人資金流轉之順暢。典型的普通超額賠款再保險，表現方式如下：

US$200,000 each and every loss, each and every risk, Event Limit: Subject to a maximum recoverable of US$400,000 arising from any one event. Excess of an Ultimate Nett Loss of US$100,000 each and every loss, each and every risk

　　茲假設有一普通超額賠款再保險合約，規定再保人與被再保人之責任分界爲 "US$200,000 Ultimate Net Loss each and every loss and/or each and every loss occurrence excess of US$100,000 Ultimate Net Loss each and every loss and/or each and every loss occurrence"，則再保人與被再保人如何分攤賠款如下所述（假設各賠案隸屬於不同事件）：

賠　案	最終淨賠款	被再保人自留	再保人支付	其　他
001	90,000	90,000	0	0
002	150,000	100,000	50,000	0
003	400,000	100,000	200,000	100,000

②巨災超額賠款再保險：巨災超額賠款再保險用於保障被再保人，因巨災（如風暴、地震）所致巨額損失幅度之超額賠款再保險，側重損失金額之保障。主要目的在保障被再保人因任一事故所致之累積損失，避免損失率波動過大而使盈餘劇減。通常此種再保計畫之起賠點，為被再保人就每一危險或每一合約之最大自留額之數倍。典型的巨災超額賠款再保險表現方式如下：

> To pay the excess of an Ultimate Net Loss of US$2,000,000 each and every loss or catastrophe and/or calamity and/or occurrence and/or series thereof arising out of one event. Up to a further US$2,00,000 each and every loss or catastrophe and/or calamity and/or occurrence and/or series thereof arising out of one event.

假設再保期間內發生一次巨災，波及許多標的物，累積損失達US$3,000,000，則再保人應攤US$1,000,000。

(2)超率賠款再保險（excess of loss ratio reinsurance），或稱停止損失再保險（stop loss reinsurance）

在一定期間內（通常為一年），被再保人之自留損失率超過某一約定程度時，由再保人負責賠償至某一損失率或金額之再保險方式。此種再保險最主要在保障被再保人之自留損失率，維持在其設定範圍內，超出設定範圍時由再保人分攤，所以稱為「停止損失再保險」。一般情況下，為促使被再保人謹慎核保，在合約中通常訂有共同再保比率，即再保額度中有一部分（通常為10%）由被再保人承擔。典型的超率賠款再保險表現方式如下：

> To pay in excess of an Ultimate Incurred Loss of 90% of the Reassured's gross net earned premium income.
> Policy for 50% of its gross net earned premium income or US$2,000,000, whichever the lesser.

上列在實務上之意思，為當被再保人之損失率超過90%，再保人就超過部分負再保責任，但最高以50%為限，亦即本再保合約總共提供140%損失率之保障。損失率之計算方式如下：

〔已發生損失（incurred loss）/ 毛淨滿期保費收入（GNPI）〕×100%

　　假設被再保人之毛淨滿期保費收入為 US$10,000,000，已發生損失達 US$20,000,000，則損失率為 200%，顯然超出預期甚多，如果合約中沒有設定最高賠償額度為 US$2,000,000，則依規定再保人須攤付 US$5,000,000，所以，設定最高賠償額度之目的在於約束被再保人須謹慎核保。另外，一個控制被再保人謹慎核保的規定是：再保額度中設定固定百分比由被再保人共保。舉例如下：

To pay all losses in excess of 90% loss ratio up to 90% of a further 40% loss ratio.

　　即是規定再保額度中，有 10% 由被再保人自行承擔。假設被再保人該年度之滿期保費為 US$10,000,000，已發生賠款為 US$12,000,000，則再保人應分攤之再保賠款為何？已知損失率為 120%，被再保人自付 90%，再保應攤 30%，即 US$3,000,000，但是再保合約中規定被再保人須承擔 10%，所以再保人攤賠之賠款為 US$2,700,000。

第五節　比例再保險與非比例再保險之比較

　　比例再保險與非比例再保險之差異性雖甚大，但一切以有無比例關係為出發點，茲為便於了解將其整理如表 9-2[註3]。

表 9-2　比例再保險與非比例再保險原則

比較項目	比例再保險	非比例再保險
當事人責任基礎（即再保當事人間分擔賠款之計算基礎）	以當事人間自留之保險金額與分出之保險金額比例分攤。即採用保險金額比例分攤法。	再保險人分攤再保賠款之責任，須視最終淨賠款是否超過被再保人之自負額，再保人僅對超額部分負責至一定程度。故為「超過」與「扣減」關係。
再保費率與再保費	再保費率同原保險費率。再保費按保險金額比例計算。	再保費率依合約賠款情況獨立釐訂，屬獨立費率。再保險費由再保費率乘以毛淨保費（GNPI）計算，通常有最低與預繳保費規定（minimum and depsit premium）。

表 9-2　比例再保險與非比例再保險原則（續）

比較項目	比例再保險	非比例再保險
權利義務	具比例關係	不具比例關係
準備金之保留情況與業務交換	被再保人通常保留未滿期保費準備與未決賠款準備。由於比例再保適合業務交換，此種情況下雙方可能互相放棄提存準備金。	被再保人通常不保留再保人任何準備金。 不適合業務交換。
同一命運原則之適用性	相當強烈	受到限制

本章關鍵詞

(1) 對內共保（internal coinsurance）

(2) 對外共保（external coinsurance）

(3) 被再保人（reassured）

(4) 再保人（reinsurer）

(5) 轉再保人（retrocessionaire）

(6) 臨時再保險

(7) 合約再保險

(8) 預約再保險

(9) 比例型再保險

(10) 非比例型再保險

(11) 比率合約再保險

(12) 溢額合約再保險

(13) 超額賠款再保險（excess of loss reinsurance）

(14) 超率賠款再保險（excess of loss ratio reinsurance）

(15) 普通超額賠款再保險（WXL）

(16) 巨災超額賠款再保險（CXL）

註釋

註 1：事實上尚有其他方法，巨災證券（Cat. Bond）即是。諸如此類新興的風險移轉方法，通稱為 alternative risk transfer，簡稱 ART。

註 2：In the event of the temporary or permanent discontinuance of business by the Company, or if the Company be adjudged a bankrupt, or if the Company shall fail to pay any loss under said policy or policies within the time provided in said policy or policies, then the insured or insureds under said policy or policies shall have the right to bring an action hereon against the Reinsurer in the state if the Reinsurer's domicile to recover that portion of the loss sustained by such insured or insureds, and for which the Company would be liable under the terms and provisions of said policy or policies, that exceeds the primary liability retained by the Company hereunder and that is assumed by the Reinsurer hereunder. 摘自 Robert 等著 *"Reinsurance Practice Volume Ⅰ"*, 1st edition, 1990, p. 94.

註 3：參酌陳繼堯著，《再保險要義》，富邦產物保險股份有限公司編印，初版，民 81 年 12 月，頁 38 改編。

考題集錦

1. 內部共保（Internal Coinsurance）　　　　　　　　　【108.2 核保人員】

2. 預約再保險（Open Cover）　　　　　　　　　　　　【107.1 核保人員】

3. 請比較再保險（Reinsurance）與共保（Coinsurance）兩者之不同。

　　　　　　　　　　　　　　　　　　　　　　　　　【105.2 核保人員】

4. 外部共保（External Coinsurance）　　　　　　　　　【105.1 核保人員】

5. 再保險對產險業的經營很重要。何謂臨時再保險（Facultative reinsurance）？何謂合約再保險（Treaty reinsurance）？請詳述之。

　　　　　　　　　　　　　　　　　　　　　　　　　【108 專業人員】

第 10 章

保險業的財務結構與資金運用

學習目標

讀完本章,讀者應該可以:

1. 了解保險業營運資金之來源與去路。
2. 了解財產保險與人壽保險之法定準備金種類及內容。
3. 了解保險業資金運用之原則。
4. 了解保險業資金運用之限制。

第一節　保險業營運資金的來源及其性質

一、保險業營運資金的來源

保險業的營收主要有兩大類，第一來自「本業」營收，亦即來自承保各險種的業務收入；第二來自「資金運用」的營收，且占有非常重要的地位。

保險業從事投資業務必須有營運的資金，保險業營運資金的來源大致分為自有資金及外來資金兩大類。所謂自有資金包括資本、各種公積金、未分配盈餘及當期損益。所謂外來資金包括各種責任準備金，為保險業營運資金的主要來源，為保險公司為因應其承擔未來的責任所預設的基金。茲將保險業主要營運資金來源列表 10-1。

表 10-1　保險業主要營運資金來源

自有資金		外來資金	
保險股份有限公司	保險合作社	產物保險	人身保險
1. 資本 2. 各種公積金 　(1)法定盈餘公積金 　(2)特別盈餘公積金 　(3)資本公積金 3. 未分配盈餘 4. 當期損益	1. 股金 2. 基金 3. 公積金 4. 公益金 5. 未分配盈餘	1. 法定準備金 　(1)未滿期保費準備金 　(2)賠款準備金 　(3)特別準備金 2. 再保責任準備金	1. 法定準備金 　(1)未滿期保費準備金（僅限於年定期壽險、健康保險及傷害保險） 　(2)責任準備金（保單責任準備金） 　(3)特別準備金 　(4)賠款準備金 2. 紅利準備金（盈餘分配準備金） 3. 再保責任準備金

表 10-1 中各資金來源項目有些明訂於保險法規中，有些則定於保險公司的章程，分述如下：

1. 自有資本部分

規定於保險法之中。我國保險業目前有股份有限公司以及保險合作社兩種組織，茲將有關資本或股金部分分別說明如下：

⑴保險法第 139 條規定：「各種保險業資本或基金之最低額，由主
管機關審酌各地經濟實況，及各種保險業務之需要，分別呈請行
政院核定之。」

⑵保險法第 141 條規定：「保險業應按資本或基金實收總額百分之
十五，繳存保證金於國庫。」

⑶保險法第 157 條規定：「保險合作社，除依合作社法籌集股金外，
並依本法籌足基金。前項基金非俟公積金至與基金總額相等時，
不得發還。」

另有依保險公司章程或主管機關的規定提存的準備金，此為盈餘分配
準備金，尚有由保險公司任意提存者，例如特別公積金。未分配盈餘及當
期損益，亦在保險業的自有資金範圍之內。

2. 外來資金部分

保險業經營特性之一，為初期經營資本在開業之初數年扮演重要角
色，但是隨著業務量逐漸擴增，其累積資金也日益增大，形成主要資金來
源，惟係以準備金方式列示。許多準備金為負債性質，屬於法定準備金。
我國保險法第 11 條即規定：「本法所稱各種責任準備金，包括責任準備
金、未滿期保費準備金、特別準備金、賠款準備金及其他經主管機關規定
之準備金。」

二、保險業營運資金性質

保險業營運資金的性質除自有資金係屬長期性質外，其餘外來資金的
性質依險種而有不同，茲分述如下：

1. 產物保險

大都為一年期的普通或短期性質契約，於年終計算所提存之各種準備
金係為應付要保人註銷保單退還未到期保費或為理賠被保險人損失之用，
此等外來資金屬短期性質。

2. 人壽保險

大都為一年以上之長期契約，可預見保險給付的日期係在數年之
後，故其外來資金屬長期性質，亦具相當的信託基金性質。

3. 健康保險 [註1]、傷害保險及一年定期壽險

原則上爲短期性質契約，應屬短期資金性質。

無論長短期契約，其收取之保費與理賠或給付在時間上均有其落差，所以可運用於投資。惟長短期資金在性質上有差異，所以在投資方向運用上也有不同。

第二節　財產保險各項責任準備金分析

財產保險各項責任準備金以法定準備金最爲重要，依前列我國保險法第 11 條規定，財產保險的法定準備金包括未滿期保費準備金（unearned premium reserve）、特別準備金（special loss reserve）、賠款準備金（loss reserve）及其他經主管機關規定之準備金等，茲分述如下：

■第一項　未滿期保費準備金與保費不足準備金

一、未滿期保費準備金的意義

未滿期保費準備金爲保險公司資產負債表上最重要的負債科目之一，係保險公司於年度終了結算時，對保費已收但保險期間尚未屆滿之保單，所應負之責任所提列之準備金，在性質上爲保險人於該期間終了時之負債，又稱未經過或未到期保費。未滿期保費準備金常以技術方法提存，所以爲技術準備金（technical reserve）的一種。不過，現行電腦之強大運算功能已使技術方法之重要性降低。

二、提列未滿期保費準備金的目的

保險人提列未滿期保費準備金的目的，有下列幾個：

1. 在應付保險人尚未終了之責任

亦即，用爲支付尚未到期的保險期間可能發生的賠款。由於保費屬預繳，但保險的保障期間係在未來，爲確保被保險人在承保範圍內的損失得以補償，故須提列未滿期保費準備金。

2. 備為保單中途註銷返還保費之需

依一般保險條款規定，保險人註銷保單，須依未到期的保險期間占全部的保險期間比例退費，故須提存未滿期保費準備金以資因應。即使是要保人註銷保單，保險經過期間按短期保費為基礎計算，保險人仍須因應其未到期保費之退費。

3. 為提存再保費準備的計算基礎

原保險人為確保再保險人依約履行再保義務，將應付再保費一定比率保留一定期間，該保留款項應依合約規定於次年同季解還。

三、未滿期保費準備金的計算基礎與計算方法

1. 計算基礎

未滿期保費準備金的計算基礎，應為保險人的自留總保費。所謂自留總保費可以下列簡單公式表示：

自留總保費收入＝簽單保險費收入＋再保費收入－再保費支出

2. 計算方法

未滿期保費準備金的計算方法可分為法定法與技術法兩種，茲分述如下：

(1)法定法

依我國保險業各種準備金提存辦法第 6 條規定，財產保險之未滿期保費準備金提存方式並無固定比例，而係由保險業精算人員依各險特性決定，茲將其規定列示如下：

「財產保險業對於保險期間尚未屆滿之有效契約或尚未終止之承保風險，應依據各險未到期之自留危險計算未滿期保費，並按險別提存未滿期保費準備金。前項準備金之提存方式，得由保險業精算人員依各險特性決定之，並應於保險商品計算說明書載明，且非經主管機關核准不得變更。」

(2)技術法

　　法定最低比例法係由監理觀點出發，僅針對險種特性規定原則性提存標準，對保險公司實際經營情況未加考慮。如在年終結算時欲以每張保單情況分別考慮其未滿期保費恐曠日費時，保險實務上乃發展出所謂技術法因應，一般有下列幾種：

①四分之一法（半年法）：此法假設保險公司的業務收入平均分為上半年與下半年，復假設上半年的業務集中於該半年的中間，下半年的業務集中於該半年的中間，年底結算時上半年之業務恰好有四分之一未滿期，下半年之業務恰好有四分之三未滿期。因此，全年未滿期保費可由下列公式計算出來：

$$未滿期保費 = (1/4) \times 上半年之自留總保費 + (3/4) \times 下半年之自留總保費$$

②八分之一法（季計算法）：此法假設保險公司的業務收入平均分為四季，復假設各季的業務均集中於該季中間，則年底結算時，第一季應有八分之一未滿期，第二季應有八分之三未滿期，第三季應有八分之五未滿期，第四季應有八分之七未滿期。因此，全年未滿期保費可由下列公式計算出來：

$$未滿期保費 = (1/8) \times 第一季自留總保費 + (3/8) \times 第二季自留總保費 + (5/8) \times 第三季自留總保費 + (7/8) \times 第四季自留總保費$$

③二十四分之一法：此法假設保險公司的業務收入平均分為十二個月，復假設各月的業務均集中於該月中間，則年底結算時，第一個月應有二十四分之一未滿期，第二個月應有二十四分之三未滿期，依此類推，第十二個月應有二十四分之二十三未滿期。因此，全年未滿期保費可由下列公式計算出來：

未滿期保費＝（1/24）× 第一個月自留總保費＋（3/24）×
第二個月自留總保費＋……＋（23/24）×
第十二個月自留總保費

四、保費不足準備金

依保險業各種準備金提存辦法第 7 條規定，財產保險業應對保險期間尚未屆滿之有效契約或尚未終止之承保風險，評估未來可能發生之賠款與費用，該評估金額如逾提存之未滿期保費準備金及未來預期之保費收入，應就其差額按險別提存保費不足準備金。前項準備金之提存方法，由簽證精算人員評估決定，並報經主管機關核准。變更時，亦同。

■第二項　特別準備金（或稱賠款特別準備金）

一、特別準備金的意義與目的

特別準備金是指保險人就可能發生之巨大災害或損失率變動過巨，於平時提存之準備金。所以由保險經營觀點，特別準備金可細分為「損失率變動準備金」（我國保險業各種準備金提存辦法稱危險變動特別準備金）、「巨災損失準備金」（我國保險業各種準備金提存辦法稱重大事故特別準備金），以及其他因特殊需要而加提之特別準備金等三種。一般言之，財產保險危險事故的發生較不規則，缺乏穩定性，因此提存特別準備金旨在調節損失率之變動，避免巨災損失或巨額累積損失影響保險公司經營穩定，動搖財務基礎。賠款特別準備金的性質一向有爭議，有將其視為一種「自由準備」（free reserve）而歸於「淨值」項下，但依我國的法律及實務則將其視為負債項目。

二、我國保險業各種準備金提存辦法有關特別準備金之相關規定

賠款特別準備可謂是一種調節性的準備金，主要目的是在穩定保險業者的損失率，此由我國保險業各種準備金提存辦法有關特別準備金之相關規定即可知，茲說明如下：

1. 提存項目及其定義

依該提存辦法第 8 條規定，包括危險變動特別準備金、重大事故特別準備金、其他因特殊需要而加提之特別準備金，亦規定何謂重大事故，其詳細內容如下：

「財產保險業對於自留業務提存之特別準備金，應包括下列項目：

一、重大事故特別準備金：指為因應未來發生重大事故所需支應之巨額賠款，而提存之準備金。

二、危險變動特別準備金：指為因應各該險別損失率或賠款異常變動，而提存之準備金。

三、其他因特殊需要而加提之特別準備金。但加提與沖減方式及累積限額應先報經主管機關核准。

前項第一款所稱之重大事故，指符合政府發布之重大災情，其單一事故發生時，個別公司累計各險別自留賠款合計達新台幣三千萬元，且全體財產保險業各險別合計應賠款總金額達新台幣二十億元以上者。」

2. 重大準備金之提存率與其處理方式

⑴按費率公式中賠款特別準備比率固定提存

提存辦法第 9 條第 1 款規定：「各險別應依主管機關所定之重大事故特別準備金比率提存。」亦即，應提存之重大事故特別準備金＝自留滿期保險費 × 依主管機關所定之重大事故特別準備金提存率。

⑵處理方式

提存辦法第 9 條第 2 款及第 3 款分別規定如下：

①發生重大事故之實際自留賠款金額超過新台幣三千萬元之部分，得就重大事故特別準備金沖減之；其沖減金額並應報主管機關備查。

②重大事故特別準備金提存超過十五年者，得經簽證精算人員評估訂定收回機制報送主管機關備查辦理。

3. 危險變動特別準備金之提存率與其處理方式

⑴提存機制

提存辦法第 10 條第 1 項第 1 款規定如下：「各險之實際賠款扣除該險以重大事故特別準備金沖減後之餘額低於預期賠款時，財產保險業應就其差額部分之百分之十五提存危險變動特別準備金。」

本款要求在損失率較佳年度須額外提存特別準備金，以備未來損失率惡化調節之需。

⑵處理方式

提存辦法第 10 條第 1 項第 2 款、第 3 款分別規定如下：

①各險之實際賠款扣除該險以重大事故特別準備金沖減後之餘額超過預期賠款時，其超過部分，得就已提存之危險變動特別準備金沖減之。如該險危險變動特別準備金不足沖減時，得由其他險別已提存之危險變動特別準備金沖減之；其所沖減之險別及金額並應報主管機關備查。

本款規定上列規定損失率惡化情形下，可以往年已提存部分調節，使保險公司之損失率不致過高。

②各險危險變動特別準備金累積提存總額超過其當年度自留滿期保險費之百分之六十時，其超過部分，應收回以收益處理。但傷害保險及一年期以下健康保險之危險變動特別準備金之收回，應依第 20 條第 1 項第 3 款規定處理。

本款規定特別準備累積總額達到一定水準，亦反映保險公司之損失率甚佳，因此予以適度沖回，避免隱藏盈餘過多。故當超過其當年度自留毛保費百分之六十時，超過部分收回以收益處理，股東亦得以享受股利。

又同條第 2 項規定：「前項第三款危險變動特別準備金之收回，主管機關得基於保險業穩健發展之需，另行指定或限制其用途。」

■第三項　賠款準備

1. 賠款準備的意義

賠款準備係指保險人在會計年度終了時，對尚未支付之賠款，所提存

之準備。就其性質言，賠款準備爲保險公司的一種負債，也是當期成本的一部分。

2. 賠款準備的項目

應提存賠款準備的項目，包括下列三種：

(1)已報已決但尚未賠付之賠款。

(2)已報但尚未決之賠款（reported and unpaid claims）。

(3)已發生但未報之賠款（incurred but not yet reported claims，簡稱 IBNR）。

3. 我國現行提存賠款準備金之相關規定

依提存辦法第 11 條規定，賠款準備金應提存之賠款準備金包括已報未付保險賠款與未報保險賠款，茲將其規定列示如下。

財產保險業應按險別依其過去理賠經驗及費用，以符合精算原理原則方法計算賠款準備金，並就已報未付及未報保險賠款提存，其中已報未付保險賠款，應逐案依實際相關資料估算，按險別提存。但一年期以下健康保險，應依第 23 條規定辦理。前項準備金之提存方式，由簽證精算人員評估決定，並報經主管機關核准。變更時，亦同。第一項賠款準備金，應於次年度決算時收回，再按當年度實際決算資料提存之。

依上開條文知，已報未付保險賠款係逐案依實際相關資料估計應提存之金額，而未報保險賠款則是按過去理賠經驗與費用，以精算方法（例如三角發展法）估算應提存之金額。

第三節　人壽保險業各項責任準備金分析

一、責任準備金

責任準備金又稱保單責任準備金，專指人壽保險業的保費積存準備金，其產生原因如下。

由於人類的死亡率一般是隨年齡而增加，若被保險人投保每年更新之定期保險，每年應繳的保險費隨年齡增長而逐漸增加，此種保險費爲自然保費。事實上，人壽保險公司收取保費規定每年均等，稱之爲年繳平衡保險費。因此，被保險人早年所繳之平衡保費，較應繳之自然保費爲大；晚

年度應繳之平衡保費,則較應繳之自然保費為少。老年者之自然保費超出平衡保費甚多,保險公司應將被保險人早期多繳之保費妥善運用孳息,以資挹注。該「超繳部分之保費」以複利運用之終值,即稱為準備金註2。

二、責任準備金的計算方式

我國現行準備金提存辦法第 12 條規定,長期人壽保險契約應提存最低責任準備金,條文內容如下。

保險期間超過一年之人壽保險契約,除法令另有規定外,其最低責任準備金之提存,應依下列方式辦理:

一、中華民國八十七年十二月三十一日以前訂定之契約,其純保費較二十年繳費二十年滿期生死合險為大者,採二十年滿期生死合險修正制。

二、中華民國八十八年一月一日起訂定之契約,其純保費較二十五年繳費二十五年滿期生死合險為大者,採二十五年滿期生死合險修正制。

三、中華民國九十五年一月一日起訂定之契約,其純保費較二十年繳費終身保險為大者,採二十年繳費終身保險修正制。

四、第一款至第三款以外之契約,採一年定期修正制。

生存保險、人壽保險附有按一定期間(不含滿期)給付之生存保險金部分及年金保險最低責任準備金之提存,以採用平衡準備金制為原則;其方式由主管機關另定之。

利率變動型人壽保險最低責任準備金,由主管機關另定之。

保險期間超過一年之健康保險最低責任準備金之提存,採用一年定期修正制。但具特殊性質之健康保險,其提存標準由主管機關另定之。

人身保險業變更責任準備金之提存時,應事先經主管機關核准。

一般言之,責任準備金的計算方式可分為未來法及過去法。前者係以未來保險金額之現值與未來尚可收取之未繳純保費現值計算而得,故又稱未繳保費推算法。後者係以過去已繳純保費之複利終值與過去所繳自然保費積存之終值計算而得,故稱已繳保費推算法註3。

上述僅是平衡純保費制準備金之計算方式,實際上準備金之計算甚為複雜,尚有修正準備金制度(modified reserves),讀者可參考壽險精算書籍。

三、未滿期保費準備與保費不足準備金

1.意義

與財產保險同。

2.相關法條

依提存辦法第 15 條規定：「人身保險業對於保險期間一年以下尚未屆滿之有效契約，應依據各險未到期之自留危險計算未滿期保費，並按險別提存未滿期保費準備金。前項準備金之提存方式，由保險業精算人員依各險特性決定之，並應於保險商品計算說明書載明，且非經主管機關核准不得變更。」

又依第 16 條規定，人身保險業對於保險期間超過一年之人壽保險、健康保險及年金保險業務，自中華民國九十年一月一日起訂定之契約，其簽發之保險費較其依第 12 條規定計算責任準備金之保險費為低者，除應依第 12 條規定提存責任準備金外，並應將其未經過繳費期間之保險費不足部分提存為保費不足準備金。

本條規定與財產保險相同，茲不贅述。

四、特別賠款準備金

1.意義

同前述。

2.相關法條

人身保險業對於保險期間在一年以下之保險自留業務，有關特別賠款準備金之規定與財產保險業雷同，此處僅列出相關法條供參考。

⑴提存辦法第 18 條

「人身保險業對於保險期間一年以下之保險自留業務提存之特別準備金，應包括下列項目：

一、重大事故特別準備金：指為因應未來發生重大事故所需支應之巨額賠款，而提存之準備金。

二、危險變動特別準備金：指為因應各該險別損失率或賠款異常變

動,而提存之準備金。

三、其他因特殊需要而加提之特別準備金,但加提與沖減方式及累積限額應先報經主管機關核准。

前項第一款所稱之重大事故,指符合政府發布重大災情,單一事故發生時,個別公司累計各險別自留賠款合計達新台幣三千萬元,且全體人身保險業各險別合計應賠款總金額達新台幣十億元以上者。」

(2)提存辦法第 19 條

「人身保險業對於保險期間一年以下之保險自留業務,應依下列規定提存或處理重大事故特別準備金:

一、各險別應依主管機關所定之重大事故特別準備金比率提存。

二、發生重大事故之實際自留賠款金額超過新台幣三千萬元之部分,得就重大事故特別準備金沖減之;其沖減金額並應報主管機關備查。

三、重大事故特別準備金提存超過十五年者,得經簽證精算人員評估訂定收回機制報送主管機關備查辦理。」

(3)提存辦法第 20 條

「人身保險業對於保險期間一年以下之保險自留業務,應按險別,依下列規定提存或處理危險變動特別準備金:

一、各險之實際賠款扣除該險以重大事故特別準備金沖減後之餘額低於預期賠款時,人身保險業應就其差額部分之百分之十五提存危險變動特別準備金。

二、各險之實際賠款扣除該險以重大事故特別準備金沖減後之餘額超過預期賠款時,其超過部分,得就已提存之危險變動特別準備金沖減之。如該險危險變動特別準備金不足沖減時,得由其他險別已提存之危險變動特別準備金沖減之;其所沖減之險別及金額並應報主管機關備查。

三、各險危險變動特別準備金累積提存總額超過其當年度自留滿期保險費之百分之三十時,其超過部分,應收回以收益處理。

前項第三款危險變動特別準備金之收回,主管機關得基於保險業穩健發展之需,另行指定或限制其用途。」

五、賠款準備金

提存辦法亦針對人身保險業對於保險期間在一年以上及以下之保險自

留業務，規定如何提存賠款準備金。其規定與財產保險業雷同，此處僅列出提存辦法第 22 條與第 23 條供參考。

第 22 條規定：「人身保險業對於保險期間超過一年之人壽保險、健康保險及年金保險業務已報未付保險賠款，應逐案依實際相關資料估算，按險別提存賠款準備金，並於次年度決算時收回，再按當年度實際決算資料提存之。」

第 23 條規定：「人身保險業對於保險期間一年以下之保險自留業務，應依下列規定提存賠款準備金：

一、健康保險及人壽保險於中華民國九十八年十二月三十一日前，已報未付保險賠款應按逐案依實際相關資料估算，按險別提存賠款準備金，其未報保險賠款，應按險別就其滿期保險費之百分之一提存賠款準備金。

二、傷害保險及自中華民國九十九年一月一日起之健康保險及人壽保險，應按險別依其過去理賠經驗及費用，以符合精算原理原則之方法計算賠款準備金，並就已報未付及未報保險賠款提存，其中已報未付保險賠款，應逐案依實際相關資料估算，按險別提存。

前項準備金之提存方式，由簽證精算人員評估決定，並報經主管機關核准。變更時，亦同。

第一項賠款準備金，應於次年度決算時收回，再按當年度實際決算資料提存之。」

第四節　保險業資金的運用

一、運用資金的原則

產物保險與人壽保險的資金在性質上有所不同，故其運用原則已如前述。

二、資金運用的種類及其限制

資金運用的限制規範於保險法第 146 條系列條款。大致上其限制之方向有三個。其一為運用項目限制，其二為投資比率之限制，其三為投資標的品質或當事人之限制。茲歸納如表 10-2，以供參考。

表 10-2 保險業資金運用項目、投資比率及投資標的品質限制

運用項目限制	投資比率之限制	投資標的品質或當事人之限制根據條文
(1)存款	每一金融機構＜10%×保險業資金	
(2)購買有價證券 　　公債、庫券、儲蓄券		
金融債券、可轉讓定期存單、銀行承兌匯票、金融機構保證商業本票	＜保險業資金×35%	
依法核准公開發行之公司股票 有擔保公司債 經評等機構評定為相當等級以上之公司所發行之公司債	總額＜35%×保險業資金 每一公司總額小於 (a)5%×保險業資金 (b)被投資者實收資本額×10%	經評等機構評定
受益憑證	10%×保險業資金 10%×每一基金已發行之受益憑證總額	依法核准公開發行之證券投資信託基金受益憑證
(3)不動產	自用者＜業主權益總額 非自用者＜30%×資金	(a)即時利用且有收益 (b)取得與處分，須經合法之不動產鑑價機構評價
(4)放款 　　銀行保證放款 　　動產或不動產擔保放款 　　有價證券質押放款	(a)每一單位＜5%×資金 (b)總額＜35%×資金	同一人、同一關係人、同一企業之定義 以第146條之1之有價證券為限
保單質押放款 負責人、職員等之擔保放款		同一法人 同一關係人：本人、配偶
對同一家公司之投資及以該公司發行之股票及公司債為質之放款	＜10%×資金 ＜10%×發行公司實收資本額	配偶、二親等以內之血親，及以本人或配偶為負責人之事業 同一關係企業
(5)辦理經主管機關核准之專案運用及公共投資		經主管機關核准
(6)國外投資	最高累積＜45%×保險業資金	例如，經特定機構（例如 Moody's、SQP、Fitch）或其他經主管機關認可的評等機構，評定為 BBB 級或相當等級以上之公司發行之公司債

表 10-2　保險業資金運用項目、投資比率及投資標的品質限制（續）

運用項目限制	投資比率之限制	投資標的品質或當事人之限制根據條文
(7)投資保險相關事業	＜ 40%×保險業業主權益（與被投資公司具有控制與從屬關係者）	保險相關事業：銀行、票券、證券、期貨、信用卡、融資性租賃、保險、信託事業及其他經主管機關認定之保險相關事業
(8)經主管機關核准從事衍生性商品交易		
(9)其他經主管機關核准之資金運用		

資金定義：業主權益＋各種責任準備金

又由於保險法第 146 條系列已成為非常重要之條文，於此將其完整列示以供參考。

1. 第 146 條

保險業資金之運用，除存款或法律另有規定者外，以下列各款為限：

一、有價證券；二、不動產；三、放款；四、辦理經主管機關核准之專案運用及公共投資；五、國外投資；六、投資保險相關事業；七、經主管機關核准從事衍生性商品交易；八、其他經主管機關核准之資金運用。

前項所稱資金，包括業主權益及各種責任準備金。

第一項所稱之存款，其存放於每一金融機構之金額，不得超過該保險業資金百分之十。但經主管機關核准者，不在此限。

第一項所稱保險相關事業，係指銀行、票券、證券、期貨、信用卡、融資性租賃、保險、信託事業及其他經主管機關認定之保險相關事業。

保險業經營投資型保險之業務應專設帳簿，記載其投資資產之價值，其投資由主管機關另訂管理辦法，不受保險法第 146 條至第 146-2、第 146-4 條及第 146-5 條規定之限制。

2. 第 146-1 條

保險業資金得購買下列有價證券：

(1)公債、庫券、儲蓄券。

(2)金融債券、可轉讓定期存單、銀行承兌匯票、金融機構保證商業本票；其總額不得超過該保險業資金百分之三十五。

(3)經依法核准公開發行之公司股票，其購買每一公司之股票總額，不得超過該保險業資金百分之五，及該發行股票之公司實收資本額百分之十。

(4)經依法核准公開發行之有擔保公司債，或經評等機構評定為相當等級以上之公司所發行之公司債，其購買每一公司之公司債總額，不得超過該保險業資金百分之五及該發行公司債之公司實收資本額百分之十。

(5)經依法核准公開發行之證券投資信託基金及共同信託基金受益憑證，其投資總額不得超過該保險業資金百分之十，及每一基金已發行之受益憑證總額百分之十。

(6)證券化商品及其他經主管機關核准保險業購買之有價證券，其總額不得超過該保險業資金百分之十。

前項第 3 款及第 4 款之投資總額，合計不得超過該保險業資金百分之三十五。

保險業依第 1 項第 3 款投資，不得有下列情事之一：

一、以保險業或其代表人擔任被投資公司董事、監察人。

二、行使表決權支持其關係人或關係人之董事、監察人、職員擔任被投資金融機構董事、監察人。

三、指派人員獲聘為被投資公司經理人。

四、擔任被投資證券化商品之信託監察人。

五、與第三人以信託、委任或其他契約約定或以協議、授權或其他方法參與對被投資公司之經營、被投資不動產投資信託基金之經營、管理。但不包括該基金之清算。

保險業有前項各款情事之一者，其或代表人擔任董事、監察人、行使表決權、指派人員獲聘為經理人、與第三人之約定、協議或授權，無效。

保險業依第 1 項第 3 款至第 6 款規定，投資於公開發行之未上市、未上櫃有價證券、私募之有價證券，其應具備之條件、投資範圍、內容、投資規範及其他應遵行事項之辦法，由主管機關定之。

3. 第 146-2 條

保險業對不動產之投資，以所投資不動產即時利用並有收益者為限；其投資總額，除自用不動產外，不得超過其資金百分之三十。但購買自用

不動產總額，不得超過其業主權益之總額。

保險業不動產之取得及處分，應經合法之不動產鑑價機構評價。

保險業依住宅法興辦社會住宅且僅供租賃者，得不受第一項即時利用並有收益者之限制。

4. 第 146-3 條

保險業辦理放款，以下列各款為限：

⑴銀行保證之放款。

⑵以動產或不動產為擔保之放款。

⑶以合於第 146-1 條之有價證券為質之放款。

⑷人壽保險業以各該保險業所簽發之人壽保險單為質之放款。

前項第一款至第三款放款，每一單位放款金額不得超過該保險業資金百分之五；其放款總額，不得超過該保險業資金百分之三十五。

保險業依第 1 項第 1 款、第 2 款及第 3 款對其負責人、職員或主要股東，或對與其負責人或辦理授信之職員有利害關係者，所為之擔保放款，應有十足擔保，其條件不得優於其他同類放款對象，如放款達主管機關規定金額以上者，並應經三分之二以上董事之出席及出席董事四分之三以上同意；其利害關係人之範圍、限額、放款總餘額及其他應遵行事項之辦法，由主管機關定之。

保險業依第 146-1 條第 1 項第 3 款及第 4 款，對每一公司股票及公司債之投資與依第 1 項第 3 款以該公司發行之股票及公司債為質之放款，合併計算不得超過其資金百分之十，及該發行股票及公司債之公司實收資本額百分之十。

5. 第 146-4 條

保險業資金辦理國外投資，以下列各款為限：

⑴外匯存款。

⑵國外有價證券。

⑶設立或投資國外保險公司、保險代理人公司、保險經紀人公司，或其他經主管機關核准之保險相關事業。

⑷其他經主管機關核准之國外投資。

保險業資金依前項規定辦理國外投資總額，由主管機關視各保險業之經營情況核定之，最高不得超過各該保險業資金百分之四十五。但下列金額不計入其國外投資限額：

一、保險業經主管機關核准銷售以外幣收付之非投資型人身保險商品，並經核准不計入國外投資之金額。

二、保險業依本法規定投資於國內證券市場上市或上櫃買賣之外幣計價股權或債券憑證之投資金額。

三、保險業經主管機關核准設立或投資國外保險相關事業，並經核准不計入國外投資之金額。

四、其他經主管機關核准之投資項目及金額。

保險業資金辦理國外投資之投資規範、投資額度、審核及其他應遵行事項之辦法，由主管機關定之。主管機關並得視保險業之財務狀況、風險管理及法令遵循之情形就前項第二款之投資金額予以限制。

6. 第 146-5 條

保險業資金辦理專案運用、公共及社會福利事業投資，應申請主管機關核准；其申請核准應具備之文件、程序、運用或投資之範圍、限額及其他應遵行事項之辦法，由主管機關定之。

7. 第 146-6 條

保險業業主權益，超過第 139 條規定最低資本或基金最低額者，得經主管機關核准，投資保險相關事業所發行之股票，不受第 146 條之 1 第 1 項第 3 款及第 3 項規定之限制；其投資總額，最高不得超過該保險業業主權益。

保險業依前項規定投資而與被投資公司具有控制與從屬關係者，其投資總額，最高不得超過該保險業業主權益百分之四十。

保險業依第 1 項規定投資保險相關事業，其控制與從屬關係之範圍、投資申報方式及其他應遵行事項之辦法，由主管機關定之。

8. 第 146-7 條

主管機關對於保險業就同一人、同一關係人或同一關係企業之放款或其他交易得予限制；其限額，由主管機關定之。

前項所稱同一人，指同一自然人或同一法人；同一關係人之範圍，包含本人、配偶、二親等以內之血親，及以本人或配偶為負責人之事業；同一關係企業之範圍，適用公司法第 369-1 條至第 369-3 條、第 369-9 條及第 369-11 條規定。主管機關對於保險業與其利害關係人從事放款以外之其他交易得予限制；其利害關係人及交易之範圍、決議程序、限額及其他

應遵行事項之辦法，由主管機關定之。

9. 第 146-8 條

146-3 條第 3 項所列舉之放款對象，利用他人名義向保險業申請辦理之放款，適用第 146-3 條第 3 項之規定。

向保險業申請辦理之放款，其款項為利用他人名義之人所使用，或其款項移轉為利用他人名義之人所有時，推定為前項所稱利用他人名義之人向保險業申請辦理之放款。

10. 第 146-9 條

保險業因持有有價證券行使股東權利時，不得有股權交換或利益輸送之情事，並不得損及要保人、被保險人或受益人之利益。保險業於出席被投資公司股東會前，應將行使表決權之評估分析作業作成說明，並應於各該次股東會後，將行使表決權之書面紀錄，提報董事會。保險業及其從屬公司，不得擔任被投資公司之委託書徵求人或委託他人擔任委託書徵求人。

第五節　保險經營的利潤來源及其盈餘分配

一、保險經營之利潤來源表

保險業經營利潤來源按產物保險與人壽保險而有別，茲將其歸納如表 10-3。

表 10-3　保險業經營利潤來源

產物保險	人身保險
純保費差異（危險差異、承保利益）、附加保費差異（費差異）、投資收益、其他損益	死差益、費差異、利差益、解約益、其他利益

二、各利潤來源的觀念及其計算公式

1. 產物保險

產物保險的利潤來源可分成承保利益與投資收益兩項，茲分述如下：

⑴承保利益

承保利益主要來自費率結構的觀念，可以簡單的不等式表現如下。

①預期損失＞實際損失。如以損失率表現，則爲預期損失率＞實際損失率。

②預期營業費用＞實際發生之營業費用。

如將實際損失與實際營業費總額以保險費的百分比表示，可得損失率與費用率，兩者相加稱爲綜合率，當小於 100% 時，表示所收之保險費足夠支應賠款與營業費用，亦即有承保利益。如下所示：

（損失率＋費用率）＜ 100% → 綜合率＜ 100% → 承保利益

⑵損失率與費用率之分析

①損失率

(a)損失率的定義：損失率爲賠款支出與保費收入之比值，而以百分比表示。

(b)損失率的計算：計算損失率時須採保守穩健之觀念，所以其通則是損失應修正爲「已發生損失的觀念」，亦即至少考慮已付賠款及未決賠款。至於未決賠款之範圍，包括已報但尙未決之賠款（reported and unpaid claims），以及已發生但未報之賠款。惟未決賠款爲估計數字，在使用時須小心謹愼。至於「保費」須修正爲「已滿期保費」的觀念，藉以反映保險人已履行責任的相對保險費。

(c)損失率的類別註 4：計算方式可分成三種，茲分述如下：

(i) 曆年制之損失率。通常用於火災保險，其公式如下：

（當年度已付賠款＋年末未決賠款－年初未決賠款）/
（當年度簽單保費－年末未滿期保費＋年初未滿期保費）

式中分子部分稱爲已發生賠款，分母部分稱爲已滿期保費。

(ii)保單年度制之損失率，或稱承保年度制損失率，通常用於海上保險，其公式如下：

當年度生效保單之已付賠款及未決賠款／當年度生效保單之滿期保費

(iii) 意外事故年度制之損失率，汽車險使用之，其公式如下：

當年度發生事故之已付賠款及未決賠款／（當年度簽單保費－
年末末滿期保費＋年初末滿期保費）

損失率的推算過程非常複雜，尤其是未決賠款的部分，常涉及精算，讀者若有興趣可參考產物保險精算書籍註5。

②費用率計算公式。費用率是指下列：

（營業費用／簽單保費）×100%

⑶投資收益

即，投資收入扣除投資支出後餘額。

2. 人壽保險

將人壽保險公司的盈餘按盈餘發生之來源分類，稱為利源。而將盈餘按各種計算基礎分析其原因，可作為壽險公司檢討經營現狀並作為未來發展趨勢之參考，一般稱此為利源分析。人壽保險公司的利源分析甚為重要，茲詳析如下：

⑴死差益

由於實際經驗死亡率比預定死亡率小時，所產生之利益。公式如下：

死差益＝（預定死亡率－實際經驗死亡率）× 危險保險金額
　　　　（或稱純危險金額）
危險保險金額＝死亡保險金額－責任準備金

⑵費差益

實際所用之營業費用比預定營業費率所計算之營業費用少時，所產生

之利益。公式如下：

費差益＝（總保費－純保費－實際營業費用）×（1＋利率／2）

⑶投資差異

實際運用之收益比依預定利率等預計之運用收益多時，所產生之利益。公式如下：

投資差異＝（實際收益率－預定利率）×（責任準備金總額）

⑷解約收益

人壽保險契約於保險期間失效或解約時所產生之利益，以公式表示即為責任準備金與解約金之差額。又稱解約益。

解約收益＝責任準備金－解約金

有關解約，規定於保險法第 119 條，茲列示如下：

「要保人終止保險契約，而保險費已付足一年以上者，保險人應於接到通知後一個月內償付解約金；其金額不得少於要保人應得保單價值準備金之四分之三。償付解約金之條件及金額，應載明於保險契約。」

⑸其他收益

為雜項收入及雜項支出所產生之損益，包括保險契約變更所生之利益、額外危險保費所生之利益等等。

3. 人壽保險盈餘的分配

理論上，人壽保險在設定死亡率、費用率、利率註6 時較為保守，所以上述利益產生盈餘分配問題。茲分述如下：

⑴人壽保險盈餘分配的原因與考慮因素

人壽保險公司收取的保險費是基於預定死亡率、預定利率、預定營業

費用率等三個預定率計算，但一般對於預定率涉及未來各種不確定因素，做法上較保守。一般言之，所訂保費較實際需要爲多，所以業務經營會產生相當之利得，這些利得應適當分配於個別保單。至於盈餘分配應考慮的因素，有保單種類、保險經過期間、保險金額等等。

⑵盈餘分配（或稱保單紅利）的特質

或謂人壽保險的保單紅利，在性質上與一般銀行存款的利息或一般公司股息的分配並無差異，惟基於下列原因並不相同 註 7：

① 銀行支付給存款人的利息，係依預先約定之利率，支付給存款人之性質。

② 股息之分配，爲公司經營事業所得之利益分配給股東之性質。

③ 壽險之保單紅利爲將被保險人所繳之保險費，由保險公司努力經營之結果所產生之盈餘，歸還被保險人之性質。

⑶盈餘分配的原則

分配紅利之原則主要視保單對於死差益、利差益及費差益之貢獻而定。所以，須要依照保險種類、性別、契約年齡、經過年數、保險期間等確定。

⑷分配的方法

一般採用之方法有下列幾種：

① 三元素法：此法認爲每張保險單之盈餘，主要源於死差益、利差益及費差益，所以，每張保單的紅利爲此三種利益的總和，如依此種方法計算保單紅利就是三元素法。三元素法公式如表 10-4。

表 10-4　分紅三元素法

(a) 利差分紅＝期初責任準備金 ×（實際投資利率－預定利率）──▶ 利率差數 　　實際投資利率＝（2× 當年度投資收入）/（年初資產＋年底資產－當年度投資收入）
(b) 死差分紅＝純危險金額 ×（預定死亡率－實際經驗死亡率）──▶ 死亡率差數
(c) 費差分紅＝（預估之附加費用－實際費用）×（1 ＋實際投資利率）

② 資產額份法：針對同一種類大量相同保單所收取之保費收入，扣除給付成本、費用、紅利及解約金後之累積淨額，然後按每千元面額之比例基礎，加以分配，每一個別保單估計所能配屬之數額

稱爲資產額份。以資產額份按實際死亡率、利率、費用率、解約
等計算紅利，以實際經營績效決定紅利分配數額，稱之爲資產額
份法。

⑸受領保單紅利之選擇權

人壽保險受益人受領保單紅利時，可有下列選擇權：

①領取現金（cash dividend）：每年一次，以現金支付保單紅利。

②存儲生息（dividend accumulation）：將保單紅利積存一直到契約
終止，或被保險人請求時支付。平時保險公司依照所約定之銀行
定期存款利率，以利養利。

③抵扣保費（premium credits）：以保單紅利扣抵保險費。

④增額繳清保險（paid-up additions）：將每年紅利作爲躉繳費用以
購買繳清保險，增加保險金額。

本章關鍵詞

(1) 法定準備金（statutory reserves）

(2) 未滿期保費準備金（unearned premium reserve）

(3) 特別賠款準備金（special loss reserve）

(4) 賠款準備金（loss reserve）

(5) 責任準備金

(6) 死差益

(7) 費差異

(8) 利差益

(9) 解約益

(10) 純保費差異

(11) 附加保費差異

註釋

註 1：健康保險於保險實務上稱醫療保險，由於保險環境變遷，目前已有數家人壽保險公司推出終身醫療保險。醫療保險之保險費屬於「費用性質」，與人壽保險之保險費具有儲蓄性質有異。

註 2：因應九二一集集大地震，政府規劃住宅地震保險共保機制。自民國 91 年 4 月 1 日起，凡投保住宅火險者，同時搭配基本地震險，地震險保額一律爲 140 萬元。

註 3：本定義參酌李家泉，《實用壽險數理》，民 70 年 3 月增訂七版，頁 182～183。

註 4：*ibid*, pp.185～186.

註 5：讀者對此無興趣者可略過，但該等公式爲從事保險業者應了解之基本觀念。

註 6：例如，廖述源著，《財產保險費率釐訂理論與實際之研究》；林進田等著，《高等產險精算理論與實務》。

註 7：摘自《人身保險業務員資格測驗統一教材》，中華民國人壽保險商業同業公會編印，民 105 年。

考題集錦

1. 請說明賠款準備金與特別準備金之意義。另請比較兩者有何不同？並說明提存特別準備金之理由。　　　　　【108.2 核保人員】

2. 請說明保險業資金運用原則。　　　　　【108.1 核保人員】

3. 特別準備金（Special Loss Reserve）　　　　　【108.1 核保人員】

4. 產險公司經營的利源，也就是主要獲利的來源可以包括哪五大方面？
　　　　　【107.2 核保人員】

5. 特別準備金（Special Reserve）　　　　　【107.2 核保人員】

6. 賠款準備金提存之理由何在？試簡要說明之。　　　　　【107.1 核保人員】

7. 未滿期保費準備金　　　　　【107.1 核保人員】

8. 保險業之外來資金有哪些？請舉三個並稍加描述其意義。
　　　　　【106.2 核保人員】

9. 綜合率（Combined Ratio）　　　　　【106.2 核保人員】

10. 第一類準備金　　　　　【106.2 核保人員】

11. 綜合比率（Combined Ratio）如何計算？由綜合比率如何判定保險公司是否有獲利？　　　　　【106.1 核保人員】

12. 特別準備金　　　　　【106.1 核保人員】

13. 產險公司獲利的來源包括哪些情形？　　　　　【105.2 核保人員】

14. 綜合比率（Combined Ratio）　　　　　【105.2 核保人員】

15. 我國保險業可運用資金之來源，主要包括自有資金和外來資金兩部分，請說明外來資金包括哪些？（請列舉五種）　　　　　【105.1 核保人員】

16. 某產險公司於每年 12 月 31 日結算時，採用二十四分法提存未滿期保費準備，假設屬於八月份之未滿期保費為 100 萬（自留部分），試計算該月份之自留總保費收入為多少？（請列計算式）　　　　　【105.1 核保人員】

17. 危險差益　　　　　【105.1 核保人員】

18. 解約收益　　　　　【103.2 核保人員】

19. 實際賠款率（Actual Loss Ratio）　　　　　【103.1 核保人員】

20. 何謂「未滿期保費準備金」？請說明未滿期保費準備金之提存基礎應為何？再者，若以二十四分法之假設基礎估算未滿期保費準備金時，九月份之未滿期保費提存係數為多少？　　　　　【103.1 核保人員】

21. 何謂法定準備金？（5 分）法定準備金包含哪幾種？（10 分）該法定準備金分別提存之目的為何？（10 分）請分別說明之。
　　　　　【102 保險專業人員】

第 11 章

保險監理

學習目標

讀完本章，讀者應該可以：

1. 了解保險監理之理由。
2. 了解保險監理之方法。
3. 了解保險監理中之業務監理、財務監理與人事資格監理。
4. 了解保險監理中之預警制度。

第一節　保險監理之意義和理由

一、意義

　　保險監理是政府對於保險事業及保險輔助人之管理，其範圍包括各種法律之管制、保險業者間之協定，以及保險管理當局的行政措施。

二、保險事業之特質

　　保險監理之理由起因於保險事業之特質，保險事業之特質有下列三種：

1.保險業爲具有複雜性與專門技術性之行業

　　基本上，保險契約當事人對於保險之認知並不相等，雖然要求保險契約當事雙方秉持最大誠信原則，但似較偏重要保人。而保險之內容、原理、原則非一般被保險大衆所能完全了解，有賴政府對保險人進行監理，以維持被保險人之權利與義務之公平性。

2.保險契約具有特殊性

⑴保險契約在簽訂時，當事雙方之權利、義務並未完全確定，受保險事故是否發生而有變動。

⑵上述係指保險契約具有射倖性，當事人因契約所生之權利與義務之大小，取決於保險事故發生與否，不具有等值關係。

3.保險業具有社會公共性

⑴保險契約爲一種「附合性」契約，保險人與被保險人間之交易具有「不平等性」。

⑵保險契約爲定型化契約，契約由保險人預先制定，要保人僅有「同意」或「不同意」之單純選擇，兩者之交易力量不相等。

⑶要保人對於其所支付之保費不易評估，唯有透過政府監理，始能確保契約之公平交易。

⑷保險費屬預收性質，本質上具有「信託性」，尤以人壽保險爲然，其所具有之公共性，對社會公衆之利益影響至深且巨。

三、保險監理之理由

1. 防止保險之失敗（避免保險經營之失敗）

保險業與一般大眾息息相關，具有確保經濟單位生活安定之目的，如因保險業清償能力產生問題，必然對被保大眾權益產生巨大影響。因此，監理機關必須督導保險業維持正常經營及其健全發展。

2. 防止營運方法之不當（避免不合理之營運）

保險業之經營政策每由少數重要人員所掌控，其經營內容又涉及專業性與複雜性，保單持有人（被保險人）難以窺其堂奧，為避免保險經營者營運方法不當，僅能藉由保險監理單位定期或不定期檢查糾正。

3. 消除自由競爭之弊端（減少自由競爭之弊端、提供保險人公平競爭之環境）

競爭雖為進步之源頭，惟過度惡性競爭極易導致保險業失卻清償能力。例如，產險市場上之放佣、放扣、錯價等行為，影響市場安定至深，為維護市場安定，唯有由政府採行若干管制措施，始能使業者在同一規則下作公平競爭。

4. 補行自行管制之無效（補行自行管制之缺失）

鑑於自由競爭之流弊，保險業亦頗多成立各種組織，對於費率與條款多所協定共同遵守，惟效果頗為有限，流於形式。再者，業者之協定僅在增進其自身之利益，因之仍有賴政府之監督管理，始克其功。

5. 配合國家經濟發展與社會政策之需要

⑴擴大保險階層

無論是強制保險或社會保險或商業保險，均有賴主管監理機關之配合，始能擴大保險階層。

⑵新種保險之設計

保險監理機關應鼓勵保險業設計符合被保大眾需要之新種保險，以促進被保險人獲得最適合其保障與負擔之保險。

⑶適度開放新保險業加入市場競爭

保險業爲一涉及社會公共性與公益性之行業，如何避免被保險人在自由競爭下因保險業發生清償能力問題，或在獨占或寡占情況下受到剝削，爲主管監理機關釐訂保險政策時必須考慮者。

⑷累積資金之妥善運用

保險業累積之大量資金爲社會經濟中之有力投資來源，其運用兼顧安全性、獲利性、流動性等固有原則，惟亦可因其具公益性而在運用時配合國家與社會之需要，提供適當之公益性。

第二節　保險監理之方法

保險監理的方法，大略有公示主義、準則主義與實體監督主義，分述如下：

一、公示主義（公示方式）

1.意義

保險監理機關對於保險業之經營，並不作任何直接之管理監督，僅規定保險業者必須依照政府規定之格式及內容，定期將營業報告書及計算書等財務狀況呈報主管機關並予公告。至於保險業本身組織是否健全、經營績效是否合乎標準，完全由被保大眾自行判斷。

2.採行條件

⑴在保險知識水準方面

國民保險知識水準甚高，對保險業良窳具適當之判斷力。

⑵自立自主之保險市場

一國之經濟已高度開發，保險機構設立普遍，自制力高，被保險人有選擇優良保險人之機會。

(3)優點

保險事業可自由競爭、自由發展。

(4)缺點

社會大眾對於保險業之經營良窳，尤其公告內容不易了解和評估。

二、準則主義（規範方式主義）

1.意義

(1)由主管監理機關制定保險經營的一定準則，並要求保險業者遵守。
(2)依此制，主管機關對於保險經營之相關重大事項均有明確規範，如有違反，依法處罰。
(3)所謂重大事項，包括資本額、資本負債表、損益表、營業報告書等規定。

2.缺點

本法雖較公示主義嚴格，但僅止於形式上之審核，對於實質違法者，難作有效之防止與糾正。

3.優點

政府僅制定一健全準則，業者在準則內可自由經營，限制不大。

三、實體監督主義（許可主義）

1.意義

實體監督主義規定保險業從設立許可、業務經營、財務結構，以至發生清算倒閉等，均由保險監理機關制定各種法律，予以完全之監督。

2.優點

較上述兩種主義嚴格，對被保險人之保障較大。

第三節　我國保險事業監督內容

我國保險事業監督採實體監督主義，基本上可分為事業成立前之監督，成立後之營運、財務、人事監督等。

一、保險事業成立之監督（設立監督）

1. 相關法條

保險法第 137 條規定：「保險業非申請保險機關核准，並依法申請營業登記，繳存保證金，領得營業執照後，不得開始營業。保險業之設立標準，由主管機關定之。外國保險業非經主管機關許可，並依法申請營業登記，繳存保證金，領得營業執照後，不得開始營業。本法有關保險業之規定，除法令另有規定外，外國保險業亦適用之。外國保險業之許可標準及管理辦法，由主管機關定之。」

2. 申請核准

保險股份有限公司之核准機關為金融監督管理委員會（以下稱金管會）；保險合作社方面，經營業務方面亦為金管會，社務方面為合作主管機關。依保險法第 12 條規定：「本法所稱主管機關為金融監督管理委員會，但保險合作社除其經營之業務，以財政部為主管機關外，其社務以合作社主管機關為主管機關。」

3. 營業登記

依保險法 137 條規定，保險業開始營業前，須依法申請營業登記，所謂依法，如為保險股份有限公司，適用保險法與公司法，如為保險合作社，適用保險法與合作社法。

4. 繳存保證金

依保險法 141 條與 142 條規定，繳存保證金之相關內容如下：
(1)繳存額度：資本總額之百分之十五或基金總額之百分之十五。
(2)繳存地點：國庫。
(3)繳存種類：現金、公債、庫券。

5. 領取營業執照

　　保險法第 137 條第 1 項：「保險業非申請主管機關核准，並依法爲營業登記，繳存保證金，領得營業執照後，不得開始營業。」

二、保險事業成立後之監督

1. 保險業之業務經營管理與監督

⑴營業範圍之限制

①保障專業：係指保險法第 136 條第 2 項之規定，非保險業不得兼營保險或類似保險之業務。

②禁止兼業

　(a)不得同時兼營產壽險：保險法第 138 條第 1 項及第 2 項：「財產保險業經營財產保險，人身保險業經營人身保險，同一保險業不得兼營財產保險及人身保險業務。但財產保險業經主管機關核准經營傷害保險及健康保險者，不在此限。財產保險業依前項但書規定，經營傷害保險及健康保險業務應具備之條件、業務範圍、申請核准應檢附之文件及其他應遵行事項之辦法，由主管機關定之。」由上述可知，我國財產保險業與人身保險業目前均可經營傷害保險及健康保險，所以該兩種保險在性質上又稱爲「第三類保險」或「中性保險」。

　(b)保險業不得兼營其他業務：保險法第 138 條第 3 項規定：「保險業不得兼營本法規定以外之業務。但經主管機關核准辦理其他與保險有關業務者，不在此限。」

　(c)非保險業不得兼營保險或類似保險之業務（保險法第 136 條第 2 項）。

　(d)保險合作社不得經營非社員之業務（保險法第 138 條第 5 項）。

⑵保險費率與保單條款之審核

①保險費率監理之制度

　(a)保險費率監理制度之種類

　　(i) 事前核准制（prior approval）：保險公司事先將其釐訂之保險費率送交保險監理機構核准，奉核准之後始可於保險市場中使用。

　　　　(ii) 申請使用制（file-and-use）：保險人於使用新費率之前，須
　　　　　　向保險監理單位申請，惟無須保險監理單位之核准。

　　　　(iii) 免核准制（no-file required）：保險人使用新費率無須向保
　　　　　　險監理單位申請核准使用。

　　(b)保險法第 144 條第 1 項：「保險業之各種保險單條款、保險費
　　　及其他相關資料，由主管機關視各種保險之發展狀況，分別規
　　　定其銷售前應採行之程序、審核及內容有錯誤、不實或違反規
　　　定之處置等事項之準則。」

⑶保險金額之限制

　　保險法第 147 條：保險業辦理再保險之分出、分入或其他危險分散
機制業務之方式、限額及其他應遵行事項之辦法，由主管機關定之。

　　保險法第 147 條之 1：保險業專營再保險業務者，為專業再保險業，
不適用第 138 條第 1 項、第 143 條之 1、第 143 條之 3 及第 144 條第 1 項
規定。前項專業再保險業之業務、財務及其他相關管理事項之辦法，由主
管機關定之。

⑷營業方法之限制

　　包括共保方式之採用、超額承保之限制與分紅保險契約之限制。

①共保方式之採用：保險法第 144-1 條規定：「有下列情形之一者，
　　保險業得以共保方式承保：(a) 有關巨災損失之保險者；(b) 配合政
　　府政策需要者；(c) 基於公共利益之考量者；(d) 能有效提升對投
　　保大眾之服務者；(e) 其他經主管機關核准者。」例如，保險法第
　　138-1 條規定：「保險業應承保住宅地震危險，以主管機關建立之
　　危險承擔機制為之。前項危險承擔機制，應成立住宅地震保險基
　　金負責管理，就超過財產保險業共保承擔限額部分，由該基金承
　　擔、向國內、外之再保險業為再保險、以主管機關指定之方式為
　　之或由政府承受。」

②超額承保之限制：保險法第 72 條：「保險金額為保險人在保險期
　　內，所負責任之最高額度。保險人應於承保前，查明保險標的物
　　之市價，不得超額承保。」

③分紅保險契約之限制：保險法第 140 條第 1 項：「保險公司得簽
　　訂參加保單紅利之保險契約。」保險法第 140 條第 2 項：「保險
　　合作社簽訂之保險契約，以參加保單紅利者為限。」

2. 保險業之財務監督

(1)責任準備金之提存

① 各種責任準備金之提存：見保險法第 11 條，已如前述。

② 各種責任準備金提存是否適當與穩健之監督：保險法第 145 條：「保險業於營業年度屆滿時，應分別保險種類，計算其應提存之各種責任準備金，記載於特設之帳簿。前項所稱各種準備金比率，由主管機關定之。」

③ 未盡提存義務之處罰：保險法第 171 條：「保險業違反第 144 條第一項至第四項、第 145 條規定者，得處負責人各新台幣六十萬元以上、六百萬元以下罰鍰，並得撤換其核保或精算人員。」而保險業簽證精算人員或外部複核精算人員違反第一百四十四條第五項規定者，主管機關得視其情節輕重為警告、停止於三年以內期間簽證或複核，並得令保險業予以撤換。

(2)資金及責任準備金運用之監督

① 監督原則：安全性、流動性、獲益性、公益性，詳見本書第10章。

② 運用限制之監督：包括範圍與比例。請參考保險法第 146 條系列，已見前述。

3. 保險業之人事監督

指核保人員、理賠人員、精算人員之資格任用監督。依保險法第 144 條第 2 項規定：「為健全保險業務之經營，保險業應聘用精算人員並指派其中一人為簽證精算人員，負責保險費率之釐訂、各種責任準備金之核算簽證及辦理其他經主管機關指定之事項；其資格條件、簽證內容、教育訓練、懲處及其他應遵行事項之管理辦法，由主管機關定之。」

144 條亦規定簽證精算人員之指派應經董（理）事會同意，並報經主管機關核備。

簽證精算人員應本公正及公平原則，向其所屬保險業之董（理）事會及主管機關提供各項簽證報告；外部複核精算人員應本公正及公平原則向主管機關提供複核報告。簽證報告及複核報告內容不得有虛偽、隱匿、遺漏或錯誤等情事。

三、保險監理中之預警制度

1. NAIC 保險法規資訊系統（the NAIC insurance regulatory information system，簡稱 IRIS）

此爲美國全國保險監理官協會於 1974 年開發，一種測試保險公司財務狀況之系統，主要目的在於早期發現保險公司喪失清償能力的徵兆。所採用的工具是各種財務指標，由於產壽險業之性質有異，因此，測試之指標自有差異。

2. 風險基礎資產（risk-based capital，簡稱 RBC）

風險基礎資產是一種監理保險公司維持清償能力的方法，主要是針對保險業承保險種時，要求其相對之資產額度。須要多少資產視承保之險種類別之風險，以及保險人投資組合之風險而定，主要目的是在測試保險公司能否應付或承擔其在經營過程中可能面臨的各種風險，諸如保險風險、利率風險、業務風險等。依據風險細項，規定不同之風險係數，由該等係數計算風險基礎資產比率，保險監理官依據不同比率，訂定監理措施或行動註 1 。

3. 我國之預警制度

⑴資本適足率標準

依保險法第 143-4 條第一項規定，保險業自有資本與風險資本之比率（以下簡稱資本適足率），不得低於百分之二百；必要時，主管機關得參照國際標準調整比率。

⑵資本適足率等級

依保險法第 143-4 條第二項規定，資本適足率劃分爲下列等級：

一、資本適足。指資本適足率達第一項所定之最低比率。

二、資本不足。依據保險業資本適足率管理辦法規定，係指⑴保險業資本適足率在百分之一百五十以上，未達百分之二百。⑵保險業最近二期淨值比率均未達百分之三且其中至少一期在百分之二以上。

三、資本顯著不足。依據保險業資本適足率管理辦法規保險業最近二期淨值比率均未達百分之二且在零以上。

四、資本嚴重不足。指資本適足率低於百分之五十或保險業淨值低於零。

⑶自有資本與風險資本之定義

① 自有資本：依保險業資本適足性管理辦法註2 第 2 條規定，指經認許之業主權益暨其他依主管機關規定之調整項目。

② 風險資本之範圍：依保險業資本適足性管理辦法第 3 條規定，風險資本，指依照保險業實際經營所承受之風險承受度，計算而得之資本，其範圍包括下列風險項目：在人身保險業方面為資產風險、保險風險、利率風險、其他風險；在財產保險業方面為資產風險、信用風險、核保風險、資產負債配置風險、其他風險。

③ 上開名詞中，依我國財產保險業資本適足性填報手冊規定：

- 資產風險：關係人風險（R0），是指保險人投資於關係人交易所持有之各項資產，可能因其資產價值變動而影響保險人失卻清償能力之風險。

- 資產風險：非關係人風險（R1），係指保險人投資於非關係人交易所持有之各項資產，可能因其資產價值變動而影響保險人失卻清償能力之風險。

- 信用風險（R2）：係指保險人因交易對象不履行義務，而影響保險人失卻清償能力之風險。

- 核保風險（R3）：係指保險人經營業務時針對已簽單業務低估負債，或是於未來新簽單契約費率定價不足之風險。

- 資產負債配置風險（R4）：係指保險人因外在環境之原因，包括利率、政策、法令及巨災等變動因素，造成資產與負債價值變動不一致之風險。

- 其他風險（R5）：係指保險人除上述四項風險外可能面對的其他風險，主要包含項目為營運風險，係指保險人因營運上各項因素所導致的直接或間接的可能損失。

至於人身保險業，依我國人身保險業資本適足性填報手冊規定：

- 資產風險：關係人風險（C0），係指保險業投資於關係人交易所持有之各項資產，可能因其資產價值變動而影響保險業失卻清償能力之風險，其意義與財產保險業同。

- 資產風險：非關係人風險（C1），係指保險業投資於非關係人交易所持有之各項資產，可能因其資產價值變動而影響保險業

失卻清償能力之風險；本項再細分為 C1O：非股票之資產風險
及 C1S：非關係人股票風險，以調整各項風險之相關程度。
- 保險風險（C2）：係指保險業經營業務時針對已簽單業務低估
  負債，或是於未來新簽單契約費率定價不足之風險。
- 利率風險（C3）：指保險業因利率變動因素，造成資產與負債
  價值變動不一致之風險。
- 其他風險（C4）：係指保險業除上述四項風險外可能面對的其
  他風險，主要包含項目是營運風險，係指保險業因營運上各項
  因素所導致的直接或間接的可能損失。

至於再保險業，依我國人身保險業資本適足性填報手冊規定，其
風險種類有下列幾種：
- 資產風險（R0）：關係人風險。
- 資產風險（R1）：非關係人風險，包括下列兩類：
  資產風險（R1o）：非股票之資產風險。
  資產風險（R1s）：非關係人股票風險。
- R2：信用風險。
- R3a：核保風險：自留賠款準備金風險。
- R3b：核保風險：保費風險。
- R4：資產負債配置風險。
- R5：其他風險。

上開所列各項，其意義與前述各名詞類似，讀者可自行參考。

本章關鍵詞

(1) 保險監理

(2) 公示主義

(3) 準則主義

(4) 實體監督主義

(5) 風險基礎資產（RBC）

註釋

註1：茲摘錄保險監理官的風險基礎資本因子與公式如下：

人壽保險	財產及意外保險	健康保險
表外資產風險		
C0：非衍生性風險	R0：非衍生性風險	H0：非衍生性風險
資產風險（市場和信用風險）		
C1O：其他權益風險 C1CS：普通股風險 C3b：健康預先給付之信用風險	R1：資產風險：固定收益 R2：資產風險：權益 R3：信用風險和再保險的信用風險	H1：資產風險（包括固定收益與權益風險） H3：信用風險（包括再保險與健康保險）
技術風險		
C2：保險風險	R4：責任準備金風險、再保險信用風險、成長風險 R5：保險費風險、成長風險	H2：保險風險
利率風險		
C3a：利率風險		
經營風險		
C4a：商業風險 C4b：健康管理費用		H4：商業風險
風險基礎資額〔RBC〕		

$$C0 + C4a + \sqrt{C1a + C3a^2 + C1CS^2 + C3b^2 + C4b^2}$$
$$R0 + \sqrt{R1^2 + R2^2 + R3^2 + R4^2 + R5^2}$$
$$H0 + \sqrt{H1^2 + H2^2 + H3^2 + H4^2}$$

資料來源：*Risk Management Practices and Regulatory Capital*, IOSCO., 2001, pp. 96～97.

其主要公式如下：

風險資本額比率＝調整後資產 ÷ 總風險基礎資本額

風險資本額比率及行動水準如下：

風險資本額比率及行動水準		
風險資本額比率	行動水準	監理行動
200% 以上	無行動水準	趨勢測試，未通過進入公司行動水準
150%～200%	公司行動水準	提出完整財務計畫
100%～150%	監理行動水準	要求糾正提供改善計畫
70%～100%	授權控管水準	重整或清算保險公司
70% 以下	接管水準	接管保險公司

資料來源：*Risk Management Practices and Regulatory Capital*,
　　　　　IOS CO., 2001, p. 98.

註2：中華民國90年10月20日台財保第0900751413號令。該法
　　　規最後生效日期：民國109年04月01日本辦法108.12.04
　　　修正之第5、6、9、10條條文，自中華民國109年4月1日
　　　施行。

考題集錦

1. 政府在保險監理上，對營業範圍有何限制？請簡要說明之。

【108.2 核保人員）

2. 清償能力之衡量標準為何？請簡述之。　　　【108.2 核保人員】

3. 請說明政府監理保險業之理由及各國採行之方式有哪些？又，我國係採
   何種方式？全球保險監理政策之發展趨勢為何？　【108.1 核保人員】

4. 清償能力（Solvency Margin）　　　　　　　【108.1 核保人員】

5. 政府監理保險業的方式可以分為哪三種？我國是屬於哪一種？

【107.2 核保人員】

6. 政府監理保險業之主要理由為何？又，政府監理保險業之方式有哪幾
   種？試分別詳細說明之。　　　　　　　　　【104.2 核保人員】

第12章

產物保險㈠── 火災保險、海上保險、內陸運輸保險、汽車保險

學習目標

讀完本章,讀者應該可以:

1. 了解火災保險之種類。
2. 了解住宅火災保險與商業火災保險之承保範圍及重要條款。
3. 了解地震基本保險之內容。
4. 了解海上保險之種類。
5. 了解海上貨物保險之承保範圍。
6. 了解英國之協會貨物條款。
7. 了解英國之協會時間條款概要。
8. 了解內陸運輸保險概況。
9. 了解汽車保險概況。

關於產物保險之分類與名詞問題

　　產物保險依性質區分包括財產保險與責任保險，但是保險市場上習慣按險種劃分，其劃分方式大致上按險種之發展，現行之種類大略為火災保險、海上保險、汽車保險、其他歸為意外保險，亦有保險公司將意外保險稱為新種險。

　　意外保險之範圍事實上是有其彈性，例如以往將汽車保險亦包括在內，但是汽車保險之業務量甚大，因此亦有人將其脫離意外保險範圍。

　　意外保險範圍內之責任保險是另一容易引起誤解的名詞，責任保險為一通稱，火災保險、海上保險、汽車保險範圍內亦承保責任保險，例如火災保險中有法定責任保險，海上保險中有碰撞責任、油污染責任、船東責任等保險，汽車保險中有任意汽車責任保險、強制汽車責任保險。即使是意外保險範圍內之航空保險，亦承保有飛機責任保險、飛機場責任保險；又如工程保險中之營造工程綜合保險亦將責任險承保在內，但是個人或企業團體所面臨之各種責任危險何其多，因此歸於意外保險中之責任保險種類不勝枚舉，歸納之則可分為一般責任保險與專業責任保險。

　　一般責任保險有以個人為對象者，亦有以企業為對象者，因此有所謂的個人責任保險與商業責任保險，前者如高爾夫責任保險，後者比較常見的如公共意外責任保險、產品責任保險、雇主責任保險、營繕承包人責任保險、意外污染責任保險、電梯意外責任保險、綜合責任保險。至於專業責任保險，凡歸屬於專業人士者，原則上均有保險因應，較常見的有醫師專業責任保險、律師與會計師專業責任保險、建築師與工程師專業責任保險、保險代理人與經紀人責任保險等。意外保險中尚有現金保險、信用保險、保證保險、太空保險等。

　　又由我國產險市場為統計各業務之各種數據，對於產物保險之險種亦有區分，區分為火災保險、海上保險（下分貨物運輸保險、船體保險、漁船保險）、汽車保險（下分一般汽車保險、強制責任保險）、航空保險、其他財產（下分工程保險、責任保險、信用保證保險、其他保險、傷害保險、健康保險）。由於傷害保險與健康保險為產物保險業者與人身保險業者均可承做之險種，故有中性保險或第三類保險之稱謂。總之，產物保險之分類異常複雜，無明顯標準可言。

21 世紀以來，資訊科技發展日新月異引發保險科技（InsurTech）創新，在社會環境、經濟環境、法律環境改變之下，人民生活型態改變，企業經營環境改變，保險消費需求隨之複雜化，產物保險業者因應此等不可逆轉之局面，推出之新保險商品，種類繁多。於保險學入門書之中無法詳細著墨，讀者若欲進一步了解，可以參考我國保險事業發展中心網站（網址如下所列）：

http://insprod.tii.org.tw/database/insurance/index.asp

第一節　火災保險

一、火災保險之意義暨承保範圍

1.意義

火災保險為財產保險主要種類之一，歷史悠久。較早的火災保險是指承保火災、閃電雷擊等事故所致保險標的之毀損滅失之保險，可稱之為「純火險」。現代火災保險承保之範圍不單標的增多，不動產方面除土地不受火災威脅不保外，其他如房屋；動產，如機器設備、家具、衣李、商品、貨物、原料、器材均可作為保險標的。另外，火災保險另可以附加方式，將爆炸、地震、竊盜、營業中斷等危險納入承保範圍，此等附加之危險，即為火災保險之附加險。

火災保險中承保之火災、閃電雷擊、爆炸，有其通論定義。茲說明如下：

⑴火災

　　(a)火：為一種產生光與熱之急速氧化作用，其要件包括：須有燃燒作用、須有灼熱、須有火燄或火光。

　　(b)火災須具備下列要件

　　(i) 須有實質之燃燒：亦即須燃燒作用、灼熱、火光三者具備。

　　(ii)須其火力超出一定範圍。火有善火（friendly fire）、惡火（unfriendly fire or hostile fire）之分，前者為一定目的，在一定範圍之內故意燃燒之火；後者為火力超出一定範圍，在不該燃燒之處燃燒而造成損失之火。火災保險之火災為一種惡火。

(iii) 須為意外與不可抗力之原因所致。

(iv) 須發生直接損失。

⑵閃電雷擊：空中陽電與陰電相遇結果，所產生的強烈弧光與巨大之震轟。

⑶爆炸：在有限空間下壓力迅速上升，隨之容器（例如塔槽、構造物）破裂，壓力突然釋出之現象。

2. 現代火災保險承保範圍因素

現代火災保險的承保範圍及其組成的保險，可以歸納如表 12-1。

表 12-1　現代火險組成因素結構表

標的	有形	動產、不動產	A	各種火險
	無形	從屬利益、費用	B	普通火險 （A＋C＋E）
危險事故	基本危險	火災、閃電、少數特定場合之爆炸	C	火險附加險 （A＋D＋E）
	特殊危險	天然性質、物理化學性質、社會群眾性質、其他	D	從屬損失險
損失	直接損失		E	〔（B＋C＋F）， （B＋D＋F）〕
	間接損失	間接使用損失、收益損失、費用損失	F	

現代火災保險的種類不脫離上述組合，例如保險人如承保有形標的、基本危險事故、直接損失，就構成普通火災保險。又如，在普通火災保險中以附加條款方式加保颱風洪水險（屬於天然性質的特殊危險事故），就承保了一種附加險，附加險即是須以主險為基礎之保險，不能單獨存在。如果被保險人要求的保障是無形的標的，且產生之損失主要亦為無形性（間接損失），此時就成立從屬損失保險。在我國從屬損失保險亦具有附加性質，有主險存在始有其適用。

上述為一原則，在實務上普通火險承保範圍常有修正，尤其是危險事故，讀者應須注意，保險非常具有實務性，在使用時無法脫離現實。

3. 目前承保之險種

目前火險市場承保之險種，約可分類如下：

⑴基本險種

有住宅火災保險及地震基本保險、商業火災保險、商業火災綜合保險。其中住宅火災保險及地震基本保險，基本上是一種綜合保險，係由住宅火災保險與地震基本保險構成，而其中的「住宅火災保險」，為一代表性名稱，依我國最新的住宅火災保險參考條款[註1]規定，承保之險種擴及住宅火災保險、住宅第三人責任基本保險、住宅玻璃保險、住宅颱風及洪水災害補償保險等四種，再搭配強制性的地震基本保險，在性質上已成為一種綜合保險，但是承保之危險事故並未採用概括式。所以，一種保險究竟保障範圍為何，應視保單條款中記載的承保範圍而定。

⑵各保險公司自行開發經金管會核准之商品

種類繁多，有興趣之讀者請參閱我國保險事業發展中心網站，網址如前所列。

⑶附加險種

係以附加條款方式附加於主保險中擴大承保範圍之險種，住宅火災保險及商業火災保險均有，但是商業火災綜合保險性質上屬於概括式保險，通常不會有附加險。例如住宅火災保險可以附加罷工、暴動、民眾騷擾、惡意破壞行為保險附加條款（住宅火災保險適用），即將該等危險承保在內。又如營業中斷保險附加條款附加於商業火災保險，保障了企業之間接損失。

4.基本險種概述

了解任何險種提供之保障，主要是觀察承保範圍。承保範圍可以承保之危險事故、費用與損失等觀察。另外保險金額之設定基礎、不足額保險之理賠亦為基本觀察重點。

⑴現行住宅火災及地震基本保險

如前所述，現行住宅火災及地震基本保險包括五種保險，其中住宅火險承保之危險事故為「火災、閃電雷擊、爆炸、航空器及其零配件之墜落、機動車輛碰撞、意外事故所致之煙燻、罷工暴動民眾騷擾惡意破壞行為、竊盜」，除此之外，因為該等危險事故之發生，為救護保險標的物，致保險標的物發生損失，亦視同承保之危險事故所致之損失。再者，所謂

損失，係指承保之危險事故對承保之建築物或建築物內動產直接發生的毀損或滅失，不包括租金收入、預期利益、違約金及其他附帶損失。另外，亦提供防止損失擴大之必要合理費用，包括清除費用、臨時住宿費用在內之額外費用。

住宅火險之保險金額評估基礎，建築物採用重置成本基礎，動產採用實際現金價值基礎，不足額保險之情況下，建築物之理賠適用 60% 共保條款，理賠公式如下：

按重置成本為基礎計算之損失金額 × 建築物之保險金額 ÷（建築物於承保危險事故發生時之重置成本 ×60%）

動產理賠之公式及式損失分擔基礎，理賠公式如下：

實際損失 × 保險金額 ÷ 危險事故發生時之實際價值

第三人責任基本保險，其承保範圍為：「保險期間內保險標的物因火災、閃電雷擊、爆炸或意外事故所致之煙燻，致第三人遭受體傷、死亡或財物損害，被保險人依法應負賠償責任而受賠償請求時，依保險契約之約定，負賠償責任。」第三人責任基本保險之「保險金額」屬於分項保額性質，共有五種，分別是⑴每一個人體傷責任之保險金額（目前額度為新台幣一百萬元）、⑵每一個人死亡責任之保險金額（目前額度為新台幣二百萬元）、⑶每一意外事故體傷及死亡責任之保險金額（目前額度為新台幣一千萬元）、⑷每一意外事故財物損害責任之保險金額（目前額度為新台幣二百萬元）、⑸保險期間內之最高賠償金額（目前額度為新台幣二千四百萬元）。

第三人責任基本保險亦承保被保險人之民事抗辯或和解所生之費用，但應賠償金額（指被保險人於民事責任中之賠償額度）超過保險金額，保險公司僅按保險金額與應賠償金額之比例分攤。又，第三人責任基本保險在性質上屬於基本保險（或稱優先保險，primary insurance），故與其他責任保險契約競合時，應優先賠付。

住宅玻璃保險承保範圍為：「承保之住宅建築物因突發意外事故導致固定裝置於四周外牆之玻璃窗戶、玻璃帷幕或專有部分或約定專用部分對外出入之玻璃門破裂之損失，負賠償責任。因前項損失所須拆除、重新裝置或為減輕損失所需合理之費用，亦負賠償責任。」住宅玻璃保險給付額

度每次事故設有限額，保險期間內也有最高累計賠償金額之限制。承保之玻璃因突發意外事故所致損失，保險公司以修復或重置所需之費用計算損失金額，不再扣除折舊。

住宅颱風及洪水災害補償保險之承保範圍為：「對於保險期間內保險標的物直接因颱風或洪水事故發生損失時，依保險契約之約定，負賠償責任。」此保險於保險期間內，給付之保險金亦有最高累積賠償責任之限制，目前設定之賠償限額按照標的物所在地區有不同額度，但基本上額度均不大。

住宅地震基本保險之承保範圍為：「保險公司於本保險契約保險期間內，因約定之危險事故致保險標的物發生承保損失時，依保險契約之規定負賠償責任。所謂約定之危險事故，包括(1)地震震動，(2)地震引起之火災、爆炸，(3)地震引起之地層下陷、滑動、開裂、決口。而危險事故在連續 168 小時內發生一次以上時，視為同一次事故。」至於保險金額之評估基礎為重置成本基礎，但保險金額有最高之限制，目前為新台幣一百五十萬元。另外，亦支付臨時住宿費用予被保險人，每一住宅建築物為新台幣二十萬元。

本保險所約定之地震，係指我國或其他國家之地震觀測主管機關觀測並記錄之自然地震，承保之標的物僅限建築物本體，不包括動產及裝潢。而所謂承保之損失僅限全損，全損係指(1)經政府機關通知拆除、命令拆除或逕予拆除。(2)經本保險合格評估人員評定或經建築師公會或結構、土木、大地等技師公會鑑定為不堪居住必須拆除重建、或非經修復不適居住且修復費用為危險事故發生時之重置成本百分之五十以上。住宅地震基本保險在性質上屬於優先保險，故如另有其他保險契約同時應負賠償責任，應優先賠付。最直接的其他保險，應屬擴大地震保險或超額地震保險，其承保範圍各有不同，網路上甚易查詢。又，其他保險在性質上則屬於超額保險（excess insurance）性質。

(2)商業火災保險

現行商業火災保險承保之基本危險事故僅以火災、爆炸引起之火災、閃電雷擊，以及救護標的物之損失等為限。所謂損失，僅限直接損失，被保險人協助保險人行使代位求償權所發生之合理必要費用，防止損失擴大之必要合理費用亦在承保之列。保險金額之評估基礎採實際現金價值基礎法，不足額保險之情況下，亦採損失分擔條款處理，亦即保險標的物之保險金額低於承保危險事故發生時之實際價值者，保險公司僅按保險

金額與該實際價值之比例負賠償之責。

第二節　營業中斷保險

一、定義

　　營業中斷保險係指承保被保險人，因保險事故造成營業中斷所致損失之保險，為一種從屬損失保險，通常係於被保險人之廠房設備投保火災保險後方可加保。依我國現行製造業適用之營業中斷保險附加條款規定，該保險係保險人與要保人同意，要保人加繳約定之保險費後，保險公司對於在附加險有效期間內，因發生承保之危險事故致本保險契約所載處所內之保險標的物（成品除外）毀損或滅失，而直接導致營業中斷之實際損失及恢復營業所生之費用，負賠償責任。現行營業中斷保險附加條款（非製造業適用）承保範圍之敘述與製造業類似。

　　依據上述，保險人之賠償責任係以被保險人於營業中斷期間實際遭受之損失為限，損失自然包括費用在內。總之，保險人之賠償責任不得超過該期間減少之營業毛利扣除非持續費用。由於保險人之賠償責任隨被保險人營業中斷期間之長短而異，所以本保險又稱為時間因素保險。

二、承保範圍

1. 保險事故

　　包括普通火災保險所承保之危險事故也可特約附加承保依些特殊危險事故，例如罷工暴動民眾騷擾（一般稱 SRCC）。

2. 保險標的

關於營業中斷保險之保險標的有下列幾點說明：

⑴企業財產營運產生之收益。

⑵「被保險財產」泛指因營業目的而使用之財產，故非以被保險人所有者為限，只要「被保險財產」遭受損失無法使用而發生收益之損失，即可產生保險利益。

⑶在本質上，營業中斷保險之保險標的，應是一種「預期營業收益」。分析其組成元素包括：未發生損害時原可獲得之淨利（net

profit）、固定費用（standing charges）、其他合理的額外費用。

3. 保險人之承保責任

營業中斷保險之中，保險人之承保責任，事實上是與其承保的保險標的相對應，原則上包括下列三種：

⑴淨利損失：係指營業額、生產量減少所致之淨利損失。

⑵持續費用：係指營業中斷期間（補償期間）仍須維持之固定費用。

⑶必要而合理之額外支出：係指補償期間以避免營業額減少為目的，所增加的必要而合理之額外支出。

4. 補償期間（indemnity period）

營業中斷保險最大特點為設定補償期間，補償期間是指在營業中斷保險合約中約定保險人自保險事故發生之日起所負補償責任之期間，該期間通常視修復或重置受損財產實際所需時間而定。如實際營業中斷期間少於約定之補償期間時，則保險人按實際營業中斷期間之實際中斷損失負補償責任。如實際營業中斷期間大於約定之補償期間時，則保險人以補償期間之實際中斷損失為最高補償責任。

第三節　海上保險概論

■第一項　海上保險之意義與種類

1. 海上保險之意義

我國保險法第 83 條規定海上保險為：「海上保險人對於保險標的物，除契約另有規定外，因海上一切事變及災害所生之毀損、滅失及費用，負賠償之責。」準此觀之，海上保險是指承保海上之事變及災害所生之毀損、滅失及費用之保險。

英國 1906 年海上保險法（Marine Insurance Act 1906）第 1 條則由契約觀點定義海上保險。該條指出：「所謂海上保險契約，係保險人向被保險人承諾，對於被保險人遭受海上損失，亦即，海上冒險時所發生之損失，依約定之方式及額度，負責補償之契約。」 註 2 上開條文規定保險人對於被保險人之責任應依契約中之約定已有界定，而將損失之源頭規範為海上冒險諒係一原則規定，實務上之海上保險契約有相當修正。

　　綜上，可將海上保險依契約觀點定義爲：「依契約規定承保海上之事變及災害所生之毀損滅失及費用之保險。」註 3

2.海上保險之種類概要

　　依海上保險承保的標的物，海上保險可分爲海上貨物保險（marine cargo insurance）與海上船舶保險（marine hull insurance）。但海上保險亦有以無形標的爲對象，故有運費保險（freight insurance）與責任保險（例如船東相互責任保險）。茲分述如下：

⑴海上貨物保險（marine cargo insurance）

　　海上貨物保險是指承保海上運送途中，因海上一切事變及災害而致貨物毀損、滅失之保險。上述係採依保險法引用類推，雖以海上一切事變及災害爲危險事故，但實務上海上貨物保險之承保範圍採用英國協會貨物保險條款（institute cargo clauses，簡稱 ICC）規範，該套條款有三種，分別爲 ICC(A)、ICC(B)、ICC(C) 等三式，其中 ICC(A) 式採概括式，列有除外事項以界定其承保範圍，另外兩種採列舉式，所以海上貨物保險承保範圍是有限制的。其所承保之損失一般以直接損失爲原則，詳細仍依英國協會貨物保險條款規範。海上貨物保險以採航程保險單爲主，其所承保之標的物以具有商品性質之貨物爲原則註 4。至於保險單型式實務上採用定值保險。

⑵海上船舶保險（marine hull insurance）

　　海上船舶保險爲承保船殼（或船體）及船上之機器、設備等屬具，因約定之海上災變所致毀損或滅失之保險註 5。海上船舶保險之承保範圍，在實務上大部分採英國協會條款，其中常見的有協會時間條款（institute time clause-hulls）、協會航程險條款（institute voyage clause-hulls），一般採定值保險承保。1995 年協會時間條款，爲目前承保船體保險通用之國際性基本條款。

⑶運費保險（freight insurance）

　　運費保險係以運費爲保險標的之保險，亦即承保運送人或船舶出租人因海上意外致應得而未得之運費損失。運費爲一種無形的標的，依英國保險單解釋規則第 16 條，所謂運費是指：「船東以自己之運送工具運送自己之貨物及商品或運送他人之貨物所得之報酬，惟不包括旅客客

票。」註6 實際上，運費保險中應由何人投保尚應由實際情況判定。在國際貿易之場合，尚須視運費付款方式而定，「運費到付」（freight collect）之場合，運送人受有風險，投保運費險者為運送人；「運費預付」（freight prepaid）之場合，通常由託運人投保。在傭船契約（charter party）之情況下，傭船人為租船人，如預付租金予船東，亦得投保運費保險。當然，傭船人如為第三人運送貨物，並採「運費到付」條件，同樣可投保運費保險。

⑷責任保險（liability insurance）

船東之船舶在海上航行，難免因意外對他人負法律上之責任或契約上之賠償責任，主要之責任為碰撞責任，所以在 1995 年船體協會時間險條款第 8 條「四分之三碰撞責任條款」（3/4ths Collision Liability）中，承保被保險人對於他船之碰撞責任註7。船東之責任當然不止於對他船碰撞，其他如對船員之責任、對港務局之損害責任等，項目繁多，對於船東為一巨大無形之威脅。實務上，船東均投保「防護及補償保險」（protection and indemnity insurance，簡稱 P&I），以資因應。此種保險屬於相互型保險，非營利性，最有名的組織當推防護及補償協會（Protection and Indemnity Club）。

3. 海上保險市場承保之險種

國內海上保險市場承保之險種當然不以上述為限，除傳統之船舶保險、漁船保險、貨物保險外，另外因應消費者需求發展出許多海上保險相關之責任險，例如貨物運送人責任險、海運承攬運送人責任險、娛樂漁業漁船意外責任險、遊艇意外責任險、漁業漁船船員雇主責任險等等。另尚有貨櫃保險、海上鑽油設備保險、造船保險、遊艇保險、提單保險、收益損失保險等等，可見險種已因各種經濟環境變遷而多樣化。

■第二項　基本承保範圍與基本不保事項

1. 基本承保範圍

⑴危險事故

海上保險歷史悠久，早期海上保險界所承保的危險事故，可以勞氏船舶與貨物共用保單中（Lloyd's S.G. Form，以下簡稱勞氏保單）承保之

危險事故爲代表。另外，英國海上保險法第 2 條、第 3 條也有所規範，不過已超越海上風險，擴及陸上風險。按該法第 2 條規定，可承保之危險事故除海上危險事故之外，已擴展至與海上航程相關之內陸水道或陸地之危險。至於建造中之船舶、試航中之船舶，或與海上冒險相關或類似之冒險等，也在承保之列。同法第 3 條中規範「海上危險事故指以海上航行爲起因或附隨於海上航行之危險事故」註 8。

海上保險界認爲該等古老的危險事故於現行海上保險中所承襲者，實際上僅有六種，一般稱爲基本危險事故，分別是海難、火災、暴力竊盜、投棄、船長及船員之惡意行爲、及其他任何類似或保單上所記載之危險事故。茲略述如下：

①海難（peril of the seas）：英國海上保險法第一附表保險單解釋規則第 7 條（Rules for Construction of Policy 7），指稱「海難一詞，僅指海之不幸意外事故，海難不包括風浪之通常作用」註 9。所以，海上保險中所謂海難須具備下列要件：

(a)必須符合保險之基本遊戲規則：即危險事故之發生具備意外、不可預見之性質。因爲保險係在保障可能發生之意外，非在保障必然會發生之事故，所以風浪之正常作用不包括在內。

(b)在性質上是屬於海的（of the seas）危險事故：船舶航行海上遭遇之危險事故甚多，有人爲者，有自然者，吾人可稱其爲海上危險事故（on the seas）。「海難」正如其名，在範圍上有其限制，即屬於海的部分爲限，惟不以自然者爲限，例如暴風雨、擱淺、觸礁、碰撞等等。

(c)危險事故之力量爲一相對觀念：構成海難性質之危險事故其力量雖不至於要求達到毀滅性（exceptional force）程度，亦不能以常理曲解其意，甚而認定類似情況並不存在海難。常見之海難有下列幾種：擱淺（stranding）、觸礁（touch and go）、沉沒（sunk）、失蹤（missing）、碰撞（collision）、船破（shipwreck）、惡劣氣候（heavy weather）、海水損害（seawater damage）等等。

②火災（fire）：原則上應與火災保險中之火災定義相同，惟海上發生之火災與損失之因果關係有時認定困難，而且在實務上認定保險人之責任依船舶保險與貨物保險有別。

③暴力竊盜（theft）：依英國海上保險法第一附表保險單解釋規則第 9 條僅謂：「竊盜一詞並不包括暗中之偷竊，亦不包括船上人

員或旅客之偷竊。」註10 實際上係指暴力竊盜，意指使用暴力之攻擊性竊盜。美國直接稱為 "assailing thieves"，其意甚為清楚，其要件為須具「暴力因素」（an element of violence）。

④ 投棄（jettison）：投棄為將船上貨物或船舶配備之一部分投擲船外之意。雖然投棄為常見之共同海損行為，但不可認定投棄一定是共同海損行為。

⑤ 船長及船員之惡意行為（barratry of the master and mariner）：依英國海上保險法第一附表保險單解釋規則第 11 條中定義甚為清楚，該條謂：「所謂惡意行為包括船長與船員損害船東或傭船人之每一錯誤與故意行為。」註11 惡意棄船、縱火焚燒船身、鑿沉船身等是常見的船長及船員之惡意行為。其要件包括 (a) 船主或租船人不知情者，或非其所縱容；(b) 該等行為人之行為損及船主、租船人或貨主的利益。

⑥ 其他任何類似或保單上所記載之危險事故（all other perils）：依英國海上保險法第一附表保單解釋規則第 12 條謂：「所有其他危險事故一詞，僅包括與保單上明確列舉危險事故相類似的危險事故。」註12 美國的保單稱為 "all other like perils"，意指所有其他類似危險事故，簡單清楚。

⑵ 承保之損失、費用與責任

海上保險承保之損失、費用與責任，如表 12-2 所示。

表 12-2　海上保險承保之損失、費用、責任範圍結構

承保之損失
○全損（total loss）　◎實際全損（actual total loss, ATL） 　　　　　　　　　　◎推定全損（constructive total loss, CTL） ○分損◎單獨海損（particular average, PA） 　　◎共同海損（general average, GA）

承保之費用
○單獨費用　◎損害防止費用（sue & labour charge） 　　　　　◎其他費用 ○施救費用（salvage）

責任
○碰撞責任（collision liability）

茲簡要說明表 12-2 中，所列各項之意義。

① 實際全損：凡保險標的物業已被毀損，或其毀損程度已達不復其原物，或標的物之物權無法復歸被保險人該等情況下即屬實際全損（英國 1906 年海上保險法第 57 條參照）。又，冒險中之船舶失蹤經過相當時間而仍未獲音訊時，視為實際全損（英國 1906 年海上保險法第 58 條參照）。

② 推定全損：凡保險標的物之實際全損顯然無法避免，或預計發生之保全費用超過保險標的本身價值費用之情況，經合理委付之後，即為推定全損（英國 1906 年海上保險法第 60 條第 1 項參照）。英國海上保險法第 60 條第 2 項，另特別說明下列情況下可以成立推定全損：

第一為船舶、貨物均可適用之情況。因保險事故而造成船舶或貨物所有權被剝奪，其情況不似可能回復，或是雖可能回復，但回復費用大於回復後之價值。

第二為船舶受損，預計之修理費用大於船舶修理後之價值。

第三為貨物受損，修理費用加上轉運至原目的地之費用，超過到達後之價值。

又依我國海商法第 182 條，海上保險之委付，指被保險人於發生委付原因時，得將保險標的物之一切權利移轉於保險人，而請求支付該保險標的物之全部保險金額。委付之原因係指海商法第 143 條至 145 條之規定，如表 12-3 所列。

表 12-3　我國海商法所列委付之原因

船舶（海商 143）	貨物（海商 144）	運費（海商 145）
1. 被捕獲 2. 無法修理 3. 修繕費用＞保險價額 4. 行蹤不明超過 2 個月 5. 被扣押超過 2 個月未放行	1. 船舶遭難不航行超過 2 個月。貨物尚未交付被保人 2. 回復費用＋轉運費用＞目的地價值 3. 船舶行蹤不明超過 2 個月	船舶或貨物委付時為之

③ 單獨海損：是指由於被保險事故而產生之非屬於共同海損之部分損失。其要件有保險標的單獨遭遇之損失、偶然與意外由被保險事故所致之損失。

④ 共同海損：在共同海上冒險時遭遇海難，為共同安全以保存財物為目的，故意及合理所為或發生之任何非常犧牲及費用。例如，

投棄、貨物被救火之水濺濕、貨物被當作燃料。權威的海上保險文獻認為共同海損之要件包括：註 13

- 共同海上冒險必須確實遭遇危險。
- 必須是自願所為之犧牲，亦即，須為一種人的故意行為。
- 標的物之犧牲或費用之發生必須是合理的。
- 必須在本質上是屬於非常之犧牲或費用。
- 非常之犧牲或費用之目的，僅限於保全共同冒險中陷於危險之全體。
- 必須為共同海損行為之直接或合理結果所致之損失。

⑤單獨費用：凡被保險人或其代理人為保險標的之安全所發生非屬於共同海損及施救費用稱之，一般以損害防止費用為主。所謂損害防止費用，是指海上船舶或貨物保險之被保險人，其代理人或受僱人於標的物遭受承保之危險事故時，為避免或減輕損失所發生之合理費用。其要件如下：

- 費用必須由被保險人、其代理人或受僱人所支出者。
- 其支出必須合理。
- 其支出必須在所承保之危險事故發生時，為保全標的物所為者。
- 其支出必須在防止或減輕所承保之損害。

⑥施救費用：船舶及貨物在海上遭遇保險人承保之危險事故，受不相關之第三者自動救助脫險，依法應給予第三者報酬之費用，稱為施救費用。其要件包括救助者為獨立之第三人、救援無效、不能享受報酬、必須是自動之救助、必須是保險事故所引起者。

⑦碰撞責任：船東因船舶碰撞致第三人受損，依法應負之損害賠償責任。

2. 基本不保事項

海上保險中一般所謂基本不保事項，是指英國海上保險法第 55 條中所謂的法定除外，包括下列幾個：

⑴被保險人故意不當行為所致之損失。（MIA55-(2)(a)The insurer is not liable for any loss attributable to the willful misconduct of the assured）

⑵主力近因為延滯所致之損失，即使承保之危險事故所致者亦同。

（MIA55-(2)(b)Unless the policy otherwise provides, the insurer on ship or goods is not liable for any proximately caused by delay, although the delay be caused by a peril against）

(3)正常耗損、漏損、破損。（MIA55-(2)(c)Unless the policy otherwise provides, the insurer is not liable for ordinary wear and tear, ordinary leakage and breakage）

(4)被保險標的物固有瑕疵或本質所致之損失。（MIA55-(2)(c)--- inherent vice or nature for of the subject-matter insured）

(5)老鼠或蟲所致之損失。（MIA55-(2)(c)or for any loss proximately caused by rats or vermin）

(6)主力近因非海上危險事故所致之機器損害。（MIA55-(2)(c)or for any injury to machinery not proximately caused by maritime perils）

上列各種危險事故大致上是違反保險基本原理或原則，因此列為基本不保危險事故。

■第三項　海上保險貨物保險基本條款

一、1982 年協會貨物保險條款〔Institute Cargo Clauses(a)(b)(c) 條款〕與 2009 年協會貨物保險條款〔Institute Cargo Clauses(a)(b)(c) 條款〕

海上保險貨物保險是一種國際性險種，用以規範該險保險人與被保險人權利義務之保單基本條款亦國際化，目前以採用英國的協會貨物條款（Institute Cargo Clause，簡稱 ICC）居多，使用中的協會貨物條款有 1982 年版本，也有 2009 年版本。二種版本基本架構差異不大，架構如圖 12-1。ICC 依其承保範圍大小有三種承保條件，最大者為 ICC(a)，其次為 ICC(b)，最小的為 ICC(c)。以下僅就 ICC 的承保範圍、不保事項與保險效力期間三項說明。至於 ICC 條款之詳細內容，請讀者參考我國產物保險商業同業公會網站，網址如後：http://www.nlia.org.tw/modules/tadnews/page.php?nsn=482#A。

1. 承保範圍

(1)危險條款（risk clause）

(1.1)ICC(a) 之內容
除下列第 4、5、6、7 所規定者以外，本保險承保被保險標的物毀損

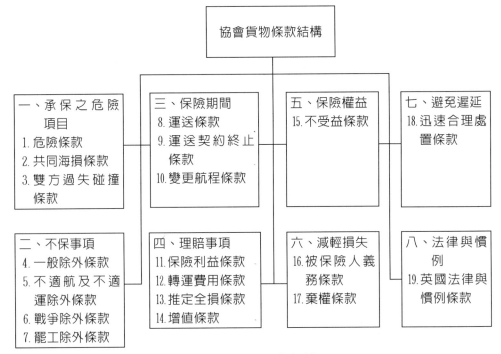

圖 12-1　ICC 之架構

或滅失之一切危險事故。

(1.2)ICC(b) 之內容

除下列第 4、5、6、7 條所規定者以外，本保險承保被保險標的物可合理諉因於下列所致之毀損、滅失。

1.1 火災或爆炸。

1.2 載運船舶或駁船擱淺、觸礁、沉沒或傾覆。

1.3 陸上運輸工具之傾覆或出軌。

1.4 載運船舶或駁船或運輸工具與除水以外之任何外界物體碰撞或觸撞。

1.5 避難港之卸貨。

1.6 地震、火山爆發或雷閃。

被保險標的物因下列原因所致之毀損或滅失：

2.1 共同海損犧牲。

2.2 投棄或波浪捲落。

2.3 海水、湖水或河水侵入船舶、駁船、密閉式運輸工具、貨櫃、貨箱或儲存處所。

3. 貨物於裝卸船舶時落海或掉落之整件滅失。

(1.3)ICC(c) 之危險條款

　　除下列第 4、5、6、7 條所規定者以外，本保險承保被保險標的物可合理諉因於下列所致之毀損、滅失。

　　1.1 火災或爆炸。

　　1.2 載運船舶或駁船擱淺、觸礁、沉沒或傾覆。

　　1.3 陸上運輸工具之傾覆或出軌。

　　1.4 載運船舶或駁船或運輸工具與除水以外之任何外界物體碰撞或觸撞。

　　1.5 避難港之卸貨。

　　被保險標的物因下列原因所致之毀損或滅失：

　　2.1 共同海損犧牲。

　　2.2 投棄。

　　(1.4) 說明

　　ICC(a) 採概括式方式承保，必須除列舉除外事項，包括一般除外事項、不適航及不適運除外、戰爭除外條款、罷工除外。ICC(b) 與 ICC(C) 採用列舉式方式承保，所列四大項除外事項僅是進一步特別澄清其承保範圍，讀者不能誤解其與 ICC(a) 同義。本條 2009 年版本實質內容並無變更。茲將其承保之危險事故比較如表 12-4。

表 12-4　ICC 承保危險事故比較表

C →火災、爆炸
→承運船舶／駁船擱淺、沉沒、觸礁或傾覆
→承運船舶／駁船與水以外之其他物體接觸
→避難港之卸貨、倉儲及轉運
→共同海損之犧牲費用分攤
→救助費用
→損害防止費用
→全損／推定全損
→陸上運輸工具傾覆或出軌
→投棄
B ＝ C ＋裝卸貨物時整件貨品之毀損、滅失
地震、火山爆發、雷擊
沖刷落海
海、湖、河水之侵入船艙、貨櫃等
A ＝ B ＋海上劫掠
其他一切任何意外事故

⑵共同海損條款（general average clause）

(2.1) 條文內容

本保險承保依運送契約及／或管轄法律與慣例所理算或認定之共同海損與救助費用（general average and salvage charges），而其發生係為避免或有關避免本條款第 4、5、6、7 或本保險其他條款以外之任何原因所致之損失。

(2.2) 說明

本條規定 ICC 承保被保險人因共同海損所致之共通海損分攤責任，以及救助費用。2009 年版本實質內容並無變更。

⑶雙方過失碰撞條款（both to blame collision clause）

(3.1) 條款內容

本保險另對於被保險人在運送契約內「雙方過失碰撞條款」中所負之責任額，依本保單應賠付之損失額予以補償。倘船舶所有人依該條款要求賠償時，被保險人應立即通知保險人，保險人得自費為被保險人對於該項賠償要求提出抗辯。

(3.2) 說明

本條款是指被保險人於貨物運送中之委託人（例如貿易商）因為運送契約中「雙方過失碰撞條款」中所引致之碰撞責任，可由保險人理賠。雙方過失碰撞條款為一複雜之條款，欲詳細了解讀者應進一步參考海上保險專書。2009 年版本實質內容並無變更。

2. 除外事項

1982 年版本與 2009 年版本均列有四條除外條款，但 2009 年版本省略條文名稱，實際上賦予條文名稱應是較為適當之安排。該等四個條文除戰爭除外條款本質上無差異外，其餘三個條文二者存有差異。

⑴第四條：一般除外條款（general exclusion clause）

本保險不承保下列事項：

4.1 諉因於被保險人故意過失所致之損失與毀損滅失與費用。

4.2 被保險標的物之正常滲漏、正常的失重或失量，或正常的耗損。

4.3 被保險標的物的不良或不當包裝或配置所致之毀損滅失或費用。

（本條款所謂之「包裝」包括貨櫃或貨箱內之堆置，惟此種堆置以本保險

開始前已完成或由被保險人或其所僱用之人所完成者爲限。）

請注意本款在 2009 年版之內容中頗有差異，其內容如下所列：

4.3 被保險標的物承受被保航程正常事件之包裝或配置不良或不當所致之毀損、滅失或費用，惟此種包裝或配置以被保險人或其受僱人或本保險生效前所完成者爲限。（本條款所謂之「包裝」，包括貨櫃內之堆置，而受僱人並未包括獨立承攬人。）註 14

4.4 被保險標的物之固有瑕疵或本質所致之毀損、滅失與費用。

4.5 主因爲遲延所致之毀損、滅失與費用，即使遲延係由承保之危險所致者（惟依第 2 條可賠付之費用不在此限）。

4.6 因船舶所有人、經理人、租船人或營運人喪失清償能力或拖欠債務之所致之損失或費用。

請注意本款在 2009 年版之內容中頗有差異，其內容如下所列：

4.6 因船舶所有人、經理人、租船人或營運人喪失清償能力或拖欠債務之所致之損失或費用，惟以保險標的物裝船時，被保險人知道或於通常業務過程中應該知道，該等喪失清償能力或拖欠債務之情況會阻礙航程之正常進行爲限。保險契約業已轉讓於依合約在誠信之下已購買或同意購買保險標的物之求償主張者（受讓人）情況下，本除外不適用。註 15

4.7 任何使用原子、核子分裂及／或融合或其他類似反應、或放射物質之武器所引起之毀損、滅失或費用。

⑵第五條不適航及不適運除外條款（unseaworthiness and unfitness exclusion clause）

5.1 本保險不承保載運船舶或駁船的不適航，或載運船舶或駁船、運輸工具、貨櫃或貨箱不適安全裝運引起保險標的物之毀損、滅失或費用。惟此種不適航或不適運，以被保險人或其受僱人於保險標的物裝船時已知情者爲限。

5.2 除被保險人或其受僱人已知情之不適航或不適運原因外，保險人放棄任何違反船舶適航或適運保險標的物至目的地之默示保證規定。

請注意本款在 2009 年版之內容中頗有差異，其內容如下所列：

> 5.1 本保險不承保源於下列原因之毀損、滅失或費用：
>
> 5.1.1 用以安全運載保險標的物之載運船舶或駁船的不適航，或載運船舶或駁船之不適運，惟以保險標的物裝船時被保險人已知情者為限。
>
> 5.1.2 用以安全運載保險標的物之貨櫃或運載工具之不適運，惟以本保險生效前由被保險人或其受僱人所完成裝貨，且以該等人於裝貨時已知情者為限。
>
> 5.2 除外事項 5.1.1 不適用於保險契約業已轉讓於依據授權契約在誠信之下業已購買或同意購買本保險所承保保險標的物，而主張理賠之當事人。
>
> 5.3 保險人放棄任何違反船舶適航或適運保險標的物至目的地之默示保證規定。註 16

(3)第六條戰爭除外條款（war exclusion clause）

本保險不承保下列危險事故所致之毀損、滅失或費用：

6.1 戰爭、內戰、革命、叛亂、顛覆，或其引起之內亂，或交戰國武力或其對抗之敵對行為。

6.2 捕獲、扣押、拘留、禁制或扣留（海上劫掠除外），及其結果或任何威脅企圖。

6.3 遺棄之水雷、魚雷、炸彈，或其他遺棄之戰爭武器。

(4)第七條罷工除外條款（strike exclusion clause）

本保險不承保下列危險事故所致之毀損、滅失或費用：

7.1 罷工者、停工工人，或參與工潮、暴動或民眾騷擾者。

7.2 因罷工、停工、工潮、暴動或民眾騷擾結果引起者。

7.3 恐怖分子或任何懷有政治動機者。

請注意本款在 2009 年版之內容中頗有差異，其內容如下所列：

> 本保險不承保下列危險事故所致之毀損、滅失或費用：
>
> 7.1 罷工者、停工工人，或參與工潮、暴動或民眾騷擾者。
>
> 7.2 因罷工、停工、工潮、暴動或民眾騷擾結果引起者。
>
> 7.3 任何人之恐怖主義行為所致者。所謂恐怖主義係指任何人代表

或與任何組織連結所為之行為，而其執行之行動係以武力或暴力為手段，以遂其推翻或影響任何政府為導向，無論該政府在法律上是否已建立。

7.4 任何人之政治動機、意識型態或宗教動機所致者。

3. 保險效力期間

ICC 承保之保險效力期間，主要表現於第八條的運送條款（transit clause），其內容如下：

本保險自所保貨物離開本保險單所載起運點倉庫或儲存處所開始運送時生效，並於通常之運送過程中繼續有效，迄於下列情況之一時終止：

至本保險單所載目的地之受貨人或其他最終倉庫或儲存處所時，或至本保險單所載之目的地或中途之任何其他倉庫或儲存處所而為被保險人用作：

(8.1) 通常運送過程以外之儲存，或 (2.2) 分配或分送時，或至所保貨物自海輪在最終卸貨港完成卸載後起算屆滿六十天時。

上列三種情況以先發生者為準。

如所保貨物自海輪在最終卸貨港完成卸載後，但在本保險效力終止之前，將貨物運往本保險單所載以外之其他目的地時，本保險之效力除仍受前述保險終止之約定外，應於該項貨物開始運往其他目的地時終止。本保險之效力（除仍受上述終止之約定及第 9 條規定之限制外），在非由被保險人所能控制之遲延、偏航、強迫卸載、重行裝船或轉船，以及依運送契約授權船東或租船人自由裁量所生航程變更之期間，仍繼續有效。

請注意本款在 2009 年版之內容中有些差異，其內容如下所列：

8.1 除受後列第 11 條（係指保險利益條款）之限制外，本保險自保險標的物為開始運送立即裝於運送工具或其他運送工具之中，而將保險標的物在倉庫中或在儲存處（保險契約上所記載的儲存處所）第一次移動之時生效，並於通常之運送過程中繼續有效，迄於下列情況之一時終止：

8.1.1 保險標的物在保險契約所記載的目的地之最後倉庫或儲存處所，自運送工具或其他運送工具完全卸貨時為止。

8.1.2 於本保險單所載之目的地或抵目的地前之其他地點之任何其

他倉庫或儲存處所自運送工具或其他運送工具完全卸貨時為止,而該等倉庫係被保險人或其受僱人選擇用為通常運送過程以外之儲存,或分配或分送時。

8.1.3 被保險人或其受僱人選擇使用通常運送過程以外之載運工具,或其他運送工具或任何貨櫃之儲存。

8.1.4 至所保標的物自海輪在最終卸貨港完成卸載後起算屆滿六十天時,上列四種情況以先發生者為準。

8.2 如所保標的物自海輪在最終卸貨港完成卸載後,但在本保險效力終止之前,將標的物運往本保險所載以外之其他目的地時,本保險之效力除仍受本條款第一項第一款至第四款保險終止之約定外,應於該項保險標的物為開始運往其他目的地時而為第一次移動之時終止。

8.3 本保險之效力(除仍受上述第一項第一款至第四款終止之規定及第九條規定之限制外),在非由被保險人所能控制之遲延、偏航、強迫卸載、重行裝船或轉船,以及依運送契約授權運送人自由裁量所生航程變更之期間,仍繼續有效。

本條與 1982 ICC 內容之差異,主要是(1)2009 年除了將保險效力之始點往前至貨物於倉庫中第一次移動之時;(2) 保險效力終止情況擴增為五種;(3) 採用完全卸貨概念。

■第四項　船體保險協會時間條款概要

19 世紀後期船體保險之標準條款已逐漸成形,用於船體保險單中,並成為時間保險單型態。該條款係由倫敦保險人協會(Institute of London Underwriters)出版,是否採用該條款規範契約當事人並無強制性,後為適用各種情況,與船體險相關之系列條款逐定型至今,影響無遠弗屆,全世之海上保險業者或逕行採用或以之為藍本制定船體保險條款。協會時間條款歷經多次修改,較為顯著之時點為 1970 年 10 月 1 日、1983 年 1 月 10 日以及 1995 年 1 月 11 日各版本,其適用期間如下所列:

1. 1970 年 10 月 1 日以前之船體保險單與協會時間條款。
2. 1970 年 10 月 1 日以後至 1983 年 1 月 10 日以前之船體保險單與協會時間條款。
3. 1983 年 1 月 10 日以後至 1995 年 1 月 11 日以前之船體保險單與

協會時間條款。

4. 1995 年 1 月 11 日以後迄今之船體保險單與協會時間條款。

1983 年與 1995 年承保之危險事故約可歸納如表 12-5，茲列示如下。

表 12-5　船體險協會時間條款承保之危險事故

新保單配合 1983ITC	新保單配合 1995ITC
§6:Perils Clause	§6:Perils Clause
6.1.1 海洋、河流、湖泊或其他可通航水域之危難。	6.1.1 海洋、河流、湖泊或其他可通航水域之危難。
6.1.2 火災、爆炸。	6.1.2 火災、爆炸。
6.1.3 船上以外人員之暴力偷竊。	6.1.3 船上以外人員之暴力偷竊。
6.1.4 投棄。	6.1.4 投棄。
6.1.5 海上劫掠。	6.1.5 海上劫掠。
6.1.6 核子設施或反應器之損壞或意外事故。	6.1.6 與路上運輸工具、船塢或港口設備或設施之觸撞。
6.1.7 與航空器或類似物體，或從航空器上墜落之物體、路上運輸工具、船塢或港口設備或設施之觸撞。	6.1.7 地震、火山爆發或閃電。
6.1.8 地震、火山爆發或閃電。	6.1.8 貨物或燃料在裝卸或移動中之意外事故。
6.2　本保險承保保險標的物由於下列危險事故所致之毀損、滅失：	6.2　本保險承保保險標的物由於下列危險事故所致之毀損、滅失：
6.2.1 貨物或燃料裝卸、移動時之意外事故。	6.2.1 鍋爐爆裂、軸承破裂，或船體、機器之潛在瑕疵。
6.2.2 鍋爐爆裂、軸承破裂，或船體、機器之潛在瑕疵。	6.2.2 船長、幹部、船員或引水人之疏忽。
6.2.3 船長、幹部、船員或引水人之疏忽。	6.2.3 修船人或租船人之疏忽，但以修船人或租船人非屬本保險之被保險人者為限。
6.2.4 修船人或租船人之疏忽，但以修船人或租船人非屬本保險之被保險人者為限。	6.2.4 船長、幹部或船員之惡意行為。
6.2.5 船長、幹部或船員之惡意行為。本項之毀損滅失須非由於被保險人、船東或經理人缺乏適當之注意所致者。	6.2.5 與航空器直升機或類似物體，或其墜落物體之觸撞本項之毀損滅失須非由於被保險人、船東或經理人或監管人員或任何在案管理人員缺乏適當之注意所致者。
6.3　若船長、幹部、船員或引水人握有被保船舶之股份者，不視為本條所稱之船東。	6.3　若船長、幹部、船員或引水人握有被保船舶之股份者，不視為本條所稱之船東。
§7:Pollution hazard clause	§7:Pollution hazard clause
§8:3/4ths collison liability	§8:3/4ths collison liability

又，1995 年承保之損失、費用與責任亦可歸納如表 12-6。不過，詳細之內容與 1983 年頗有差異。

表 12-6　1995 年 ITC 承保之損失、費用與責任

實際全損、推定全損
單獨海損、共同海損犧牲（以合理之損害修理費用理賠）
損害防止費用、救助（純施救）費用、單獨費用、額外費用（例如擱淺後船底檢查費用）、法律費用
被保人之法律責任：共同海損之分攤（包括費用與犧牲）、救助報酬之分攤、碰撞責任（他船之損害及延滯費用），以及抗辯費用

第四節　內陸運輸保險概論

一、定義

內陸運輸保險是指承保陸上一切可以移動財產，及與交通運輸有關設備因保險事故所致損害之保險。

二、標的

內陸運輸保險承保之標的甚雜，包括運輸中之財物、特定財物（例如個人所有之衣物、珠寶、藝術品、照相機、運動器具等動產）、運輸或通訊設備（例如碼頭、船塢、電視傳播設備等）、小型運輸工具及責任保險（例如運輸業、倉儲業、加工業及其他受託人對其顧客所有財物在保管中之法律責任）。

根據 1953 年美國 NAIC 公布之全國性運輸保險定義（The Nation-wide Marine Definition），海上保險或內陸運輸保險承保之標的，可分為下列五大類：(1) 進口貨物；(2) 出口貨物；(3) 國內運送之貨物；(4) 運輸與通訊設備；(5) 流動財產。

該定義僅規範海上運輸保險或內陸運輸保險所承保之標的物，應與在運輸中或與運輸有關聯之標的，因此應由何險承保仍視情況而定。茲就上述五種稍加說明如下：

1.進口貨物

如原在海上貨物保險中承保，但其保險效力依 ICC 運輸條款（transit clause）規定而終止時，亦即運送中之貨物失其為海上貨物運輸保險標的物之特性時，即可由內陸運輸保險承保。進口貨物依有無委託關係可分為下列兩種：

⑴進口委託貨物：指進口之貨物已委託工廠或其代理人看管者。該等貨物主要之目的係供銷售、展示、試用、拍賣等等。

⑵無委託關係之進口貨物：一般由運輸保險承保。

2. 出口貨物

其情況同進口貨物之特性。

3. 國內運送之貨物

⑴具委託關係者：如係為銷售或配送之目的，則其承保範圍包括運送危險再加上運抵收貨人住所之危險，以及其他儲存處所存放一定日數之危險。如係為展示、試用、驗貨成交、拍賣等目的，則其承保範圍為運送危險加上他人看管下之危險再加上貨物運返之危險。

⑵無委託關係者：在國內運輸期間之運送危險，其承保範圍為運送中之危險，惟不包括貨物存於製造場所、貨物送達被保險人、進貨人所有、租用、管理之處所、儲存於其他處所超過一定期間等風險。

4. 運輸與通訊設備

係指定點財產，包括：

⑴橋樑、隧道或其他類似交通設施。

⑵碼頭、防波堤、修船塢等港口設備。

⑶管線及其所配備之加壓及其他附屬設備、電力輸送線、電報電話線。

⑷廣播、電視、商業通訊等設備及其附屬設備。

⑸露天起重機、棧橋，以及類似裝卸設備。

5. 流動財產

包括個人動產及商業動產。

由上列知內陸運輸保險所承保之標的物，具有下面幾個特質：

⑴必須在運輸中或與運輸有關聯，例如運送中之貨物、運輸設施。

⑵建築物、其附屬設備，及兩者之裝修等標的，原則上不屬於陸上運輸保險之承保範圍。

⑶動產則以置存於被保險人住所或營業處所以外為原則。

⑷銷售中之商品，原則上非內陸運輸保險之承保範圍。惟銷售商

銷售之音樂器材、照相器材、農業器具、建築設備、藝術品、郵票、古幣等不在此限。

綜上，內陸運輸保險承保之標的依其性質可區分為三種型態。

(1)財產型

例如一般於內陸運送之貨物、流動財產、通訊與運輸設備、運輸中之貨物、儲存於某一處所之流動財產、在固定地點或移動中之通訊或運輸設備。

(2)責任型

例如運送人責任、受託人責任。

(3)權利及利益型

例如軟體、應收帳款、重要文件、公路與橋樑使用損失。

三、承保之危保險事故

內陸運輸保險對保險事故之規範方式可分為列舉事故方式或全險方式。不論為何種方式，保險事故之範圍均甚為廣泛，通常包括火災、閃電、爆炸、暴風、洪水、地震、罷工、暴動、民眾騷擾、竊盜等危險事故。又可歸納為：

1. 水域危險事故。
2. 陸上危險事故：又可分為兩種。
   (1) 陸上運送危險：又可分為兩種。
      ①運輸工具型危險（典型陸上危險）。
      ②海上保險型危險。
   (2) 定點置存危險：原為火災保險或意外保險所承保之危險。

四、內陸運輸保險種類

1. 概論

內陸運輸保險由原先之海上貨物保險一路延伸擴大，致其之險種甚為複雜，大致上包括：(1) 陸上貨物運送保險、(2) 運送人責任保險、(3) 流動財產保險、(4) 委託保險、(5) 運輸及通訊設備保險。陸上貨物運送保險衍生之險種，基本上是與海上貨物運輸保險同性質，屬於一種貨物保險連結型保險，例如年度貨物運送保險（annual transit insurance）、單程貨物

運送保險（trip transit insurance）、郵包保險等等，附帶說明空運貨物運送保險（air cargo insurance）在產險實務上通常由海上保險部門（或是貨運輸保險部門）處理，並未在航空保險（Aviation Insurance）範疇之中。運送人責任保險常見者有一般運送人責任保險、貨車運送人責任保險、航空貨物運送人責任保險。流動財產保險則包括個人流動財產保險與商業流動財產保險。委託保險種類更繁雜，例如受託人責任保險（bailee's liability insurance）、受託人顧客保險（bailee's customers insurance）。運輸及通訊設備保險則承保被保險人之運輸及通訊的建造物及陸上運輸工具等，因保險事故所致毀損、滅失之保險。

2. 國內實務上常見之險種

⑴內陸貨物運輸保險

目前產物保險市場承保之內陸貨物運輸保險，依其承保之危險事故採概括式與列舉式分類，採概括式者為內陸貨物運輸保險（甲型），採列舉式為內陸貨物運輸保險乙型。

甲型規定，除保單中所列之除外事項外，對保險標的物因意外事故所致之毀損或滅失負賠償責任，而乙型承保之危險事故僅限⑴火災或爆炸，⑵運輸工具之翻覆、出軌或意外碰撞，⑶公路、鐵路、隧道、橋樑及其他交通設施發生傾坍。

二者對於保險效力期間之規定相同，均為「自保險標的物為啟運而離開保險單所記載啟運地之倉庫或儲存處所之時開始，經通常之運送路程，以迄運抵保險單載明之目的地交付予收貨人時為止。」類似海上貨物保險之約定。

⑵運送人責任保險

運送人責任保險係承保貨車運送人於貨物運送期間，因意外事故所致承運之貨物發生毀損或滅失，而受賠償請求，依法應負賠償責任之保險。上述於我國產物保險市場現行之運送人責任保險，屬於甲式承保範圍，為一種概括式承保方式，因應保險消費者需求，另設有乙式承保範圍，係承保運送之貨物於正常運送途中因火災、爆炸及承載貨物之被保險車輛發生意外碰撞或翻覆所致運送之貨物發生毀損或滅失，依法應由被保險人負賠償責任，而受賠償請求時，保險人對被保險人負賠償之責，為一種限縮型責任保險。

　　為控制承保風險，保險人於保險條款亦規定，所承保之毀損滅失責任，以受運送之貨物在保險契約約定之區域及有效期間內因意外事故所致之直接損失為限。

(3)流動財產保險

　　流動財產保險可分成個人流動財產保險與商業流動財產保險，前者係承保個人流動財產（如珠寶、首飾、運動器具等），不論在何處因保險事故所致損失之保險；後者係承保可以移動且非永久置存於特定地點之商業動產因保險事故致毀損或滅失之保險，其主要保險事故為與運送有關之危險。我國產險市場目前提供之產品名稱為商業動產流動綜合保險，原則上採概括式承保所有「突發事故」所致保險標的之損失，依該險基本條款第1條規定，其承保範圍如下：

　　保險人對保險標的物在本保險所載區域內，且在被保險人之營業處所外，於約定之情況因外來突發事件所致保險標的物之毀損或滅失，依照保險契約之規定，負賠償責任。所謂約定之情況，係指下列幾種：
　　①正常運輸途中。
　　②正常運輸途中之暫時停放，以不超過七天為限，但得經保險公司之事前同意加批延長之。
　　③修理保養期間。
　　④操作使用期間。
　　⑤加工處理期。
　　⑥委託他人銷售期間。
　　⑦巡迴展示銷售期間。
　　⑧出租於他人使用期間。
　　所謂的「正常運輸途中」係指始於開始裝載，經一般習慣上認為合理之運送路線及方法為運送，以迄於卸載完成時止。而所謂「運輸」包括被保險人自行運送或委託他人運送而言。
　　基於保障方便性，被保險人得經保險人之同意，於加繳保費後由保險人以批單方式加保內河沿海及離島水運。保險人為控制風險，可能會設定自負額，亦規定所承保之毀損、滅失，以保險標的物在本保險約定之區域及有效期間內直接因意外事故所致之損失為限。

第五節　汽車保險

■第一項　汽車危險概要

在未討論汽車保險之前，先看下列問題。

> 　　某甲購買一部汽車代步，則某甲對其汽車之使用、管理及維護，其可能面臨之可保危險為何？又面對此等可保危險，某甲如何投保汽車保險以為保障？試分析說明之。　　【國家高等考試保險學考題】

上列顯示人們擁有一輛汽車，雖表示擁有一項動產並帶來許多方便，但從危險角度言之，亦因而承受「所有、使用與管理」之危險。茲就該等危險說明如下：

1. 汽車所有權之危險，即對汽車所有權而衍生之危險，其可能產生之危險事故屬於靜態性質。
2. 使用汽車之危險，其可能產生之危險事故屬於動態性質之危險事故。
3. 因管理汽車之危險，其可能衍生之危險事故則靜態與動態性質兼具。

就具體事實言之，汽車所有人之純危險為財產風險與責任風險，茲列舉如下：

1. 財產風險為實體毀損危險，即因汽車碰撞、失竊等導致之實體毀損滅失危險。
2. 責任危險包括對車內乘客人員發生意外傷害之危險，以及因侵害第三人生命、身體、財產依法應負之損害賠償責任。

■第二項　汽車保險之種類

1. 傳統汽車保險種類

論及汽車所有人應有風險管理管理方法，基本上以保險為主。所謂汽車保險，即是指承保汽車因所有、使用或管理所致之賠償責任或汽車車輛損失之保險。汽車保險之主要險種包括汽車責任保險、汽車綜合損失保險

及汽車竊盜損失保險等主險。另外，尚針對不同消費需求而設定之附加險種，附加險種以批單方式承保。我國產物保險市場之保費結構中，汽車保險之保費量占一半以上註17，可謂為產物保險之大宗產品。茲就我國目前之汽車保險種類中較重要者列表如下。

表 12-7　汽車保險種類

險種性質	主險	附加險（以批單方式加保）		
		自用汽車	營業汽車	汽車經銷商
車損險	汽車車體損失保險 1. 汽車車體損失保險甲式 2. 汽車車體損失保險乙式 3. 汽車車體損失保險丙式——免自負額車對車碰撞損失保險	1. 颱風、地震、海嘯、冰雹 2. 洪水或因雨積水險 3. 罷工暴動民眾騷擾險 4. 汽車車體損失保險全損免折舊險	1. 供教練開車汽車車體損失險 2. 汽車運送損失險 3. 罷工暴動民眾騷擾險	汽車經銷商汽車車體損失險
	汽車竊盜損失保險	1. 零件、配件被竊損失險 2. 汽車竊盜險附加代車費用險 3. 汽車竊盜險全損免折舊險	供教練開車汽車竊盜損失險	汽車經銷商汽車竊盜損失險
責任險	任意汽車第三人責任險 強制汽車第三人責任險	汽車乘客責任險	1. 汽車雇主責任險 2. 汽車貨物運送人責任險 3. 汽車製造業汽車第三人責任險 4. 汽車修理業汽車第三人責任險 5. 供教練開車汽車第三人責任險 6. 附加醫藥費用險	汽車經銷商汽車第三人責任險

2. 新興汽車保險

上述可謂為傳統之汽車保險模式，保險人經營汽車保險在計算保險費時採用從車與從人因素（請見本節後述），自從物聯網（IOTs）出現之後，運用無線通訊技術之車載通訊系統設備（Telematics Device），出現以「駕駛行為」表現作為保險費決定依據的險種，稱為車險 UBI（Used

Based Insurance）註18，為新興的汽車保險運作方式。「駕駛行為」為一通稱，針對不同考慮層面所發展的 UBI。由最原始的隨里程計收汽車保險費（pay-as-you-drive，簡稱 PAYD），發展至駕駛人如何開車（pay-how-you-drive，簡稱 PHYD）的 UBI、駕駛人何時開車（pay-as-you-go）之 UBI，在 PHYD 中，例如依據駕車速度來計收保費，就稱為 PAYS（pay-as-you-speed）註19。

目前我國產物保險業者亦已承做 UBI 保險，大部分係以附加條款方式承做，有針對行駛里程者，亦有針對駕駛行為者，亦有包括多項行為者。例如下列二例。

⑴針對多項駕駛行為者

主要係針對車聯網（UBI）進行定義，其內容如下：

「車聯網（UBI）」係指藉由 APP 程式（Application）或車載裝置（OBD; On Board Diagnostics）蒐集被保險汽車行車紀錄之網路系統資料庫。

前項所稱行車紀錄係指被保險汽車之行駛里程、駕駛時段或駕駛習慣。

本附加條款依要保書約定提供方式及行車紀錄計算保險費係數。

⑵針對單項者

駕駛行為計費（UBI）之定義，其內容如下：

「駕駛行為計費（UBI；Usage-based Insurance）」係指藉由 APP 程式（Application）或車載診斷裝置（OBD；On Board Diagnostics）蒐集被保險汽車行車紀錄之網路系統資料庫，並依該行車紀錄計算保險費係數。

前項所稱行車紀錄係指被保險汽車之行駛里程數。

嚴格言之，車險 UBI 是一種保險計價方式所衍生之汽車保險營運方式，理論上來說，是一種精確性的「一人一價」保險。因其附加於主保險契約，故相關的規定仍須參考汽車保險主保險契約的條文。

■第三項　自用汽車保險概要

我國自用汽車保險之承保方式，係以共同基本條款規範第三人責任保險、車體損失保險（包括車體損失保險甲式、車體損失保險乙式、車體損失保險丙式 —— 免自負額車對車碰撞損失保險）、竊盜損失保險等主要險

種之共同事項，並就各該險種獨特之處規範承保範圍及相關事項，而強制汽車第三人責任保險則自成一格。茲就重要之處說明如下：

一、被保險汽車之意義

依共同條款第 3 條規定，係指保險契約所載明之汽車，並包括原汽車製造廠商固定裝置於車上，且包括在售價中之零件及配件。但是有些物品，除非經過要保人聲明並加保，否則不視為承保之零件或配件。

又，有些汽車所附掛之拖車，是否可視為同一被保險汽車，則依險種性質有所不同。依同條規定：

1. 如發生汽車第三人責任保險承保範圍內之賠償責任時，視為同一被保險汽車。但保險事故發生時該拖車已與被保險汽車分離時，則不視為被保險汽車。

2. 如發生汽車車體損失保險（包括甲式、乙式或丙式）或汽車竊盜損失保險承保範圍內之毀損、滅失時，除經特別聲明並加保者外，被保險汽車不包括拖車。

二、被保險人的範圍

汽車保險之被保險人通常有較寬廣之定義，通常包括列名被保險人及附加被保險人兩種，我國自用汽車保險各險種對於被保險人之定義分別如下：

1. 車體損失保險甲式、乙式條款第 2 條

所稱列名被保險人，係指本保險契約所載明之被保險人，包括個人或團體。而所謂附加被保險人係指下列之人而言：

⑴列名被保險人之配偶、家屬、四親等內血親及三親等內姻親。
⑵列名被保險人所僱用之駕駛人及所屬之業務使用人。
⑶經保險公司同意之列名使用人。
其範圍及於民法親屬篇，亦包括僱傭契約等範圍之人。

2. 任意汽車第三人責任保險

依該險基本條款第 2 條規定，亦包括列名被保險人及附加被保險人。列名被保險人與前述車體損失險相同，至於附加被保險人則範圍較廣，茲條列如下：

⑴列名被保險人之配偶及其同居家屬。

⑵列名被保險人所僱用之駕駛人及所屬之業務使用人。

⑶經列名被保險人許可使用或管理被保險汽車之人。

3.強制汽車第三人責任保險

依強制汽車第三人責任保險基本條款第 2 條規定，「被保險人」除經特別載明者外，應包括下列之人：

⑴保險契約（證）上所載之列名被保險人。

⑵其他因使用或管理被保險汽車造成汽車交通事故之人。

茲就上述再繪圖如圖 12-2，以資比較。

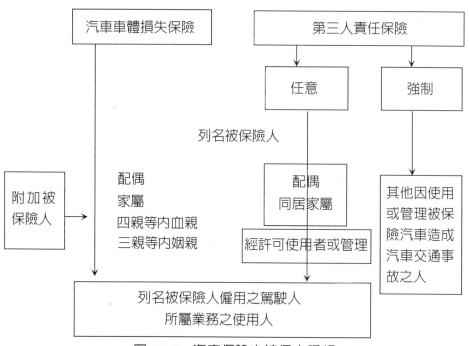

圖 12-2　汽車保險之被保人種類

三、汽車損失保險承保之危險事故、損失與費用

汽車保險之承保範圍，依險種而不同，然其重點在於承保之危險事故、承保之損失與費用及是否附有自負額之規定等等，茲分述如下：

1.承保之危險事故

依現行汽車車體損失保險甲式、乙式、丙式各式條款第 1 條，汽車竊

盜損失保險之規定如下：

(1)汽車車體損失保險甲式

依該式條款第 1 條規定：「凡被保險汽車在保險契約有效期間內，因下列危險事故所致之毀損、滅失，保險公司對被保險人負賠償之責：
一、碰撞、傾覆。
二、火災。
三、閃電、雷擊。
四、爆炸。
五、拋擲物或墜落物。
六、第三者之非善意行為。
七、不屬保險契約特別載明為不保事項之任何其他原因。」
其主要重點為「不屬保險契約特別載明為不保事項之任何其他原因」，顯示其承保範圍實質上採概括式。因此，在確定保險人是否有理賠責任時，應特別針對損失發生之原因是否在不保事項之內，如不在不保事項範圍之內，保險人即須負起承保責任。由於承保範圍較廣，所以此種保險條款之保險費也較高。

(2)汽車車體損失保險乙式

依該式條款第 1 條規定：「此種保險係承保被保險汽車在保險契約有效期間內，因下列危險事故所致之毀損、滅失，保險公司對被保險人負賠償之責：
一、碰撞、傾覆。
二、火災。
三、閃電、雷擊。
四、爆炸。
五、拋擲物或墜落物。」
由於採列舉式承保，因此發生事故時，如屬上開所列危險事故其中一種，保險人即須承負承保責任。由於承保之事故有限，所以保險費相對上亦較甲式便宜。

(3)汽車車體損失保險丙式

依該式條款第 1 條規定：「被保險汽車在保險契約有效期間內，因與車輛發生碰撞、擦撞所致之毀損、滅失，在確認事故之對方車輛後，保險

公司對被保險人始負賠償之責。對造汽車雖肇事逃逸無法確認，但經憲警現場處理且經由本公司查證屬實者，保險公司亦負賠償之責。」

此種車損險條件僅承保車對車碰撞意外事故，在理賠時免除被保險人自負額之規定，可謂為承保範圍最小之保險條件，保險費亦最便宜。

⑷汽車竊盜損失保險

汽車竊盜損失保險承保被保險汽車因遭受偷竊、搶奪、強盜所致之毀損、滅失，保險公司對被保險人負賠償之責。該等危險事故均屬刑法之範圍，按我國刑法第 320 條規定：「意圖為自己或第三人不法之所有，而竊取他人之動產者，或竊占他人之動產者，為竊盜罪。」又同法第 325 條規定：「意圖為自己或第三人不法之所有，而強奪他人之動產者，屬於普通搶奪罪。」再者同法第 328 條規定：「意圖為自己或第三人不法之所有，以強暴、脅迫、藥劑、催眠術或其他，致使不能抗拒，而取他人之物或使其交付者，為強盜罪。」

2. 自負額之規定

現行甲式及乙式車損險採強制遞增式自負額方式，被保險人必須自行承擔一部分損失，保險人僅就超過自負額以上之損失理付，自負額係採扣除式（straight deductible）。惟損失如係第三人所致者，則無自負額之適用。按車體損失保險甲式、乙式條款第 5 條之規定如下：「被保險汽車發生本保險第 1 條承保範圍內之損失，第一次被保險人應按實際修理費用負擔基本自負額新台幣三千元，第二次為五千元，第三次以後為七千元，如被保險人選擇較高之自負額時，從其約定，本公司僅對超過自負額之損失部分負賠償之責。被保險汽車發生前項之毀損、滅失，可完全歸責於確定之第三人者，本公司於取得代位權後，被保險人無須負擔自負額，且該次賠款紀錄，不適用賠款加費之規定。」

又汽車竊盜損失保險第 4 條規定，被保險人於保險契約有效期間內，發生承保範圍內之損失時，對於每一次損失，應負擔基本自負額百分之十。但被保險人選擇較高之自負額時，從其約定。竊盜損失險之最大特色為結合危險管理之觀念，約定強制性定率式自負額，目的在使被保險人提高警覺，避免心理危險，降低道德危險。所以保險人對於每次損失之理賠金額，可能是被保險人整輛汽車被竊，或是汽車竊盜未遂但已產生部分損失所須之修理費用，其理賠計算公式如下：

$$實際損失金額或修理費用金額 \times (1-10\%)$$

茲就上述編表比較如下表 12-8。

表 12-8　汽車車體損失保險承保範圍比較表

	汽車車體損失保險			汽車竊盜損失保險
	甲式	乙式	丙式	
承保之危險事故	一、碰撞、傾覆。 二、火災。 三、閃電、雷擊。 四、爆炸。 五、拋擲物或墜落物。 六、第三者之非善意行為。 七、不屬本保險契約特別載明為不保事項之任何其他原因。	一、碰撞、傾覆。 二、火災。 三、閃電、雷擊。 四、爆炸。 五、拋擲物或墜落物。	碰撞、擦撞	偷竊、搶奪、強盜
保單性質	概括式保險	列舉式保險	列舉式保險	列舉式保險
自負額	強制遞增式自負額	強制遞增式自負額	無自負額	強制定率式自負額

3. 承保之損失與費用

汽車車體損失保險與竊盜保險，除承保被保險汽車發生保險承保範圍內之毀損、滅失外，在保險金額之內亦承保救護費用、拖車費用、修復費用。救護費用是指為維持損害之現狀或為防止損害之擴大，所需之保護、搶救、搶修之正當費用；拖車費用是指移送受損被保險汽車至保險公司同意之最近修理工廠所需之正當費用；至於修復費用，包括修復工資、材料、裝配零件及訂購零件材料等所需之費用，修復費用之理賠方式得採修復或現款賠償。

4. 全損之理賠

被保險汽車當然有可能發生承保範圍內之毀損、滅失，而無法加以修復之情況，或是雖然可以修復，但是修理費用過高時造成不經濟之情況，因此汽車損失保險之相關條款即規定，當額度達保險金額扣除折舊後其數

額達四分之三以上時，依全損之規定理賠（車體損失保險甲式、乙式條款第 11 條參照）。至於保險公司之實際理賠金額係以保險金額乘以賠償率計算，賠償率是以 100% 扣除折舊率後之比率，茲列如表 12-9。又全損情況下，被保險人無須負擔約定之自負額。

表 12-9　全損理賠率表

本保險單生效日至保險事故發生時本保險年度經過月數	折舊率（%）	賠償率（%）
未滿一個月者	3	97
滿一個月以上未滿二個月者	5	95
滿二個月以上未滿三個月者	7	93
滿三個月以上未滿四個月者	9	91
滿四個月以上未滿五個月者	11	89
滿五個月以上未滿六個月者	13	87
滿六個月以上未滿七個月者	15	85
滿七個月以上未滿八個月者	17	83
滿八個月以上未滿九個月者	19	81
滿九個月以上未滿十個月者	21	79
滿十個月以上未滿十一個月者	23	77
滿十一個月以上至十二個月者	25	75

又，保險公司以全損賠付後，保險契約即行終止，未滿期保費不予退還，保險公司並即取得對該殘餘物之處分權，此即為前述所稱之「物上代位」，但該殘餘物如仍有未了之責任或義務應由被保險人自行處理，保險公司並不因取得該殘餘物之處分權而隨同移轉予保險公司承受。

5. 保險競合之處理

本書前已提及，其他保險即為保險競合。當被保險汽車發生保險契約承保範圍內之賠償責任或毀損、滅失時，如有其他保險時，依現行條款規定保險公司之賠償責任，依競合險種之不同處理方式亦有不同，茲說明如下：

⑴如果其他保險性質屬於責任保險時，依其為財損責任與體傷責任有別。如為前者，按合計之保險金額與實際應賠金額比例分攤之；如屬於後者，則就超過強制汽車責任保險法所規定之保險金額部分，按比例分攤。茲將其計算公式臚列如下：

① 財損責任

（實際應賠付金額）×〔本保險保險金額 ÷（本保險保險金額＋
其他保險保險金額）〕

② 體傷責任

（實際應賠付金額－依強制汽車責任保險法規定得申請給付之金
額）×〔本保險保險金額 ÷（本保險保險金額＋其他保險保險
金額）〕

(2)如果其他保險性質屬於社會保險時，於超過該保險賠付部分或該
保險不為賠付部分。

為避免誤解，現行條款規定，對於「其他保險」加以規範，按其係指
被保險汽車發生保險契約承保範圍內之賠償責任或毀損、滅失同時有其他
不同險別的保險契約，亦承保同一事故之損失而言。

四、任意汽車責任保險之承保範圍

責任危險本身較財產危險或人身危險為重要，汽車本身之責任危險自
不例外。許多人將保險額度與民事責任混為一談，所以有了強制汽車第三
人責任保險並不表示吾人之責任保障額度已經足夠，汽車所致之民事責任
通常較強制汽車第三人責任保險之保險額度為高，任意汽車第三人責任保
險即在補強制險之不足。

1. 承保之險種

任意汽車責任保險同時承保傷害責任與財損責任，依該保險基本條款
第 1 條規定其承保範圍如下：

(1)傷害責任險

被保險人因所有、使用或管理被保險汽車發生意外事故，致第三人死
亡或受有體傷，依法應負賠償責任而受賠償請求時，保險人僅對於超過強
制汽車責任保險給付標準以上之部分，對被保險人負賠償之責。意外事故
發生時，被保險人未投保強制汽車責任保險或該保險契約已失效，或依強
制汽車責任保險之規定不為給付或可得追償時，本保險之賠償金額仍應先
將強制汽車責任保險所規定之給付標準扣除之，但經書面約定批改加保者
不在此限。

⑵財損責任險

被保險人因所有、使用或管理被保險汽車發生意外事故，致第三人財物受有損害，依法應負賠償責任而受賠償請求時，保險公司對被保險人負賠償之責。

被保險人因本保險承保範圍內應負之賠償責任所為之抗辯或訴訟，事先經本公司同意者，其支出之費用保險公司同意支付之，並不受保險金額之限制。

上述中所稱第三人，係指被保險汽車以外之人，因此既不包括被保險人或被保險汽車之駕駛人，也不包括乘坐或上下被保汽車之人，被保險人或被保險汽車之駕駛人通常稱為第一人，乘坐或上下被保汽車之人通常稱為第二人。

任意汽車責任保險同時承保法律費用。任意汽車責任保險採用過失責任基礎，在性質上是一種抗辯型保險，所以抗辯或訴訟，如事先經保險公司同意者，其支出之費用保險人可以額外支付。

2. 保險金額

須特別注意，條文中所稱之「保險金額」，事實上為「責任限額」（limit of liability）之概念，其種類有三種：

⑴「每一個人」之保險金額

係指在任何一次意外事故內，對每一個人傷害於超過強制汽車責任保險給付標準以上之部分所負之最高賠償責任而言。

⑵「每一意外事故」傷害保險金額

如同一次意外事故體傷或死亡不只一人時，保險之賠償責任以本保險契約所載「每一意外事故」傷害保險金額為限，並仍受「每一個人」保險金額限制。

⑶「每一意外事故財物損失」之保險金額

係指保險人對每一次意外事故所有財物損失之最高責任額而言。

3. 任意汽車責任保險之理賠範圍與方式

依該險基本條款之規定，體傷死亡之理賠範圍與方式包括下列各項：

(1)急救或護送費用

(2)醫療費用

(3)交通費用

(4)看護費用

(5)診斷書、證明書費用

(6)喪葬費用及精神慰藉金

(7)自療費用

(8)其他體傷賠償

而財損理賠範圍及方式則為：

(1)運費

(2)修復費用

(3)補償費用

(4)其他財損賠償

4.任意汽車責任保險理賠之特別條文

責任為一較特殊之險種，保險人在處理理賠時常規定一些特別條款，例如：

・通知、和解與抗辯

責任保險之特性為理賠過程中常有和解、抗辯之情況，釐清被保險人責任之所在，為保險人與被保險人共同之目標，所以在保單基本款中常規定被保險人多項合作性條款，例如索賠或訴訟通知條款或是保險人參與和解與協助抗辯相關條款。

(1)被保險人之通知義務

責任保險為一種抗辯型保險，因此，索賠或訴訟通知為被保險人之重要義務。被保險人於被請求賠償或被起訴時，應將收受之賠償請求書或法院書狀等求償文件之影本立即送交保險人。損害賠償請求權人依規定申請給付保險金時，應檢具和解書或法院判決書。

(2)保險人參與和解、抗辯

①保險人參與和解

被保險人發生本保險承保範圍內之賠償責任時，除因履行防範損失擴大義務產生之費用外，被保險人對於第三人就其責任所為之承認、和解或

賠償，未經保險人參與者，保險人不受拘束。但經被保險人通知而保險人無正當理由拒絕或遲延參與者，不在此限。

②保險人協助和解與抗辯

被保險汽車在保險契約有效期間內，因意外事故致第三人受有損害而應負賠償責任時，被保險人如受有賠償請求或被起訴，保險人得應被保險人之要求，協助其代為進行和解或抗辯，其所需費用由保險公司負擔，並不受保險金額之限制，被保險人有協助保險人處理之義務。保險人協助被保險人為和解或抗辯時，倘可能達成之和解金額超過本保險契約所載明之保險金額，或被保險人不同意保險公司協助所為之和解或抗辯時，則保險公司協助和解或抗辯之義務即為終了。

⑶損害賠償請求權人之直接請求權

被保險人依法應負賠償責任確定時，損害賠償請求權人得依下列規定，在保險金額範圍內依其應得之比例，直接向保險人請求支付賠償金額。

①被保險人依法應負之損害賠償金額，經法院判決確定者。
②肇事責任已確定，並經當事人雙方以書面達成和解，並經保險人同意者。
③依法應負賠償責任之被保險人，有破產、清算、失卻清償能力或死亡、失蹤等情事者，損害賠償請求權人仍得依前項規定，在保險金額範圍內依其應得之比例，直接向保險公司請求支付賠償金額。

5. 任意汽車責任保險與強制汽車責任保險之地位

任意汽車責任保險之傷害責任保險，屬於超額補償保險地位。由於強制汽車責任保險為政府在汽車交通事故之受害人能得到基本保障而制定的一種保險，在性質上屬於主要保險（primary insurance）性質，所以在理賠時扮演優先賠償之角色，如有不足，再由任意責任保險理賠。所以，保險人僅對於超過強制汽車責任保險給付標準以上之部分，對被保險人負賠償之責。至於意外事故發生時，被保險人縱未投保強制汽車責任保險或該保險契約已失效，或依強制汽車責任保險之規定不為給付或可得追償時，任意責任保險之賠償金額，仍應先將強制汽車責任保險所規定之給付標準扣除之，但經書面約定批改加保者不在此限。

任意汽車責任保險 ◄────── 超額補償保險（excess insurance）
強制汽車責任保險 ◄────── 主要保險（primary insurance）

五、不保事項

汽車車體損失保險、汽車竊盜損失保險、任意汽車第三人責任保險設有共同除外事項，各險種亦有其特定除外事項，茲簡要分述如下：

1. 共同不保事項

因下列事項所致之賠償責任或被保險汽車毀損、滅失，保險公司不負賠償之責：

(1) 因敵人侵略、外敵行為、戰爭或類似戰爭之行為（不論宣戰與否）、叛亂、內戰、軍事訓練或演習，或政府機關之徵用、充公、沒收、扣押或破壞所致者。

(2) 因核子反應、核子能輻射或放射性污染所致者。

(3) 被保險人或被保險汽車所有人、使用人、管理人或駕駛人之故意或唆使之行為所致者。

(4) 被保險汽車因出租與人或作收受報酬載運乘客或貨物等類似行為之使用所致者。

(5) 未經列名被保險人許可或違反道路交通管理處罰條例第 21 條、第 21 之 1 條、第 22 條第 1 項第 1 款至第 6 款規定情形之一而駕駛被保險汽車所致者。

(6) 被保險人因吸毒、服用安非他命、大麻、海洛因、鴉片或服用、施打其他違禁藥物，駕駛被保險汽車所致者。

(7) 駕駛被保險汽車從事犯罪或唆使犯罪或逃避合法逮捕之行為所致者。

因下列事項所致之賠償責任或被保險汽車之毀損、滅失，非經保險公司書面同意加保者，保險公司不負賠償之責：

(1) 因罷工、暴動或民眾騷擾所致者。

(2) 被保險汽車因供教練開車者或參加競賽或為競賽開道或試驗效能或測驗速度所致者。

(3) 被保險人或駕駛人因受酒類影響駕駛被保險汽車所致者。前述所

稱受酒類影響係指飲用酒類或其他類似物後駕駛汽車，其吐氣或血液中所含酒精濃度超過道路交通管理法規規定之標準。

2. 各險種特定除外事項

(1)甲式、乙式、丙式、竊盜

不保項目	甲式	乙式	丙式	竊盜
1. 被保險人因被保險汽車之毀損、滅失所致之附帶損失，包括貶值及不能使用之損失。	✓	✓	✓	✓
2. 被保險汽車因窳舊、腐蝕、銹垢，或自然耗損之毀損。	✓	✓	✓	✓
3. 非因外來意外事故直接所致機件損壞或電器及機械之故障。	✓	✓	✓	✓
3. 或因底盤碰撞致漏油、漏水所衍生之毀損、滅失。	✓	✓	✓	✗
4. 置存於被保險汽車內之衣物、用品、工具、未固定裝置於車上之零件或配件之毀損、滅失。	✓	✓	✓	✓
5. 輪胎、備胎（包括內胎、外胎、鋼圈及輪帽）單獨毀損，或受第三人之惡意破壞所致之毀損、滅失。	✓	✓	✓	✗
5. 輪胎、備胎（包括內胎、外胎、鋼圈及輪帽）非與被保險汽車同時被竊所致之損失。	✗	✗	✗	✓
6. 被保險汽車因竊盜損失險所承保事故所致之毀損、滅失。	✓	✓	✓	✗
7. 被保險汽車於發生肇事後逃逸，其肇事所致之毀損、滅失。	✓	✓	✓	✗
8. 被保險汽車因第三者之非善意行為所致之毀損、滅失。	✗	乙式	丙式	✗
9. 被保險汽車「停放中」遭不明車輛或物體碰撞、刮損，或其他不明原因所致之毀損、滅失。上述所稱「不明」係指被保險人無法提供造成被保險汽車毀損、滅失之對造或車牌資料。	✗	✓	✓	✗
10. 被保險汽車非直接與對造車輛碰撞、擦撞所致之毀損、滅失。	✗	✗	✓	✗
11. 肇事逃逸之對造車輛無法確認者。但經憲警現場處理且經由本公司查證屬實者，不在此限。	✗	✗	✓	✗
12. 被保險汽車因被保險人之同居家屬、受僱人或被許可使用之人或管理之人等竊盜、侵占行為所致之毀損、滅失。	✗	✗	✗	✓
13. 被保險汽車因車體損失險甲式、乙式或丙式所承保事故所致之毀損、滅失。	✗	✗	✗	✓
14. 被保險汽車在租賃、出售、附條件買賣、出質、留置權等債務關係存續期間所發生之毀損、滅失。	✓ 相對不保項目	✓ 相對不保項目	✓ 絕對不保項目	✓ 相對不保項目
15. 被保險汽車因颱風、地震、海嘯、冰雹、洪水或因雨積水所致之毀損、滅失。				

不保項目	甲式	乙式	丙式	竊盜
16. 裝置於被保險汽車之零件、配件非與被保險汽車同時被竊所致之損失。	×	×	×	√ 相對不保項目
列名被保險人許可他人使用或管理被保險汽車所致之毀損、滅失，本公司於給付後得向該使用人或管理人追償。	√	√	√	×

(2)汽車第三人責任險

1. 因尚未裝載於被保險汽車或已自被保險汽車卸下之貨物所引起之任何賠償責任，但在被保險汽車裝貨卸貨時所發生者，不在此限。
2. 乘坐或上下被保險汽車之人死亡或受有體傷或其財物受有損失所致之賠償責任。
3. 被保險人、使用或管理被保險汽車之人、駕駛被保險汽車之人、被保險人或駕駛人之同居家屬及其執行職務中之受僱人死亡或受有體傷所致之賠償責任。
4. 被保險人、使用或管理被保險汽車之人、駕駛被保險汽車之人、被保險人或駕駛人之同居家屬及其執行職務中之受僱人所有、使用、租用、保管或管理之財物受有損害所致之賠償責任。
5. 被保險汽車因其本身及其裝載之重量或震動，以致橋樑、道路或計量台受有損害所致之賠償責任。
6. 被保險汽車因汽車修理、停車場（包括代客停車）、加油站、汽車經銷商或汽車運輸等業，在其受託業務期間所致之賠償責任。
7. 被保險汽車附掛之其他汽車或依道路交通安全規則規定附掛之拖車、全拖車或半拖車，未經本公司同意附掛者，或非依道路交通安全規則規定附掛之拖車、全拖車或半拖車所致之賠償責任。

■第四項　強制汽車責任保險概要

一、強制汽車責任保險之承保範圍

　　強制性保險係指基於政策上之理由或實際需要，由政府頒訂法令規定符合某些條件之企業或個人，均必須投保之保險。按強制汽車責任保險第 3 條規定，此種保險係承保被保險人因所有、使用或管理被保險汽車發生汽車交通事故，造成受害人體傷、殘廢或死亡者，不論被保險人有無過失，保險人依保險契約之約定，對受益人給付保險金。事實上該條文之內容甚為複雜，茲分析如下（我國強制汽車責任保險第 2 條參照）：

1. 承保之危險事故：為「所有、使用或管理被保險汽車發生汽車交通事故」。

2. 「被保險人」原則上包括⑴保險契約（證）上所載之列名被保險人；⑵其他因使用或管理被保險汽車造成汽車交通事故之人。

3. 「加害人」指因被保險汽車之所有、使用或管理，造成汽車交通事故而致他人損害之人。

4. 「受害人」指因汽車交通事故而遭受體傷、殘廢或死亡之人。但汽車交通事故僅涉及一輛汽車者，受害人不包括該汽車之駕駛人。

5. 「受益人」依下列之規定：

    ⑴ 傷害醫療給付之受益人，為受害人本人。

    ⑵ 殘廢給付之受益人，為受害人本人。

    ⑶ 死亡給付之受益人，為受害人之繼承人。無繼承人者，則為「強制汽車責任保險法」所規定之「汽車交通事故特別補償基金」。

    ⑷ 「被保險汽車」除經特別載明者外，係指保險契約（證）所載之汽車。如被保險汽車附掛拖車或尾車者，於發生汽車交通事故致應負賠償責任時，視為同一輛汽車。

    ⑸ 「殘廢」指財政部會同交通部擬定，報經行政院核定之「強制汽車責任保險給付標準」所規定之殘廢。

    ⑹ 「汽車交通事故」係指因所有、使用或管理汽車所致受害人體傷、殘廢或死亡之事故。又所稱因所有、使用或管理汽車所致受害人體傷、殘廢或死亡，係指被保險汽車於道路、停車場或其他供汽車通行之地方，發生交通事故，所致受害人體傷、殘廢或死亡。

    ⑺ 「道路」指公路、街道、巷術、廣場、騎樓、走廊或其他供公眾通行之地方。

二、不保事項（原條文第 4 條參照）

因下列情事致受害人受有體傷、殘廢或死亡者，保險人對其不負給付保險金之責任：

1. 受害人或受益人與被保險人或加害人串通之行為。

2. 受害人或受益人之故意行為。

3. 受害人或受益人從事犯罪之行為。

4. 理賠事項。

三、理賠事項。

1.重複投保（原條文第 14 條參照）

原條文規定：「被保險汽車發生汽車交通事故時，如同一被保險汽車另訂有其他強制汽車責任保險契約，不問其契約之訂立，係由於列名被保險人或他人所為，保險公司與其他保險人在保險金額範圍內負連帶責任。前項情形，要保人得終止其中保險期間先屆滿之保險契約，並請求返還終止後未到期之保險費。」

本條文規定最大之特色為危險事故發生之後，保險人之間在保險金額範圍負「連帶責任」。

2.保險競合（原條文第 15 條參照）

強制汽車責任保險與其他險種產生競合時，保險公司在處理時較為複雜，依原保單條文規定為：

(1)當其他保險為「全民健康保險」時：此時①保險公司就受益人提出之自費醫藥費用收據或全民健康保險特約醫院出具之醫療費用收據中所列屬受害人自行負擔之部分，在不超過保險傷害醫療給付保險金額範圍內，依保險契約給付傷害醫療給付。②保險公司就全民健康保險之保險人給付全民健康保險醫事服務機構之醫療費用，在不超過傷害醫療給付保險金額扣除依前款規定給付金額後之餘額範圍內，償還全民健康保險之保險人醫療給付。

(2)當其他保險為「商業保險」時，保險公司仍依保險契約之規定負賠償責任。

上開條文內容顯示，強制汽車責任保險為主要保險（primary insurance）或是基層保險地位，與其他保險競合時，處於優先賠償之地位，縱然發生意外事故時，全民健康保險先行支付醫療給付，日後仍須可歸墊。再者，受益人提出之自費醫藥費用收據，強制汽車責任保險亦須支付。

3.直接給付請求權（原條文第 16 條參照）與暫時性保險金之給付（原條文第 17 條參照）

強制汽車責任保險特色之一為，被保險汽車發生汽車交通事故之

後，受益人得在保險契約所約定之保險金額範圍內，直接向保險公司請求給付保險金。又，被保險汽車發生汽車交通事故致受害人死亡，經受益人提出相關文件者，得按保險契約所約定之死亡保險金額二分之一範圍內，請求保險公司給付暫時性保險金。所謂相關文件，是指⑴ 暫時性保險金給付申請書（由保險公司提供）；⑵ 警憲機關開立之事故證明；⑶ 戶籍謄本或戶口名簿影本；⑷ 屍體相驗證明書或合格醫師開立之死亡證明書。

4.汽車交通事故之處理

汽車交通事故可能僅涉及一輛汽車，此種情況下，保險公司對車內或車外之受害人負保險責任，但不包含駕駛被保險汽車之人（原條文第 18 條參照）。如果是共同肇事之情況，涉及數輛汽車，保險人如何理賠甚為複雜，茲列示如下（原條文第 19 條參照）：

⑴肇事汽車全部或部分為被保險汽車，受害人或受益人得在保險金額範圍內，請求各被保險汽車之保險公司連帶給付保險金。

⑵前述各被保險汽車之保險公司間，按其所承保之肇事汽車數量比例負分擔之責。

不過，有時肇事汽車或有可能未投保，此種情況之下甚為複雜，茲編表如表 12-10，以便參考。

5.追償事項（原條文第 5 條參照）

強制汽車責任保險雖為政策性保險，但是某些情況下仍可向加害人求償，但以給付金額範圍內為限。

⑴飲用酒類或其他類似物後駕駛汽車，其吐氣或血液中所含酒精濃度超過道路交通管理法規規定之標準。

⑵駕駛汽車，經測試檢定有吸食毒品、迷幻藥、麻醉藥品或其他類似管制藥品。

⑶故意行為所致。

⑷從事犯罪行為或逃避合法拘捕。

⑸違反道路交通管理處罰條例第二十一條或第二十一條之一規定而駕車。

6.理賠範圍及標準（原條文第 21 條參照）

被保險汽車發生汽車交通事故，致受害人體傷、殘廢或死亡時，保險公司依規定給付保險金，但給付項目以傷害醫療給付、殘廢給付、死亡給

表 12-10　強制汽車保險交通事故之處理例示

交通事故狀況	已投保者	保險人	受害人	
			駕駛人	乘　客
一輛（甲）	甲	A	全由保險人甲理賠。	
	未投保		無理賠	乘客與第三人向特別補償基金（以下稱基金）求償，基金理賠後向加害人求償。
二輛（甲、乙）	甲、乙	分別為 A、B	甲車、乙車分別向 A、B 保險人請求理賠，然後由 A、B 保險人平均分攤。	
	甲	A	全由 A 公司理賠。	
	未投保		向基金求償，基金理賠後再向加害人求償。	
三輛（甲、乙、丙）	甲、乙、丙	分別為 A、B、C	甲車、乙車、丙車分別向 A、B、C 保險人請求理賠，然後由 A、B、C 保險人平均分攤。	
	甲、乙	分別為 A、B	甲車、乙車分別向 A、B 保險人請求理賠，丙可向 A 或 B 求償。 A、B 保險人平均分攤。	
	甲	A	全由 A 公司理賠。	
	未投保		向基金求償，基金理賠後再向加害人求償。	
四輛（含）以上：處理方式同三輛情況。				

付爲限。至於給付標準，則依財政部會同交通部擬定，報經行政院核定之「強制汽車責任保險給付標準」之規定。再者，汽車交通事故發生致受害人有兩人以上者，每一受害人均得單獨就其損害項目按前項規定之給付標準請求保險金。而受害人因汽車交通事故受有傷害，致成殘廢或死亡者，受益人除得請求殘廢給付或死亡給付外，於致成殘廢或死亡前有醫療費用之支出者，亦得請求傷害醫療給付。至於受害人因事故致成殘廢後，因同一汽車交通事故致成死亡者，受益人得請求之死亡給付金額，以扣除已給付之殘廢給付金額爲限。

四、強制汽車責任保險制度與任意汽車責任保險之比較

　　強制汽車責任保險制度與任意汽車責任保險在性質與保障範圍之設計頗有不同，茲列表 12-11 比較如下。

表 12-11　強制汽車責任保險制度與任意汽車責任保險比較表

比較項目 ＼ 保險契約	強制汽車責任保險	任意汽車責任保險
1. 性質	保障車禍受害人 基本保障性質 為保障第三人契約	保障汽車所有人或被保險人，契約存在於保險人與被保險人之間
2. 賠償請求權之歸屬	有直接請求賠償權	無直接請求賠償權
3. 除外事項	不得任意增列	基於契約自由，被保險人受除外事項之拘束
4. 責任基礎	採有利被害人之基礎（例如推定過失、無過失責任等）	一般採過失責任
5. 契約內容	依法律規範明確	依契約自由協議
6. 保障範圍（承保範圍）	第三人（有時包括乘客）之體傷、死亡；最主要為死亡給付、醫療給付、殘廢給付、收入損失	第三人之體傷及財損，但不包括乘客
7. 事故涵義	行車事故（動態）	意外事故（因使用、管理所致）包括動態與靜態
8. 保險標的（依法應付賠償責任）	肇事致人傷害是否負賠償責任，依法律規範	肇事致人傷害是否負賠償責任，依契約規範
9. 保險性質	政策性	商業性
10. 賠償地位	基層責任保險	超額責任保險

■第五項　汽車保險保險費計算因子

　　汽車保險之保險費按險種而有不同之計算方式，主要考慮因素為從車與從人因素。惟有些險種從車、從人因素均須考慮，有些險種則僅考慮其中之一。茲臚列各險種之考慮因子如下：

表 12-12　從車、從人因素表

險　種	從車因素	從人因素
強制汽車責任保險	無多輛折扣優待	年齡與性別→年齡與性別費率係數 肇事紀錄→肇事紀錄費率係數
任意汽車責任保險	多輛優待（僅限法人）	被保險人年齡、性別係數＋賠款紀錄係數

險　種	從車因素	從人因素
車體損失保險	重置價格、基本保費、汽車製造年度及費率係數、廠牌車型加減費係數、車齡減費、多輛優待	性別、年齡、賠款紀錄
竊盜保險	多輛優待	無

本章關鍵詞

(1) 善火

(2) 惡火

(3) 地震基本保險

(4) 營業中斷保險

(5) 補償期間

(6) 海難

(7) 投棄

(8) 共同海損

(9) 實際全損

(10) 推定全損

(11) 委付

(12) 損害防止費用

(13) 施救費用

(14) ICC

(15) ITC

(16) 個人流動財產保險

(17) 商業流動財產保險

(18) 汽車第三人責任保險

(19) 車體損失保險

(20) 車體損失保險甲式

(21) 車體損失保險乙式

(22) 車體損失保險丙式——免自負額車對車碰撞損失保險

(23) 竊盜損失保險

註釋

註1：產險公會依金管會 108 年 10 月 22 日金管保產字第 1080434624 號函辦理，自 109 年 1 月 1 日起實施

註2：A contract of marine insurance is a contract whereby the insurer undertakes to indemnify the assured, in manner and to the extent thereby agreed, against marine losses, that is to say, the losses incident to marine adventure.

註3：台北市產物保險核保人協會編印，《產物保險名詞辭典》，民 76 年 3 月初版，頁 426。

註4：MIA1906 解釋規則 17 條：The term "goods" means goods in the nature of merchandise, and does not include personal effects or provisions and stores for use on board. In the absence of any usage to the contrary, deck cargo and living animals must be insured specifically, and not under the general denomination of goods.

註5：英國海上保險法第一附表保險單解釋規則第 15 條規定：The term ship includes the hull, materials and outfit, stores and provisions for the officers and crew, and, in the case of vessels engaged in a special trade, the ordinary fittings requisite for the trade, and also, in the case of a steamship, the machinery, boilers, and coals and engine stores, if owner by the assured.

註6：The term "freight" includes the profit derivable by a shipowner from the employment of his ship to carry his own goods or moveables, as well as freight payable by a third party. but does not include passage money.

註7：條文中所謂四分之三碰撞責任，意指保險人對每一次意外事故所負之責任，以被保險人全部責任的四分之三為限，另外四分之一責任由被保險人自行承擔。

註8："Martime perils" means the perils consequent on, or incidental to, the navigation.

註9：The terms "perils of the seas" refers only to fortuitous accidents or casualties of the seas. It does not include the ordinary action of the winds and waves.

註 10：The term "thieves" does not cover clandestine theft or a theft committed by any one of the ship's company, whether crew or passengers.

註 11：The term "barratry" include every wrongful act willfully committed by the master or crew to the prejudice of the owner, or, as the case may be, the charter.

註 12：The term 'all other perils' include only perils similar in kind to the perils specifically mentioned in the policy.

註 13：Templeman on Marine Insurance.

註 14：4.3 loss damage or expense caused by insufficiency or unsuitability of packing or preparation of the subject-matter insured to withstand the or- dinary incidents of the insured transit where such packing or preparation is carried out by the Assured or their employees or prior to the attachment of this insurance (for the purpose of these Clauses "packing" shall be de- emed to include stowage in a con- tainer and "employees" shall not include independent contractors).

註 15：4.6 loss damage or expense caused by insolvency or financial default of the owners managers charters or operators of the vessel where, at the time of loading of the subject-matter insured on board the vessel, the Assured are aware, or in the ordinary course of business should be aware, that such insolvency or financial default could prevent the normal prosecution of the voyage. This exclusion shall not apply where the contract of insurance has been assigned to the party claiming he- reunder who has bought or agreed to buy the subject-matter insured in good faith under a binding contract.

註 16：5.1 In no case shall this insurance cover loss damage or expense arising from 5.1.1 unseaworthiness of vessel or craft or unfitness of vessel or craft for the safe carriage of the subject- matter insured, where the Assured are privy to such unseaworthiness or unfitness, at the time the subject-matter insured is loaded therein. 5.1.2 unfitness of container or con- veyance for the safe carriage of the subject-matter insured, where loading therein or thereon is carried out prior to attachment of this insurance or by the Assured or their employees and they are privy to such unfitness at the time of loading. 5.2 Exclusion 5.1.1 above shall not apply where the contract of insurance has been assigned to the party claiming hereunder who has bought or agreed to buy the subject-matter insured in good faith under a binding contract. 5.3 The Insurers waive any breach of the implied warranties of sea-worthiness of the ship and fitness of the ship to carry the subject-matter insured to destination.

註 17：2019 年 53.43%，2018 年 54.06%，2017 年占比 54.85%，2016 年 54.87%，2015 年 53.89%，2014 年 53.09%。2019 年與 2018 年全國產物保險總保費收入分別約爲 1,771 億與 1,656 億。

註 18：范姜肱、鄭鎮樑、姜麗智、章明純、許依婷、蔡怡萱，《InsurTech 趨勢與保險經營創新》，保險事業發展中心出版，民 106 年，初版，頁 23。

註 19：范姜肱、鄭鎮樑、姜麗智、章明純、許依婷、蔡怡萱，《InsurTech 趨勢與保險經營創新》，保險事業發展中心出版，民 106 年，初版，頁 36～37。

考題集錦

1. 功能性重置成本（functional replacement cost）。　　　【90(2) 核保人員】

2. 何謂營業中斷損失險（business interruption insurance）？

【89(2) 核保人員】

3. 從屬損失（consequential loss）。　　　　　　　　　【87(2) 核保人員】

4. 依我國海商法之規定，被保險船舶及貨物之委付，其成立要件、生效要件及發生之效力各為何？試分別說明之。　　　　　　　【87 年普考】

5. 何謂「委付」，請以被保險貨物之委付為例，說明委付發生之原因。

【86 年保險專技，89 年保險專技】

6. 何謂海上保險之實際全損（actual total loss）與推定全損（constructive total loss）？又兩者之差異為何？試分別說明之。　　【87 年保險專技】

7. 共同海損（general average）。　　　　【85(2) 核保人員，88 年普考】

8. 推定全損（constructive total loss）。　　　【83(1) 核保人員，84 年普考】

9. 請說明委付（abandonment）之意義，並請說明我國現行商業火災保險基本條款以及海商法對海上保險被保險貨物有關委付之規定。

【95 年高考】

10. 海上保險標的之部分損失可分為共同海損（general average）與單獨海損（particular average），請說明共同海損與單獨海損之意義，並請說明約克・安特瓦普規則（york-Antwerp rules）對共同海損之理算準則。

【95 年普考】

11. 某甲購買一部汽車代步，則某甲對其汽車之使用、管理及維護，其可能面臨之可保危險為何？又面對此等可保危險，某甲如何投保汽車保險以為保障？試分析說明之。　　　　　　　　　　　　　　【81 年高考】

第13章

產物保險 (二) —— 意外保險

學習目標

讀完本章，讀者應該可以：

1. 了解責任保險之意義。
2. 了解責任保險之種類。
3. 了解責任保險之兩大承保基礎。
4. 了解保證保險之意義。
5. 了解保證保險與一般保險之不同。
6. 了解其他意外保險險種之定義。

意外保險種類繁多，本章擇重要險種分析，部分險種僅以名詞釋義。再次提醒讀者，意外險（Casualty Insurance）為一通稱，與人身意外保險（personal Accident insurance，保險法上所稱傷害保險）有別。保險公司網站上所稱之意外險，實際上係指人身意外保險。

第一節　責任保險

■第一項　責任保險的意義

責任保險，又稱第三人責任險。依我國保險法第 90 條規定：「責任保險人於被保險人對於第三人，依法應負賠償責任，而受賠償請求時，負賠償之責。」由保險觀點可解為「被保險人依法或依契約對第三人負損害賠償責任而受賠償請求時，由保險人負補償責任之保險。」惟一般以「過失侵權行為」為責任保險之對象，至於被保險人與他人之商業行為中，以契約承受他人依法對第三人之損害賠償責任者，即為危險管理中非保險之危險轉嫁（non-insurance transfer）註 1 之一種，被保險人此時成為被轉嫁者，他人為轉嫁者，此種「契約責任」（contractual liability）通常不在責任保險承保範圍之內。人們於各種場所活動註 2，故第三人之範圍極為廣泛，所以責任保險僅為一通稱，其種類甚多，已如「產物保險㈠——火災保險、海上保險、內陸運輸保險、汽車保險」乙章中所陳述。前述火災保險、汽車保險、海上保險等險種亦有責任類之引申性險種，本節以我國實務上通常規範於「意外保險」範圍內之責任保險為主。

■第二項　責任保險的分析

一、承保之責任危險

指因侵權行為或違約行為致對他人身體傷害或財物損害，依法應負之損害賠償責任。依法應負之損害賠償責任，亦為責任保險之保險標的。

二、責任保險之保險利益

係以被保險人所具有之「潛在賠償責任」之不存在為有利益，故屬於一種消極的期待利益。

三、責任之認定基礎

「責任」尚因採用之基礎不同，可能為過失責任主義（liability for negligence）、過失推定主義（presumption of negligence）、無過失責任主義（no-fault plan）、絕對責任制（absolute liability），大部分之責任保險係以過失責任為基礎。此外，行為人之賠償額度尚有「有限責任」與「無限責任」之分。茲就該等主義概要編表 13-1，供為參考註 3 。

表 13-1　責任基礎匯總表

責任基礎	要　義
過失責任	行為人無過失即無責任。受害人欲主張權利，須負舉證責任。
過失推定	推定行為人有過失，行為人須負舉證責任，證明其本身無過失。
無過失責任	1. 行為人雖無過失，如其行為與受害者有直接因果關係，仍應負賠償責任。 2. 可分為純無過失制（pure no-fault plan）與修正式無過失制（modified no-fault plan），前者對受害者之醫療費用及其他經濟損失，無限制給付，被保險人不負侵權行為責任。後者設定起訴基準，受害者損失未達基準者，不得按侵權原則請求賠償，於法定責任金額限度內，被保險人免除侵權行為責任。 3. 不可抗力之損失行為人可不用負責。 4. 無過失為對行為人過失之否定，其與過失責任相對，故有侵權行為之問題。
絕對責任制	1. 受害者之損害為行為人行為之結果，只問結果，不問原因。 2. 絕對責任為對受害者結果之認定，在其範圍之內無所謂侵權責任。

上述各種主義除絕對責任制外，可在我國之民法及各種特別法中發現，茲將其彙整如表 13-2 以供參考。

表 13-2　責任基礎相關法條

法律類別	法　條	責任基礎
民法	184～(1)	過失責任
民法	184～(2)	推定過失責任
公路法	64	推定過失責任
消費者保護法	7～(3)	無過失責任
民用航空法	89	無過失責任
大眾捷運法	46	無過失責任

表 13-2　責任基礎相關法條（續）

法律類別	法　條	責任基礎
核子損害賠償法	17	無過失責任
強制汽車責任保險法	5	限額無過失責任

四、責任危險的種類及其相對之險種

　　責任危險之種類甚多，除汽車、火災、海上保險中所承保之責任險外，吾人可將其餘責任以「一般責任」（general liability）勉強概括，故有稱其相對險種為「一般責任保險」（general liability insurance），該險種可定義為：「承保被保險人因各種意外事故，致對第三人依法應負賠償責任之保險，其實例有使用各種標的所致之責任，因製造、銷售商品所致之責任，因執行業務所致之責任。」註 4 責任危險之種類可就承保對象與性質細分如下註 5：

1.企業責任

　　工商企業從事製造或商業活動，因業務上之行為所發生之損害賠償責任。

2.職業責任

　　專門職業技術人員因提供專業服務，致對他人之損害賠償責任。

3.個人責任

　　家庭或個人因財產之取得、維護或使用之行為，致對他人之損害賠償責任。

　　至於上述引申之責任保險的種類，可歸納如表 13-3。

表 13-3　責任要義表

責任歸類	要　義	相對衍生險種列舉
企業責任	工商企業從事製造或商業活動，因業務上之行為所發生之損害賠償責任。 1.因財產取得、保養、使用發生者。 2.因產品製造、銷售而生者。	公共意外責任保險、產品責任保險、雇主責任保險、營繕承保人責任保險、意外污染責任保險、電梯責任保險、綜合責任保險。

表 13-3　責任要義表（續）

責任歸類	要　義	相對衍生險種列舉
職業責任	專門職業技術人員因提供專業服務，致對他人之損害賠償責任。	醫藥業：醫院專業責任保險、醫師專業責任保險、藥劑師專業責任保險、美容院業務過失責任保險、護理之家專業責任保險。 非醫藥業：律師與會計師專業責任保險、建築師與工程師專業責任保險、保險代理人與經紀人責任保險、董事與重要職員責任保險。
個人責任	家庭或個人因財產之取得、維護或使用之行為，致對他人之損害賠償責任。	高爾夫球員責任保險、綜合責任保險、農民責任保險。

五、責任保險的一般要件

以過失為基礎之責任保險，須具備下列幾個一般性要件：

1. 須為被保險人對於第三人之賠償責任

第三人（third party），原則上係指保險契約當事人以外之任何人，或為被保險人之受僱人，或為受僱人以外之其他人。因此，第一人為要保人或被保險人，第二人為保險人。

2. 須為被保險人依法應付之賠償責任

依法指法律根據，自然不脫民法或特別法之範疇。至於採用之責任基礎為何，不外乎前述過失責任、推定過失責任、無過失責任等等。至於賠償之責任範圍為何，不外乎體傷與財損之問題，詳第四要件。

3. 須被保險人受賠償請求

被保險人縱有侵權行為並負損害賠償責任，倘第三人本人或其家屬並未向被保險人請求賠償或請求權時效已過，則被保險人即無損失可言。

4. 須第三人遭受身體傷害或財物損失

身體傷害包括死亡，此為損害賠償範圍之問題，其大小及種類甚稱複雜。

茲就上述要件重要之處臚列如表 13-4[註6]，以利參考。

表 13-4　責任保險的一般要件表

要　件	重　點		
須為被保險人對於第三人之賠償責任	第三人之定義：要保人、被保險人、保險人以外之人，實務上將被保險人之受雇人及其家屬排除在外。惟雇主責任保險因以承保雇主對其受雇人之責任，是為例外。		
須為被保險人依法應負之賠償責任	責任之意義		
	責任之法律依據	責任之基礎	損害賠償之範圍
	民法與特別法	過失責任、推定過失責任、無過失責任、絕對責任	體傷或財損
須被保險人受賠償請求	被保險人受賠償請求，始有財務損失之可能，責任保險始能補償。受害人或其家屬請求權之消滅時效相關法條：民法第 197 條。被保險人向保險人請求賠償之時效：保險法第 65 條。		
	民法第 197 條：因侵權行為所生之損害賠償請求權，自請求權人知有損害及賠償義務人時起，兩年間不行使而消滅。自有侵權行為時起逾十年者，亦同。		
須被保險人受賠償請求	1. 被保險人之危險發生通知義務：保險法第 58 條：「要保人、被保險人或受益人，遇有保險人應負保險責任之事故發生，除本法另有規定，或契約另有訂定外，應於知悉後五日內通知保險人。」 2. 請求權之消滅時效：保險法第 65 條第 3 款：「由保險契約所生之權利，自得為請求之日起，經過兩年不行使而消滅。有下列各款情形之一者，其期限之起算，依各該款之規定：要保人或被保險人對於保險人之請求，係由於第三人而生者，自要保人或被保險人受請求之日起算。」		
須第三人遭受身體傷害或財物損失		有形損害之損害賠償	無形損害之損害賠償
	體傷（身體與健康權侵害	醫療費用、收入損失、喪失或減少勞動能力、增加生活上之需要（我國民法第 18、193、195、216 各條）	慰撫金（我國民法第 18、194、195 各條）（肉體痛苦與精神痛楚）；死亡（生命權侵害）
	死亡（生命權侵害）	死亡前之醫療費用、殯葬費、法定扶養費（我國民法第 18、192、194、216 各條）	被害人之直系親屬暨配偶請求慰撫金（精神痛楚）
	財損（財產權侵害）	物之毀損所減少之價值（我國民法第 196、216 各條）	（精神痛楚），法無規定
美國之名詞補償性損害賠償（compensation damages）與懲罰性損害賠償（punitive damages）	compensation damages		
	經濟損失（economic loss）特定損害賠償（specific damages）	非經濟損失 　（non-economic loss） 一般性損害賠償 　（general damages）	

六、承保與理賠基礎（保險事故之認定時點）

　　責任保險之承保與理賠基礎，最早亦採意外事故基礎（accident），與財產保險無異，惟因有些事故可能是漸進式之運作，之後演變為意外事故與事故發生基礎（on occurrence basis）均有之情況。「事故發生」一詞，依解釋除意外之外，尚包括連續性或不斷重複出現，暴露於實質上相同的一般有害情況下註7。不過，1970年代責任保險遭遇嚴重之經營問題，尤其是醫師專業責任保險，當時即有保險業者改採索賠基礎（claim-made），意圖解決發生基礎產生之長尾責任（long-tail）問題註8，惟1965年即有索賠基礎出現。此處擬對兩種基礎之意義說明如下：

1. 事故發生基礎

　　在此種基礎之下，保險事故須發生在保險期間內，保險人始負賠償之責。所以，事故發生在保單生效日以前或屆滿後保險人皆不負賠償責任。由保險經營角度看，此種基礎最大之缺點為事故發生與保險責任理結之時間過長，即所稱之「長尾責任」。時間過長，保險人即難以估計其應提存之賠款準備，計算之保險費亦可能產生不足之問題。理論上，此種基礎下，保險責任與保費對價可以配合，但是遇有長尾問題，因理結時間過長，釐訂保險費通常亦甚困難。

　　由於責任保險中以發生基礎承保，而事故發生常為漸進式甚有隱藏性，例如，污染問題、醫療過失問題、石綿灰沈滯之問題，所以受害人之傷害可能已發生，但是並未明顯，此種情況均合乎發生基礎要件，所以在長時間之醞釀過程中，哪張保單應負賠償責任其實有許多爭議，因此從1970年代到1980年代有數種學說出現，試圖解釋哪些保險人應負責任，由於該等學說出現已久，已可成為保險學必要內容之一，在此列表13-5說明以供參考註9。

2. 索賠基礎

　　此種基礎下，被保險人於保險期間內受賠償請求，並於保險期間內通知保險人，所以，保險人之賠償責任以保險期間內提出賠償請求者為限。此種基礎最大之優點為排除長尾責任，不過，實際上亦有缺點，諸如較具道德危險，無法減少損失次數，亦無法消除法律因素產生之賠款膨脹問題註10。

表 13-5　事故發生基礎認定基礎

學說		學說概要	哪些保險人應負責任
原文	中文譯名		
exposure doctrine or theory	危險暴露說，危險接觸說	受害人第一次暴露於產品或有毒物質時（exposed to a product or dangerous substance），則責任保險承保之事故已經發生。	受害人第一次暴露於危險，當時承保之保險人即應負責。
manifestation doctrine	病症明顯說，病症發現說，傷害顯示說	事故發生於受害人「經診斷病症明顯」時（the claim-ant's disease or injury isdis-covered），亦即受害人之傷害業已明顯出現時，視為責任保險承保之事故已經發生。	病症明顯當時承保之保險人應負責。
triple trigger ap proach or exposure inresidence, injurious process theory	三重啓動學說，病症存在於體說，三者合一說	受害人歷經之第一次危險暴露（即危險接觸）、有害物質進入人體潛伏、病症明顯等階段視為一體，視為危險事故發生（the exposure and manifestation period would apply）。	凡該段期間內涉及之所有保險人均應負責，為擴張承保範圍之解釋。
injury in fact theory	傷害事實說	受害人之傷害非僅顯示，且已發生實際傷害。	受害人已發生實際傷害時，承保之保險單應負責。

　　關於此種基礎，保險人通常在保單上特別告知被保險人下列事項：「此爲索賠基礎保單。本保單僅承保保單所訂追溯日之後發生之事故，並在本保單有效期間內受第一次賠償請求之索賠。除非被保險人根據本保單條款規定加保延長報案批單，否則在本保險有效期間終了之後，發生之索賠並不在承保之內。」註 11

　　上開中追溯日期與報案批單爲索賠基礎之關鍵點須再說明。

⑴追溯日期（the retroactive date）

　　追溯日是保險人確認其是否負賠償責任之切割點，因爲在索賠基礎下，保險人可能承受被保險人在保單生效前已發生之責任，如此一來，保險人之潛在責任可能非常大。例如，2020 年 1 月 1 日起，保險期間十二個月之索賠基礎保單，如果不規定追溯日期，則 2020 年 1 月 1 日以前所發生之事故如剛好在 2020 年期間報案，保險人必須負責。由此可知，追溯日期不定不可。至於訂於何日，視保險契約當事雙方之約定，由保險人之立場，當然是與保單生效日期同一天爲原則，由被保險人立場，自然以

保單生效日之前較遠的特定日期為有利，當然，兩者協商之下，不會離保單生效日過長。

以上是保險人在新約之情況下之處理情況。如果被保險人於 2021 年續約，保險人可能以 2020 年規定之追溯日期為續約年之追溯日期，此時對被保險人極為有利，但亦有保險人不願在續約年承受以往承保年度之責任，故採同步追溯日（advanced retrospective date），以明確劃分其各承保年度之責任。

(2)延長報案批單

被保險人於保單到期時未續保或在中途退保為常有之事，依保單條款規定，此時被保險人立即失去保險之保障。在醫師專業責任保險中，即使被保險人屆齡退休，亦很難斷定其退休前之潛在責任不再出現註 12。因此，保險人採取延長報案批單以資補救。延長報案批單主要規範被保險人的延長報案期間，等於保險人承受類似發生基礎之長尾責任註 13，但因為延長報案之期間通常有限，所以承受之責任亦有限。

延長報案期間等於保險人延長承擔責任，原則上須收取對價（保險費）以資因應。不過，若是三十天期或是六十天期，保險人通常不加收額外保費，一般稱之為「自動承保小尾巴」（automatic mini-tail）註 14。至於須加費承保者，承保期間通常較長，甚至有無限期者，前者稱為限制型尾巴（limited tail），後者稱為「無限制尾巴」（unlimited tail）註 15。如果是「無限制尾巴」與發生基礎已無太大差別，保險人是否願意承保，考慮顯然甚多。總之，被保險人有了延長報案期間之後，凡事故發生在原保單之「追溯日」以後，保單期滿日以前，而在延長報案期間，提出索賠請求者，視為在保單滿期前一日之索賠請求。

茲將兩種基礎比較如表 13-6。

表 13-6　發生基礎與索賠基礎之比較

比較項目	發生基礎	索賠基礎
保險人之責任歸屬	較易判定	保險人之間有爭議
保險責任與對價之配合度	較能配合	有偏差
對被保險人之保障	較周延	較不周延
末了責任之確定	長尾，短時間內不易確定，造成經營上之困擾	短尾，可免除長期末了責任之確定，由經營觀點較佳

七、責任保險之責任額度

責任保險的責任額度，相當於財產保險的保險金額，一般有四種型態：

1. 每一個人身體傷害之責任額度。
2. 每一個意外事故身體傷害之責任額度。
3. 每一個人意外事故財物損失之責任額度。
4. 保險期間內之累計保險金額。

八、責任保險之險種

責任保險之種類甚多 註16，不過仍可分為企業責任型、專業責任型、個人型等三種。近年來因應保險消費者需求，產物保險業者因應設計多種責任保險，茲就國內目前之險種分類如表 13-7，並就重要險種之定義暨承保範圍簡述如後，由承保範圍可知有些採用損失發生基礎，有些採索賠基礎。

表 13-7　責任保險之險種表

性　質	險　種
企業責任型	公共意外責任保險、電梯意外責任保險、營繕承包人意外責任保險、雇主意外責任保險、雇主補償契約責任保險、產品責任保險、毒性化學物質運作人第三人責任保險、環境污染責任保險、意外污染責任保險、保全業責任保險、大眾捷運系統旅客運送責任保險、旅行業綜合責任保險、鐵路旅客運送責任保險、旅客運送業責任保險、金融業保管箱責任保險、資安防護責任保險、海外遊學業責任保險、藥物臨床試驗責任保險、生命科學綜合責任保險、海外遊學業責任保險、貨物運作人責任保險、貨運站責任保險
專業責任型	醫師業務責任保險、醫院綜合責任保險、會計師責任保險、律師責任保險、建築師／工程師專業責任保險、保險代理人／經紀人專業責任保險、保險公證人專業責任保險、清理人專業責任保險、民間公證人責任保險、董監事及經理人責任保險、教職員責任保險、警察人員責任保險、護理人員專業責任保險、刑事執行人員責任保險
個人型	綜合責任保險、高爾夫球員責任保險

1.企業責任型

⑴公共意外責任保險

係承保被保險人由於疏忽或過失造成第三人體傷或財損，依法應負之賠償責任之保險。此種保險所承保之危險為公共責任危險，此種危險係指企業或團體於從事營業或業務活動時因過失行為所致公眾（第三人）之傷害，或財物受損依法應負之賠償責任危險。其承保範圍依我國現行公共意外責任保險基本條款之規定為：

① 營業處所公共意外責任：「被保險人因經營本保險契約所載之業務，於載明之經營業務處所，在保險期間內發生下列意外事故，致第三人體傷或財物損失，依法應由被保險人負賠償責任，而受賠償請求時，本公司依本保險契約之約定對被保險人負賠償之責：

(a)被保險人或其受僱人因經營業務之行為在營業處所內發生之意外事故。

(b)被保險人營業處所之建築物、通道、機器或其他工作物所發生之意外事故。」

②活動事件公共意外責任：「被保險人或其受僱人於保險期間內，因在本保險契約所載活動處所舉辦活動而發生意外事故，致第三人體傷或財物損失，依法應由被保險人負賠償責任，而受賠償請求時，本公司對被保險人負賠償之責。」

⑵產品責任保險

本保單對於被保險人因被保險產品之缺陷，於追溯日起至保險期間屆滿前發生意外事故，致第三人身體受有傷害或財物損失，依法應由被保險人負損害賠償責任並於保險期間內受賠償請求時，保險公司對被保險人負賠償之責。保險公司對於被保險人經判決確定因過失須負之懲罰性賠償金，亦負賠償之責。所謂產品缺陷（defect）可歸納為：

①設計錯誤（design error）：即產品因設計製造程式、規格之錯誤，致同一系列製造、生產之產品均有缺陷。

②製造錯誤（production error）：產品之設計雖無錯誤，但在製造生產過程中，由於人為疏忽或機械故障，致同一批產品均有缺陷。

③使用說明不當：產品設計及製造雖均符合標準並無任何錯誤，但各種產品各有其特性，若干產品且因具有特殊危險性質或特殊使

用方法，而製造廠商未做適當說明或警告，致使用人於使用時發生意外事故。

⑶雇主責任保險

①被保險人之受僱人在保險期間內因執行職務，發生意外事故遭受體傷或死亡，依法應由被保險人負賠償責任而受賠償請求時，保險公司對被保險人負賠償之責。保險公司依前項對被保險人所負之賠償責任除本保單另有約定外，以超過勞工保險條例、公務人員保險法或軍人保險條例之給付部分爲限。

②所稱之「受僱人」係指在一定或不定之期限內，接受被保險人給付之薪津工資而服勞務年滿 15 歲之人而言。

⑷綜合責任保險（C.G.L.）

承保被保險人因意外事故所致第三人體傷、死亡或財損，應負賠償責任之保險。綜合責任保險單係以一張保險單提供被保險人各類危險事故之保障，除不保項目外所列舉者外，均屬承保範圍。

⑸營繕承包人責任保險（contractors liability insurance）

指承保被保險人或其他受僱人於保險期間內，在本保單載明之施工處所內，因執行承包之營繕工程發生意外事故，致第三人體傷、死亡或第三人財物損害，依法應由被保險人負賠償責任而受賠償請求時，保險公司對被保險人負賠償之責。

⑹意外污染責任保險（accidental pollution liability insurance）

承保被保險人在廠區、設備在製造、生產等作業過程中，或產品、原料在儲存、輸送途中發生突發而不可預料之意外事故，致第三人身體受有傷害或第三人財物受有損失，依法應由被保險人負賠償責任而受賠償請求時，保險公司對被保險人負賠償之責。因前項保險事故所發生之必要清除費用，保險公司亦負賠償之責。

⑺電梯責任保險（elevator liability insurance）

被保險人因所有、使用或管理被保險電梯，在保險期間內發生意外事故，致乘坐或出入被保險電梯之人體傷、死亡或其隨帶之財物受有損害，依法應負賠償責任而受賠償請求時，保險公司對被保險人負賠償之責。但

前項所稱乘坐或出入被保險電梯之人，不包括被保險人或駕駛人在內。

(8)保全業責任保險

被保險人因經營保全業務，在保險期間內發生下列事故，致第三人身體傷害、死亡或財物受有損失，依法應負賠償責任並受賠償請求時，保險公司對被保險人負賠償之責：

① 被保險人或其僱用之保全人員，於執行保全服務契約時因疏忽或過失發生之意外事故。

② 被保險人裝設於保全服務契約委任人處所之保全設備，因設置、維修或管理不當發生之意外事故。

③ 依保全服務契約之約定，被保險人應負賠償責任之事故。

(9)旅行業綜合責任保險

本保險有六種承保範圍，分別為法定責任、契約責任、契約責任附加特別費用、契約責任附加額外費用、金融業保管箱責任保險、綜合責任保險，列述如下：

① 法定責任：被保險人或其受僱人因經營業務之疏忽或過失，於由其所安排或組團之旅遊期間內，因發生意外事故致旅遊團員體傷、死亡或財務損害，依法應由被保險人負賠償責任而受賠償請求時，保險公司對被保險人負賠償之責。

② 契約責任

(a)意外死亡或殘廢：被保險人於由其所安排或組團之旅遊期間內，因發生意外事故致旅遊團員身體受有傷害或殘廢或因而死亡，依照旅遊契約之約定，應由被保險人負賠償責任而受賠償請求時，保險公司將依照本保險契約條款或批單之約定，對被保險人負賠償責任。

(b)意外醫療費用：旅遊團員於旅遊期間內，因遭受意外傷害事故，致其身體傷害而必須就醫治療者，其所發生之合理必須之醫療費用，依照旅遊契約之約定，應由被保險人負賠償責任而受賠償請求時，保險公司將依本保險契約條款或批單之約定，對被保險人負賠償責任。

③ 契約責任附加特別費用：

(a)特別費用：旅遊團於旅遊期間內，因遭受意外傷害事故所致死亡或全殘，被保險人必須安排出事團員之家屬前往探視或處理

善後，其所發生之合理必須之費用，包括食宿、交通和運送團員或其骨灰回國等費用。

(b)旅行業者費用：被保險人或其受僱人必須帶領出事團員之家屬前往出事地點協助處理有關事宜，其所發生之合理且實際費用，包括食宿、交通和其他有關費用等。

④ 契約責任附加額外費用

(a)額外住宿與旅行費用：旅遊團員於旅遊期間內，因下列不可預知之事由，所發生之合理額外住宿與旅行費用：

(i) 護照或旅行文件之遺失；但因任何政府之沒收充公者除外。

(ii)檢疫之規定；但旅遊團必須採取任何合理之步驟，以符合檢疫之規定或要求。

(iii)汽車、火車、航空或輪船等之交通意外事故。

(iv) 天災。

(b)旅行文件重置成本：旅遊團員於旅遊期間內，因護照或其他旅行文件（信用卡、旅行支票及現金提示文件除外）遺失或遭竊，而必須重置所發生之合理成本或費用。

(c)行程延遲：旅遊團員於出發前往旅遊或回程台灣時，因遭致非被保險人或旅遊團員所能控制，且超過 24 小時之行程延遲，保險公司將依本保險契約條款或批單之約定，給付賠償金。

⑤ 金融業保管箱責任保險：被保險人在保險期間內，因經營出租保管箱業務，發生竊盜、搶奪、強盜、火災、爆炸或本保單第 2 條「不保事項」所列舉不保者以外之意外事故，致承租人之置存物毀損、滅失，依法應由被保險人負賠償責任而受賠償請求時，保險公司對被保險人負賠償之責。前項所稱「置存物」，係指放置儲存於租用保管箱內之一切物品，包括金銀、珠寶、飾物、有價證券及其他貴重物品、重要文件等，但不包括任何危險品、違禁品、爆炸物及潮濕有臭味暨容易腐敗變質之物品。

⑥ 綜合責任保險（comprehensive general liability insurance）：指被保險人因在保險期間內發生意外事故所致第三人之體傷、死亡或第三人財物損害，依法應由被保險人負賠償責任而受賠償請求時，承保公司對保險人負賠償之責。

2.專業責任型

(1)定義

專門職業責任保險（professional liability insurance）指承保專門職業人員於執行業務時，因過失或疏忽所致第三人遭受損害之保險，如醫師專業責任保險（physician's and surgeon's professional liability insurance）、會計師責任保險（accountants' professional liability insurance）、保險代理人及經紀人責任保險（insurance agent's and broker's liability insurance）及其他提供專業性勞務者責任保險等。此類保險之特點如下：

①保險人之責任限額至少有兩種，亦即通常針對每一賠償要求（per claim）、每一意外事件（per occurrence），分別規定保險人之責任限額。

②承保基礎可能採發生基礎，亦可能採索賠基礎。

③被保險人不允許保險公司隨意解決賠償案件。

(2)種類

①醫院專業責任保險（hospital professional liability insurance）：醫院對於病患有收容治療之義務，至於其僱用之 X 光人員（radiographer）所犯業務上之疏忽或過失，醫院應負其責。凡內科醫師、外科醫師、看護，及其他人員之診斷錯誤、手術錯誤、配方錯誤、熱水燙傷、使用 X 光發生意外等，如有過失者，醫院皆不得諉卸其責任。凡此等責任皆可由本保險予以承保。

②醫師專業責任保險（physicians', surgeons', dentists' professional liability insurance）：指被保險人於執行醫師業務時，因過失錯誤或疏忽而違反其業務上應盡之責任，直接引致病人體傷或死亡，依法應由被保險人負賠償責任，而在保險期間內受賠償請求時，由承保公司對被保險人負賠償之責。

③藥劑師專業責任保險（druggists' professional liability insurance）：本保險乃承保藥劑師在配方或出賣成藥時，發生錯誤而致人受傷害之賠償責任。換言之，本保險所承保者有兩種責任，一者即專業責任，二者乃產品責任（product liability）。凡源於貨物（goods）或產品（products），包括藥品（drugs）及藥劑

之調配、出售、處理或分配，凡藥物占有權已讓渡第三者所致之體傷、財損，又體傷或財損發生是否在營業處在所不論。

④美容院過失責任保險（beauty saloon malpractice liability insurance）：承保美容院技師因業務過失，而致人傷害之損害賠償責任。例如燙髮時所用溶液過於濃烈而傷及顧客之頭髮時，保險人將負擔因而發生之損害賠償責任。

⑤會計師責任保險（accountants' professional liability insurance）：指被保險人於執行業務時，因過失、錯誤或疏漏行為而違反其業務上應盡之責任及義務，致第三人也受有損失，依法應由被保險人負賠償責任，並由該第三人於保險單有效期間內提出賠償請求時，由承保公司對被保險人負賠償之責。簡言之，承保會計師審核帳目發生錯誤，致公司、股東或股票買賣者或經紀人受有損害之損害賠償責任。我國會計師法條規定，會計師對於承辦業務所為之行為負法律上之責任，不得對指定或委託事件有不正當行為或違反或廢弛其業務上應盡之義務，如有上述情形而致委託人或利益關係人受損失時，應負賠償之責。

⑥律師責任保險（lawyers' professional liability insurance）：指被保險人於執行業務時，因過失、錯誤或疏漏行為而違反其業務上應盡之責任及義務，致第三人也受有損失，依法應由被保險人負賠償責任，並由該第三人於保險單有效期間內提出賠償請求時，由承保公司對被保險人負賠償之責。亦即，承保律師執行職務時因其作為或不作為而致委託人遭受損害之損害賠償責任。例如，律師為當事人辦案，若有顯然之錯誤，或有應為之訴訟上行為而不為，依法皆應負賠償之責。我國律師法亦有類似規定如下：「律師如因懈怠或疏忽，致委託人受損害者，應負損害之責。」

⑦建築師及工程師責任保險（architects' and engineers' professional liability insurance）：指執行建築師或工程師業務之被保險人，因「過失行為、錯誤或疏漏」（negligent acts, errors or omissions）而「違反專業上之義務」（breach of professional duty），致第三人受有損失，依法應負賠償責任，而在保險期間內受賠償請求時，由承保公司負賠償之責。

⑧保險代理人及經紀人責任保險（insurance agents' and brokers' professional liability insurance）：指承保保險代理人（insurance agent）及保險經紀人（insurance broker）執行業務時，因錯誤、

遺漏或其他過失行為致第三人遭受損害，而依法應負之賠償責任。為專門職業責任保險（professional liability insurance）之一種。質言之，承保保險經紀人或代理人怠於為委託人所委託之保險，以及怠於確定保單是否仍具效力而致委託人遭受損失，應負之法定責任。例如，委託人欲獲保險，給付保險費後，經紀人同意為其代為安排保險，並已告知委託人保險期間、保險金額及適用費率，則經紀人顯與委託人具契約關係。一旦要保人遭受損失發現經紀人並未依其意願承諾為其獲得保險，經紀人顯然違反契約，對於委託人所受之損失須負賠償之責。

⑨董事及重要職員責任保險（director's and officer's liability insurance）：指承保被保險企業之董事、理事、主管因判斷錯誤，違反規定或錯誤行為所致責任之保險。

3.個人型

⑴高爾夫球員責任保險（golfer's liability insurance）

指承保被保險人參加高爾夫球運動因意外事故，造成第三人（包括球僮）之體傷、死亡或財損所應負之賠償責任，惟不包括被保險人或其家屬或其受僱人（球僮除外）之體傷或財損。另承保被保險人之衣李、球具置存於高爾夫球場保管處，因火災、閃電雷擊或竊盜等危險事故所致毀損、滅失。再者，球桿之破裂或折斷之損失亦承保在內，惟以參加高爾夫球運動時為限。本保險所稱之參加高爾夫球運動包括被保險人練習、指導或比賽高爾夫球之行為。另尚有一桿進洞保險、醫療費用、球僮特別費用等。

⑵綜合個人責任保險（comprehensive personal liability insurance）

承保被保險人因個人行為所致第三人體傷、死亡或財損應負賠償責任之保險，本保險不包括因使用汽車或從事商業活動所致之責任。

第二節　工程保險及其他意外保險

工程保險為歷史悠久的保險，基本上已定型化，因保險消費者需求增加，近年來推出之其他意外保險呈現多樣化與複雜化。

茲先編表 13-8 列示。

表 13-8 工程保險及其他意外保險表

工程保險	其他意外保險
營造工程綜合保險、安裝工程綜合保險、鍋爐保險、機械保險、營建機具保險、電子設備保險	竊盜損失保險、玻璃保險、現金保險、藝術品綜合保險、消費者貸款信用保險、銀行業綜合保險、資訊系統不法行為保險、節目中斷保險、資訊安全防護保險、行動裝置綜合保險、天氣保險、影視製作綜合保險、綁架勒索保險、犯罪綜合保險、產品收回退費保險、個人自行車綜合保險、個人旅行保險、登山綜合保險、旅遊不便保險、寵物保險、珠寶商綜合保險、信用卡綜合保險、應收帳款承購信用保險、貿易帳款信用保險、寵物保險

一、工程保險（engineering insurance）

1. 營造工程綜合保險（contractors' all risks insurance，簡稱 CAR）

本保險採承保危險全益式之綜合保險。凡保險標的在施工處所，於保險期間內，因不可預料及突發之意外事故，致有毀損或滅失，須予修復或重置時，除保險單載明為不保者外，均予以理賠。本保險主要危險事故如下：⑴ 火災、雷擊、閃電、爆炸、航空器墜落；⑵ 淹水、洪水氾濫、雨水、雪、雪崩；⑶ 颱風、海嘯、地陷、山崩、落石；⑷ 偷竊、盜竊、第三人非善意行為；⑸ 施工缺陷及機具缺陷所致之意外事故；⑹ 營建工程於施工處所因意外事故，致第三人體傷或死亡依法應負之責任；⑺ 另亦承保工程經啟用接管或驗收後，被保險人於工程契約所規定之保固（或稱養護）期間內，因履行保固（或稱養護）責任所為修繕工作，發生意外事故，而致本保險承保工程之直接毀損或滅失，得經約定加費承保。

2. 安裝工程綜合保險（erection all risks insurance，簡稱 EAR）

包括損失險與責任險兩種。

⑴安裝工程損失險

安裝工程於施工處所，在施工期間內除保單所列不保項目外，因意外事故直接所致之毀損或滅失。

⑵第三人意外責任險

安裝工程於施工處所，在施工期間內發生意外事故致第三人死亡或受

有體傷，或財物受有損害，依法應由被保險人負責之賠償責任。本項保險
應與第一項損失險同時投保。

3. 鍋爐保險（boiler insurance）

(1)保險標的因本保險承保之鍋爐或壓力容器正常操作中，發生爆炸
　　或壓潰所致之毀損或滅失，保險公司對被保險人負賠償責任。
(2)保險標的因第 1 條所載之意外事故，致第三人受有體傷、死亡或
　　第三人之財物受有毀損或滅失，依法應由被保險人負責賠償而受
　　賠償之請求時，保險公司對被保險人負賠償責任。

4. 機械保險（machinery insurance）

保險標的物在保險單所載處所於保險期間內，因下列原因發生無可預
料及突發之事故所致之損失須予修理或重置時，保險公司對被保險人負賠
償責任：

(1)設計不當。
(2)材料、材質或尺度之缺陷。
(3)製造、裝配或安裝之缺陷。
(4)操作不良，疏忽或怠工。
(5)鍋爐缺水。
(6)物理性爆炸、電器短路、電弧或離心作用所造成之撕裂。
(7)不屬本保險契約特別載明為不保事項之任何其他原因。

5. 營建機具保險（contractors' plant and equipment insurance）

採承保危險列舉式之綜合保險，凡保險標的物在保險單所載處所，於
保險期間內，因突發而不可預料之意外事故所致之毀損或滅失，除保險單
載明為除外不保者外，均予理賠。本保險主要危險事故列舉如下：

(1)火災、閃電、雷擊、爆炸。
(2)碰撞、傾覆、航空器墜落。
(3)颱風、旋風、颶風、洪水。
(4)地震、火山爆發、海嘯、地陷、土崩、岩崩、雪崩、坍塌。
(5)竊盜、第三人非善意行為。

亦可將第三人意外責任險承保在內，其內容為：「被保險人在保險
單所載處所，於保險期間內，因被保險標的物之所有、使用、維護及保管
發生意外事故，致第三人死亡或受有體傷或其財物受有損害，依法應負賠

償責任而受賠償請求時，予以理賠。本保險不單獨承保第三人意外責任險。」

6. 電子設備保險（electronic equipment insurance）

(1) 電子設備本體綜合損失險（material damage）

本保險採承保危險不列舉式之綜合保險。凡保險標的物在保險單所載處所，於保險期間內，因突發而不可意料之意外事故所致之毀損或滅失，除保險單載明不保者外，均予理賠。本保險主要承保危險為：

① 火災、爆炸、閃電、雷擊。
② 碰撞、傾覆、航空器墜落。
③ 管線、線路破裂造成之災害。
④ 設計錯誤、材料材質或尺度之缺陷。
⑤ 操作錯誤，包括經驗不足、疏忽或惡意破壞。
⑥ 機械性或電器性損壞、故障、斷裂或失靈等。
⑦ 其他各種天然災變，如地震、火山爆發、海嘯、地陷、土崩、岩崩、颱風、旋風、颶風、洪水等，得經約定加費承保。竊盜所致之損失亦得事先約定承保之。

(2) 外在資料儲存體綜合損失險（external data media）

電腦之外在資料儲存在保險單所在處於保險期間內，因突發而不可預料之意外事故所致毀損或滅失，除保險單載明不保者外，由保險公司對被保險人負賠償之責。本保險之承保範圍與前項電子設備本體綜合損失險相同，但不包括錯誤之程式設計、打卡、標記、不當之資料註銷、儲存體之廢棄或因磁場之干擾所致資料之損失。保險標的物遇有承保範圍內之毀損或滅失時，保險公司對被保險人之發生意外事故後十二個月內，為恢復保險標的物發生損失前原有狀況所需必要費用負賠償之責；毀損之資料倘無須重製，保險公司僅對重置費用負責賠償。

(3) 額外費用（increased cost of working）

保險標的物因前電子設備本體綜合損失承保範圍內之意外事故遭受毀損或滅失時，保險公司對被保險人為繼續原有作業，租借替代電子資料處理設備，於約定之賠償期間內所需增加之資金負賠償之責。增加之員工人事費用、文件及外在儲存運費，經載明於保險單者，保險公司亦負賠償責

任。

上開⑵、⑶兩種保險，僅適用於電子資料處理設備。

二、其他財產保險（other property insurance）

1.銀行業綜合保險

依據下述各保險條款中所提供之保險範圍與保障。

⑴員工之不忠實行為

由於被保險人員工意圖獲取不當利得，單獨或與他人串謀，以不忠實或詐欺行為所致被保險人財產之損失。

⑵營業處所之財產

①被保險人置存於營業處所內之財產，因竊盜、搶劫、誤放或其他不明原因之失蹤或毀損所致之損失。
②顧客或其代表所持有財產在被保險人營業處所內，因前項危險事故所致之損失。

⑶運送之財產

被保險人之財產於其員工或專責運送機構運送中，所遭受之毀損、滅失。

⑷票據及有價證券之偽造或變造

支票、本票、匯票、存款證明、信用狀、取款憑條、公庫支付令之偽造，及經偽造或變造之票據及證件付款所致之損失。

⑸偽造通貨

被保險人善意收受經偽造或變造之中華民國政府發行流通之本位幣或輔幣而生之損失。

⑹營業處所及設備之損毀

被保險人營業處所及內部裝潢、設備、家具、文具、供應品、保險箱及金庫等，因竊盜、搶劫、惡意行為所致之毀損、滅失。

(7)證券契據之失誤

被保險人於正常營業過程中，善意就本保險單所規定之證券或契據行為，而該項證券或契據曾經偽造、變造或遺失、竊盜所致之損失。

以上(1)至(7)項被保險人得全部要保，亦得選擇一項或數項要保之。

2.資訊系統不法行為保險

承保範圍如下：

(1)資訊之不法輸入、篡改或銷毀。

(2)電腦指令之偽造或變造。

(3)電子資料及媒體之毀損、滅失。

(4)電子訊息之誤傳或篡改。

(5)資訊系統服務之失誤。

(6)電子傳送之導誤。口頭撥款指令之偽造。

以上(1)至(6)項，被保險人得全部要保，亦得選擇一項或數項要保之。

3.節目中斷保險

保險公司對於本保險契約所載之節目，因在保險期間內發生承保事故，致被保險人必須全部或部分取消、中途中止、延期舉行或更換舉辦地點所致之財物損失，保險公司對被保險人負賠償之責。

4.消費者貸款信用保險（consumer's loan credit insurance）

對於被保險人辦理之消費者貸款，因借款人未能依約按期攤還借款本息，並由被保險人依保險契約約定追償無著而遭受損失時，由承保公司對被保險人負賠償之責。

5.現金保險（cash insurance）

保險公司對被保險人所有或負責管理之現金，因下列保險事故所致之損失，負賠償責任：

(1)在保險單載明之運送途中遭受竊盜、搶奪、強盜、火災、爆炸，或運送人員、運送工具發生意外事故所致之損失。

(2)在保險單載明之金庫或保險櫃保存中，遭受竊盜、搶奪、強盜、火災、爆炸所致之損失。

(3)在保險單載明之櫃檯地址及範圍，遭受竊盜、搶奪、強盜、火

災、爆炸所致之損失。

6. 竊盜損失保險（burglary insurance）

指承保財產因竊盜（burglary）所致毀損、滅失之保險，屬犯罪保險之一種。竊盜保險除承保特定動產外，保險人對於置存保險標的物之建築物因竊盜所致之毀損、滅失亦負賠償責任。使用最廣之竊盜保險為商品竊盜保險（mercantile open-stock burglary insurance）。

7. 玻璃保險（glass insurance）

指承保玻璃因意外事故或因第三人之惡意行為所致毀損之保險。玻璃保險所承保之損失通常包括：
(1) 玻璃本身之破損。
(2) 玻璃上之文字或裝飾，由於玻璃破損所致之損失。
(3) 玻璃框架與玻璃同時受損所需之修理或重置費用。
(4) 臨時裝配木板所需之費用。
(5) 因裝配玻璃而移動換置各項障礙物所需之費用。

8. 綜合 3D 保單

指承保不誠實（dishonesty）、毀損（destruction）及失蹤（disappearance）等危險，所致保險標的損失之綜合保險單。

9. 資訊安全防護保險

資訊安全防護保險是一種複雜的保險，在資訊網路不可逆之潮流下，將是未來重要的保險。此種保險提供被保險人以下之保障：(1) 第三人責任保障、(2) 營業中斷損失保障、(3) 危機管理費用保障、(4) 駭客竊盜保障、(5) 網路勒索保障。

其中所謂第三人責任保障包括：(1) 洩漏隱私及機密保障、(2) 網路安全保障、(3) 媒體責任保障、(4) 監理費用及罰款保障。以第二個為例，其承保內容為「本公司將給付被保險人或代被保險人給付，被保險人因資安不法行為而於保險期間或發現期間（若可適用時）初次遭受賠償請求，所致之損害賠償及抗辯費用。」

其他的保障內容甚為複雜，欲深入了解之讀者可參考產物保險專論書籍或是各產物保險公司網站之介紹。

第三節　保證保險

一、保證保險的意義

依保險法第 95 條之 1 規定：「保證保險人於被保險人因其受僱人之不誠實行爲或其債務人之不履行債務所致損失，負賠償之責。上列條文可分爲兩大類，其一爲員工誠實保證（fidelity bond）保險。指因被保證人（principal）（即員工）之不誠實行爲而使權利人（obligee）（被保險人）遭受財物損失時，由保證人（surety）（保險人）負補償責任之保證保險。其二爲確實保證保險（surety bond）。承保被保證人（principal）因不履行契約所規定之義務，而使權利人（obligee）遭受損失之保險。投標保證保險（bid bond）、履約保證保險（performancebond）、營造契約保證保險（construction contract bond）等均屬之。」

二、保證保險與保險的比較

保證保險與保險在性質上不同，茲比較如表 13-9。

表 13-9　保證保險與保險之比較

比較項目	一般保險	保證保險
契約關係人	兩造契約：保險人、被保險人（保險事故，被保險人發生損失，保險人須補償）	三造契約： 保證人（surety）：保證之一方 權利人（obligee）：受保證之一方 被保險人（principle）：對權利人具有某種義務之人 （保證事故發生，權利人遭財務損失，在被保證人無法補償損失時，由保證人代償）
補償後是否須償還	保險人無向被保險人追償之權利。行使代位求償權時以被保險人名義為之，被訴追者為負有損害賠償責任之第三者	保證人為被保證人支付權利人之任何補償，有權向被保證人追回
保費支付者	要保人	可能為被保證人或權利人
保費性質	保險人承擔責任之對價	服務費用
享受保障者	被保險人	權利人

表 13-9　保證保險與保險之比較（續）

比較項目	一般保險	保證保險
造成損失之性質	意外事故	可能是故意
就損失是否可預期比較	整體言之可預期	非預期性

工程類保險 （屬於確實保證保險性質）	其　　他
工程保留款保證保險、工程預付款保證保險、工程履約保證保險、工程押標金保證保險、工程支付款保證保險、工程保固保證保險、履約保證金保證保險、預付款保證金保證保險、保固保證金保證保險	員工誠實保證保險

三、保證保險的種類

保證保險之種類如下，僅擇數項說明：

1.營造契約保證保險（construction contract bonds）

營造契約保證保險為一總稱，指由保險人保證承包商將依營造契約規定履行有關義務之保證保險，屬擔保保證保險（surety bond）。常見之營造契約保證保險，包括投標保證保險（bid bond）、履約保證保險（performance bond）、付款保證保險（paymentbond）、預付款保證保險（advance payment bond）、保留款保證保險（retention bond）及保固保證保險（maintenance bond）等。

2.投標保證保險（bid bond）

指保險人保證參加投標之被保證承包商得標後，將依約與訂作人簽訂契約之保證保險，屬擔保保證保險（surety bond）中之營造契約保證。

3.工程履約保證保險（performance bond）

保險人保證被保證之承包商依工程合約規定，按期完成其所承包工程之保險，為營造契約保證保險之一種。

4.營造契約保證保險（construction contract bond）

由保險人保證承包商將依營造契約規定，履行有關義務之保證保險。

5. 支付款保證保險（labor and material payment bond）

指保險人保證被保證之承包商依約支付參與該工程人員之工資及材料供應商，各項價款之保險。

6. 保留款保證保險（retention bond）

指保險人保證被保證之承包商於領取保留款後，將依約完成其所承包工程之保險，為擔保保證保險（surety bond）之一種。工程訂作人在各期工程之估驗款中通常暫扣部分保留款，待完工之後再支付此項保留款，承包商於提供此項保證保險後即可免除保留款。

7. 保固保證保險（maintenance bond）

指保險人保證被保險之承包商履行其於保固期間之保固責任之保險，為擔保保證保險（surety bond）之一種。

第四節　航空保險

1. 飛機機體保險（aircraft hull insurance）：係指承保飛機機體因保險事故所致之毀損、滅失之保險。
2. 飛機責任保險（aircraft liability insurance）：指承保被保險人之飛機因所有、使用或維護，致使乘客以外之第三人遭受身體傷害或財務損失，依法應負賠償責任之保險，為航空保險之一種。
3. 飛機場責任保險（airport owner and operator liability insurance）：指承保被保險人因其所有或營運之飛機場發生意外事故所致第三人之體傷、死亡或財物損失，依法應負賠償責任之保險。

另尚有太空保險（space insurance），包括人造衛星發射保險及人造衛星保險（satellite insurance）。

本章關鍵詞

(1) 過失責任主義（liability for negligence）

(2) 過失推定主義（presumption of negligence）

(3) 無過失責任主義（no-fault plan）

(4) 絕對責任制（absolute liability）

(5) 責任保險

(6) 索賠基礎（claim-made basis）

(7) 發生基礎（occurrence basis）

(8) 自動承保小尾巴（automatic mini-tail）

(9) 限制型尾巴（limited tail）

(10) 無限制尾巴（unlimited tail）

(11) 公共意外責任保險

(12) 產品責任保險

(13) 專業責任保險

(14) 員工誠實保證（fidelity bond）保險

(15) 確實保證保險（surety bond）

註釋

註 1：例如本書於危險管理方法中所舉之免責條款（hold-harmless agreement）即是。

註 2：例如住家、公共場所、學校。

註 3：參酌《汽車保險訓練教材》，第三章〈汽車責任保險〉，財團法人保險事業發展中心，民 81 年 7 月，頁 95～98。

註 4：台北市產物保險核保人協會編定，《產物保險名詞辭典》，民 76 年 3 月初版，頁 318。

註 5：陽肇昌，《保險經營與危險管理綜論》，三民書局總經銷，民 80 年 9 月初版，頁 115。

註 6：本表主要參酌楊誠對，《意外保險──理論與實務》，修訂五版，著者發行，民 88 年 9 月，頁 257～266 編成。

註 7：美國 Insurance Service Office（簡稱 ISO）出版之 "Commercial General Liability Policy"（簡稱 CGL）Section I- Coverages 之 Coverage A 中謂 An occurrence is defined as an accident, including continuous or repeated exposure to substantially the same general harmful conditions.

註 8：發生基礎之問題及兩種基礎之內容、比較，可參閱鄭鎮樑（即本書著者本人），《醫師專業責任保險之研究》，逢甲工商學院（現為逢甲大學）保險學研究所未出版之碩士論文，民 69 年 5 月。該文第 2 章針對兩種基礎有所分析比較，第 5 章討論美國醫師專業責任保險市場經營問題。

註 9：參酌 Trieschmann, Gustavson, *Risk Management & Insurance*, 9th edition, 1995, South-Western College Publishing, p. 273. 暨楊誠對，《意外保險》乙書，頁 279。凌氤寶，《談責任保險的經營》，責任保險論文集第九輯，財團法人中華民國責任保險研究基金會編印，民 77 年 12 月，頁 104～105。王志鏞，《事故發生之認定基礎》，保險資訊第 52 期，民 78 年 12 月，頁 16～18 等編成。

註 10：同註 8，頁 63。

註 11：原文為醫師專業責任保險之保單條款內容。「This is a "claim made" policy. It only covers claims arising from the performance of professional services subsequent to the retroactive date indicated and then only to claims first made within the provisions of the Policy while this policy is in force. No coverage is afforded for claims first made after the termination of this insurance unless and to the extent that reporting Endorsements are purchased in accordance with Condition of this policy. Please review the policy carefully.」

註 12：同註 8，頁 55。

註 13：同註 8，頁 55。

註 14：讀者亦可參考 George E. Rejda, *Principles of Risk Management and Insurance*, 7th edition, 2001, Addison Wesley Longman Inc., pp. 299～300。

註 15：楊誠對，《意外保險》，頁 282，稱該三種尾巴爲自動小尾巴、有限尾巴、無限尾巴。

註 16：請詳產險公會網站 http://www.nlia.org.tw。

考題集錦

1. 何以責任保險又稱為第三人責任保險？又責任保險之保險標的係何指？而責任保險，若依保險標的之性質分類，可分為哪三類？試說明之。　　　　　　　　　　　　　　　　　　　　　　　　　　　【83 年普考】

2. 有一新成立之汽車製造商，試為其分析說明自工廠開工營建至建廠完成，並開始製造、生產、銷售後所面臨之各種可保責任危險及其可投保之相關責任保險名稱。　　　　　　　　　　　　　【84 年高考】

3. 何謂現金保險？現金保險包括哪三大項？其承保範圍各為何？又現金保險之保險標的除現金外，尚可加保哪些項目？　　　　【86 年普考】

4. 責任保險對於保險事故之認定時點有採「事故發生基礎」（occurrence basis）者，亦有採「索賠基礎」（claims made basis）者，試說明兩者之涵義。又採「索賠基礎」時對於到期未續保或中途退保者，多訂有「延長報案期間」（extended reporting period），試說明其意義及目的。　　　　　　　　　　　　　　　　　　　　　　【86 年保險專技】

5. 索賠基礎責任保險（claim-made insurance）。　　　　　　　　　　　　　　　　　　　　【81⑵，86⑴，89⑵ 核保人員】

6. 確實保證（surety bonds）。　　　　　　【85 年保險專技】

7. 保證保險。　　　　　　【83 年普考，92 年專技人員考試保險學概要】

8. 請說明責任保險的意義及賠償的要件。再者，責任保險與財產保險、人壽保險在「保險標的」、「保險利益」與「保險金額」上的差異性為何？詳較之。　　　　　　　　　　　　　　　　　【93 年普考】

9. 基於風險管理之概念，設一營造商承包某工地的建案，應如何做好完善的保險規劃？　　　　　　　　　　　　　　【96 年高考】

10. 責任保險中之承保基礎有事故發生基礎（occurrence basis）與索賠基礎（claims made basis），試分別闡明此兩種基礎之意義，並比較其優缺點。　　　　　　　【94 年公務人員升官等考試（薦任升官等）】

11. 請依保險標的、保險事故以及保險契約的效力三方面，說明責任保險（liability insurance）的意義。　　　【92 年公務人員簡任升官考試】

第14章

人身保險

學習目標

讀完本章，讀者應該可以：

1. 了解人壽保險之基本意義與功能。
2. 了解人壽保險之險種。
3. 了解年金保險之基本險種。
4. 了解人壽保險之基本用語。
5. 了解人壽保險基本條款之內容。
6. 了解傷害保險之基本意義。
7. 了解傷害保險之種類。
8. 了解傷害保險之承保內容。
9. 了解健康保險（醫療保險）之基本意義。
10. 了解健康保險（醫療保險）之種類。
11. 了解日額型醫療保險與實支實付型醫療保險之意義。

　　人身危險包括早死的危險、老年的危險、健康的危險、失業的危險等幾種。早死的危險造成家庭經濟的問題；老年問題，主要是健康與經濟問題註1；健康的危險主要為醫療費用問題；失業的危險則為經濟之問題。面對上述危險，個人或家庭應採取全盤性之理財機制以資應付，而人身保險中之人壽保險、年金保險、健康保險（醫療保險）、傷害保險（人身意外險），社會保險中之失業保險、全民健康保險，提供了吾人簡便有效的經濟與健康保障機制。茲將人身保險之種類列表如表 14-1。

表 14-1　人身保險表

人身保險			
人壽保險	年金保險	健康保險	傷害保險

第一節　人壽保險的意義與種類

■第一項　人壽保險之意義

一、定義

　　人壽保險之意義可由保險原理與保險契約觀點（個體觀點）分別說明。

1. 就保險原理而言

　　由保險原理觀察，人壽保險係典型的大數法則運用，主要是各年齡層之人口眾多，亦可適用同質性。所以就保險原理而言，人壽保險可視為一種由多數人進行損失分散之制度，即由多數人共同彌補少數人意外事故，致其本身或其家庭產生之財務損失的經濟制度。質言之，人壽保險是一種利用分散危險、分擔損失原理的運用，將集中在少數人身上的不確定經濟損失之危險，分散給保險團體之組成分子。以上之觀點又稱為總體觀點。

2. 從保險契約觀點而言

　　此為一種個體觀點，係指人壽保險人與要保人之間的契約行為。即當事雙方約定，一方繳付保險費於他方，他方於約定之危險事故發生時，按

保險契約原先約定之條件，負擔賠償義務或給付定額保險金之行為。

二、人壽保險之特性

人壽保險的主要特性有下列幾個：

1.非常合乎大數法則原理，所以投保對象甚為廣泛

一個人為一個危險暴露單位（exposure unit），數量甚多，且是獨立的個體，亦可按年齡層分類，所以非常合乎量大、同質與分散原則，大數法則須上述三項配合，所以人壽保險非常合乎大數法則原理，只要合乎人壽保險公司承保標準之人，均可成為保險公司之被保險人，兩相配合之下知其投保對象亦甚廣泛。

2.崇高與利他的投保動機

以死亡為保險事故之人壽保險，必有受益人之機制。凡設有受益人之人壽保險，亦即，受益人與要保人或被保險人並不屬於同一人，均可謂是為保障他人之經濟生活而設，在精神上不但是利他行為，由人類之情操觀察亦甚崇高。

3.為長期保險之一種

人壽保險之保險期間大部分超過一年以上，甚有終身者，為長期保險之一種。

4.保險利益較難估計

要保人對於被保險人須具有保險利益始可投保，惟人身無價，即使勉力評價亦屬主觀，因此，保險利益較難估計，甚有主張人身保險不適用保險利益原則者，所以，一般將保險契約之性質定位為定額保險契約。

再者，按人壽保險之產品觀察，其功能不外乎醫療保健之助益、對個人、家庭與企業之財務保障，另由保險費累積之龐大準備金可知其在資本市場中之重要地位，以及其對工商業繁榮之貢獻。此外，人壽保險在金融交易之場合，尚可提供增加借款人債信之用。

■第二項　人壽保險種類表

　　人壽保險種類雖然單純，但可由保險事故、給付方式、有無分紅等衍生不同型態，茲先表列如表 14-2。

表 14-2　人壽保險表

依保險事故區分		
死亡保險	定期壽險 （term life）	平準式定期壽險 （level term life insurance）
		遞減式定期壽險 （decreasing term life insurance）
		遞增式定期壽險 （increasing term life insurance）
		可轉換式定期壽險 （convertible term life insurance）
		續保式定期壽險 （renewal term life insurance）
	終身壽險 （whole life）	躉繳終身壽險 （single premium life insurance）
		普通終身壽險 （ordinary life insurance）
		限期繳費終身壽險 （limited-payment life insurance）
		連生終身壽險 （joint life insurance）
生死合險	多倍型給付養老險 （endowment insurance with term insurance）	
	複利增值型養老險	
	養老終身型保險	
	還本型生死合險	
生存險（pure endowment insurance）養老險		
依保險金給付方式區分		
一次給付保險		
分期給付保險		
依有無分紅區分		

表 14-2　人壽保險表（續）

依保險事故區分
分紅保險 （life insurance with dividend）
無分紅保險 （life insurance without dividend）

一、依保險事故區分

按我國保險法第 101 條規定：「人壽保險人於被保險人在契約規定年限內死亡，或屆契約規定年限而仍生存時，依照契約負給付保險金額之責。」可見人壽保險係以被保險人之死亡或生存為保險事故。茲分別說明如下：

1. 死亡保險

顧名思義，死亡保險係以被保險人之死亡為保險事故，在契約規定年限內，於保險事故發生時，由保險人給付一定保險金額於被保險人指定之受益人之保險契約，以其保險期間之長短區分，可分為定期壽險與終身壽險兩種。

⑴定期壽險

依保險法第 101 條之定義延伸，定期壽險之特色為保險契約期間確定，被保險人於契約年限內死亡時，保險人應給付約定之保險金於被保險人或要保人指定之受益人，期間屆滿，被保險人仍生存時，保險人既不給付保險金亦不退還要保人已繳之保險費。一般言之，定期壽險之保費甚低，主要目的在於保障，故其現金價值（cash value）甚低或沒有。由於人生不同階段有不同之保障需求，因此有依給付金額的不同而分為下列幾種。

　①平準式定期壽險（level term insurance）：係指於保險契約中約定，死亡給付金額於保險期間均為固定的定期壽險。有時亦可將此稱為普通定期保險（straight term insurance）。

　②遞減式定期壽險（decreasing term insurance）：於保險契約中約定，死亡保險金隨著保險期間的經過而逐年遞減。遞減式定期壽險常用於配合清償貸款之用註2，例如房屋貸款或汽車貸款等。被

保險人如為一家之主，萬一不幸亡故，尚未清償的貸款對於其遺族為一大負擔，此種保險正可適時用於清償貸款。又因房屋貸款或汽車貸款均為逐月或逐年攤還本息，亦即被保險人的保障需求逐漸遞減，故可採用此種遞減式定期壽險。

③遞增式定期壽險（increasing yerm insurance）：於保險契約中約定，死亡保險金隨著保險期間的經過逐年遞增之定期壽險。保險金額遞增自然是被保險人因應保障的需求逐年增加，特別是被保險人在結婚生子之後，對家族生活的保障責任增加，又如在子女獨立之前，養育責任加重，故採用遞增式定期壽險。一般之遞增方式有定額或定率，視被保險人之需求而不同。另在通貨膨脹時期，此種保險亦不失為一種有效之危險管理工具。或者是消費者在期間，隨子女的增加或成長而增加。

④可轉換式定期壽險（convertible term life insurance）：即在定期壽險之保險期間內，無須提出可保證明，即可轉換為終身死亡險或生死合險。甚至有時約定一特定日期自動轉換，稱之為自動轉換之定期保險（automatically convertible term insurance）。

⑤續保式定期壽險（renewal term life insurance）：係指保險契約期中規定，當保險期滿之前，被保險人無須提出可保證明，即可以更新保險契約，再獲得另一個定期保障。惟更新時被保險人年齡較高，死亡率亦較高，應繳付較高之保險費。如果是無須提出可保證明，逐年更新之定期保險即稱之為每年更新定期保險（yearly renewal term insurance）。

如果將可轉換與可續保兩條件合併，即成為可更新轉換定期保險（renewal and convertible term）。

由於定期保險之保費相對便宜，所以定期壽險對於收入低、無能力繳付較多保費，但又有高保險需求的保險消費者有相當之效用。就創業者而言，亦可選擇投保定期險，不但可保障家族生活安全，亦可便利資金之彈性運用。對於人生中特定階段或短暫階段須要死亡保障者，定期保險無疑是最佳選擇。

⑵終身壽險

終身壽險，顧名思義，係以被保險人之終身為其保險期間，由文義上看，保險期間似無期限，惟實際上仍以被保險人之生存期間為保障期間，保險契約生效之後，被保險人無論在任何時候死亡，除不保事項外，保險

人均有給付保險金之責任。由於生命表（mortality table）上列有最高年齡，如被保險人屆該最高年齡仍生存，保險人即須給付保險金，故有視終身保險為最高年齡之滿期之生死合險。又由於生命表上預計到達最高年齡時所有被保險人均已死亡，所以被保險人所領受之保險金為死亡給付，故有可視為最高年齡到期之定期保險。因此，由精算及功能角度看，人壽保險僅有定期險與生死合險，惟由功能看，終身壽險是一種最高年齡之滿期之生死合險註3。

終身壽險依保費繳付方式，可分為下列幾種：

① 躉繳終身壽險（single-premium whole life）：躉繳即在契約生效時，保費不分期一次繳付。

② 普通終身壽險（ordinary whole life）：又稱終身繳費壽險（continuous premium whole life）。終身繳費壽險即被保險人生存期間按期繳付固定保費之保險，終身繳費壽險之保費中含有高成分死亡保障，現金價值亦可累積。

③ 限期繳費終身壽險（limited-payment whole life）：限期繳費終身壽險即在固定期間內，將必須繳付之保費分期繳清。基本上，限期繳費終身壽險較強調現金價值之累積，因此有時可為直系親屬間長輩送給晚輩的一種「禮物」。

④ 連生終身壽險（joint life insurance）：即保險契約中規定，兩人以上參加保險成為單一保單之被保險人，遇有契約中約定之危險事故發生，亦即參加保險之人，只要其中有一人發生死亡事故，保險人負給付保險金之責，給付之後，保險契約即告終止，稱為連生終身壽險。此種保險之被保險人常為企業之重要人員、合夥企業之合夥人、夫妻等等。

終身壽險亦可在一定期間內附加定期保險，而附加之定期壽險亦可採用遞增型，完全視被保險人之保障需求而定。

終身壽險與定期保險最主要的不同，如表 14-3 所示。

2. 生存保險（pure endowment insurance）

保險人與要保人約定，約定固定保險期間，以被保險人於保險滿期時仍生存為條件，保險人負給付約定之保險金。被保險人於保險期間內死亡，保險公司無給付保險金的責任，所繳之保費亦不退還，原因是保險期滿時生存者之保險金，一部分來自保險期間內死亡的被保險人所繳付之保

表 14-3　終身壽險與定期壽險之比較

	定期壽險	終身壽險
保險期間不同	有固定期間	終身
性質不同	僅提供保險保障	包含保險保障與儲蓄。保險期間不同，除提供保險保障外，另提供保戶累積儲蓄的基金
保險費繳付不同	到期後如要續約，依續約當時被保險人的年齡計算其保費，每次續保時，保險費率增加	繳費期間每一期交付的保費均相同

費，一部分來自其本身所繳保費之累積儲存生息註 4。但是保險金給付期間有不同之約定，有到期時一次給付者，有給付一定期間者，如果契約規定期滿後由保險公司逐年定期給付一定金額，直到被保險人死亡，就成為延期終身年金，因此又產生年金保險一詞，請詳後述。

3.生死合險

　　生死合險又稱養老保險，依保險法施行細則第 13 條規定：「生死合險，指保險人在契約規定年限內死亡或屆契約規定年限仍生存時，保險人依照契約均須負給付保險金額責任之生存與死亡兩種混合組成之保險。」質言之，被保險人在保險期間內死亡，保險公司依照保險契約所約定金額給付保險金於其受益人，或被保險人在保險期間屆滿仍生存時，保險公司依照保險契約所約定金額給付滿期保險金。

　　由經濟觀點，生死合險可視為遞減的保障型定期保險與遞增的儲蓄型生存保險所構成。生死合險之保險費甚高，因此大部分採限期繳費或是保險期間按期繳費方式。由於生死合險是定期壽險與生存保險（pure endowment）結合的保險，所以可有許多變型，茲分述如下。此種保險在被保險人繳足保險費達兩年以上，有責任準備金積存時，可以選擇變更契約內容，而變更為展期保險、繳清保險為其典型。

　　養老保險之變型甚多，列舉數例如下：

⑴複利增值型養老險（增值型生死合險）

　　生死合險配合複利按年或約定年數，使原投保之保險金額增值之保險商品。

(2)多倍型生死合險（endorsement insurance with term insurance）

定期壽險搭配生死合險之壽險商品組合，即：

> （養老保險）＋（一個或多個同樣保額、同一保險期間之平準型定期保險）

(3)養老終身型保險（終身型生死合險）

生死合險再加上終身壽險之壽險商品。

(4)還本型生死合險

　　在保險期間內死亡，保險公司給付原投保時的保險金額，在保險期間屆滿時，保險公司給付原投保時的生存保險金。另外，在保險期間內，每經過一特定期間，若被保險人仍生存時，則被保險人可依約定獲得某一百分比的保險金額。

　　生死合險保費高，可以累積較大之儲蓄金與利息收入，只有在以儲蓄為優先的觀念下購買生死合險才有效用。如果保障需求擺在第一位，應以改買死亡險為主要，成本比較低。

二、依保險金給付方式區分

1. 一次給付保險（lump-sum payment insurance）

　　顧名思義，此為保險人依保險契約規定給付，將保險金一次給付於要保人或被保險人先前約定之受益人。原則上，死亡險均採此種方式。

2. 分期給付保險（installment insurance）

　　保險人依保險契約規定給付，將保險金分期給付於要保人或被保險人先前約定之受益人。

三、依有無分紅區分

　　可區分為紅利分配保險與無紅利分配保險，其區別只是前者之被保險人可參加保險人營利之分配，惟基本上紅利分配保險之保費較無紅利分配保險為高，而保費之高低又與預定利率之高低有關。

四、依被保險人之危險程度區分

可區分為標準體保險（即健體保險）與次標準體保險（又稱弱體保險），前者是指被保險人之危險程度合乎保險公司之核保準則，可依保險公司所定之標準或正常費率來承保者，稱為標準體或標準危險；如無法按正常費率承保但可用特別條件承保者，稱為次標準體，或次標準危險註5。所以，弱體保險是以次標準體為承保對象之保險。造成次標準體之原因可能是被保險人之體能條件、家庭歷史、生活習慣、職業性質等各方面具不利之危險因素，例如身體有缺陷、血壓不正常等等。

弱體保險之危險性較健體保險為高，所以在承保時會附加各種不同條件以資補救，通常有下列兩種：

1.採用削額給付

仍採用標準體之正常費率繳付保費，但將死亡給付削額，其削減期間通常是契約開始後前幾年。此種方法適用於固定型或遞減型額外危險。

2.增加年齡法

一般言之，年齡較大之死亡率比年齡小者之死亡率為高，所以提高投保年齡可相對提高保險費率，以此種方法計算次標準體之保費稱為增加年齡法。此種方法適用於遞增型額外危險。

五、依有無體檢區分

可區分為有體檢保險與無體檢保險。有體檢保險之被保險人須經保險公司指定之醫師體檢通過後始可承保，無體檢保險僅經被保險人之健康聲明即可成立保險。

第二節　年金保險

一、定義

保險法第 135 條之 1 規定：「年金保險人於被保險人生存期間或特定期間內，依照契約負一次或分期給付一定金額之責。」依該條文演繹，年金保險可定義為：「保險人承諾在被保險人生存期間或一特定期間內，

定期支付一定金額的一種生存保險契約。」亦有將其解釋為：「對個人在特定期間或生存期間繼續提供定期給付金額的制度或契約。」

二、年金保險之種類表

年金保險之種類不勝枚舉註6，茲列表如表 14-4 所示。

表 14-4　年金保險表

以繳費方法區分		
躉繳年金、分期繳費年金		
依被保險人人數區分		
個人年金（individual annuity）、連生年金（joint annuity）、最後生存者年金（last survivor annuity）		
依給付始期區分		
即期年金（immediate annuity）、遞延年金（deferred annuity）		
依給付額是否固定區分		
定額年金（constant annuity）、變額年金（variable annuity）		
依給付期間區分		
普通終身年金（whole life annuity）		
最低保證型年金（guaranteed minimum annuities）	最低期間保證年金（period certain annuity）	
	退還現金年金（cash refund annuity）	
	分期退款年金（installment refund annuity）	
短期年金（short term annuities）	確定年金（annuity certain）	
	定期生存年金（temporary life annuity）	
依經營者區分		
公營年金（public annuity pension）		
民營年金（private annuity）	企業年金、協約年金、個人年金	

三、險種釋義

茲就上述列舉數例釋義如下：

1. 以繳費方法區分

⑴躉繳年金

保費一次繳清之年金保險稱之。

⑵分期繳費年金

保費採分期方式繳納，通常可分為年繳、半年繳、季繳、月繳等等。

2. 按年金受領人數的多寡區分

⑴單生年金

年金受領人僅有一人。

⑵最後生存者連生年金

係指年金之受領人一個人以上，受領人均生存時，按固定期間給付年金，一直支付至最後一人死亡時為止。

⑶連生年金

係指年金之受領人一個人以上，受領人均生存時，按固定期間給付年金，一直支付至有一人死亡時為止。

3. 按年金給付始期分類

⑴即期年金

保費採躉繳，保險人於保險期間立即給付年金，稱為即期年金。例如下列規定：「被保險人於本契約有效期間內，每逢保單週年日仍生存，且契約仍屬有效者，保險公司按保險單所載之『年金金額』及投保類型依下列規定給付年金：一、定額型：每年依『年金金額』給付年金。二、增額型：第一年依『年金金額』給付年金，以後每年按保單所載『年金金額』之百分之五增加年金給付。」 註7

⑵遞延年金

指在年金保險契約成立後，需經過若干期間或年金受領人到達特定年齡時，保險人始給付年金。一般條文規定如下：「被保險人在本契約有

效期間內，在繳費期限屆滿時第一個保單週年日生存者，保險公司給付第一次生存年金；之後，每屆滿約定的給付之日仍生存者，保險公司給付被保險人生存年金，其金額為年金金額。被保險人於年金開始給付後身故時，如已領取的生存年金之期間低於保證期間，則保險公司繼續按期給付年金於身故受益人或其他應得之人，直至保證期間屆滿，其金額為年金金額。」註8

4. 按年金給付額是否固定分類

⑴定額年金

是指年金給付額度每期固定之年金，在契約訂定時即確定不變。簡言之，每期年金給付額度確定。

⑵變額年金

隨著年金保險基金的投資績效而變動的年金稱之，每期支付之年金額度並不相同。變額年金主要特色為保費與給付金額以「每單位」為計算基準。給付額之計算單位數於訂定年金保險契約時確定。

5. 依給付期間區分

⑴確定年金

確定年金主要重點為年金支付之起訖期間非常確定，亦即，在一確定保險期間之內（例如 15 年），保險人每經過一段時間（例如 1 年）即予支付年金的給付方式。年金受領人領受年金原則上，以受領人死亡或保險期間屆滿時為止。

⑵普通終身年金

普通終身年金保險主要特點在於以年金受領人之生存為給付條件，其與定期年金保險的主要差異僅在於保險期間的長短。

⑶最低保證型年金

最低保證型年金主要之特色為保證支付之年金額度達到最低設定水準。至於最低設定水準可按期間、年金購買價格等設計。主要在因應年金受領人死亡時，給付餘額以何種方式支付於年金受領人指定之受益人的情

況。如果契約中約定，保證支付固定期數的年金，縱在受領期間內年金受領人亡故，其受益人仍可受領至期間屆滿，此稱為最低期間保證年金。又如規定，保證年金受領人支領之年金最低應達年金保費總額，如年金受領人在受領年金期間亡故，應將其間差額退還給年金受領人指定之受益人，如採一次退款者稱為退還現金年金，如採分期退還者稱為分期退款年金。

第三節　特種人壽保險

除年金保險外，人壽保險尚有下列幾種特種保險：

一、簡易人壽保險

以簡易之方法經營之人壽保險。此種保險，被保險人免體檢，保險金額有相當限制，加入保險後一段期間保單始能生效，此為所謂等待期或削減期間制度，目的在防止逆選擇。

二、團體人壽保險

以眾多人數所形成之團體為承保對象，依免體檢方式所承保之人壽保險稱之。團體人壽保險一般有一年定期人壽保險、傷害保險。所謂團體，係指具有五人以上且非以購買保險而組織之下列之一團體：

1. 有一定雇主之員工團體。
2. 依法成立之士、農、工、商、漁、林、牧業之合作社、協會、職業工會、聯合團體或聯盟所組成之團體。
3. 債權、債務人團體。
4. 中央及地方政府機關或民意代表組成之團體。
5. 凡非屬以上所列而具有法人資格之團體。

三、投資型保險

投資型保險為一商品類別總稱，人身保險市場上常聽到的變額萬能壽險（variable universal life insurance）即是其中一種。其主要特色為結合保障與投資，以保險、基金與債券等相關理財工具，但投資風險由保險消費者自行承擔。保險消費者雖擁有投資之選擇權，但同時也承擔投資風險。所謂選擇權是指壽險公司提供各類型基金以供被保險人選擇，例如股

票型基金、債券型基金、貨幣型基金或其他類型基金，惟代為投資者為基金經理人。

第四節　人壽保險保單基本名詞與基本條款

■第一項　人壽保險基本名詞

一、自然保險費與平準保險費

按損失機率大小所決定之保險費，稱之為自然保險費。就人壽保險而言，人之死亡率原則上隨年齡之增加而增加，所以在死亡保險中，如不採用平準保險費，則應繳之保險費應隨年齡而遞增，此即為自然保險費。惟保險公司事實上收取保險費均係規定每年相等，此種要保人每年定額支付之保險費即稱為平準保險費。

二、責任準備金

由上列自然保險費與平準保險費之定義可知，人壽保險中被保險人早年所繳之平衡保費，較其應繳之自然保費為大，但其晚年應繳之平衡保費，則較應繳之自然保費為少，尤其是老年者其自然保費超出平衡保費甚多，所以保險公司應將被保險人早期多繳之保費妥善運用孳息，以資挹注。要言之，上述中「超繳部分之保費」以複利運用產生之終值，即稱之為責任準備金。

三、生命表

生命表即是由個別年齡層死亡率所編製的一種匯總表，為壽險用以推定死亡率或生存率之基礎。生命表之種類甚多，但其分野在於編製時採用之「人口群」不同，下列為其中幾種[註9]：

1.國民表

國民表是以一般的人口集團為對象所編製的生命表，又可分為完全生命表與簡易生命表。

2. 經驗生命表

一般是根據人壽保險、社會保險等之經驗資料所編製之生命表，又可分為下列三種：

⑴選擇生命表

是指根據人壽保險業承作之業務中，曾經體檢而體檢效力仍然存在之資料而編成的生命表，簡稱檢選表。

⑵終極表

是根據檢選效力消失後的資料編成之生命表。

⑶混合表

是根據發行保單後之最初年數及以後各年間之死亡紀錄而編成之生命表。

3. 基礎生命表

指各保險公司計算保險費實際所根據之生命表。

4. 年金生命表

根據購買年金者的死亡統計所編製之生命表。

■第二項　最新人壽保險基本條款[註10]

一、審閱期之規定

人壽保險單之基本條款，業界向來採用示範條款為基礎，該示範條款歷經多年，順應環境變化常有修正，雖言如此，由於為業者所採用，故可稱其為標準化條款。目前版本之編碼條文之前尚有一段揭示事項，該事項雖係人身保險業辦理傳統型個人人壽保險契約之共同事項，值得注意，在未進行基本條款內容分析前，先行茲列示說明如下：

一、本契約於訂立契約前已提供要保人不低於三日之審閱期間。
二、保險商品名稱
　　保險商品名稱項下，應記載給付項目與重要資訊。
三、主管機關核准日期及文號或保險公司報主管機關核備或備查之日期及文號。
四、保險公司免費申訴電話：○○○○○○○○
　　傳真：○○○○○○○○
　　電子信箱（E-mail）：

　　上開所列重要之處在於為保障消費者權益，減少消費糾紛，訂立契約前應提供要保人之審閱期間。有關審閱期之重點，茲就人身保險業辦理傳統型個人人壽保險契約審閱期間自律規範註11 說明如下。

1.訂定最低審閱期間與審閱內容

　　按自律規範第 2 條規定，保險公司於保險招攬時應透過業務員、傳真、郵寄、網路或電子郵件等方式，提供傳統型個人人壽保險條款樣張供要保人審閱，且審閱期間不得低於三日。又依第 3 條規定，保險公司所提供審閱之傳統型個人人壽保險之條款樣張應包括完整之條款內容。

2.要保人之回應

　　依自律規範第 4 條規定，要保人得於契約條款樣張或聲明書上簽名，以示公司已提供不低於三日之審閱期間後，透過業務員、傳真、郵寄等方式將契約條款樣張或聲明書送回公司。保險公司亦得以電話錄音方式，作為確認已提供要保人審閱期間之證明。

3.保險業務員應遵守職業道德事項

　　依自律規範第 5 條規定，保險公司所屬業務員（包括電話行銷人員）不得以誤導或勸誘方式，使要保人放棄行使契約審閱期間之權利。

二、基本條款分析

　　人壽保險契約採用規範保險人與被保險人之基本條款來標準化，茲分析說明如下：

第一條　保險契約的構成

　　本保險單條款、附著之要保書、批註及其他約定書，均為本保險契約

（以下簡稱本契約）的構成部分。

本契約的解釋，應探求契約當事人的眞意，不得拘泥於所用的文字；如有疑義時，以作有利於被保險人的解釋爲原則。

分析

1. 本條規定人壽保險契約之書面證據，包括要保書、保險單、批註，以及契約當事雙方同意的其他約定書。

2. 又，人壽保險契約爲定型化契約由保險人作成，人壽保險契約亦爲附合契約，爲平衡當事人之權益，故規定契約內容有疑義時，原則上作有利於被保險人的解釋。本條文第 2 項爲保險法第 54 條之應用。

第二條　契約撤銷權

（辦理電子商務適用）

要保人於保險單送達的翌日起算十日內，得以書面或其他約定方式檢同保險單向本公司撤銷本契約。

要保人依前項規定行使本契約撤銷權者，撤銷的效力應自要保人書面或其他約定方式之意思表示到達翌日零時起生效，本契約自始無效，本公司應無息退還要保人所繳保險費；本契約撤銷生效後所發生的保險事故，本公司不負保險責任。但契約撤銷生效前，若發生保險事故者，視爲未撤銷，本公司仍應依本契約規定負保險責任。

（未辦理電子商務適用）

要保人於保險單送達的翌日起算十日內，得以書面檢同保險單向本公司撤銷本契約。

要保人依前項規定行使本契約撤銷權者，撤銷的效力應自要保人書面之意思表示到達翌日零時起生效，本契約自始無效，本公司應無息退還要保人所繳保險費；本契約撤銷生效後所發生的保險事故，本公司不負保險責任。但契約撤銷生效前，若發生保險事故者，視爲未撤銷，本公司仍應依本契約規定負保險責任。

分析

1. 本條在保障被保險人之權益，賦予被保險人之選擇權。大部分之壽險交易係透過保險中介人或壽險業務員，在交易過程中要保人或被保險人原則上應已謹慎考慮，惟少數情況仍難免有一時認知差異，事後認爲不合其要求，爲避免保險糾紛，故有契約撤銷權

規定。本條實質上爲保險經營管理之重要措施，充分尊重保險消費者之投保意願。

2. 契約撤銷權之行使期間如下表所示：

要保人收到保單→	要保人收到保單翌日起算十天
↓	↓
當日（例如 2011 年 10 月 1 日）	契約撤銷權行使期間 （2011 年 10 月 2 日～2011 年 10 月 11 日）

3. 由於採用電子商務運作時，行使撤銷之方式非以書面爲限，尚可採用其他方式，故規定「要保人於保險單送達的翌日起算十日內，得以書面或其他約定方式檢同保險單向本公司撤銷本契約。」隨之，撤銷之效力起點，亦有不同規定。故規定「撤銷的效力應自要保人書面或其他約定方式之意思表示到達翌日零時起生效。」

第三條　保險責任的開始及交付保險費

本公司應自同意承保並收取第一期保險費後負保險責任，並應發給保險單作爲承保的憑證。

本公司如於同意承保前，預收相當於第一期保險費之金額時，其應負之保險責任，以同意承保時溯自預收相當於第一期保險費金額時開始。

前項情形，在本公司爲同意承保與否之意思表示前發生應予給付之保險事故時，本公司仍負保險責任。

分析

1. 第一項規定，保險人於保險契約中之責任起點須滿足兩個要件，一爲保險人同意承保，二爲要保人交付第一期保險費。
2. 第二項規定雖爲一彈性規定，但是依保險法施行細則第 4 條第 3 項規定：「人壽保險人於同意承保前，得預收相當於第一期保險費之金額。保險人應負之保險責任，以保險人同意承保時，溯自預收相當於第一期保險費金額時開始。」基本上保險公司仍掌握核保權，亦即保險公司之規範爲「在其核保審查標準範圍之內」。

第四條　保險範圍

依保險給付內容訂定保險範圍。

分析

本條係依保險法第 108 條第 3 款之規定設定，該款規定人壽保險契約應記載「請求保險金額之保險事故及時期」，保險事故即是保險人承保之危險事故。由於不同之保險商品給付內容亦不相同，故本條之內容視保險商品承保範圍而定。

第五條　第二期以後保險費的交付、寬限期間及契約效力的停止

分期繳納第二期以後保險費，應照本契約所載交付方法及日期，向本公司所在地或指定地點交付，或由本公司派員前往收取，並交付本公司開發之憑證。第二期以後分期保險費到期未交付時，年繳或半年繳者，自催告到達翌日起○○日（不得低於三十日）內為寬限期間；月繳或季繳者，則不另為催告，自保險單所載交付日期之翌日起○○日（不得低於三十日）為寬限期間。

約定以金融機構轉帳或其他方式交付第二期以後的分期保險費者，本公司於知悉未能依此項約定受領保險費時，應催告要保人交付保險費，自催告到達翌日起○○日（不得低於三十日）內為寬限期間。

逾寬限期間仍未交付者，本契約自寬限期間終了翌日起停止效力。如在寬限期間內發生保險事故時，本公司仍負保險責任。

分析

1. 本條第一項，一般稱為寬限期條款（grace period clause），可用圖表示如下。

(1)年繳或半年繳者

分期保費應繳日未繳，保險人發出催告	催告到達日	催告到達日翌日	寬限期終了日	寬限期終了翌日起兩年
催告期間		為期三十日，寬限期間		停效期間，復效期間

(2)季繳或月繳者

分期保費應繳日未繳	分期保費應繳日翌日	寬限期終了日	寬限期終了翌日起兩年
無催告動作	為期三十日，寬限期間		停效期間，復效期間

2. 停效：如上所列，寬限期間終了仍未繳費，則自翌日起停止效力，但在寬限期間內發生保險事故時，保險公司仍負保險責任。

3. 現行金融機制發達，保險費繳納方式亦多樣化，例如採金融機構轉帳或其他方式（例如郵政劃撥），一般採本項所述繳費者，由於保險公司省下收費的費用，通常會有折扣規定。

第六條　保險費的墊繳及契約效力的停止

（辦理電子商務適用）

要保人得於要保書（或投保網頁）或繳費寬限期間終了前以書面或其他約定方式聲明，第二期以後的分期保險費於超過寬限期間仍未交付者，本公司應以本契約當時的保單價值準備金（如有保險單借款者，以扣除其借款本息後的餘額）自動墊繳其應繳的保險費及利息，使本契約繼續有效。但要保人亦得於次一墊繳日前以書面或其他約定方式通知本公司停止保險費的自動墊繳。墊繳保險費的利息，自寬限期間終了的翌日起，按墊繳當時○○○○○○的利率計算（不得超過本保單辦理保單借款的利率）。

前項每次墊繳保險費的本息，本公司應即出具憑證交予要保人，並於憑證上載明墊繳之本息及本契約保單價值準備金之餘額。保單價值準備金之餘額不足墊繳一日的保險費且經催告到達後屆三十日仍不交付時，本契約效力停止。

（未辦理電子商務適用）

要保人得於要保書或繳費寬限期間終了前以書面聲明，第二期以後的分期保險費於超過寬限期間仍未交付者，本公司應以本契約當時的保單價值準備金（如有保險單借款者，以扣除其借款本息後的餘額）自動墊繳其應繳的保險費及利息，使本契約繼續有效。但要保人亦得於次一墊繳日前以書面通知本公司停止保險費的自動墊繳。墊繳保險費的利息，自寬限期間終了的翌日起，按墊繳當時○○○○○○的利率計算（不得超過本保單辦理保單借款的利率）。

前項每次墊繳保險費的本息，本公司應即出具憑證交予要保人，並於憑證上載明墊繳之本息及本契約保單價值準備金之餘額。保單價值準備金之餘額不足墊繳一日的保險費，且經催告到達後逾三十日仍不交付時，本契約效力停止。

分析

1. 本條一般稱保費自動墊繳條款（automatic premium loan provision），惟根據第 1 項規定，「自動」的範圍有其限制。保險人欲「自動」墊繳，須經要保人於要保書或寬限期間終了前以書面聲明，被保險人已有自由選擇是否自動墊繳之權。所以，保險人可以「自動」的範圍以要保人事先以書面聲明為前提。

2. 墊繳的必要條件
   (1) 保單已產生保險單價值準備金。
   (2) （保單價值準備金－保單借款本息）＞一日的保費

3. 如係電子商務運作之情況，條文內容僅是增加要保人之聲明方式或是通知方式，除書面方式外，尚可採用其他約定方式。實質內容並未變更。

第七條　本契約效力的恢復

本契約停止效力後，要保人得在停效日起○○年內（不得低於二年），申請復效。但保險期間屆滿後不得申請復效。

要保人於停止效力之日起六個月內提出前項復效申請，並經要保人清償保險費扣除停效期間的危險保險費後之餘額，及按○○○○○○計算之利息（不得超過本契約辦理保險單借款之利率）後，自翌日上午零時起，開始恢復其效力。

要保人於停止效力之日起六個月後提出第一項之復效申請者，本公司得於要保人之復效申請送達本公司之日起○○日（不得超過五日）內，要求要保人提供被保險人之可保證明。要保人如未於○○日（不得低於十日）內交齊本公司要求提供之可保證明者，本公司得退回該次復效之申請。

被保險人之危險程度有重大變更已達拒絕承保程度者，本公司得拒絕其復效。

本公司未於第 3 項約定期限內要求要保人提供可保證明，或於收齊可保證明後○○日（不得高於十五日）內不為拒絕者，視為同意復效，並經要保人清償第 2 項所約定之金額後，自翌日上午零時起，開始恢復其效力。

要保人依第 3 項提出申請復效者，除有同項後段或第 4 項之情形外，於交齊可保證明，並清償第 2 項所約定之金額後，自翌日上午零時起，開

始恢復其效力。

　　本契約因第 6 條第 2 項或第 23 條約定停止效力而申請復效者，除復效程序依前六項約定辦理外，要保人清償保險單借款本息與墊繳保險費及其利息，其未償餘額合計不得逾依第 23 條第 1 項約定之保險單借款可借金額上限。

　　基於保戶服務，本公司於保險契約停止效力後至得申請復效之期限屆滿前○個月（不低於三個月），將以書面、電子郵件、簡訊或其他約定方式擇一通知要保人有行使第一項申請復效之權利，並載明要保人未於第一項約定期限屆滿前恢復保單效力者，契約效力將自第一項約定期限屆滿之日翌日上午零時起終止，以提醒要保人注意。

　　本公司已依要保人最後留於本公司之前項聯絡資料發出通知，視為已完成前項之通知。

　　第一項約定期限屆滿時，本契約效力即行終止，本契約若累積達有保單價值準備金，而要保人未申請墊繳保險費或變更契約內容時，本公司應主動退還剩餘之保單價值準備金。

　　分析

1. 本條一向稱為復效條款（Reinstatement clause）。本條亦為保險法第 116 條之適用。

2. 復效的手續及條件

　(1) 復效申請期間：復效申請期間雖依保險人與被保險人之約定，但根據保險法第 116 條規定，申請復效之期限最少二年，其起算日期為停效日，惟保險期間屆滿後不得申請復效。

　(2) 復效分兩種情況，分述如下：

　　① 停止效力之日起六個月內提出者，較為單純，僅要求清償相關費用及其利息，並於提出日之翌日零時即可恢復效力，並未規定需要任何之可保證明。所謂相關費用，是指（保險費－停效期間的危險保險費）再加計利息，至於復效申請書當然是必備的文件。

　　② 停止效力之日起六個月後提出者，較為複雜，其主要重點是要保人須提供被保險人之可保證明，實務上各保險公司之可保證明要求各異，但是體檢報告通常是較具體的證明文件。既然須有可保證明，保險人即有再度核保之權，故如危險程度有重大變更，如達拒保程度時，保險公司可以拒絕復效。

③由於六個月後復效之情況，涉及保險買方之權益，爲使復效作業順暢，首先規定保險公司收到要保人復效申請之日起五天內必須要求提供可保證明，另亦規定要保人在一定期間內〔至少在十日（含）以上〕必須提供可保證明。

④視同復效之規定。爲避免保險人延宕處理，兩種情況下視同保險人已同意復效。其一爲保險人未在約定期限內要求要保人供被保險人之可保證明；其二爲在約定期限內（最高不得超過十五日）並未拒絕要保人所提供之可保證明。

⑤無論是保險人檢視可保證明後同意之復效或是視同復效之情況，恢復效力必要條件之一爲清償保費，如同上列①所述。

⑶因墊繳保單價值準備金之餘額不足墊繳一日的保險費，且經催告到達後逾三十日仍不交付時，本契約效力停止。

⑷保險人於第 1 項所規定之期限屆滿後，有終止契約之權。

3. 至於因墊繳保險費問題與保單借款問題，使契約效力停止之情況，申請復效之程序同前述，但必須清償保險單借款本息與墊繳保險費及其利息，惟是否全部清償尚有規定，亦即未償額度不可超過保單借款可借金額上限。

4. 不於約定期限內復效者，保險契約效力自即行終止。

5. 被保險人不願以保單價值準備金墊繳保費，保險人應主動退還剩餘之保單價值準備金。

第八條　告知義務與本契約的解除

（辦理電子商務適用）

要保人在訂立本契約時，對於本公司要保書書面（或投保網頁）詢問的告知事項應據實說明，如有爲隱匿或遺漏不爲說明，或爲不實的說明，足以變更或減少本公司對於危險的估計者，本公司得解除契約，其保險事故發生後亦同。但危險的發生未基於其說明或未說明的事實時，不在此限。

前項解除契約權，自本公司知有解除之原因後，經過一個月不行使而消滅；或自契約訂立後，經過二年不行使而消滅。

（未辦理電子商務適用）

要保人在訂立本契約時，對於本公司要保書書面詢問的告知事項應據實說明，如有故意隱匿，或因過失遺漏或爲不實的說明，足以變更或減少

本公司對於危險的估計者，本公司得解除契約，其保險事故發生後亦同。但危險的發生未基於其說明或未說明的事實時，不在此限。

前項解除契約權，自本公司知有解除之原因後，經過一個月不行使而消滅；或自契約訂立後，經過兩年不行使而消滅。

分析

1. 本條爲我國保險法第 64 條的應用。
2. 條文中「解除契約權，自本公司知有解除之原因後經過一個月不行使而消滅，或自契約開始日起，經過兩年不行使而消滅」，爲除斥期間之規定。除斥期間爲法律對於某種權利所預定之存續期間。

第九條　契約的終止

要保人得隨時終止本契約。

前項契約之終止，自本公司收到要保人書面通知時，開始生效。

要保人保險費已付足達一年以上或繳費累積達有保單價值準備金而終止契約時，本公司應於接到通知後一個月內償付解約金。逾期本公司應加計利息給付，其利息按給付當時○○○○的利率（不得低於年利率一分）計算。

分析

1. 本條爲保險法第 119 條之應用。該條規定：「要保人終止保險契約，而保險費已付足一年以上者，保險人應於接到通知後一個月內償付解約金；其金額不得少於要保人應得保單價值準備金之四分之三。償付解約金之條件及金額，應載明於保險契約。」
2. 本條爲要保人主動終止契約之情況，生效起點爲保險公司收到要保人書面通知時。要保人可以領回者爲保單價值準備金，由於壽險契約依被保險人之個案需求設計，保單價值準備金之額度不盡相同。至於保單價值準備金扣除解約費用之後即爲解約金，保險人一般以表列方式附於保單上，被保險人可很清楚參照。

第十條　保險事故的通知與保險金的申請時間

要保人或受益人應於知悉本公司應負保險責任之事故後○○日（不得少於五日）內通知本公司，並於通知後儘速檢具所需文件向本公司申請給付保險金。

本公司應於收齊前項文件後○○日（不得高於十五日）內給付之。但因可歸責於本公司之事由致未在前述約定期限內爲給付者，應按年利一分加計利息給付。

分析

1. 被保險人發生保險事故（應是指爲身故）之後，要保人或受益人應盡危險發生的通知義務。通知時間爲事故發生後，且保險人應給要保人或受益人一最低時間。

2. 申請給付應負擧證責任，所以要保人或受益人應檢具保險公司所要求之文件。

3. 保險人於收齊文件後應在十五日內給付，不依時限給付者，應加計遲延給付之利息。

4. 如逾期事由可歸責於要保人或受益人者，保險公司自不用負擔利息。

第十一條　失蹤處理

被保險人在本契約有效期間內失蹤者，如經法院宣告死亡時，本公司根據判決內所確定死亡時日爲準，依第 12 條約定退還所繳保險費（並加計利息）或給付身故保險金或喪葬費用保險金；如要保人或受益人能提出證明文件，足以認爲被保險人極可能因意外傷害事故而死亡者，本公司應依意外傷害事故發生日爲準，依第 12 條約定退還所繳保險費（並加計利息）或給付身故保險金或喪葬費用保險金。

前項情形，本公司退還所繳保險費（並加計利息）或給付身故保險金或喪葬費用保險金後，如發現被保險人生還時，要保人或受益人應將該筆已領之所繳保險費（並加計利息）或身故保險金或喪葬費用保險金歸還本公司，其間若有應給付保險金之情事發生者，仍應予給付。但有應繳之保險費，本公司仍得予以扣除。

分析

1. 關於失蹤應依民法總則第二章（人）第一節（自然人）第 8 條「死亡宣告之要件」之規定，「失蹤人失蹤滿七年後，法院得因利害關係人或檢察官之聲請，爲死亡之宣告。失蹤人爲八十歲以上者，得於失蹤滿三年後，爲死亡之宣告。失蹤人爲遭遇特別災難者，得於特別災難終了滿一年後，爲死亡之宣告。」

2. 同法第 9 條「死亡時間之推定」，「受死亡宣告者，以判決內所

確定死亡之時，推定其爲死亡。前項死亡之時，應爲前條各項所定期間最後日終止之時。但有反證者，不在此限。」

3. 由上民法條文可知，被保險人在保險契約有效期間內失蹤，經法院宣告死亡，即可依據第 12 條（見後述）規定給付其受益人保險金，而所謂退還所繳保險費（並加計利息），則與被保人未滿十五足歲之未成年人有關，詳第 12 條規定。

4. 如可證明被保險人極可能因爲意外傷害而死亡，給付日期自以意外傷害事故發生日爲準，相關理賠規定仍依第 12 條內容。

5. 失蹤爲一不確定事件，雖依民法規定宣告死亡，惟被保人可能於日後被發現仍生還，保險人僅要求受益人於一個月內歸還保險公司，並無利息之規定。

第十二條　所繳保險費（並加計利息）的退還、身故保險金或喪葬費用保險金的給付

訂立本契約時，以未滿十五足歲之未成年人爲被保險人，其身故保險金之給付於被保險人滿十五足歲之日起發生效力；被保險人滿十五足歲前死亡者，本公司應退還所繳保險費（並加計利息）。

前項所繳保險費，除第 21 條及第 22 條另有約定外，係以保險費率表所載金額爲基礎。

第 1 項加計利息，係以前項金額爲基礎，以○○利率（不高於本保險單計算保險費所採用之預定利率），依據○○方式（不高於年複利）計算至被保險人身故日之利息。

訂立本契約時，以精神障礙或其他心智缺陷，致不能辨識其行爲或欠缺依其辨識而行爲之能力者爲被保險人，其身故保險金變更爲喪葬費用保險金。

前項被保險人於民國 99 年 2 月 3 日（含）以後所投保之喪葬費用保險金額總和（不限本公司），不得超過訂立本契約時遺產及贈與稅法第 17 條有關遺產稅喪葬費扣除額之半數，其超過部分本公司不負給付責任，本公司並應無息退還該超過部分之已繳保險費。

前項情形，如要保人向兩家（含）以上保險公司投保，或向同一保險公司投保數個保險契（附）約，且其投保之喪葬費用保險金額合計超過前項所定之限額者，本公司於所承保之喪葬費用金額範圍內，依各要保書所載之要保時間先後，依約給付喪葬費用保險金至前項喪葬費用額度上限爲

止，如有兩家以上保險公司之保險契約要保時間相同或無法區分其要保時間之先後者，各該保險公司應依其喪葬費用保險金額，與扣除要保時間在先之保險公司應理賠之金額後所餘之限額比例分擔其責任。

分析

1. 本條係為配合保險法第 107 條之規定，該條文規定「以未滿十五歲之未成年人為被保險人訂立之人壽保險契約，其死亡給付於被保險人滿十五歲之日起發生效力；被保險人滿十五歲前死亡者，保險人得加計利息退還所繳保險費，或返還投資型保險專設帳簿之帳戶價值。前項利息之計算，由主管機關另定之。訂立人壽保險契約時，以精神障礙或其他心智缺陷，致不能辨識其行為或欠缺依其辨識而行為之能力者為被保險人，除喪葬費用之給付外，其餘死亡給付部分無效。前項喪葬費用之保險金額，不得超過遺產及贈與稅法第 17 條有關遺產稅喪葬費扣除額之一半。第 1 項至第 4 項規定，於其他法律另有規定者，從其規定。」

2. 本條主要之重點在於保護未滿十五歲之未成年人，以及精神障礙或其他心智缺陷者。

3. 不過，未滿十五歲之未成年人於滿十五歲之後，即可給付身故保險金。

4. 至於精神障礙或其他心智缺陷者，發生保險事故時，身故保險金僅能變更為喪葬費用保險金，且有最高額度的限制。

第十三條　生存保險金的申領

受益人申領「生存保險金」時，應檢具下列文件：

一、保險單或其謄本。
二、保險金申請書。
三、受益人的身分證明。

分析

1. 本條規定申領「生存保險金」應具備之文件。
2. 由於係受益人主張，故須提出其身分證明。

第十四條　身故保險金或喪葬費用保險金的申領

受益人申領「身故保險金」或喪葬費用保險金時，應檢具下列文件：

一、保險單或其謄本。

二、被保險人死亡證明書及除戶戶籍謄本。

三、保險金申請書。

四、受益人的身分證明。

分析

1. 本條規定申領「身故保險金」應具備之文件。

2. 身故為最後過程，所需之文件亦較多。

第十五條　退還所繳保險費（並加計利息）的申請

要保人或應得之人依第 11 條、第 12 條或第 17 條約定申請退還所繳保險費（並加計利息）時，應檢具下列文件：

一、保險單或其謄本。

二、被保險人死亡證明書及除戶戶籍謄本。

三、申請書。

四、要保人或應得之人的身分證明。

分析

本條規定被保險人失蹤、未滿十五歲之被保險人死亡等情況，申請退還保費及其利息時，應具備之文件。

第十六條　殘廢保險金的申領

受益人申領「殘廢保險金」時，應檢具下列文件：

一、保險單或其謄本。

二、殘廢診斷書。

三、保險金申請書。

四、受益人的身分證明。

受益人申領殘廢保險金時，本公司得對被保險人的身體予以檢驗，必要時並得經受益人同意調閱被保險人之就醫相關資料，其一切費用由本公司負擔。但不因此延展保險公司依第 10 條約定應給付之期限。

分析

1. 本條規定申領「殘廢保險金」時，應檢具之文件。

2. 針對受益人申領殘廢保險金，保險如有疑問，有權就被保險人身體進行檢驗，經受益人同意後亦可調閱被保險人之就醫相關資

料，其目的無非在降低道德危險，維護理賠之公平性。

第十七條　除外責任

有下列情形之一者，本公司不負給付保險金的責任：

一、要保人故意致被保險人於死。

二、被保險人故意自殺或自成失能。但自契約訂立或復效之日起兩年
　　後故意自殺致死者，本公司仍負給付身故保險金或喪葬費用保險
　　金之責任。

三、被保險人因犯罪處死或拒捕或越獄致死或失能。

前項第 1 款及第 18 條情形致被保險人殘廢時，本公司按第 14 條的
約定給付失能保險金。

因第 1 項各款情形而免給付保險金者，本契約累積達有保單價值準備
金時，依照約定給付保單價值準備金予應得之人。

被保險人滿十五足歲前因第 1 項各款原因致死者，本公司依第 12 條
約定退還所繳保險費（並加計利息）予要保人或應得之人。

> 分析
>
> 1. 人壽保險承保之範圍極廣，如不列除外責任，將使保險公司營運
>   產生困難。
> 2. 所列除外責任在維護保險之基本原理原則。
> 3. 第 18 條指受益人故意致被保險人失能之情況。
> 4. 保險人雖因除外事項免給付保險金，但保單價值準備金原屬於保
>   險買方所有，故應行退還應得之人。至於被保險人滿十五足歲前
>   死亡者，保險人應退還保費及其利息，本條亦無例外。

第十八條　受益人受益權之喪失

受益人故意致被保險人於死或雖未致死者，喪失其受益權。

前項情形，如因該受益人喪失受益權，而致無受益人受領保險金額
時，其保險金額作為被保險人遺產。如有其他受益人者，喪失受益權之受
益人原應得之部分，按其他受益人原約定比例分歸其他受益人。

> 分析
>
> 1. 受益人故意致被保險人於死或雖未致死者，為道德危險，當然喪
>   失受益權。

2.受益人如僅有一人，保險金成爲被保險人之遺產，如尙有其他受益人，由該等尙存受益人按約定比例取得該部分之保險金。

第十九條　欠繳保險費或未還款項的扣除

本公司給付各項保險金、解約金或返還保單價值準備金或退還所繳保險費（並加計利息）時，如要保人有欠繳保險費（包括經本公司墊繳的保險費）或保險單借款未還清者，本公司得先抵銷上述欠款及扣除其應付利息後給付其餘額。

分析

保險人以應還之錢扣除要保人之欠款，結清彼此關係，互不相欠爲商業交易之正常做法，其理自明。

第二十條　保險金額減少

要保人在本契約有效期間內，得申請減少保險金額，但是減額後的保險金額，不得低於本保險最低承保金額，其減少部分依第 9 條契約終止之約定處理。

分析

1.本條規定要保人有減少保險金額之權利，惟不得低於保險公司所設定之最低保險金額。
2.降低保險金額，可減少要保人繳交保費壓力，預防保險契約終止，爲一種契約保全措施。

第二十一條　減額繳清保險

分紅保險單適用（不含躉繳及一年期人壽保險）

要保人繳足保險費累積達有保單價值準備金時，要保人得以當時保單價值準備金扣除營業費用後的數額作爲一次繳清的躉繳保險費，向本公司申請改保同類保險的「減額繳清保險」，其保險金額如附表。要保人變更爲「減額繳清保險」後，不必再繼續繳保險費，本契約繼續有效。其保險範圍與原契約同，但保險金額以減額繳清保險金額爲準。

要保人選擇改爲「減額繳清保險」當時，倘有保單紅利、保單借款或欠繳、墊繳保險費的情形，本公司將以保單價值準備金加上本公司應支付的保單紅利扣除欠繳保險費，或借款本息或墊繳保險費本息及營業費用後

的淨額辦理。

本條營業費用以原保險金額之百分之一或以其保單價值準備金與其解約金之差額，兩者較小者為限。

第一項情形，在被保險人滿十五足歲前身故者，本公司以辦理「減額繳清保險」時之躉繳保險費計算，退還所繳保險費（並加計利息）。

前項加計利息，係以躉繳保險費為基礎，自辦理減額繳清保險生效日起至被保險人身故日止，依第 12 條第 3 項約定之利率及計息方式計算。

不分紅保險單適用（不含躉繳及一年期人壽保險）

第二十一條：

要保人繳足保險費累積達有保單價值準備金時，要保人得以當時保單價值準備金扣除營業費用後的數額作為一次繳清的躉繳保險費，向本公司申請改保同類保險的「減額繳清保險」，其保險金額如附表。要保人變更為「減額繳清保險」後，不必再繼續繳保險費，本契約繼續有效。其保險範圍與原契約同，但保險金額以減額繳清保險金額為準。

要保人選擇改為「減額繳清保險」當時，倘有保單借款或欠繳、墊繳保險費的情形，本公司將以保單價值準備金扣除欠繳保險費，或借款本息或墊繳保險費本息及營業費用後的淨額辦理。

本條營業費用以原保險金額之百分之一或以其保單價值準備金與其解約金之差額，兩者較小者為限。

第一項情形，在被保險人滿十五足歲前身故者，本公司以辦理「減額繳清保險」時之躉繳保險費計算退還所繳保險費（並加計利息）。

前項加計利息，係以躉繳保險費為基礎，自辦理減額繳清保險生效日起至被保險人身故日止，依第 12 條第 3 項約定之利率及計息方式計算。

分析

1. 要保人可能因經濟情況改變，無能力支付到期之保險費，為維護保單之效力，允許要保人得以當時保單價值準備金的數額作為一次繳清的躉繳保險費申請改保同類保險的「減額繳清保險」。改保之後，要保人不必再繳保險費，保險契約繼續有效。至於原保險為分紅或不分紅保單，其差異僅在於計算可作為一次繳清的躉繳保險費之淨額，即前者應加計保單紅利。

2. 本條款與前列減少保險金額，如再加上放棄保單、領取現金等兩種選擇，即構成所謂的「不喪失價值」條款。

第二十二條　展期定期保險

分紅保險單適用（不含躉繳及一年期人壽保險）

要保人繳足保險費累積達有保單價值準備金時，要保人得以當時保單價值準備金扣除營業費用後的數額作爲一次繳清的躉繳保險費，向本公司申請改爲「展期定期保險」，其保險金額爲申請當時保險金額扣除保險單借款本息或墊繳保險費本息後之餘額。要保人不必再繼續繳保險費，其展延期間如附表，但不得超過原契約的滿期日。

如當時保單價值準備金的數額扣除營業費用後的數額，超過展期定期保險至滿期日所需的躉繳保險費時，要保人得以其超過款額作爲一次躉繳保險費，購買於本契約期滿時給付的「繳清生存保險」，其保險金額如附表。

要保人選擇改爲「展期定期保險」當時，倘有保單紅利、保單借款或欠繳、墊繳保險費的情形，本公司將以保單價值準備金加上本公司應支付的保單紅利扣除欠繳保險費或借款本息或墊繳保險費本息及營業費用後的淨額辦理。

本條營業費用以原保險金額之百分之一或以其保單價值準備金與其解約金之差額，兩者較小者爲限。

第一項情形，在被保險人滿十五足歲前身故者，本公司以辦理「展期定期保險」時之躉繳保險費計算退還所繳保險費（並加計利息）。

前項加計利息，係以躉繳保險費爲基礎，自辦理展期定期保險生效日起至被保險人身故日止，依第 12 條第 3 項約定之利率及計息方式計算。

不分紅保險單適用（不含躉繳及一年期人壽保險）

第二十二條

要保人繳足保險費累積達有保單價值準備金時，要保人得以當時保單價值準備金扣除營業費用後的數額，作爲一次繳清的躉繳保險費，向本公司申請改爲「展期定期保險」，其保險金額爲申請當時保險金額扣除保險單借款本息或墊繳保險費本息後之餘額。要保人不必再繼續繳保險費，其展延期間如附表，但不得超過原契約的滿期日。

如當時保單價值準備金的數額扣除營業費用後的數額，超過展期定期保險至滿期日所需的躉繳保險費時，要保人得以其超過款額作爲一次躉繳保險費，購買於本契約期滿時給付的「繳清生存保險」，其保險金額如附表。

　　要保人選擇改為「展期定期保險」當時，倘有保單借款或欠繳、墊繳保險費的情形，本公司將以保單價值準備金扣除欠繳保險費或借款本息或墊繳保險費本息及營業費用後的淨額辦理。

　　本條營業費用以原保險金額之百分之一或以其保單價值準備金與其解約金之差額，兩者較小者為限。

　　第一項情形，在被保險人滿十五足歲前身故者，本公司以辦理「展期定期保險」時之躉繳保險費計算退還所繳保險費（並加計利息）。

　　前項加計利息，係以躉繳保險費為基礎，自辦理展期定期保險生效日起至被保險人身故日止，依第 12 條第 3 項約定之利率及計息方式計算。

$\boxed{\text{分析}}$

1. 本條延續前兩條的規定，仍為契約變更的一種。至於原保險為分紅或不分紅保單，其差異僅在於計算可作為一次繳清的躉繳保險費之淨額。
2. 申請改為「展期定期保險」之後，要保人不必再繳保險費。
3. 由於被保險人未滿十五足歲前死亡保險無效，無適用展期定期保險之餘地，故於未滿十五足歲前死亡時，保險人僅能以退還保費及其利息處理。

第二十三條　保險單借款及契約效力的停止

　　要保人繳足保險費累積達有保單價值準備金時，要保人得向本公司申請保險單借款，其可借金額上限為借款當日保單價值準備金之○○ %，未償還之借款本息，超過其保單價值準備金時，本契約效力即行停止。但本公司應於效力停止日之三十日前，以書面通知要保人。

　　本公司未依前項規定為通知時，於本公司以書面通知要保人返還借款本息之日起三十日內要保人未返還者，保險契約之效力自該三十日之次日起停止。

$\boxed{\text{分析}}$

1. 本條規定所繳之保費累積達一定程度，即有保單價值準備金，可以此向保險公司申請保險單借款，惟可借金額按保險契約規定有其上限，即以借款當日保單價值準備金之一定百分比為限。
2. 如未償還之借款本息，超過保單價值準備金時，保險契約效力即行停止。
3. 停效對於買方為重大事件，故規定保險人應先行以書面，預先於

停效日之三十日前通知要保人。如果保險人未依規定通知，則應再行以書面通知要保人償還借款本息；若三十日內如不清償，則於第三十一日停效。

4. 假設要保人未償還借款本息超過保單價值準備金之日為 2011 年 4 月 1 日，但保險人未發書面通知，則仍應行發出書面通知，設於 2011 年 5 月 1 日發出，則要保人可於 2011 年 5 月 1 日至 5 月 30 日之間返還借款本息，如該期間內未清償，則保險契約於 2011 年 5 月 31 日日起停效。

第二十四條　保險單紅利的計算及給付

分紅保險單適用

（辦理電子商務適用）

本契約有效期間內，本公司根據分紅保險單的實際經營狀況，以本保單計算保險費（或責任準備金）所採用之預定附加費用率、預定利率及預定死亡率（項目由公司視商品設計內容自訂）為基礎，依保險單之分紅公式（如附件），計算保險單紅利。

本公司依要保人申請投保時所選擇下列方式中的一種給付（項目由公司視商品設計內容自訂）：

現金給付。本公司應按時主動以現金給付，若未按時給付時，如可歸責於本公司者，應按年利率一分加計利息給付。

以繳清保險方式增加保險金額。

抵繳應繳保險費。但繳費期滿後仍屬有效的契約，若要保人於繳費期滿前未通知本公司選擇繳費期滿後的保險單紅利給付方式時，本公司以第四款（儲存生息）方式辦理。

儲存生息：以○○○之利率依據複利方式累積至要保人請求時給付，或至本契約滿期，被保險人身故、失能，或本契約終止時由本公司主動一併給付。

前項○○○利率不得低於台灣銀行股份有限公司、第一銀行股份有限公司與合作金庫銀行股份有限公司每月第一個營業日牌告二年期小額定期儲蓄存款之固定利率之平均值。

要保人得於本契約有效期間，以書面或其他約定方式通知本公司變更前項給付方式。

要保人如未選擇保險單紅利之給付方式，本公司應以書面或其他約

定方式通知要保人限期選擇，逾期不選擇者，保險單紅利以○○○方式處理。

（未辦理電子商務適用）

本契約有效期間內，本公司根據分紅保險單的實際經營狀況，以本保單計算保險費（或責任準備金）所採用之預定附加費用率、預定利率及預定死亡率（項目由公司視商品設計內容自訂）為基礎，依保險單之分紅公式（如附件），計算保險單紅利。

本公司依要保人申請投保時所選擇下列方式中的一種給付（項目由公司視商品設計內容自訂）：

一、現金給付：本公司應按時主動以現金給付，若未按時給付時，如可歸責於本公司者，應按年利率一分加計利息給付。

二、以繳清保險方式來增加保險金額。

三、抵繳應繳保險費。但繳費期滿後仍屬有效的契約，若要保人於繳費期滿前未通知本公司選擇繳費期滿後的保險單紅利給付方式時，本公司以第 4 款（儲存生息）方式辦理。

四、儲存生息：以○○○之利率，依據複利方式累積至要保人請求時給付，或至本契約滿期，被保險人身故、殘廢，或本契約終止時由本公司主動一併給付。

前項○○○利率不得低於台灣銀行股份有限公司、第一銀行股份有限公司與合作金庫銀行股份有限公司，每月第一個營業日牌告兩年期小額定期儲蓄存款之固定利率之平均值。

要保人得於本契約有效期間，以書面通知本公司變更前項給付方式。

要保人如未選擇保險單紅利之給付方式，本公司應以書面通知要保人限期選擇，逾期不選擇者，保險單紅利以○○○方式處理。

|分析|

1. 本條規定紅利分配考慮之因素為費差益、死差益與利差異。

2. 紅利分配之選擇權有四種，分別為領取現金、購買增額繳清保險、抵繳應繳保險費、儲存生息。

不分紅保險單適用

第二十四條：

本保險為不分紅保單，不參加紅利分配，並無紅利給付項目。

|分析|

略。

第二十五條　投保年齡的計算及錯誤的處理

要保人在申請投保時，應將被保險人出生年月日在要保書填明。被保險人的投保年齡，以足歲計算，但未滿一歲的零數超過六個月者，加算一歲。

被保險人的投保年齡發生錯誤時，依下列規定辦理：

一、真實投保年齡較本公司保險費率表所載最高年齡為大者，本契約無效，其已繳保險費無息退還要保人。

二、因投保年齡的錯誤而致溢繳保險費者，本公司無息退還溢繳部分的保險費。但在發生保險事故後始發覺且其錯誤發生在本公司者，本公司按原繳保險費與應繳保險費的比例提高保險金額，而不退還溢繳部分的保險費。

三、因投保年齡的錯誤，而致短繳保險費者，應補足其差額。但在發生保險事故後始發覺且其錯誤並非發生在本公司者，本公司得按原繳保險費與應繳保險費的比例減少保險金額，而不得請求補足差額。

前項第 1 款、第 2 款前段情形，其錯誤原因歸責於本公司者，應加計利息退還保險費，其利息按○○○○○○利率計算（不得低於本保單辦理保單借款之利率與民法第 203 條法定週年利率兩者取其大之值）。

$\boxed{\text{分析}}$

1. 壽險公司通常有最高投保年齡之限制，因此，真實投保年齡較其限制年齡為大者，保險契約無效。保險契約無效應回復原狀，因此，已繳保險費無息退還要保人。

2. 投保年齡錯誤可能造成溢繳或少繳保費，應行調整。

3. 保險事故發生後始發覺錯誤如可歸因於保險人者，其處理之方式為調整保險金額。如為溢繳保險費之情況，此時原繳保費較應繳保費為高，往上調整保額為〔（原繳保險費÷應繳保險費）×原保險金額〕；如為短繳保險費，此時原繳保費較應繳保費為低，則往下調整保額為〔（原繳保險費÷應繳保險費）×原保險金額〕。

第二十六條　受益人的指定及變更

（辦理電子商務適用）

失能保險金的受益人，爲被保險人本人，本公司不受理其指定或變更。

除前項約定外，要保人得依下列規定指定或變更受益人，並應符合指定或變更當時法令之規定：

於訂立本契約時，經被保險人同意指定受益人。

於保險事故發生前經被保險人同意變更受益人，如要保人未將前述變更通知保險公司者，不得對抗保險公司。

前項受益人的變更，於要保人檢具申請書及被保險人的同意書（要、被保險人爲同一人時爲申請書或電子申請文件）送達本公司時，本公司應即予批註或發給批註書。

（未辦理電子商務適用）

殘廢保險金的受益人，爲被保險人本人，本公司不受理其指定或變更。

除前項約定外，要保人得依下列規定指定或變更受益人：

一、於訂立本契約時，經被保險人同意指定受益人。

二、於保險事故發生前經被保險人同意變更受益人，如要保人未將前述變更通知保險公司者，不得對抗保險公司。

前項受益人的變更，於要保人檢具申請書及被保險人的同意書送達本公司時，本公司應即予批註或發給批註書。

分析

1. 本條規定受益人，包括身故保險金受益人與殘廢保險金的受益人。
2. 身故保險金受益人、要保人於訂立契約時或保險事故發生前，得指定或變更受益人，此種受益人爲指定受益人與可撤銷或可變更之受益人。又受益人的變更爲重要事項，應檢具要保人之申請書與被保險人的同意書，送達保險公司時生效，保險公司應即批註於本保險單。
3. 殘廢保險金的受益人爲被保險人本人，保險公司不受理另行指定或變更。即被保險人本人爲不可變更與不可撤銷之受益人。
4. 法定受益人：受益人同時或先於被保險人本人身故，除要保人已另行指定受益人，以被保險人之法定繼承人爲保險契約受益人。

　　法定繼承人之順序及應得保險金之比例，適用民法繼承編相關規定。

第二十七條　變更住所

（辦理電子商務適用）

　　要保人的住所有變更時，應即以書面或其他約定方式通知本公司。

　　要保人不為前項通知者，本公司之各項通知，得以本契約所載要保人之最後住所發送之。

（未辦理電子商務適用）

　　要保人的住所有變更時，應即以書面通知本公司。

　　要保人不為前項通知者，本公司之各項通知，得以本契約所載要保人之最後住所發送之。

　　分析

　　1.要保人負繳付保險費責任，住所有變更自應通知。

　　2.如不通知，將影響要保人或被保險人之權益。

第二十八條　時效

　　由本契約所生的權利，自得為請求之日起，經過兩年不行使而消滅。

　　分析

　　1.本條規定保險契約所生的權利，其請求權為兩年。

　　2.請求權之起算日為「自得為請求之日」。

第二十九條　批註

（辦理電子商務適用）

　　本契約內容的變更，或記載事項的增刪，除第二十六條規定者外，應經要保人與本公司雙方書面或其他約定方式同意，並由本公司即予批註或發給批註書。

（未辦理電子商務適用）

　　本契約內容的變更，或記載事項的增刪，除第 26 條規定者外，應經要保人與本公司雙方書面同意，並由本公司即予批註或發給批註書。

　　分析

　　契約內容變更為重要事項，須經書面同意。

第三十條　管轄法院

因本契約涉訟者，同意以要保人住所地地方法院為第一審管轄法院，要保人的住所在中華民國境外時，以○○○○地方法院為第一審管轄法院。但不得排除消費者保護法第 47 條及民事訴訟法第 436 條之 9 小額訴訟管轄法院之適用。

分析

本條規定契約當事人有爭議涉訟時，以要保人住所所在地地方法院為管轄法院。

附表（全殘廢等級適用）

一、雙目均失明者（註 12）。
二、兩上肢腕關節缺失者或兩下肢足踝關節缺失者。
三、一上肢腕關節及一下肢足踝關節缺失者。
四、一目失明及一上肢腕關節缺失者或一目失明及一下肢足踝關節缺失者。
五、永久喪失咀嚼（註 13）或言語（註 14）之機能者。
六、四肢機能永久完全喪失者（註 15）。
七、中樞神經系統機能遺存極度障害或胸、腹部臟器機能遺存極度障害，終身不能從事任何工作，經常需醫療護理或專人周密照護者（註 16）。

第五節　傷害保險概論

一、傷害保險之基本定義

依保險法第 131 條規定：「傷害保險人於被保險人遭受意外傷害及其所致殘廢或死亡時，負給付保險金額之責。」由此可將傷害保險定義為：「傷害保險，係指被保險人因意外事故，致其身體遭受傷害或因而殘廢或死亡時，由保險人負給付保險金額責任之保險。」

二、傷害保險之分析

1. 基本要件

依據上述定義可知傷害保險之基本要件，應包括下列幾個：

⑴須被保險人身體受到傷害

依保險法第 4 條規定，被保險人為保險事故發生時實際上遭受損害之人。所謂「傷害」，包括被保險人身體遭受傷害或因而殘廢或死亡時。

⑵須因外界原因直接觸發

傷害保險中所指之危險事故須起因於外來性因素，由此可與健康保險由被保險人之內在因素所引起者作一區分。

⑶傷害之性質須出自意外

保險基本原理之一為「意外性」，如非意外即成故意，違反保險之基本原理，亦將破壞大數法則之運作。惟此處所謂意外性係指「突發性」，並不包括連續性或不斷重複出現之事故。

⑷傷害之原因須非故意誘發

故意誘發違反保險基本原理，理由同前所述。故依保險法第 133 條規定：「被保險人故意自殺，或因犯罪行為，所致傷害、殘廢或死亡，保險人不負給付保險金額之責任。」

2. 承保之危險事故

傷害保險承保之危險事故應為外來意外傷害，亦即非因疾病所致之外來突發事故。

3. 承保之損失

就保險人之立場言，傷害保險承保之損失應有兩類，其一為意外傷害所致之醫療費用損失，其二為意外傷害所致之殘廢或死亡。

4. 保險給付事項

依據前述定義，傷害保險之給付事項應為死亡給付、殘廢給付，惟實

務上爲合乎保險消費者需求，傷害保險之給付已以附加條款方式，將傷害醫療給付亦包括在內。

5. 法定除外事項

法定除外事項，依保險法 133 條規定，包括⑴被保險人故意自殺；⑵被保險人犯罪行爲。

三、傷害保險之種類

實務上，傷害保險有普通傷害保險、旅行平安保險、傷害失能保險、團體傷害保險、職業傷害保險等。茲將其定義簡述如下：

1. 普通傷害保險

普通傷害保險或稱個人傷害保險，按現行傷害保單示範條款第 2 條規定，可解爲：「被保險人於保險契約有效期間內，因遭受意外傷害事故，致其身體蒙受傷害而致殘廢或死亡時，保險公司依照保險契約的約定，給付保險金之保險。」

2. 旅行平安保險

按現行旅行平安保險保單示範條款第 2 條規定延伸，旅行平安保險係指被保險人於保險契約有效期間內，通常是指旅行期間，因遭受意外傷害事故，致其身體蒙受傷害而致殘廢或死亡時，依照保險契約的約定，給付保險金。可見其與普通傷害保險主要之區別爲保險期間較短。不過現行旅行平安保險，尤其是海外旅遊，爲求保障之周全並爲消費者之方便，在主契約之外通常附加有醫療部分，例如傷害醫療保險、海外疾病住院保險等等註 17。惟附約之保險金額通常爲主約保險金額一定百分比，百分之十最爲普遍。

3. 傷害失能保險

傷害失能保險是指被保險人於保險契約有效期間內，因遭受意外傷害事故，致其身體蒙受傷害而致無法工作，按被保險人之傷害程度，就其失能期間無法工作之收入損失予以補償。傷害失能保險爲普通傷害保險之延續，同樣以意外傷害事故爲其危險事故。

4.團體傷害保險

團體傷害保險為團體保險之一種，係普通傷害保險以團體保險方式承保之方式，此種保險由保險人與要保人簽訂一張總保單，被保險人則為一個團體內之全部成員或大多數成員。依團體傷害保險單示範條款規定[註18]，要保人通稱要保單位，即所謂團體。

團體是指具有五人以上且非以購買保險而組織之團體，其範圍則包括(1)有一定雇主之員工團體；(2)依法成立之合作社、協會、職業工會、聯合團體或聯盟所組成之團體；(3)債權、債務人團體；(4)依規定得參加公教人員保險、勞工保險、軍人保險、農民健康保險或依勞動基準法勞工退休金條例規定參加退休金計畫之團體；(5)中央及地方政府機關或民意代表組成之團體；(6)凡非屬以上所列而具有法人資格之團體。所謂「被保險人」是指保險契約所附被保險人名冊內所載之人員，每一被保險人通常有一張保險證或保險卡。

5.職業傷害保險

職業傷害保險為針對特定職業或職位之保險消費者設計之傷害保險，例如，企管人員平安保險[註19]。

四、傷害保險單與旅行平安保險示範條款[註20]

在現行經濟社會中，普通傷害保險與旅行平安保險為甚普遍之保險，本節擬就兩種保險之重要基本條款稍加說明。

■第一項　傷害保險單示範條款概要

一、承保範圍

1. 承保之危險事故為因遭受意外傷害事故。傷害保險特別強調意外傷害事故，是指非由疾病引起之外來突發事故。
2. 給付項目
   (1) 身故保險金：被保險人於保險契約有效期間內遭受約定的意外傷害事故，自意外傷害事故發生之日起一百八十日以內死亡者，保險公司按保險金額給付身故保險金。但超過一百八十日死亡者，受益人若能證明被保險人之死亡與該意外傷害事故具

有因果關係者，不在此限。此為保險四大基本原則之一主力近因之應用。而在訂立保險契約時，如以未滿十五足歲之未成年人為被保險人，其身故保險金之給付於被保險人滿十五足歲之日起發生效力。

(2) 失能保險金：被保險人於保險契約有效期間內遭受約定的意外傷害事故，自意外傷害事故發生之日起一百八十日以內致成失能程度者，保險公司給付失能保險金。但超過一百八十日致成失能者，受益人若能證明被保險人之失能與該意外傷害事故具有因果關係者，不在此限。至於失能程度分成十一等，各等失能保險金各為保險金額一定比率。一等為百分之百，二等為百分之九十，三等為百分之八十，四等為百分之七十，五等為百分之六十，六等為百分之五十，七等為百分之四十，八等為百分之三十，九等為百分之二十，十等為百分之十，十一等為百分之五。

(3) 喪葬費用保險金：訂立保險契約時，以受監護宣告尚未撤銷者為被保險人，其身故保險金均變更為喪葬費用保險金，但有最高額度上限。

二、除外責任

除外責任包括除外之危險事故與特種活種，特種活種除外為傷害保險之特色，蓋普通傷害保險是承保正常之活動，被保險人從事某些危險活動時自應除外。茲編表 14-5。

表 14-5　傷害保險除外責任表

除外事項	內　　容
危險事故	1. 被保險人的故意行為。 2. 被保險人「犯罪行為」。 3. 被保險人飲酒後駕（騎）車，其吐氣或血液所含酒精成分超過道路交通法令規定標準者。 4. 戰爭（不論宣戰與否）、內亂及其他類似的武裝變亂。但契約另有約定者不在此限。 5. 因原子或核子能裝置所引起的爆炸、灼熱、輻射或污染。但契約另有約定者不在此限。
特種活種	1. 被保險人從事角力、摔角、柔道、空手道、跆拳道、馬術、拳擊、特技表演等的競賽或表演。 2. 被保險人從事汽車、機車及自由車等的競賽或表演。

三、被保險人之通知義務

1. 職業或職務變更的通知義務

被保險人變更其職業或職務爲重要事項，要保人或被保險人應及時以書面或其他方式（採用電子商務適用）通知保險公司。變更有危險性增加與危險性減少之變更，應調整保險費。危險性增加如達到拒保範圍內者，保險公司於接到通知後得終止契約，並按日計算退還未滿期保險費。

2. 保險事故的通知義務

被保險人遭受意外傷害事故，要保人、被保險人或受益人應於知悉意外傷害事故發生後一定日數內（不得少於五日），將事故狀況及被保險人的傷害程度，通知保險公司。

四、失蹤處理

被保險人在保險契約有效期間內因意外傷害事故失蹤，於戶籍資料所載失蹤之日起滿一年仍未尋獲，或要保人、受益人能提出證明文件足以認爲被保險人極可能因本契約所約定之意外傷害事故而死亡者，保險公司按約定先行給付身故保險金或喪葬費用保險金，但日後發現被保險人生還時，受益人應將該筆已領之身故保險金或喪葬費用保險金歸還保險公司，其間有應繳而未繳之保險費者，於要保人一次清償後，保險契約自原終止日繼續有效，保險公司如有應行給付其他保險金情事者，仍依約給付。

五、受益人的指定及變更

基於傷害保險承保之事故爲被保險人之死亡或殘廢，因此，受益人之指定與變更極爲重要，茲說明如下：

1. 身故保險金受益人

要保人於訂立契約時或保險事故發生前，得指定或變更受益人，此種受益人爲指定受益人與可撤銷或可變更之受益人。又受益人的變更爲重要事項，應檢具要保人之申請書與被保險人的同意書，送達保險公司時生效，保險公司應即批註於本保險單。

2. 失能保險金的受益人

為被保險人本人，保險公司不受理另行指定或變更。即被保險人本人為不可變更與不可撤銷之受益人。

六、傷害醫療保險給付附加條款

傷害保險亦結合醫療保險以符實際需求，其做法為採用附加條款方式加保，現行有兩款，一為醫療保險金的給付（甲型），探實支實付型；另一為傷害醫療保險金的給付（乙型），採日額型。茲將其條文略述如下供參考。

1. 醫療保險金的給付（甲型）

被保險人於保險契約有效期間內遭受約定的意外傷害事故，自意外傷害事故發生之日起一百八十日以內，經登記合格的醫院或診所治療者，保險公司就其實際醫療費用，超過全民健康保險給付部分，給付「傷害醫療保險金」。但超過一百八十日繼續治療者，受益人若能證明被保險人之治療與該意外傷害事故具有因果關係者，不在此限。但同一次傷害的給付總額不得超過保險單所記載的「每次傷害醫療保險金限額」。

2. 傷害醫療保險金的給付（乙型）

被保險人於本契約有效期間內遭受約定的意外傷害事故，自意外傷害事故發生之日起一百八十日以內，經登記合格的醫院或診所治療者，保險公司就其住院日數，給付保險單所記載的「傷害醫療保險金日額」。但超過一百八十日繼續治療者，受益人若能證明被保險人之治療與該意外傷害事故具有因果關係者，不在此限。但每次傷害給付日數不得超過九十日。被保險人因傷害蒙受骨折未住院治療者，或已住院但未達骨折別所定日數表，其未住院部分保險公司按骨折別所定日數乘「傷害醫療保險金日額」的二分之一給付。合計給付日數以按骨折別所定日數為上限。

前項所稱骨折是指骨骼完全折斷而言。如係不完全骨折，按所定標準二分之一給付；如係骨骼龜裂者按前項所定標準四分之一給付，如同時蒙受二項以上骨折時，僅給付一項較高等級的醫療保險金。

■第二項　旅行平安保險條款概要[註21]

一、承保範圍

　　1. 承保之危險事故：同普通傷害保險。
　　2. 保險期間。
　　旅行平安保險雖亦屬定時保險，但旅行期間變動為常有之事，特別是交通工具延遲，因此延長保險期間並非少見。現行條款第 4 條即規定：「如被保險人以乘客身分搭乘領有載客執照之交通工具，該交通工具之預定抵達時刻係在本契約的保險期間內，因故延遲抵達而非被保險人所能控制者，保險單自動延長有效期限至被保險人終止乘客身分時為止，但延長之期限不得超過二十四小時。」
　　又，同條規定：「被保險人以乘客身分搭乘領有載客執照之交通工具，因遭劫持，於劫持中保險契約的保險期間如已終止，自動延長有效期間至劫持事故終了。劫持事故終了係指被保險人完全脫離被劫持的狀況。」

二、給付項目

　　身故保險金的給付、喪葬費用保險金的給付、失能保險金的給付，其內容同普通傷害保險。

三、除外責任

　　除配合旅行之特性增加「非以乘客身分搭乘航空器具或搭乘非經當地政府登記許可之民用飛行客機者。但契約另有約定者，不在此限」一項外，其餘同普通傷害保險。

四、其他規定

　　同普通傷害保險。

第六節　健康保險概要

一、健康保險之定義

健康保險（health insurance），實務上一向稱為醫療保險（medical insurance）。按我國保險法第 125 條規定：「健康保險人於被保險人疾病、分娩及其所致殘廢或死亡時，負給付保險金額之責。」由此可知，健康保險係承保被保險人因疾病、分娩及其所致殘廢或死亡時，由保險人負給付保險金之保險。

二、承保之危險事故及其要件

健康保險承保之危險事故，依上述保險法規定，為下列幾項：
  1. 疾病。
  2. 分娩。
  3. 疾病或分娩所致之殘廢或死亡。

健康保險承保之危險事故雖係由人身內部原因引起之疾病，惟在性質上仍須維持下列要件：

1. 疾病由人身內部原因所引起

此要件在於與傷害保險由外來性質原因有一區隔。

2. 非屬於先天之原因

依保險法第 126 條即規定：「保險人於訂立保險契約前，對於被保險人得施以健康檢查。前項檢查費用，由保險人負擔。」又，保險法第 127 條規定：「保險契約訂立時，被保險人已在疾病或妊娠情況中者，保險人對是項疾病或分娩，不負給付保險金額之責任。」兩者主要即是在規範非屬於先天之原因。

3. 為偶然之原因

依保險法第 128 條規定：「被保險人故意自殺或墮胎所致疾病、殘廢、流產或死亡，保險人不負給付保險金額之責。」即在回歸保險基本原理中偶然性與意外性之要求。

上述引用之保險法第 127 條與第 128 條規定，可視爲健康保險中之法定除外事項。

三、健康保險之基本類型

實務上推出之健康保險種類繁多，惟較易區分之類型爲實支實付型健康保險與日額給付型健康保險。茲分述如下：

1. 實支實付型

實支實付型中所謂「實」，是指實際由被保險人所發生的自負之醫療費用。我國社會保險體系中已實施全民健康保險，患者因疾病所花費之醫療費用，有一部分由該保險給付，一部分由患者自負。該自負之部分，即是實支實付型健康保險所支付之對象。

由於有些被保險人可能非歸屬於全民健康保險，而是由其他社會保險承保，所以吾人亦可謂實支實付型健康保險，是商業健康保險公司扣除社會保險給付後的餘額理賠被保險人之一種保險，被保險人必須檢具診斷書及醫療費用收據的正本始可申請保險理賠。實支實付型健康保險可分爲分項給付與按主契約保額的某一百分比給付兩種。

2. 日額給付型

日額給付型健康保險係採定額給付方式理賠，一般係根據被保險人實際醫療日數給付，至於每日之額度自須依健康保險契約上所約定的金額計算。再者，保險人通常亦有最高給付日數的限制。此種型態之健康保險，被保險人申請理賠時只須證明其實際住院天數，檢附醫院蓋章的收據副本即可。

四、其他類別

除上述兩種原則性分類外，國內的健康保險尚有重大疾病保險、防癌健康保險、豁免保費附約、失能保險、長期照護保險等。茲再分述如下：

1. 重大疾病保險

被保險人在保險期間內罹患保險公司所承保的重大疾病，經醫師診斷確定後，保險人即先行預支部分保險金額，稱爲「重大疾病保險金」，當被保險人身故或全殘時給付另次保險金。一般所謂「重大疾病」係指：心

肌梗塞、冠狀動脈繞道手術、腦中風、慢性腎衰竭（尿毒症）、癌症、癱瘓、重大器官移植手術。當保險人給付「重大疾病保險金」後，保險契約之保障金額以扣除重大疾病保險金後之餘額為限。

2. 防癌健康保險

承保被保險人在保險期間，罹患癌症產生之相關醫療費用、居家療養費用，以及喪葬費用。

3. 豁免保費附約

豁免保費為免除繳付保費義務之意。此種附約係規定被保險人於繳費期間，因意外傷害或疾病致失能，無須再繳保費但仍使保險契約繼續有效。例如，規定被保險人第二級或第三級殘廢或經診斷確定罹患重大疾病時，可不用再繳保費，但繼續享有保障。

4. 失能保險

被保險人於保險契約有效期間，因意外傷害事故或疾病致無法工作，由保險人按契約約定，就被保險人失能期間無法工作之收入損失予以補償之保險。

5. 長期照護保險

保障被保險人無法自我照料，於療養院或居家長期照護產生之費用。

五、住院醫療費用保險單示範條款（實支實付型）[註22] 概要

此部分僅就住院醫療費用保險單條款重要事項綜合分析。

㈠承保範圍

1. 承保之危險事故

⑴疾病

係指被保險人自保險契約生效日（或復效日）起所發生之疾病。

⑵傷害

係指被保險人於保險契約有效期間內，遭受意外傷害事故，因而蒙受

之傷害。「意外傷害事故」係指非由疾病引起之外來突發事故。

(3)住院醫療

由於本保險所承保者為「住院醫療所致之醫療費用」，因此，何謂「住院」，何謂「醫院」，為構成危險事故重要條件。「住院」，係指被保險人因疾病或傷害，經醫師診斷，必須入住醫院診療時，經正式辦理住院手續並確實在醫院接受診療者。「醫院」，係指依照醫療法規定領有開業執照，並設有病房收治病人之公、私立及財團法人醫院。

2.給付範圍

(1)本保險之給付範圍，包括每日病房費用保險金之給付、住院醫療費用保險金之給付、手術費用保險金之給付等三種，全採「實支實付」方式，即具有全民健康保險為「基層補償保險」，而本保險處於「超額補償保險」，蓋被保險人已獲得社會保險給付的部分，保險公司不予給付保險金。

(2)「實支實付」之規範。即被保險人因保險契約承保之危險事故，而以全民健康保險保險對象身分住院診療時，保險公司按被保險人住院期間內所發生，且依全民健康保險規定其保險對象應自行負擔及不屬於全民健康保險給付範圍之各項費用核付。

(3)所謂各項費用，詳如表 14-6。

(4)住院次數之解釋。被保險人於保險契約有效期間，因同一疾病或傷害，或因此引起的併發症，於出院後十四日內於同一醫院再次住院時，其各種保險金給付合計額，視為一次住院辦理。此規定類似產物保險中，某些險種「一次事件」之性質規範。

㈡除外責任

1.法定性質之除外

被保險人因下列原因所致之疾病或傷害而住院診療者，保險公司不負給付各項保險金的責任：

(1)被保險人之故意行為（包括自殺及自殺未遂）。

(2)被保險人之犯罪行為。

(3)被保險人因非法施用防制毒品相關法令所稱之毒品。

表 14-6　住院醫療費用保險承保之費用表

給付項目	內　容
每日病房費用	(1) 超等住院之病房費差額；(2) 管灌飲食以外之膳食費；(3) 特別護士以外之護理費。
住院醫療費用	(1) 醫師指示用藥；(2) 血液（非緊急傷病必要之輸血）；(3) 掛號費及證明文件；(4) 來往醫院之救護車費；(5) 超過全民健康保險給付之住院醫療費用。
手術費用	(1) 手術費，但以不超過保險契約所載「每次手術費用保險金限額」乘以「手術名稱及費用表」中所載各項百分率所得之數額為限；(2) 被保險人同一住院期間接受兩項以上手術時，其各項手術費用保險金應分別計算；(3) 同一次手術中於同一手術位置接受兩項器官以上手術時，按手術名稱及費用表中所載百分率最高一項計算；(4) 被保險人所接受的手術，若不在「手術名稱及費用表」所載項目內時，由保險公司與被保險人協議比照該表內程度相當的手術項目給付比率，核算給付金額。

2. 其他除外

被保險人因下列事故而住院診療者，除遭受意外傷害事故所致者外，保險公司不負給付各項保險金的責任：

1. 美容手術、外科整型。但為重建其基本功能所作之必要整型，不在此限。
2. 外觀可見之天生畸形。
3. 非因當次住院事故治療之目的所進行之牙科手術。
4. 裝設義齒、義肢、義眼、眼鏡、助聽器或其他附屬品。但因遭受意外傷害事故所致者，不在此限，且其裝設以一次為限。
5. 健康檢查、療養、靜養、戒毒、戒酒、護理或養老之非以直接診治病人為目的者。
6. 懷孕、流產或分娩及其併發症。惟某些情形不在此限，例如子宮外孕、因醫療行為所必要之流產、醫療行為必要之剖腹產，詳見住院醫療費用保險單示範條款（實支實付型）原條文第 7 條。

(三)契約有效期間及保證續保

住院醫療費用保險保險期間一般為一年，惟保證續保為其特色，即保險期間屆滿時，要保人得交付續保保險費，以逐年使本契約繼續有效，保險公司不得拒絕續保。續保時，依續保生效當時之適當費率及被保險人年齡重新計算保險費，惟不得針對個別被保險人身體狀況調整之。

㈣年齡的計算

醫療保險之保險費與人之年齡有重大關係，因此被保險人的投保年齡如何計算應有規範。一般係以足歲計算，但是未滿一歲的零數超過六個月者加算一歲，要保人在申請投保時，應將被保險人的出生年月日在要保書填明。

㈤受益人

1. 各項保險金之受益人為被保險人本人，保險公司不受理其指定及變更。
2. 被保險人身故時，如契約保險金尚未給付或未完全給付，則以被保險人之法定繼承人為該部分保險金之受益人。法定繼承人之順序及應得保險金之比例，適用民法繼承編相關規定。

六、長期照顧保單示範條款概要 [註23]

長期照顧保險為規劃老年生活重要之保險，以下依據長期照顧保單示範條款之重要條款概要分析如下。

㈠承保範圍（示範條款第 5 條）

被保險人於保險契約有效期間內因疾病、傷害、體質衰弱或認知障礙經醫院專科醫師診斷確定符合「長期照顧狀態」者，保險公司依契約約定給付保險金。

所謂「長期照顧狀態」係指：被保險人經專科醫師診斷判定，符合下列之生理功能障礙或認知功能障礙二項情形之一者。

1. 生理功能障礙：係指被保險人經專科醫師依巴氏量表（Barthel Index）或依其它臨床專業評量表診斷判定達○個月以上（不得高於六個月），其進食、移位、如廁、沐浴、平地行動及更衣等六項日常生活自理能力（Activities of Daily Living, ADLs）持續存有三項（含）以上之障礙。但經專科醫師診斷判定前述生理功能障礙為終身無法治癒者，不受○個月之限制。
   前述六項日常生活自理能力（ADLs）存有障礙之定義如下：⑴進食障礙：須別人協助才能取用食物或穿脫進食輔具。⑵移位障礙：

須別人協助才能由床移位至椅子或輪椅。⑶如廁障礙：如廁過程中須別人協助才能保持平衡、整理衣物或使用衛生紙。⑷沐浴障礙：須別人協助才能完成盆浴或淋浴。⑸平地行動障礙：雖經別人扶持或使用輔具亦無法行動，且須別人協助才能操作輪椅或電動輪椅。⑹更衣障礙：須別人完全協助才能完成穿衣褲鞋襪（含義肢、支架）。

2. 認知功能障礙：係指被保險人經專科醫師診斷判定達○個月以上（不得高於六個月），仍為持續失智狀態〔係指按「國際疾病傷害及死因分類標準」第九版（ICD-9-CM）編號第二百九十號、第二百九十四號及第三百三十一號點零所稱病症，如附表〕並有分辨上的障礙，且依臨床失智量表（Clinical Dementia Rating Scale, CDR）評估達中度（含）以上（即 2 分以上）或簡易智能測驗（Mini Mental State Examination, MMSE）達中度（含）以上（即總分低於 18 分）者。但經專科醫師診斷判定前述認知功能障礙為終身無法治癒者，不受○個月之限制。前述所稱「分辨上的障礙」係指專科醫師在被保險人意識清醒的情況下，判定有下列三項分辨障礙中之二項（含）以上者：

⑴時間的分辨障礙：經常無法分辨季節、月份、早晚時間等。

⑵場所的分辨障礙：經常無法分辨自己的住居所或現在所在之場所。

⑶人物的分辨障礙：經常無法分辨日常親近的家人或平常在一起的人。

㈡保險金給付項目

長期照顧保險之保險金給付項目如下。

1. 長期照顧一次保險金的給付（示範條款第十條）

被保險人於契約有效期間內，經醫院專科醫師診斷確定符合約定的「長期照顧狀態」者，保險公司按診斷確定日當時之保險金額的○○，給付「長期照顧一次保險金」，且契約有效期間內以給付一次為限。

2. 長期照顧分期保險金的給付（示範條款第十一條）

被保險人於契約有效期間內，經醫院專科醫師診斷確定符合約定之

「長期照顧狀態」者，保險公司按診斷確定日當時之保險金額的○○，給付第一期「長期照顧分期保險金」，並於診斷確定日後每屆滿○○（不得高於一年）之日，且被保險人仍生存並持續符合「長期照顧狀態」時，按當時之保險金額的○○，給付第二期（含）以後之「長期照顧分期保險金」。被保險人身故時，契約效力即行終止。

必須注意，「長期照顧分期保險金」遇有下列情形之一者，保險公司將暫停該期及嗣後「長期照顧分期保險金」之給付：

⑴被保險人「長期照顧狀態」已消滅。

⑵受益人未依約定檢齊相關申請文件。

在實務中，人身保險業者所販售之長期照顧保險內容或有相當差異，必須仔細觀察契約內容之約定。

本章關鍵詞

(1) 生存保險

(2) 死亡保險

(3) 生死合險

(4) 簡易人壽保險

(5) 團體人壽保險

(6) 萬能壽險（universal life insurance）

(7) 投資型保險

(8) 人類生命價值（human life value）

(9) 自然保險費

(10) 平準保險費

(11) 責任準備金

(12) 生命表

(13) 基礎生命表

(14) 年金生命表

(15) 繳費寬限期條款（grace period clause）

(16) 保費自動貸款條款（automatic premium loan clause）

(17) 復效條款（reinstatement clause）

(18) 傷害保險

(19) 普通傷害保險

(20) 旅行平安保險

(21) 傷害失能保險

(22) 團體傷害保險

(23) 職業傷害保險

(24) 健康保險（醫療保險）

(25) 實支實付型醫療保險

(26) 日額給付型醫療保險

註釋

註 1：繆國光醫師於《你不該老得那麼快》一書（民 87 年初版，方智出版社）中，對於老年問題有很透澈之描述（頁 12～13）。另該書引用《莊子‧天地篇》記載，堯帝視察地方，地方官以「多福、多壽、多男子」祝頌，堯的回答是「多男子則多懼，富則多事，壽則辱」，一語道出老年人年老多病，缺乏尊嚴之見。其實老年何止是健康之問題，經濟問題亦為其一。

註 2：即 Mortgage Protection Term Insurance。

註 3：廖述源、高棟樑、曹有諒、鄭鎮樑、黃裕哲、張耀武、周玉玫等譯述，《保險學原理》（下冊），保險事業發展中心出版，民 81 年 11 月，頁 527。

註 4：中華民國人壽保險商業同業公會編印，人身保險業務員資格測驗統一教材，民 89 年 11 月，頁 70。

註 5：李家泉，《壽險經營》，著者印行，民 76 年 8 月初版，頁 49。

註 6：讀者如欲更進一步了解年金，可參考方明川教授著《年金保險》或保險事業發展中心出版之《年金之經濟分析》（田近榮治、金子能宏、林文子原著，張秋明譯），民 88 年 10 月。

註 7：《年金保險保險單彙編》，財團法人保險事業發展中心出版，民 88 年 12 月，頁 15。

註 8：《年金保險保險單彙編》，財團法人保險事業發展中心出版，民 88 年 12 月，頁 54。

註 9：請亦參考本書第 9 章，保險費率與保險理賠。

註 10：金管會 108.06.13 金管保壽字第 10804933330 號函修正。

註 11：有關審閱期詳細內容，請參閱人身保險業辦理傳統型個人人壽保險契約審閱期間自律規範，行政院金融監督管理委員會 99 年 6 月 24 日金管保理字第 09902556330 號函准予備查。金管會 103.11.4 保局（壽）字第 10302115970 號函准備查修正。

註 12：失明的認定：

(1) 視力的測定，依據萬國式視力表，兩眼個別依矯正視力測定之。

　　⑵ 失明係指視力永久在萬國式視力表零點零二以下而言。

　　⑶ 以自傷害之日起經過六個月的治療為判定原則，但眼球摘出等明顯無法復原之情況，不在此限。

註 13：喪失咀嚼之機能係指因器質障害或機能障害，以致不能作咀嚼運動，除流質食物外，不能攝取者。

註 14：喪失言語之機能係指後列構成語言之口唇音、齒舌音、口蓋音、喉頭音等之四種語音機能中，有三種以上不能構音者。

註 15：所謂機能永久完全喪失，係指經六個月以後其機能仍完全喪失者。

註 16：因重度神經障害，為維持生命必要之日常生活活動，全須他人扶助者。

註 17：較完整之旅行平安保險通常有下列主險與附險之搭配。主險：意外身故及殘廢保險（含重大燒燙傷保險），附約：每次傷害醫療保險金、海外疾病住院費用給付、海外急難救助費用給付。此外，尚有所謂的「旅遊不便保險」，主要是承保保險消費者因班機延誤、行李延誤、行李遺失等所造成之不便，當然也有保險金額之限制。

註 18：團體傷害保險單示範條款第 2 條參照。

註 19：江傳賢、許沖河、夏銘賢、呂廣盛合著，《傷害及健康保險》，保險事業發展中心出版，民 87 年 10 月，頁 42～43。

註 20：金管會 108.04.09 金管保壽字第 10804904941 號函修正，金管會 108 年 6 月 21 日金管保壽字第 10804920500 號函同意備查。

註 21：金管會 108.04.09 金管保壽字第 10804904941 號函修正，中華民國 108.08.23 金融監督管理委員會金管保壽字第 1080132769 號函釋適用 108.6.21 金融監督管理委員會金管保壽字第 10804920500 號函同意備查之「傷害保險單示範條款」附表。

註 22：金管會 108.04.09 金管保壽字第 10804904941 號函修正。

註 23：1. 中華民國 104.3.26 金融監督管理委員會金管保壽字第 10402021660 號函核定全文 23 條；並自 104.7.1 起實施。

2. 中華民國 108.4.9 金融監督管理委員會金管保壽字第 10804904941 號函修正發布第 14 條條文，並自 109.1.1 起實施。

考題集錦

1. 人壽保險常有「定期壽險」（term life）與「終身壽險」（whole life）之區分，請說明此兩種壽險之意義，並從消費者（投保人）之觀點，比較此兩種壽險之優缺點。　【89 年普考】

2. 人壽保險的基本型態為何？試依保險事故為基準分別說明之。　【83 年高考】

3. 試述人壽保險契約之停止、終止與無效之事由。　【85 年普考】

4. 何謂保險契約之效力停止？人壽保險契約遇有何種情形時，其效力停止？再者，停止效力之人壽保險契約如何復效？　【84 年普考】

5. 在高齡化社會中，「年金保險」常被用為安養晚年生活之財務工具。請說明年金保險之意義及其與「儲蓄」之差異性，並說明一般民營年金保險產品之主要類型。　【89 年高考】

6. 請說明人壽保險之「自然保費」、「平準保費」與「薑繳保費」之意義，並請就被保險人之特質（例如年齡與經濟狀況），說明此三種保費付款方式在實務應用上之優點與限制。　【88 年高考】

7. 試述我國現行人壽保險單示範條款有關「催告」、「繳費寬限期條款」（grace period clause）、「保險費自動墊款條款」（automatic premium loan clause）以及「復效條款」（reinstatement clause）之內容及其間之關聯性。　【90 年保險專技】

8. 連生及生存者年金（joint and survivor annuity）。　【93 年交通事業郵政人員升資考試（員級）】

9. 不喪失價值（non forfeiture value）。　【93 年交通事業郵政人員升資考試（員級）】

10. 不可抗辯條款（incontestable clause）。　【93 年交通事業郵政人員升資考試（員級）】

11. 簡易人壽保險的意義、特質為何？又，簡易人壽保險承保成本偏高之理由為何？試分述之。　【93 年交通事業郵政人員升資考試（員級）】

12. 受益權利確保條款（spend thrift trust clause）。　【93 年普考】

13. 現金價值（cash value）。　【93 年普考】

14. 變額年金的意義及基本特質為何？試詳述之。　【93 年交通事業郵政人員升資考試（高員）】

15. 年金保險與壽險皆屬人身保險的一種，但年金保險與壽險在本質上仍有許多差異，試詳述之。　【93 年普考】

16. 何謂保單價值準備金？再者，請比較「保單價值準備金」與「責任準備金」兩者之差異。　　　　　　　　【96年交通事業郵政人員升資考試】

17. 何謂投資型保險？試問此種商品設計之基本架構如何？　　【96年高考】

18. 請說明人壽保險單不喪失價值（nonforfeiture value）之意義，並請說明該種不喪失價值改為減額繳清保險之處理方法。　　　　【95年高考】

19. 近年來投資型保險（investment-oriented insurance）逐漸盛行，請說明投資型保險之壽險商品的意義，並請說明該項保險商品之特色以及主要之型態。　　　　　　　　　　　　　　　　　【95年普考】

20. 變額人壽保險（variable life insurance）。

　　　　　　　　　　【94年公務人員升官等考試（薦任升官等）】

21. 何謂傷害保險？傷害保險中的「傷害」應作何解釋？依現行保險法規定有何除外事項？

22. 何謂健康保險？健康保險承保的危險應符合哪些要件？又，依現行保險法規定有何除外事項？

23. 實支實付型醫療保險。

24. 日額型醫療保險。

第15章

政策性保險

學習目標

讀完本章，讀者應該可以：
1. 了解政策性保險之意義。
2. 了解社會保險之內容。
3. 了解全民健康保險之意義。
4. 了解公務人員保險之意義。
5. 了解農民保險之意義。
6. 了解勞工保險之意義。
7. 了解軍人保險之意義。
8. 了解輸出保險之意義。
9. 了解存款保險之意義。

第一節　政策性保險之意義

政策性保險係指非以營利爲目的，而以實施特定之國家政策爲目的之保險。比較常見之政策性保險爲各種社會保險、輸出保險、住宅地震基本保險等，另尚有最近幾年推出的一系列農作物保險。政策性保險之種類甚多，惟可以性質歸納如下。

1. 強制性質之政策性保險

此種政策性保險，是政府爲達成社會政策爲目的而舉辦之保險，通常由政府自行辦理，其特性爲具有獨占性與強制性。社會保險即屬於此種保險。但是，強制性政策保險又按其適用之對象，又分普遍性與特定性之別。前者如全民健康保險；後者如公務人員保險、私立學校教職員保險、勞工保險、農民保險、軍人保險、存款保險等等。

2. 一般性質之政策性保險

此種性質之保險對象爲某些特定人，但是並不具強制性，即是否購買該種保險，準被保險人可選擇投保。例如，農作物保險、輸出保險、牲畜保險等等。一般性質之政策性保險可能是委由營利性機構經營，例如，現行各種農作物保險，委由各產物保險公司開發，並由開發保單者一定專利時間經營。

有時政府爲解決保險消費者無法獲得保險之窘境，而出面主導政策性保險。所謂窘境，即營利性保險公司對於某些保險，縱可設定適當費率仍不願提供保險消費者必要之保險，例如，低窪地區之洪水保險。最著名的爲美國的 FAIR 計畫，FAIR 爲公平性保險需求計畫（Fair Access to Insurance Requirements Plan）之簡稱，通常由國會立法，聯邦政府要求州政府與州內之保險人配合，提供危險性較高地區之財產保險，保險人一般是組織共保團體（pool）因應，保險人願意配合主要之原因，爲政府提供再保險消化危險。例如，聯邦暴動再保險計畫（Federal Riot Reinsurance Program），保險人承保都會區之暴動保險，即可向該再保計畫再保，惟僅以實行共保計畫者爲限 註1。美國其他政策性保險尚有聯邦犯罪保險計畫（Federal Crime insurance Program），聯邦農作物保險公司（Federal Corp Insurance Corporation）承作之農作物保險，聯邦存

款保險公司（Federal Deposit Insurance Corporation）承作之存款保險，聯邦洪水保險公司（Federal Flood Insurance Corporation）承作之存款保險註2。

　　本章後述各節均為我國現有之政策性保險。

第二節　社會保險概論

一、社會保險之意義

1.美國危險及保險學會保險術與委員會之定義註3

「經濟單位將本身之危險轉嫁給一個組織（通常是政府機構）的一種危險分散方法。根據法律規定，當損失發生時，給予被保險人及其利益關係人現金或勞務給付，惟應合乎下列規範：

(1)依法律強制規定保險範圍及對象。

(2)給付資格來自過去已繳之保險費，申請給付者無須證明經濟困難，但受其扶養者之關係必先確定。

(3)由法律規定給付之方法。

(4)給付水準與繳納之保費無直接關係，對低所得者與扶養眷屬較多之被保險人有利，形成所得重分配機制。

(5)對於保險給付之財務來源，應有長期而明確之計畫。

(6)保險費主要由被保險人、雇主或兩者共同負擔。

(7)保險計畫由政府管理，或至少應受政府監督。

(8)保險計畫同時為政府現在或以前的員工而設立。」

2.一般的定義

　　社會保險乃政府基於社會政策，應用保險原理與技術，以強制方式，對全體國民或特定範圍內之國民，於遭遇生、老、病、死、傷殘或失業等危險事故時，提供現金給付或醫療服務，以保障其經濟生活與身心健康之一種社會安全制度。

二、社會保險的特性

　　社會保險之特性甚多，惟由其為一個國家社會安全制度之一環，可知政策性、強制性、基本保障性、世代交替性為其基本特性。茲分析如下：

1. 政策性

政策性特性又可衍生出下列特性：

(1)就保險對價言之，被保險人負擔部分保費，具補助性

社會保險為政府推行國家社會安全制度之一環，因此，被保險人之保費負擔通常較低，主要是保費負擔者非以被保險人為限，通常雇主、政府亦均負擔一部分，故保費負擔亦具有補助性。例如，公教人員保險法第 9 條規定保險費，由被保險人自付百分之三十五，政府補助百分之六十五。但私立學校教職員由政府及學校各補助百分之三十二點五，其他社會保險亦有類似之規定。

(2)保險要保單位團體化，被保險人人數大量化

社會保險承保之對象可能為全民（如全民健康保險）或特定範圍內之國民（如公教保險、勞工保險、農民保險），但是要保單位（或投保單位）均為被保險人所任職或管轄下之機關或是團體。例如，勞工保險係以勞工之雇主或所屬團體或所屬機構為投保單位，又由於各團體所累積成員甚多，該等成員人數眾多，因此被保險人之人數呈大量化之情況。

(3)公營經營原則

社會保險為社會安全制度之一種，故就其經營目的言之，屬於非營利保險，一般商業保險人不可能經營，故就經營主體言之，又以公營為原則。

(4)單一費率性為原則

社會保險之保險費率雖亦經過精算，但大部分的社會保險並不考慮同質性及危險分類問題，比較不考慮個別公平性，因此，個別被保險人之保險給付標準與保費之關係比較沒有對等原則。

2. 強制性

(1)施行方式強制性

為達成政策性目標，社會保險一律採強制性團體保險施行方式，被保險人係由國家立法指定，被保險人無選擇投保與否之自由，故具強制性。

⑵契約關係制式化，被保險人平等化

保險人與被保險人之保險契約關係、契約內容、保險經營全由法律或條例規範，故為契約法定主義。再者，所有參加保險之被保險人，權利義務完全相同，亦不考慮被保險人之危險程度，諸如性別之分、年齡大小、健康等等，故為平等式主義。

3.基本保障性

任何一種社會保險所提供之給付，以基本保障為重點，即所謂防貧作用。即以全民健康保險之住院醫療給付言之，被保險人之病房費設有等級限制，如住較高等級應自行補差額，為明顯之例子。

4.世代交替性

如前所述，社會保險之被保險人，在投保時原則上採單一費率，並無個人公平性之考慮，即以醫療言之，年輕人染病之機率一般較低，老年人之機率較高，惟年輕人亦有老年之時，看似不公平，其實為一種世代交替性之互助式保險方式。

三、社會保險與商業人身保險的比較

社會保險與商業人身保險所承保之標的均為「人」，危險事故差異亦不大，但是兩者相異之處較多，相似之處較少，茲列表比較如下：

1.社會保險與商業保險相似點

表 15-1　社會保險與商業保險相似點

比較項目	內　容
保險技術之運用	大數法則、損失分擔原理、危險移轉
對價	須有對價關係且具數理基礎
功用	提供經濟安全
保費釐訂	講究保險團體之適當性
保險內容、給付內容、財務條件	均有完整之設計

2.社會保險與商業保險相異點

表 15-2　社會保險與商業保險相異點

比較項目	社會保險		商業人身保險	
	特性	說明	特性	說明
保險關係依據	法律	保險內容無差別，契約法定、平等主義	契約	自由主義，保險內容差異甚大
經營目的	非營利	實施社會政策	營利性	一種經濟制度
經營主體	國營（政府獨占）	實施社會政策	民營為主	競爭性
經營方式	強制性	以社會大多數人為對象，依特定法律、命令指定之被保險人均須投保，為一種強制保險	任意性	經當事人同意始成立保險契約關係為任意保險
核保考慮	無	無逆選擇	非常需要	有逆選擇
投保方式	團體投保	由被保險人所屬之團體投保	個人	自由投保主義
成本預測	較困難	不考慮同質性	較易	考慮同質性
保費負擔	補助性	無營利主義，管理費用由國家負擔，保費低廉，保費負擔者非以被保險人為限	危險對等原理	保費依危險測定釐訂，保險費由要保人繳納
保費與保險給付關係	不強調個別公平性，但強調社會適當性	以提供被保險人最低經濟生活保障為目的	強調個別公平性	具密切數理關係

四、社會保險之保險費

1.釐訂原則

　　基於社會政策理由，社會保險之保險費在釐訂時雖亦採精算技術，惟特別考慮社會適當性，因此須基於被保險人之最低收入保障原則與社會整體之負擔能力為原則，前者即前述之防貧作用，後者即考慮政府之財力、企業主與受僱人之負擔能力。依上述之考慮，其釐訂原則不同於商業保險，所需考慮之原則如表 15-3 所列。

表 15-3　社會保險之保險費釐訂原則

基本原則		釐訂原則	說　　明
社會適當性	最低收入保障原則	穩定性	保險費率在一定期間內不應調整。
		彈性	保費收入與給付支出相差過大時應調整保費。
	社會整體之負擔能力原則	充分性	保費收入等於給付加上承保費用。
		可行性	兼顧政府之財力、雇主、受僱人之負擔問題。
		損失預防誘導性	避免保險資源浪費。

2. 保險費特性

社會保險之保險費特性來自於前述社會保險之特性，茲說明如下：

⑴保險費與保險給付缺少對等性

許多給付決定於保險事故發生時投保薪資之高低或是一定期間之平均月薪資，被保險人繳納保險費大小與保險給付大小之關係不具對等性。

⑵保險成本不確定性高

社會保險承保之危險事故甚雜，舉凡生、老、病、死、傷殘、失業等等各種危險事故，受到社會因素之影響甚大，因此，具較大之動態性。即以退休給付而言，受到利率、最後薪資等之影響，更難確定。因此，保險成本不確定性高。

⑶保險費原則上無危險分類

基於社會政策之考量，雖合乎大量原則，但原則上不考慮同質性原則。亦即，同一保險集團內之危險暴露單位，並未考慮其危險程度，亦無危險分類之需要，故原則上採用單一費率法。

⑷保費結構中著重純保費

社會保險不以營利為目的，因此並無預期利潤項目，即使是經營費用通常由政府負擔或補助，故被保險人負擔較輕之保險費。

⑸保險費之所得重分配效果大

由於保險費是由被保險人、雇主或另由政府共同負擔，僅有被保險人

始有受給付之可能，故保險費之所得重分配效果大。

3. 社會保險保險費之保費負擔方式註 4

雖然我國社會保險之保險費率類多採單一費率制，但就全世界實施之社會保險而言，亦有採累進費率制（即隨被保險人所得等級遞增之制度）或等級比例費率制（按所得等級區分，相同等級者按規定之同一百分率計收保費）者。以上均屬於所得比例制。另有採均等費率制者，即被保險人繳納之保費完全相等的保險費。

4. 社會保險保險費的財務處理方式

社會保險之財務為該種制度是否可長存之重要關鍵，一般有下列幾種處理方式，茲列表 15-4 註 5 。

表 15-4　社會保險保險費的財務處理方式

處理方式	概　要
隨收隨付制（pay as you go）或完全賦課式	即保險團體當年度之保險費收入，完全用於當年度之保險給付。
完全準備提存方式	1. 專用於未來之老年給付。 2. 事先預估完全以準備金方式提存。
修正準備提存方式	1. 為完全準備提存方式之修正。 2. 責任準備金不足支應保險給付時，採調整方式補足，即部分費用採世代交替之原理補足。

五、社會保險承保內容概要

社會保險承保之對象自以依政府法律規定者為原則，例如，公教保險以公務員與教師為被保險人，惟受被保險人扶養之家屬亦在承保之列，而以發生疾病、傷害、生育及死亡保險事故時為限。至其保險給付項目與保險事故相同，如表 15-5 註 6 。惟須注意，不同之社會保險給付之項目可能有所不同。

表 15-5　社會保險承保內容

危險事故	給付項目	說　明
生育	生育給付	被保險人本人或其配偶因生育關係無法從事工作，而致工資喪失時所給之保險給付。含現金給付及醫療給付。
老年	老年給付	被保險人加入保險滿一定期間達到一定年齡，或依法退休導致所得喪失時發給之保險給付。
疾病	疾病給付	被保險人因罹病事故所發給之保險給付，通常為醫療給付。
死亡	死亡給付	被保險人本人或其家屬死亡時所發給之保險給付。
傷害	傷害給付	被保險人因傷害而接受醫療致無法繼續從事工作所發給之保險給付，可能為普通災害，亦可能為職業災害兩種。
殘廢	殘廢給付	被保險人遭遇殘障事故時為之保險給付。
失業	失業給付	被保險人本人失業時發給之保險給付。

第三節　我國社會保險之種類概述

一、全民健康保險[註7]

1.意義與承保範圍

全民健康保險是為增進一個國家全體國民健康，所開辦之一種健康保險[註8]。由於此種保險之保險對象普及全國國民[註9]，因此必為一國基於社會政策所舉辦之一種保險。由於參加保險之危險單位眾多，所以基本上亦應用基本保險原理及保險技術，由每一位參加保險者按月繳納保險費共同分擔危險，全民健康保險所承保之危險事故為生育、疾病、傷害[註10]，而提供醫療保健服務者為特約之保險醫事服務機構。全民健康保險由主管機關設中央健康保險局為保險人，辦理保險業務。

按全民健康保險的對象擴及全民，除原已參加公、勞、農保的被保險人以外，未參加任何社會保險者亦納入保險，主要目的在使全體國民可免除就醫的基本財務障礙，獲得基本的醫療照顧。

全民健康保險在給付上之最大特色為「自負額」之規定，例如，在門診與急診項目中，基層醫療，按保險對象每次應自行負擔門診或急診費用百分之二十。但逕赴地區醫院、區與醫院、醫學中心門診者，應負擔較重自負額，例如醫學中心為百分之五十[註11]。由上可知係針對不同情況採定率自負額方式。又如，住院，保險對象應自行負擔之住院費用[註12]：

急性病房：三十日以內，百分之十，為最低者；而第六十一日以後，百分之三十，為最高者。至於慢性病房：三十日以內，百分之五，為最低者；第一百八十一日以後，百分之三十，為最高者。由上規定知係採遞增式定率自負額。

某些情況下無須自負額[註13]：保險對象有下列情形之一者，免依第43 條及第 47 條規定自行負擔費用：

⑴重大傷病。

⑵分娩。

⑶山地離島地區之就醫。

又免自行負擔費用之辦法及第 1 款重大傷病之範圍，由主管機關定之。

2. 保險對象分類

我國全民健康保險的保險對象區分為被保險人和眷屬，被保險人分為下列六大類[註14]。詳如表 15-6。

表 15-6　全民健康保險被保險人分類表

類　別	詳細內容
第一類	⑴政府機關、公私立學校之專任有給人員或公職人員。 ⑵公、民營事業、機構之受僱者。 ⑶前二項被保險人以外有一定雇主之受僱者。 ⑷雇主或自營業主。 ⑸專門職業及技術人員自行執業者。
第二類	⑴無一定雇主或自營作業而參加職業工會者。 ⑵參加海員總工會或船長公會為會員之外僱船員。
第三類	⑴農會及水利會會員，或年滿十五歲以上實際從事農業工作者。 ⑵無一定雇主或自營作業而參加漁會為甲類會員，或年滿十五歲以上實際從事漁業工作者。
第四類	⑴應服役期及應召在營期間逾二個月之受徵集及召集在營服兵役義務者、國軍軍事學校軍費學生、經國防部認定之無依軍眷及在領卹期間之軍人遺族。 ⑵服替代役期間之役齡男子。 ⑶矯正機關之收容人。
第五類	合於社會救助法規定之低收入戶成員。
第六類	⑴榮民、榮民遺眷之家戶代表。 ⑵第 1 款至第 5 款及本款前目被保險人及其眷屬以外之家戶戶長或代表。前項第 3 款第 1 目實際從事農業工作者及第 2 目實際從事漁業工作者，其認定標準及資格審查辦法，由中央農業主管機關會同主管機關定之。

二、公教人員保險[註15]

・意義與承保範圍

公教人員保險係為安定公教人員生活所舉辦之保險。本保險之承保對象為「公教人員」。公者，公務員也；教者，教師也。詳言之，包括：(1)法定機關編制內之有給專任人員；(2)公立學校編制內之有給專任教職員；(3)依私立學校法規定，辦妥財團法人登記，並經主管教育行政機關核准立案之私立學校編制內之有給專任教職員；(4)其他經主管機關銓敘部認定人員[註16]。

本保險承保之危險事故包括失能、養老、死亡及眷屬喪葬、生育及育嬰留職停薪等六項，其給付項目亦同。公教保險之主管機關為銓敘部，但業務係由台灣銀行公教保險部承辦。由於給付項目中有死亡給付一項，因此設有受益人。按公教保險法之規定[註17]為：「被保險人之受益人，除死亡給付或遺屬年金給付外，均為其本人。」又，被保險人或其受益人領取各項保險給付之權利，不得讓與、抵銷、扣押或供擔保。但被保險人欠繳之保險費，承保機關得自其現金給付中扣抵[註18]。

又如被保險人因犯罪被執行死刑者、因戰爭致成死亡或殘廢者，不予給付[註19]。

三、農民健康保險[註20]

1.意義[註21]

農民健康保險，係為維護農民健康，增進農民福利，促進農村安定所開辦之保險。其主管機關，在中央為行政院農委會；在直轄市為直轄市政府；在縣（市）為縣（市）政府。至於保險人方面，應由中央主管機關設立之中央社會保險局為保險人，惟在中央社會保險局未設立前，業務暫委託勞工保險局辦理，並為保險人。

2.被保險人

依農民健康保險法第 15 條規定：農會法第 12 條所定之農會會員從事農業工作，未領取相關社會保險老年給付者，得參加本保險為被保險人，並以其所屬基層農會為投保單位。而非前項農會會員，年滿 15 歲以上從事農業工作之農民，未領取相關社會保險老年給付者，得參加本保險為被

保險人，並以其戶籍所在地之基層農會為投保單位。註 22

按農會法第 12 條之規定為：「凡中華民國國民，年滿二十歲，設籍農會組織區域內，實際從事農業，並合於前述各款之一者，經審查合格後，得加入該組織區域之基層農會為會員：一、自耕農；二、佃農；三、農業學校畢業或有農業專著或發明，現在從事農業推廣工作；四、服務於依法令登記之農、林、牧場員工，實際從事農業工作。前項各款人員申請加入農會會員資格之認定、應備書件、審查程序及其他應遵行事項之辦法，由中央主管機關定之。本法修正施行前以雇農身分加入農會之現有會員，繼續從事農業工作者，得繼續為會員。」

3. 承保之危險事故與給付項目 註 23

農民健康保險承保之危險事故，分為生育、傷害、疾病、身心障礙及死亡五種；其給付項目為生育給付、醫療給付、殘廢給付及喪葬津貼 註 24 。

四、勞工保險 註 25

1. 意義

勞工保險係為保障勞工生活，促進社會安全，所開辦之保險。勞工保險之主管機關，在中央為勞動部；在直轄市為直轄市政府。勞工保險業務由勞工保險局為保險人，至於被保險人，依勞工保險條例規定為年滿十五歲以上，六十五歲以下之勞工。「勞工」一詞，定義甚廣，詳如下述。

2.「勞工」之定義 註 26

(1) 受僱於僱用勞工五人以上之公、民營工廠、礦場、鹽場、農場、牧場、林場、茶場之產業勞工及交通、公用事業之員工。
(2) 受僱於僱用五人以上公司、行號之員工。
(3) 受僱於僱用五人以上之新聞、文化、公益及合作事業之員工。
(4) 依法不得參加公務人員保險或私立學校教職員保險之政府機關及公、私立學校之員工。
(5) 受僱從事漁業生產之勞動者。
(6) 在政府登記有案之職業訓練機構接受訓練者。
(7) 無一定雇主或自營作業而參加職業工會者。
(8) 無一定雇主或自營作業而參加漁會之甲類會員。
(9) 前述 (1)～(8) 規定，於經主管機關認定其工作性質及環境無礙身心

　　健康之未滿十五歲勞工亦適用之。

⑽勞工，包括在職外國籍員工。

3. 承保之危險事故與給付項目

　　勞工保險承保之危險事故甚為廣泛，可分為普通危險事故與職業災害危險事故兩種，其給付項目與危險事故同。因此，勞工保險實際上可分為普通事故保險與職業災害保險兩大類註27。

五、軍人保險

　　軍人保險係依軍人保險條例註28 而開辦，被保險人為現役軍官、士官、士兵，軍人保險之給付項目，分為死亡、身心障礙、退伍、育嬰留職停薪及眷屬喪葬五項。至於受益人方面，如為退伍及身心障礙給付、育嬰留職停薪津貼及眷屬喪葬津貼，以被保險人本人為受益人；如為死亡給付，由被保險人就親屬中指定受益人，惟其受領順序為(1)配偶；(2)子女；(3) 孫子女；(4) 父母；(5) 祖父母；(6) 兄弟姊妹。

　　至於其危險事故，主要有作戰死亡、因公死亡、因病或意外死亡，作戰、因公或意外失蹤、退伍等等。

第四節　其他政策性保險

■第一項　輸出保險

一、輸出保險的意義

　　輸出保險為承保輸出廠商、融通資金之銀行等，因輸出遭遇信用、經濟、政治、匯兌、企業等危險所致之各種損失之保險，主要在承保海上保險中所不保的危險。一般言之，保險人所承保之危險主要為政治危險、信用危險。

二、輸出保險特性

　　輸出保險特性可與商業保險比較得知，茲列表分析如表 15-7。

表 15-7 輸出保險與商業保險比較

比較項目	輸出保險	商業保險（尤其是海上保險）
性質與目的	配合國際貿易政策之一種政策性保險。非營利性，故以維持收支為原則	營利性質之保險
經營主體	承保機構為政府或其指定之公營事業單位	大部分為民營，少數為公營
承保之危險事故	信用、經濟、政治、匯兌、企業動態性危險，通常為商業保險所不保之危險	純危險或靜態危險
保險標的	無形標的（主要是輸出貨款）	有形標的與無形標的
承保對象	輸出廠商或融資銀行	所有之企業或個人
核保重點	1. 以進口商或地區之徵信資料作為決定保險金額及釐訂保險費率之根據 2. 為使被保險人對應收之貨款保持應有之注意、防止不當之信用擴張、加強損失預防、選擇進口商等理由採部分保險。例如規定保險金額以不超過保險價額之百分之九十為限	1. 實質危險因素與無形危險因素 2. 鼓勵被保險人採足額保險

三、輸出保險的種類

我國輸出保險目前由中國輸出入銀行承作[註29]，目前承作之險種有：(1)託收方式（D/P、D/A）輸出綜合保險；(2)中長期延付輸出保險；(3)海外投資保險；(4)海外工程保險；(5)記帳方式（O/A）輸出綜合保險；(6)中小企業安心出口保險；(7)信用狀出口保險；(8)全球通帳款保險。由於險種複雜，僅擇要就幾個險種之承保對象與承保範圍說明[註30]。

1.託收方式（D/P、D/A）輸出綜合保險

⑴承保對象

以在我國合法設立登記廠商為要保人，要保人基本上即為被保險人。所謂廠商，係指從事輸出貿易者，因其採用付款交單（D/P）或承兌交單（D/A）方式，進行國際貿易，其因而產生之應收帳款，該等出口商可能因進口地發生政治危險或進口商（買主）之信用危險，而造成損失。

(2)承保範圍

以承保信用危險或政治危險所致損失爲限，茲列表如下。

信用危險	政治危險
1. 進口商宣告破產者。 2. 進口商行蹤不明。國外受託銀行憑輸出匯票向進口商為付款之通知（付款交單）或為承兌之提示或承兌後之付款通知（承兌交單）時，進口商行蹤不明，經當地政府機關證明屬實者。 3. 進口商不付款或不承兌。(1)以付款交單方式（D/P）輸出，進口商不付款；(2)以承兌交單方式（D/A）輸出，進口商不承兌輸出匯票或承兌輸出匯票後，到期不付款。	1. 輸出目的地政府實施禁止或限制進口或外匯交易。 2. 輸出目的地國家或地區發生戰爭、革命、內亂或天災等，以致中止貨物進口或外匯交易。但貨物由第三國裝運出口者，因輸入目的地或轉口地政府禁止或限制進口所致損失，保險人不負賠償責任。

2. 記帳方式（O/A，即 open account）輸出綜合保險

(1)承保對象

此種保險承保之要保人及被保險人爲本國出口廠商，以記帳方式與國外進口廠商簽定買賣契約，由本國或第三地輸出貨物者。至於保險標的，則爲輸出貨款。

(2)承保範圍

信用危險與政治危險。前者包括：①進口商宣告破產者；②貨物輸出後，進口商不提貨者；③進口商到期不付款者。後者包括：①輸出目的地政府實施禁止或限制進口或外匯交易；②輸出目的地國家或地區發生戰爭、革命、內亂或天災，以致中止貨物進口或外匯交易者。

3. 海外投資保險

(1)承保對象

以本國公司經經濟部投資審議委員會核准或核備，並取得被投資國許可者之海外投資案件爲承保對象。至其保險標的，則爲海外投資之股份或持分或其股息或紅利爲保險標的。

⑵承保範圍

本保險承保之危險甚為特別，包括沒收危險、戰爭危險、匯款危險。

①沒收危險：被保險人作為投資之股份或持分或其股息或紅利之請求權，被外國政府或其相當者以沒收、徵用、國有化等行為所奪取。

②戰爭危險：被保險人之投資企業，因戰爭、革命、內亂、暴動或民眾騷擾而遭受損害；或不動產、設備、原材料等物之權利、礦業權、商標專用權、專利權、漁業權等權利或利益，為其事業經營上特別重要者，被外國政府侵害遭受損害，而發生 (a) 企業不能繼續經營；(b) 破產或其類似情事；(c) 銀行停止往來或類似情事；(d) 停業六個月以上。

③匯款危險：由於前述沒收危險與戰爭危險以外之事由，喪失股份或持分，而取得之金額或其股息或紅利，且因後列 (a) 至 (e) 任一事由發生，致逾兩個月以上不能匯回本國者。(a) 外國政府實施限制或禁止外匯交易；(b) 外國發生戰爭、革命或內亂致外匯交易中止；(c) 外國政府控管該項取得金；(d) 該項取得金之匯款許可被取消，或外國政府經事先約定應准予匯款，卻不予許可；(e) 於上述 (a) 至 (d) 任一事由發生後，被外國政府沒收。

4.信用狀貿易保險

出口貿易上如係以不可撤銷即期或遠期信用狀款項（特別是 1 年期以上的）進行出口交易，可能因為開狀銀行所在地之政治危險或開狀銀行之信用危險，而造成收不到貨款之損失。本保險之要保人或被保險人與前述託收方式（D/P、D/A）輸出綜合保險相同，均是國內合法設立登記廠商。至於其承保範圍亦為信用風險與政治風險，信用風險大致上是針對存在於開狀銀行之風險，例如開狀銀行無力清償、無正當理由不付款或不承兌匯票。政治風險則與前述託收方式（D/P、D/A）輸出綜合保險相同。

■第二項　存款保險^{註 31}

一、概要

我國存款保險制度成立之宗旨主要為：

1. 保障金融機構存款人利益。

2. 維護信用秩序。

3. 促進金融業務健全發展。

而其特點為：

1. 存款人為存款保險之受益人。

2. 保費由要保機構負擔。

本保險主管機關為行政院金融監督管理委員會，承保機關為中央存款保險公司。要保機構，依存款保險條例第 10 條規定：「凡經依法核准收受存款、郵政儲金或受託經理具保本保息之代為確定用途信託資金之金融機構，應向存保公司申請參加存款保險，經存保公司審核許可後為要保機構。」包括：一、銀行（含本國一般銀行、中小企業銀行、信託投資公司、外國銀行在台分行）。二、中華郵政公司。三、信用合作社。四、農業金融機構（含全國農業金庫、設置信用部之農會與漁會）。

依據上述，存款保險為一強制性與政策性保險。

二、承保範圍

目前中央存款保險公司對於要保機構每一存款人在國內同一家要保機構之存款本金及利息，合計受到最高保額新台幣 300 萬元之保障。至於承保標的為：

1. 支票存款。

2. 活期存款。

3. 定期存款。

4. 其他經主管機關核准承保之存款。

但不包括下列存款項目：

1. 外國貨幣存款。

2. 可轉讓定期存單。

3. 各級政府機關之存款。

4. 中央銀行之存款。

5. 銀行、辦理郵政儲金匯兌業務之郵政機構、信用合作社、設置信用部之農會、漁會及全國農業金庫之存款。

6. 其他經主管機關核准不予承保之存款。

■第三項　農業保險與漁業養殖水產保險

　　目前農業保險雖爲政策性保險性質，但爲自由投保方式。產物保險公司目前開發之農業保險商品爲數漸漸增多，其保單型態頗爲複雜，詳如下列註 32：

1. 農糧產業部分之保單：實損實賠型保險，承保梨、香蕉植株及農業設施。
2. 政府災助連結型保單：承保梨、芒果。
3. 收入保障型保單：承保釋迦及香蕉。
4. 區域收穫型保單：承保水稻、芒果及鳳梨。
5. 氣象指數型保單：承保梨、蓮霧、木瓜、文旦柚、甜柿、番石榴、荔枝及棗等。

　　農業保險之承保對象，其風險具有巨災特性，承保技術複雜，基本上應有再保險之強力支撐。另外，農業保險之保險條款內容不易了解，需詳細查看承作之保險公司的網站。

　　廣義而言，漁業養殖水產保險爲產物保險業者響應政府政策而設計之保險，亦屬於任意投保性質，商品有溫度參數養殖水產保險，目前承保之標的爲：石斑魚、虱目魚、鱸魚、吳郭魚，主要在提供養殖漁業漁民低溫寒害保障，其風險亦具有巨災特性，承保技術複雜，基本上亦須再保險支撐。

本章關鍵詞

(1) 政策性保險

(2) 社會保險

(3) 全民健康保險

(4) 託收方式（D/P、D/A）輸出綜合保險

(5) 存款保險

註釋

註 1：(1)參考廖述源、高棟樑、曹有諒、鄭鎮樑、黃裕哲、張耀武、周玉玟等譯述，《保險學原理》（上冊），保險事業發展中心出版，民 81 年 11 月，頁 351。

　　　(2)S. Travis Pritchett etc., *Risk Management & Insurance*, 7th edition , West Publishing Company, 1996, p. 597.

註 2：尚有 The Social Security Administration 承辦之 Social Security Program, The Veterans Administration 提供數過退伍軍人保險計畫，The Pension Benefit Guaranty Corporation、The Overseas Private Investment Corporation 等分別提供不同之保障計畫。請詳 S. Travis Pritchett etc., *Risk Management & Insurance*, 7th edition, West Publishing Company, 1996, p. 597。

註 3：參酌廖述源、高棟樑、曹有諒、鄭鎮樑、黃裕哲、張耀武、周玉玟等譯述，《保險學原理》（下冊），保險事業發展中心出版，民 81 年 11 月，頁 679～680。

註 4：請詳陳雲中，《人壽保險的理論與實務》，修訂初版，民 83 年 8 月，頁 489。

註 5：*ibid*, p. 490.

註 6：*ibid*, pp. 492～500.

註 7：全民健康保險法，中華民國 83 年 8 月 9 日總統令公布，民國 109 年 01 月 15 日最新修訂。

註 8：我國全民健康保險法第 1 條規定：「為增進全體國民健康，辦理全民健康保險（以下簡稱本保險），以提供醫療保健服務，特制定本法；本法未規定者，適用其他有關法律。」

註 9：我國全民健康保險法第 10 條規定：「具有中華民國國籍，符合下列各款規定資格之一者，得參加本保險為保險對象：(1)曾有參加本保險紀錄或參加本保險前四個月繼續在台灣地區設有戶籍者；(2)參加本保險時已在台灣地區設有戶籍，並符合第 8 條第 1 項第 1 款第 1 目至第 3 目所定被保險人；(3)參加本保險時已在台灣地區辦理戶籍出生登記，並符合前條所定被保險人眷屬資格之新生嬰兒。」不符前項資格規定，而在台灣地區領有居留證明文件，並符合第 8 條所定被

保險人資格或前條所定眷屬資格者，自在台居留滿四個月時起，亦得參加本保險為保險對象。但符合第 8 條第 1 項第 1 款第 1 目至第 3 目所定被保險人資格者，不受四個月之限制。

註 10：我國全民健康保險法第 1 條規定：「本保險為強制性之社會保險，於保險對象在保險有效期間，發生疾病、傷害、生育事故時，依本法規定給與保險給付。」

註 11：全民健康保險法 43 條參照。

註 12：全民健康保險法 47 條參照。

註 13：全民健康保險法 48 條參照。

註 14：全民健康保險法第 10 條參照。

註 15：公教人員保險法中華民國 88 年 5 月 29 日總統令修正公布，中華民國 89 年 1 月 26 日總統令修正公布，中華民國 91 年 6 月 26 日總統令修正公布。中華民國 94 年 1 月 9 日總統華總一義字第 09400004901 號令修正公布第 5、6、8、10、13、14、18、26 條條文；增訂第 13-1、15-1、16-1、24-1 條條文；除另定施行日期者外，自公布日施行。

註 16：公教人員保險法第 2 條參照。

註 17：公教人員保險法第 7 條參照。

註 18：公教人員保險法第 37 條參照。

註 19：公教人員保險法第 39 條參照。

註 20：農民健康保險條例，中華民國 78 年 6 月 23 日總統華總㈠義字第 3268 號令制定公布，中華民國 81 年 6 月 10 日總統華總㈠義字第 2804 號令修正發布第 4 條條文，中華民國 89 年 6 月 14 日總統華總㈠義字第 8900147030 號令修正發布第 3、4、12 及 42 條條文，中華民國 91 年 6 月 26 日華總一義字第 09100125200 號增訂農民健康保險條例第 9-1 條文；並修正第 39 條及第 51 條條文。

註 21：農民健康保險條例第 1、3、4 各條參照。

註 22：農民健康保險條例第 5 條參照。

註 23：農民健康保險條例第 2 條參照。

註 24：農民健康保險條例第 24～40 條參照。詳細內容可參閱勞保局網站 http://www.bli.gov.tw。

註 25：勞工保險條例，民國 47 年 7 月 21 日總統令公布，57 年 7

月 23 日總統令修正公布，62 年 4 月 25 日總統令修正公布，68 年 2 月 19 日總統令修正公布，77 年 2 月 3 日總統令修正公布，84 年 2 月 8 日總統令修正公布，89 年 7 月 19 日總統令修正公布，90 年 12 月 19 日總統令修正公布。中華民國 92 年 1 月 20 日總統華總一義字第 09200012650 號令修正公布第 29、67 條條文；中華民國 92 年 1 月 29 日總統華總一義字第 09200015210 號令修正公布第 10、13、28、72 條條文；並增訂第 14-1、14-2、20-1、42-1 條條文。勞工保險條例可參閱勞保局網站 http://www.bli.gov.tw。

註 26：勞工保險條例第 6 條。另第 7 條規定：「前條第 1 項第 1 款至第 3 款規定之勞工，參加勞工保險後，其投保單位僱用勞工減至四人以下時，仍應繼續參加勞工保險。」第 8 條為準用規定，下列亦為勞工保險之被保人範圍 (1) 受僱於第 6 條第 1 項各款規定各業以外之員工；(2) 受僱於僱用未滿五人之第 6 條第 1 項第 1 款至第 3 款規定各業之員工；(3) 實際從事勞動之雇主；(4) 參加海員總工會或船長公會為會員之外僱船員。

註 27：勞工保險條例第 2 條。

註 28：中華民國 42 年 11 月 19 日總統制定公布全文 18 條刊總統府公報第 446 號，中華民國 45 年 12 月 18 日總統修正公布全文 19 條刊總統府公報第 767 號，中華民國 59 年 1 月 30 日立法院修正原陸海空軍軍人保險條例為本條例，並修正全文 25 條刊總統府公報第 2140 號。中華民國 94 年 1 月 12 日總統華總一義字第 094000012061 號令修正公布第 10 條條文。民國 108 年 05 月 22 日修正

註 29：讀者如有興趣可參閱中國輸出入銀行網站，該行網址為 http://www.eximbank.com.tw/。

註 30：以下所述資料均取自該等保險之保險單條款部分內容。

註 31：本段參酌我國存款保險條例（民國 88 年 1 月 20 日總統華總一義字第 8800011330 號令公布，民國 90 年 7 月 9 日總統華總一義字第 9000134130 號令增訂第 17 條之 1 條文並修正第 7 條及第 21 條條文）。中華民國 95 年 5 月 17 日總統華總一義字第 09500069781 號令增訂公布第

16-1 條條文；中華民國 96 年 1 月 18 日總統華總一義字第 09600009461 號令修正公布全文 52 條；並自公布日施行，中華民國九十七年五月七日總統令修正第十二條條文，中華民國九十九年十二月二十九日總統令修正第十二條及第十三條條文，中華民國一百零四年二月四日總統令修正第二條。可參閱網站 http://www.cdic.gov.tw。

註 32：參酌行政院農委會農糧署網站：https://www.afa.gov.tw/cht/index.php?code=list&flag=detail&ids=277&article_id=4218。

考題集錦

1. 全民健康保險與商業性健康保險在給付範圍有何主要差異？又，全民健康保險與商業性健康保險的經營互補之規劃原則為何？試分述之。
【87 年高考】

2. 保險制度之發展原本在於分散與轉移「純粹危險」（pure risk），例如火災保險；然而近日亦逐漸被應用於「投機危險」（speculative risk）之控制，例如存款保險。請比較「純粹危險」與「投機危險」之意義，並分析「存款保險」之特色，以及說明保險制度應用於投機危險控制之限制。
【88 年高考】

3. 保險制度對於國家之社會安定與經濟發展常有重要貢獻，因此當民營保險供給不足時，政府可能自行經營保險以提供人民保障。請說明民營保險供給不足之原因。
【89 年普考】

4. 強制保險（compulsory insurance）。　　　【84(2) 核保人員】

5. 試就社會保險之基本原則，分析施行國民年金制度必須注意之要項。
【92 年專技人員保險學概要】

6. 何謂社會保險？現階段我國社會保險實施的項目有哪些？【96 年普考】

索 引

七畫

八畫

九畫

十畫

二十畫

二十一畫

二十二畫

二十三畫

二十五畫

國家圖書館出版品預行編目資料

保險學原理(精華版)/鄭鎮樑著.--五
版.--臺北市:五南圖書出版股份有限公
司, 2021.03
　　面;　公分
ISBN 978-986-522-476-9 (平裝)

1.保險學

563.7　　　　　　　　　110002248

1N29

保險學原理(精華版)

作　　　者 ─ 鄭鎮樑 (383.3)

責任編輯 ─ 唐筠

封面設計 ─ 姚孝慈

發 行 人 ─ 楊榮川

總 經 理 ─ 楊士清

總 編 輯 ─ 楊秀麗

副總編輯 ─ 張毓芬

出 版 者 ─ 五南圖書出版股份有限公司

地　　　址：106台北市大安區和平東路二段339號4樓

電　　　話：(02)2705-5066　　傳　　真：(02)2706-6100

網　　　址：https://www.wunan.com.tw

電子郵件：wunan@wunan.com.tw

劃撥帳號：01068953

戶　　　名：五南圖書出版股份有限公司

法律顧問　林勝安律師事務所　林勝安律師

出版日期　2008年 1 月初版一刷
　　　　　2009年10月二版一刷
　　　　　2011年10月三版一刷
　　　　　2014年10月四版一刷
　　　　　2020年 3 月四版二刷
　　　　　2021年 3 月五版一刷
　　　　　2022年 1 月五版二刷

定　　　價　新臺幣580元

經典永恆・名著常在

五十週年的獻禮 —— 經典名著文庫

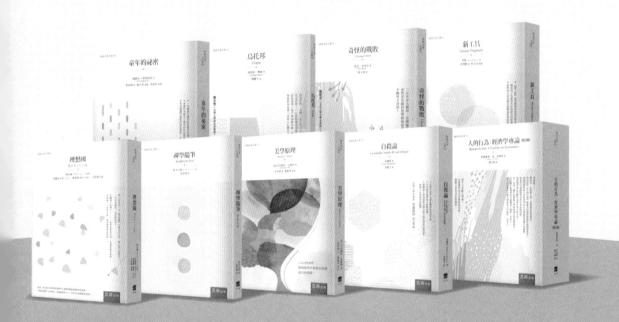

五南，五十年了，半個世紀，人生旅程的一大半，走過來了。
思索著，邁向百年的未來歷程，能為知識界、文化學術界作些什麼？
在速食文化的生態下，有什麼值得讓人雋永品味的？

歷代經典・當今名著，經過時間的洗禮，千錘百鍊，流傳至今，光芒耀人；
不僅使我們能領悟前人的智慧，同時也增深加廣我們思考的深度與視野。
我們決心投入巨資，有計畫的系統梳選，成立「經典名著文庫」，
希望收入古今中外思想性的、充滿睿智與獨見的經典、名著。
這是一項理想性的、永續性的巨大出版工程。
不在意讀者的眾寡，只考慮它的學術價值，力求完整展現先哲思想的軌跡；
為知識界開啟一片智慧之窗，營造一座百花綻放的世界文明公園，
任君邀遊、取菁吸蜜、嘉惠學子！